MUTZECK
VERHALTENSGESTÖRTENPÄDAGOGIK UND
ERZIEHUNGSHILFE

PRÄVENTION – INTEGRATION – REHABILITATION

Eine Studienbuchreihe zur Heil- und Sonderpädagogik

Herausgegeben von
Harry Bergeest, Konrad Bundschuh, Ulrich Heimlich,
Wolfgang Mutzeck und Georg Theunissen

Die Heil- und Sonderpädagogik befindet sich in einer Umbruchsituation, in der sich eine Öffnung hin zur Gemeinsamen Erziehung, zum Gemeinsamen Unterricht und zur gemeindeintegrierten Behindertenarbeit vollzieht. Gleichzeitig verändern sich ihre systemischen Strukturen im Sinne einer größeren Flexibilisierung der Organisationsformen. Heil- und sonderpädagogische Förderung findet an vielen Orten statt – über die Sondereinrichtung hinaus im gesamten Bildungs- und Erziehungssystem. Auch das Verhältnis zwischen den pädagogisch Tätigen und den von Behinderungen Betroffenen wird unter der Maxime „Selbstbestimmung“ immer nachhaltiger umgestaltet. Dabei hat sich eine ökosystemische Sichtweise von Behinderungen als notwendig erwiesen, um die Defizitsichtweise der traditionellen Sonderpädagogik zu überwinden und eine stärkere Kompetenzorientierung zu erreichen. Innerhalb der Studienbuchreihe „Heil- und Sonderpädagogik“ soll diese neue Aufgabenstellung aufgegriffen werden, um so einen Beitrag zur notwendigen Modernisierung der Disziplin zu leisten.

In dieser Reihe lieferbar:

Georg Theunissen: Pädagogik bei geistiger Behinderung und Verhaltensauffälligkeiten. Ein Kompendium für die Praxis. Bad Heilbrunn, 2., überarbeitete und erweiterte Auflage 1997.

VERHALTENSGESTÖRTENPÄDAGOGIK UND ERZIEHUNGSHILFE

von

Wolfgang Mutzeck

KLINKHARDT

2000

VERLAG JULIUS KLINKHARDT · BAD HEILBRUNN/OBB.

Die Deutsche Bibliothek – CIP-Einheitsaufnahme

Mutzeck, Wolfgang :
Verhaltensgestörtenpädagogik und Erziehungshilfe /
von Wolfgang Mutzeck. –
Bad Heilbrunn / Obb. : Klinkhardt 2000.
(Prävention – Integration – Rehabilitation ;
Eine Studienbuchreihe zur Heil- und Sonderpädagogik)
ISBN 3-7815-0992-3

Gesamtherstellung: Friedrich Pustet, Regensburg
Printed in Germany 2000
Gedruckt auf chlorfrei gebleichtem alterungsbeständigem Papier
ISBN 3-7815-0992-3

Inhalt

Vorwort

Die Zahl der Kinder und Jugendlichen mit Verhaltensstörungen nimmt stetig, wenn auch nur langsam, im Bundesdurchschnitt, zu. Zudem scheinen diese Auffälligkeiten und Störungen im sozialen und emotionalen Bereich vielfältiger zu werden, und außerdem sind auch zunehmend jüngere Kinder und Mädchen betroffen. Der Förderbedarf ist also groß, und der Ruf nach Erziehungshilfe wird stärker. Spätestens dann, wenn man sich mit den verschiedenen Erscheinungsformen näher beschäftigt, wird einem deutlich, dass es bei der komplexen Problematik der Verhaltensstörungen keine Patentlösungen gibt. Erziehungshilfe benötigt ein differenziertes Sehen und Verstehen dieses Phänomens und ein differenziertes Handeln, das sich am Subjekt und am Umfeld orientiert. Die Einseitigkeit von bloßer Intervention bei bereits verfestigtem abweichenden Verhalten muss einer Differenziertheit weichen, d. h. dass Prävention, Integration und Rehabilitation als gleichwertige Vorgehensweisen eingesetzt werden.

Dieses Buch kann einen Beitrag zu dieser schwierigen aber sehr interessanten und hilfreichen Arbeit leisten. Allerdings könnte es, wie auch andere Veröffentlichungen zu dieser Thematik, wesentlich mehr bewirken, wenn Erziehung und insbesondere soziales Lernen einen größeren Stellenwert in Familie, Schule und Gesellschaft bekommen würden.

Für die technische Erstellung und Korrektur des Manuskripts danke ich herzlich meiner Sekretärin, Frau Evelyn Wolfsdorf, meinen Wissenschaftlichen und Studentischen Hilfskräften, Herrn Michael Rühlmann, Frau Katharina Wand und Frau Heike Wendler, und nicht zuletzt meiner Frau.

Dieses Buch widme ich meinen Eltern, meiner Frau und meinen Kindern.

Wolfgang Mutzeck

1 Einleitung

Kein Bereich der Behindertenpädagogik ist so im Umbruch begriffen, wie die Verhaltensgestörtenpädagogik/Pädagogik der Erziehungshilfe. Nicht, dass alle früheren Begriffe, Sichtweisen, Theorien, Organisations- und Betreuungsformen ihre Gültigkeit verloren haben. Sie werden aber unter anderen Blickwinkeln gesehen und neue Aspekte kommen hinzu. Diesem Paradigmawechsel versucht das Buch Rechnung zu tragen. Ferner werden die langjährigen Erfahrungen des Autors in der Theorie und Praxis der Prävention, Intervention und Rehabilitation von Verhaltensstörungen berücksichtigt.
Trotzdem können die Ausführungen nur Grundlagen und Impulse für Studium (Fortbildung) und Praxis sein. Eine Rezeptologie von Maßnahmen würde nur zu Misserfolgen führen und das eigenständige Denken und Fühlen der Leserinnen und Leser vernachlässigen und sie bevormunden.
Daher ist es von großer Bedeutung, dass die Lernenden sich selbst in die Rolle versetzen und durch den Autor in die Lage versetzt werden, anhand des Gelehrten und Gelernten Lösungen für die jeweils individuelle und oft sehr spezifische Berufspraxis zu finden. Der Transfer sollte ein wesentlicher Bestandteil der Durcharbeitung des Buches sein.
Wie bei vielen neuen Dingen im Leben ist auch der Einstieg in diese Lektüre wahrscheinlich für viele Leser schwierig. Nach einiger Zeit werden Sie sich aber so eingelesen und eingearbeitet haben, dass Ihnen die Arbeit leichter von der Hand geht. Nutzen Sie ferner Fortbildungsveranstaltungen oder Supervisionsgruppen für einen Erfahrungsaustausch. Schaffen Sie sich auch die Möglichkeit einer Lerngruppe (nur zwei bis vier Personen). Gemeinsam lernt es sich oft leichter als alleine (Gemeinsam statt einsam!). Kooperatives Lernen ist aber nur dann erfolgreich, wenn jedes Gruppenmitglied den jeweils vereinbarten Text gelesen hat.
Ich wünsche Ihnen eine gute Bewältigung dieser Lektüre und dadurch Erkenntnisse, Schaffenskraft und Erfolg!

Ihr

Wolfgang Mutzeck

Als Grundlagen- und Standardliteratur wird empfohlen:

Goetze, H. & Neukäter, H. (Hrsg.) 1993: Handbuch der Sonderpädagogik, Bd. 6: Pädagogik bei Verhaltensstörungen. Berlin: Edition Marhold.

Hillenbrandt, C. 1999: Didaktik bei Unterrichts- und Verhaltensstörungen. München: E. Reinhardt.

Mutzeck, W. & Pallasch, W. (Hrsg.), 5. Auflage 1999: Integration von Schülern mit Verhaltensstörungen (Erweiterte Neuausgabe). Weinheim: Deutscher Studien Verlag.

Mutzeck, W. 1996, 3. Auflage 1999: Kooperative Beratung: Grundlagen und Methoden der Beratung und Supervision im Berufsalltag. Weinheim: Beltz Verlag.

Myschker, N., 2. Aufl. 1999: Verhaltensstörungen bei Kindern und Jugendlichen. Stuttgart: Kohlhammer.

Speck, O., 2. Auflage 1997: Chaos und Autonomie in der Erziehungshilfe. München: Reinhardt.

2 Verhaltensstörungen - Grundlegende Aspekte

2.1 Lernziele

Die Leserin/der Leser soll:
1. *Formen der Definition von Verhaltensstörungen kennen lernen,*
2. *die Normabhängigkeit von Verhalten beschreiben können,*
3. *Beurteilungsspezifitäten benennen können,*
4. *die Problematik der Aussagen über die Häufigkeit von Verhaltensstörungen erkennen können,*
5. *die Erscheinungsformen und Klassifikationen von Verhaltensstörungen nennen können,*
6. *die Entwicklung der Einrichtungen für Kinder und Jugendliche mit abweichendem Verhalten aus dem geschichtlichen Ablauf heraus beschreiben können.*

2.2 Begriffe und Definitionen

Der Terminus „Verhaltensstörung" hat sich in den letzten Jahren zunehmend als allgemeiner Sammelbegriff für unterschiedliche Erscheinungsformen von abweichenden Verhaltensweisen etabliert. Ferner sind sehr gebräuchlich: Verhaltensauffälligkeit, Verhaltensschwierigkeit, Erziehungsschwierigkeit bzw. Kinder und Jugendliche in Erziehungshilfe. Seltener werden Begriffe gebraucht wie: Verhaltensbehinderung, Verhaltensschädigung, Gemeinschaftsschwierige bzw. Verwahrlosung oder psychiatrische Begriffe wie Neuropathie und Psychopathie.
Die Unterschiedlichkeit der Begriffe hängt auch von dem Bereich ab, in dem mit diesen so bezeichneten Personen umgegangen wird:

Pädagogischer Bereich	Soziologischer Bereich	Medizinischer, psychologischer, psychiatrischer Bereich	Juristischer Bereich
Verhaltensstörung, Erziehungshilfe	Abweichendes Verhalten	cerebrale Dysfunktion, hyperkinetisches Syndrom, Neurose, Psychose etc.	seelische Behinderung oder von einer solchen Behinderung bedroht, (früher: Verwahrlosung); Kriminalität

Abb. 1: Unterschiedlichkeit der Begriffe

Während früher eher substantivische Begriffe verwendet wurden wie Gemeinschaftsschwierige, Erziehungsschwierige (-gehemmte), Schwererziehbare, Disziplinlose oder Verwahrloste, so sind es heute meist adjektivische Bezeichnungen wie: unangepasst, undiszipliniert, sozial abweichend, erziehungsschwierig, dissozial, verhaltensauffällig, verhaltensgestört und verhaltensbehindert. Die Unterschiedlichkeit der Begriffe hängt weiterhin mit den verschiedenen Ursachenzuschreibungen zusammen (siehe Kap. 3). Alle genannten Begriffe entsprechen einem hohen Abstraktionsniveau, so dass der Interpretation, d. h. was unter dem Terminus zu verstehen ist, nicht nur bei Laien großer Raum gegeben ist. Außerdem stehen all diese Bezeichnungen in der Gefahr, etikettierend, pathologisierend oder gar diffamierend zu wirken.
Im Folgenden soll der Begriff „Verhaltensstörungen" verwendet werden; wobei möglichst von Jugendlichen (Schülern, Auszubildenden etc.) *mit* Verhaltensstörungen gesprochen werden sollte, um damit auszudrücken, dass nur ein Bereich der betreffenden Person gestört ist (abweicht) und nicht die Person als Ganzes.
Die Definitionen von Verhaltensstörung bzw. ihrer Synonyme sind ebenso wie der Begriff selbst sehr uneinheitlich. Drei wesentliche Bestimmungen und Erklärungen des Teminus „Verhaltensstörung" sind im Folgenden wiedergegeben:

1. Definition:

„Als verhaltensgestört im erziehungswissenschaftlichen Sinne gelten alle Kinder, Jugendlichen und Erwachsenen, die in ihrem sozialen Verhalten soweit beeinträchtigt sind, dass ihre Teilhabe am Leben der Gesellschaft

wesentlich erschwert ist." (Nach Empfehlung der Bildungskommission des Deutschen Bundesrates (1973)).
An einer anderen Stelle der o. g. Bildungsratsempfehlung heißt es genauer und mit einer ausführlichen Begründung versehen:

2. Definition:

„Als verhaltensgestört gilt, wer aufgrund organischer, vor allem hirnorganischer Schädigungen oder eines negativen Erziehungsmilieus in seinem psychosozialen Verhalten gestört ist und in sozialen Situationen unangemessen reagiert und selbst geringfügige Konflikte nicht bewältigt.
Das Erziehungsmilieu kann insoweit negativ sein, als dem Kinde die notwendige emotionale Zuwendung nicht gewährt wurde, das Kind verwöhnend, inkonsequent oder frustrierend erzogen wurde, ihm für die Lebensbewältigung notwendige Grundverhaltensweisen nicht anerzogen wurden, die von der Verhaltenserwartung der Gesellschaft abweichen.
Außerhalb der Familie kann das Kind bzw. der Jugendliche noch zusätzlich durch Bezugsgruppen in seinem Verhalten geprägt werden, deren Verhaltensnormen und Zielsetzungen denen der Gesellschaft nicht entsprechen. Für das Verhalten in der Schule bedeutet das eine Störung der Leistungsmotivation, des Lern- und Leistungsverhaltens sowie eine Störung der Kommunikations- und Kooperationsfähigkeit. Als Folge davon haben verhaltensgestörte Kinder und Jugendliche häufig Lerndefizite, stören die Lerngruppen bzw. werden durch sie verunsichert und bedrängt und erhalten einen negativen sozialen Status.
Verhaltensstörungen in der Schule werden nicht nur durch die Eigenschaften des Schülers verursacht, auch die Merkmale der Schulsituation, zum Beispiel die Quantität und Qualität des Unterrichtsangebotes oder die Reaktionen der Lehrer und der Mitschüler, können Ursache für das Entstehen von Verhaltensstörungen bzw. deren Verstärkung sein."

3. Definition:

In Anlehnung an das Bundessozialhilfegesetz (§124, Absatz 4): „Verhaltensstörung (seelische Behinderung) ist eine nicht nur vorübergehende erhebliche Beeinträchtigung der seelischen Kräfte."
Eine Verhaltensauffälligkeit, -störung oder -behinderung ist somit abzugrenzen von einem einmaligen, zufälligen bzw. aus der Unkenntnis einer Regel (Norm) resultierenden, nicht gravierenden Fehlverhalten.

2.3 Normabhängigkeit

Das Gemeinsame fast all dieser Termini sowie ihrer Definitionen ist die Abweichung von sogenannten normalen Verhaltensweisen. Verhaltensstörungen sind somit stets in Bezug zu Normen bzw. Erwartungen zu sehen. Sie sind Ausdruck einer nicht ausreichenden Sozialisation, d. h. Erziehung zur Gemeinschaftsfähigkeit, zur Einordnung in eine Gesellschaft unter Berücksichtigung und Unterstützung der Individuation (Selbstwerdung, Individualität, Autonomie). Allgemein anerkannte Normen, d. h. leitende Wertmaßstäbe und Regeln, nach denen Verhalten als normal oder abweichend (abnorm) beurteilt wird, gibt es aber nicht. Die Normhängigkeit einer jeden Benennung abweichenden Verhaltens bleibt auch bestehen, wenn man sie von der Maßnahmenebene her begrifflich fasst, z. B. behandlungs- oder erziehungshilfebedürftig. Man kommt nicht umhin, die jeweils entwickelten oder übernommenen Maßstäbe und Beurteilungskriterien zu benennen.
Kinder und Jugendliche mit Verhaltensstörungen, d. h. mit normabweichendem Verhalten, gibt es logischerweise also schon seitdem es Normen gibt. Immer dann, wenn Menschen Normen, mit anderen Worten Wertmaßstäbe und Regeln setzen, wird es Personen geben, die davon abweichen. Von Verhaltensstörungen wird allerdings erst dann gesprochen, wenn die Normabweichung intensiv oder andauernd ist, und mindestens eine andere Person oder die normabweichende Person selbst diesen Zustand als störend oder leidend erlebt. Diese grundlegende sozialpsychologisch orientierte Definition kann, bezogen auf bestimmte Verhaltensweisen, Situationen, Institutionen oder Wissenschaftsorientierungen, umformuliert und präzisiert werden, hat aber, wie alle anderen Begriffsbestimmungen von Verhaltensstörungen, keine Allgemeingültigkeit. Gesellschaftliche und wissenschaftliche Entwicklungen führen häufig zu anderen Sichtweisen, Normen und Normverständnissen.
Schule als institutionalisierte Form von Lehre und Unterricht gab es schon in verschiedenen Hochkulturen (z. B. in der Antike). Seither sind Wertmaßstäbe und Regeln ein wichtiger, häufig besonders ausgeprägter Teil gemeinschaftlicher Bildung, und seitdem gibt es auch Schüler, die sich an die - meist allein von Erwachsenen gesetzten - Normen nicht halten.
Unter diesem Aspekt des normalen, d. h. normativen, Verhaltens in einer Gemeinschaft bzw. Gesellschaft kann man soziale Normen unter verschiedenen Gesichtspunkten betrachten: Unter Verhaltensstörung werden dann alle Aktionen oder Reaktionen von Individuen verstanden, die häufig von den Erwartungen der Umwelt in unerwünschter oder missbilligter Richtung abweichen. Erwünscht oder gebilligt sind Verhaltensweisen, die die Mehrzahl vergleichbarer Individuen zeigt (statistische Norm), die normativen Vorstel-

lungen wie z. B. Gesetzen, dem Moralkodex, Erziehungszielen etc. entsprechen (Idealnorm) und die als angenehm und nützlich bezeichnet werden (funktionale Norm).

In Beispielen gesprochen heißt das:

- Die Tatsache, dass dieser oder jener Deutsche über 40 Jahre nicht täglich Sport treibt, entspricht einer statistischen Norm.
- Die Forderung, dass sich alle Deutschen über 40 Jahre jeden Tag sportlich betätigen sollen, setzt eine Ideal-Norm.
- Und treibt jemand täglich in irgendeiner Form Sport, wobei es ihm vordergründig um seine körperliche Gesundheit geht, ihm aber gleichgültig ist, was andere tun, so richtet er sich nach einer funktionalen Norm.

Normen können unter- oder überschritten werden. Aber *ab wann* es sich um eine Über- bzw. Unterschreitung einer sozialen Norm handelt, hängt oft von der individuellen (pädagogischen und psychischen) Toleranz einer Person ab.

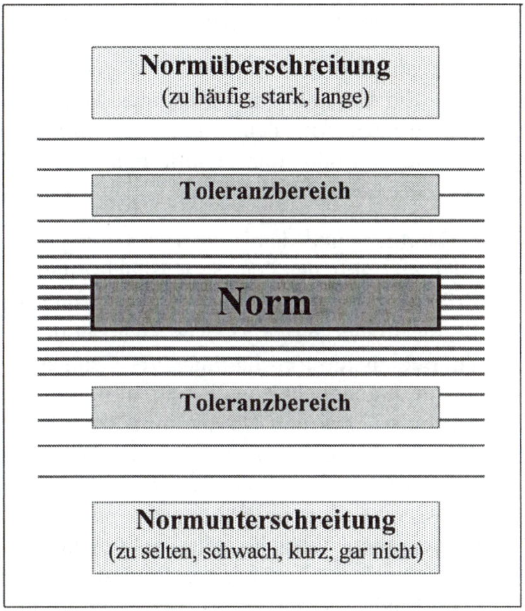

Abb. 2: Normen und deren Abweichungsbereich

Nachdenklich sollte stimmen, dass seit jeher einer Überschreitung von Normen, wie z. B. aggressives Verhalten, mehr Aufmerksamkeit von Pädagogen gewidmet wird als Normunterschreitungen, wie z. B. „Angst". Gerade Personen mit regressivem Verhalten leiden aber oft selbst sehr stark.

2.4 Beurteilungsspezifität

Bei der Beurteilung dessen, was als verhaltensgestört, als normabweichendes Verhalten bezeichnet wird, sollte man eine Reihe von grundlegenden Faktoren unbedingt beachten (Minsel 1978, 57):

- *Altersspezifität:* Das gleiche Verhalten wird je nach Altersgruppe unterschiedlich beurteilt; so wird z. B. „Einnässen am Tag" bei einem 1½ jährigen als unauffällig, bei einem 7jährigen jedoch als auffällig bezeichnet.
- *Beurteilerspezifität:* Die Toleranzgrenzen, ob ein Verhalten noch als „normal" oder aber schon als abweichend bezeichnet wird, können von Beurteiler zu Beurteiler beträchtlich voneinander abweichen.
- *Kulturspezifität:* Verhaltensweisen werden von Kultur zu Kultur unterschiedlich bewertet. Ein Beispiel hierfür ist das Fernbleiben von der Schule während der Erntezeit, um den Eltern beim Einbringen der Ernte zu helfen - je nach Gegend oder Land würde man dieses Verhalten als normal oder auffällig bezeichnen.
- *Epochenspezifität:* Normen, und damit die Beurteilung von Verhaltensweisen, wandeln sich im Laufe der Zeit. So wird heutzutage das Sammeln von sexuellen Erfahrungen bei Teenagern für normal gehalten; der Gebrauch der Pille für minderjährige Mädchen wird in der Öffentlichkeit diskutiert usw. Zu Beginn unseres Jahrhunderts dagegen wären solche Verhaltensweisen von Jugendlichen noch sehr auffällig gewesen. Epochenspezifische Veränderungen von Normen und Verhalten beeinflussen Veränderungen von Systemen. So zeigt es sich, dass Schulangst und Schulunlust immer mehr zunehmen, dass Selbstmorde bei Schülern nach Vergabe von Zeugnissen häufiger als früher auftreten. Diese als epochenspezifische Variante erkannte Tatsache sollte nicht einfach hingenommen werden. Zu Fragen ist nach den veränderten Beurteilungs- und Anforderungskriterien. Auch Mode (Bekleidung, Frisuren etc.) und andere Zeittrends sind epochenabhängig.
- *Gruppenspezifität:* In einem Zusammenschluss von Menschen, die in eine innere und/oder äußere Beziehung treten, herrschen meist eigene Normen.

Diese gemeinsamen Normen führen oft zum Wir-Gefühl und stehen nicht selten im Widerspruch zu den Normen außerhalb der Gruppe (vor allem bei Banden oder Gangs [engl.] und Gruppen, die sich gewalttätig oder kriminell verhalten). Auch in formellen Gruppen von Gleichaltrigen gelten meist eigene Normen, die von der Erwachsenenwelt einerseits zwar ablehnend betrachtet werden, von denen sie aber andererseits z.T. gleichzeitig finanziell profitieren (Mode, Musik etc.). Ebenso gelten in anderen Jugendgruppen mit speziellen Gruppeninteressen offiziell oder inoffiziell eigene Normen und Wertverständnisse (Sprayer, Skater etc.). Bei Paarbildungen von Jugendlichen (intensiven Freundschaften) sind es ebenfalls Normen und Werte, die oft im Widerspruch zu denen der Erwachsenen stehen.

– *Situationsspezifität:* Je nach Situation wird das gleiche Verhalten unterschiedlich bewertet. Es ist ein Unterschied, ob ein Schüler einen Gleichaltrigen „ohne Grund" vors Schienbein tritt oder ob er es tut, nachdem er selbst angegriffen wurde. Ebenso gibt es zwischen Schulen, Klassen und Lehrern differentielle Beurteilungsmaßstäbe. So herrscht an manchen Schulen eine relativ lockere Disziplin - die Schüler dürfen z. B. während des Unterrichts in der Klasse herumgehen oder sie verlassen. Würde ein Schüler aus einer solchen Schule in eine andere Schule überwechseln, in der nach herkömmlichen Gesichtspunkten der Disziplinierung unterrichtet wird, würde er dort auffällig werden, sofern er die gewohnten Verhaltensweisen beibehält.

Unter Einbeziehung all dieser Faktoren liegt der Gedanke nahe, dass Auffälligkeiten im Verhalten lediglich auf Bewertungen der Umwelt zurückzuführen sind. Als Konsequenz dieser Sichtweise wäre demnach zu fordern, dass lediglich beim Bewertenden das Beurteilungssystem verändert wird. So kann etwa beim Lehrer Verständnis und Toleranz geweckt werden, damit er das akzeptiert oder als erträglich hinnimmt, was er bisher als störend angesehen hat. Tatsächlich scheint diese Konsequenz für eine ganze Reihe von „Störungen" plausibel zu sein, man denke etwa an Kaugummikauen oder Frühstücken während des Unterrichts, Unordentlichkeit bei Schulsachen oder „freches" Verhalten dem Lehrer gegenüber.
Diese akzeptierende Haltung ist als Forderung jedoch immer dann nicht haltbar, wenn durch das störende Verhalten andere körperlich und/oder seelisch beeinträchtigt oder gar geschädigt werden, wenn das Individuum selbst darunter leidet oder abzusehen ist, dass ohne Modifikation des Störverhaltens auf Dauer ernsthafte Beeinträchtigungen für das Individuum zu erwarten sind.

Abschließend soll ein Beispiel die Norm- und Beurteilungsspezifität von Jugendlichen verdeutlichen:

> Paul ist 17 Jahre alt und besucht die Berufsschule. Er trägt lange Haare und hat Jeans, die er erst anzieht, nachdem er sie im Spezialbad gebleicht und einige Schlitze hineingeschnitten hat. Sein Vater ärgert sich ständig über Pauls Haare: „Mensch Junge, Du siehst doch mit Deinen langen Haaren und Deiner Hose unmöglich aus, merkst Du das denn nicht? Aber warte nur, bald musst Du zum Bund und dann ist der Zauber vorbei!" Paul hört schon gar nicht mehr hin, geht raus und fährt mit seinem alten Mofa zu seiner Freundin Manuela. „Dufte siehst Du wieder aus," begrüßt sie ihn.

2.5 Häufigkeit

Die Häufigkeit des Vorkommens (Epidemiologie) von Verhaltensstörungen ist für die Planung von Maßnahmen in der schulischen und außerschulischen Erziehungshilfe von Bedeutung. Die Ergebnisse von Untersuchungen und Schätzungen über den Anteil von Kindern und Jugendlichen mit Verhaltensstörungen differieren allerdings erheblich. So schwanken die Angaben über die Häufigkeit zwischen 1% und 61%. In den 70er Jahren gab es eine zufällige Häufung von fünf Untersuchungen. Auch dort sind Unterschiede von 2,3% bis 50% festzustellen. Errechnet man ihren Mittelwert, so ergeben sich 16,84% (Kluge & Kuhlmann 1970: 2,3%; Kluge & Schneider 1971: 6,6%; Atzesberg 1971/72: 50%; von Ballusek 1973: 12%; Mutzeck 1978: 13,3%).
Zwar fanden all diese Untersuchungen im gleichen Zeitraum statt (1970-1978) und hatten die gleiche Population (Grundschüler), die Methoden, Befragten und Untersuchungsgebiete waren jedoch unterschiedlich (Fragebogen bzw. Interview; Lehrer bzw. Eltern; Großstädte, Kleinstädte bzw. Landgemeinden). Deshalb ist das Ergebnis dieser Mikroanalyse nur bedingt aussagekräftig. Die von dieser Durchschnittszahl 16,84% abgeleitete Information, dass etwa 4 Schüler einer Klasse so verhaltensauffällig sind, dass sie integrativ oder separativ besonderer Betreuung und Hilfe bedürfen, stimmt mit meinen vielen Beobachtungen und Erfahrungen in Grund-, Haupt-, Berufs- und Förderschulen überein. Allerdings schwankt diese Zahl je nach Ort und Wohngebiet teilweise erheblich (Mutzeck 1978). In der Großstadt (GS) gibt es mehr Schüler mit Verhaltensstörungen als in der Kleinstadt (KS) oder auf dem Lande (GS: 20,9%; KS: 10,7%; Land: 8,3%). Auch Thommen kommt in seiner Untersuchung von 1985 zu ähnlichen Ergebnissen: 9,7-25,3% (ebenfalls Befragung von Grundschullehrern). In Wohngebieten mit sozialen Brennpunkten und in anonymen Großschulen scheint die Zahl

der Schüler mit Verhaltensstörungen besonders hoch zu liegen. In nahezu allen Erhebungen liegt der Anteil männlicher Kinder und Jugendlicher mit Verhaltensstörungen weit über dem der weiblichen (etwa drei Viertel zu einem Viertel). Die Zahl der Kinder und Jugendlichen mit Verhaltensstörungen scheint kontinuierlich zu steigen.

Die vom Sekretariat der Kultusministerkonferenz der Bundesländer herausgegebenen Zahlen mit 0,24 % (1997) beinhalten nur die Kinder und Jugendlichen mit schweren Verhaltensstörungen, die in seperativen Schulen für Erziehungshilfe - meist mit Heim - untergebracht sind. *Nicht* enthalten sind in diesen Zahlen Schüler, die Schulen in psychiatrischen Einrichtungen besuchen, verhaltensgestörte Schüler, die Hausunterricht erhalten und Schüler, die vom Schulbesuch ausgeschlossen wurden. Ferner handelt es sich bei den genannten Schülerzahlen überwiegend um Schüler der Klassen 5-9.

Es sollte nachdenklich stimmen, dass die Zahl der Schulen für Verhaltensgestörte/Erziehungshilfe ständig zunimmt, von 1970 bis 1995 um das Doppelte (ohne ostdeutsche Länder), obwohl die neue Rechtslage eine Aufnahme nur in sehr schwierigen Fällen zulässt. Die überwiegende und zunehmende Zahl von Schülern mit Verhaltensstörungen wird in ambulanten und integrierten Fördermaßnahmen an Regelschulen betreut. Bei all den genannten Zahlen handelt es sich allerdings um Durchschnittswerte, was bedeutet, dass sich z. B. in einer Klasse nicht zwangsläufig vier Schüler mit Verhaltensstörungen befinden müssen oder nur vier vorkommen dürfen.

Eine Umfrage des Deutschen Jugendinstituts bei Jugendamtsleitern im Jahr 1995, welches das gravierendste Jugendproblem sei, ergab:

Problem	**BRD gesamt**	**Ost**	**West**
Gewalt in Familien	57 %	47 %	64 %
Gewalt / Ausländerfeindlich-	56 %	76 %	42 %
keit	56 %	59 %	53 %
Alkoholmissbrauch	53 %	79 %	34 %
Jugendarbeitslosigkeit	53 %	27 %	68 %
Sexueller Missbrauch	36 %	6 %	58 %
Drogenmissbrauch	5 %	6 %	5 %
Gefährdung durch Sekten			

Abb. 3: Jugendprobleme (Quelle: *Marion Gawlik et al.: Jugendhilfe und sozialer Wandel. Verlag Deutsches Jugendinstitut, 1995*)

2.6 Erscheinungsformen

Die charakteristischen Anzeichen und Kennzeichen für Verhaltensstörungen (Erscheinungsformen) sind sehr vielfältig, und es gibt zumindest für den pädagogischen Bereich keine einheitliche Zusammenstellung (Symptomatik). Bei den vorhandenen Symptomlisten handelt es sich meist um Konstrukte (vieldeutige Begriffe und Symptomkombinationen) und selten um genau beobachtbare Verhaltensweisen. Gerade in den Bereichen Psychologie, Medizin und Psychiatrie gibt es fachsprachliche Symptombezeichnungen, die für den Pädagogen einerseits unverständlich sind und andererseits dazu verleiten, konkretes pädagogisches Diagnostizieren, Planen und Handeln zu unterlassen (z. B. Hyperkinetisches Syndrom, Neurose).
Im 7. Kapitel wird deshalb ein diagnostisches Verfahren dargestellt, welches eine Symptomatik beinhaltet, die für den pädagogischen Alltag brauchbar ist.

2.7 Klassifikation

Die Versuche, Erscheinungsformen von Verhaltensstörungen in Bereiche zusammenzufassen, ergeben entsprechend den zugrunde liegenden wissenschaftlichen Ansätzen und der Schwierigkeit, menschliches Verhalten in seiner Vielfalt und Differenziertheit zu bestimmen, unterschiedliche Ordnungssysteme (Klassifikationen).
Es werden *primäre* und *sekundäre Verhaltensstörungen* unterschieden. Während primäre Verhaltensstörungen eine spezifische Genese unabhängig von anderen Behinderungen haben, treten sekundäre Verhaltensstörungen als Folgesymptom von Sinnes-, Körper-, Sprach- und Intelligenzschäden auf. Verhaltensstörungen lassen sich häufig als Folgesymptome anderer Behinderungen finden, weil entweder die Behinderung, das soziale und/oder emotionale Aktions- und Reaktionsrepertoire beeinträchtigt oder weil die Umwelt durch eine inadäquate Einstellung auf die Behinderung Störungen provoziert und verstärkt. Die Erscheinungsformen sind bei primären wie sekundären Verhaltensstörungen weitestgehend die gleichen, allerdings treten bei den einzelnen Behinderungsarten bestimmte Verhaltensstörungen gehäuft auf (Myschker 1993).
Eine weitere sehr grobe Klassifikation ist die Unterscheidung in *externalisierende* und *internalisierende Verhaltensstörungen*. Bei den externalisierenden Verhaltensstörungen verlagert die betreffende Person die problemanzeigenden bzw. für sich selbst zu lösenden Prozesse in die Umwelt (Vandalismus, körperliche Aggressivität, Hyperaktivität etc.), bei internalisierenden Ver-

haltensstörungen in die eigene Innenwelt. Diese Verinnerlichung von Problemen kann zu Angst, Gehemmtheit, sehr häufigen Tagträumen etc. führen. Auf die Außenwelt gerichtete Verhaltensabweichungen werden auch als extravertierte und nach innen gerichtete Verhaltensabweichungen als introvertierte Verhaltensstörungen bezeichnet.
Differenzierter sind folgende Klassifikationen, nach denen Verhaltensweisen z. B. eingeteilt werden in:

- Aggression, Hyperaktivität, Regression, Delinquenz sowie Suchtverhalten oder als
- Verstoß gegen Regeln der Schule, des Unterrichts, der Eltern oder anderer Erzieher sowie der Gesellschaft oder
- Verhaltensstörungen der Funktionen des Körpers oder der Psyche, soziale Störungen und Arbeits- und Leistungsstörungen.

Dem Schweregrad eines abweichenden Verhaltens nach lässt sich folgende Unterscheidung treffen:

Schweregrad	Stärke	Zeit / Häufigkeit
Auffälligkeit	schwache Ausprägung	gelegentliches, kurzes Auftreten
Störung	mittlere oder partiell starke Ausprägung	häufiges Auftreten
Behinderung	starke bis sehr starke Ausprägung	andauerndes, regelmäßiges Auftreten

Abb. 4: Schweregrade abweichenden Verhaltens

Eine Unterteilung nach der Behandlungsbedürftigkeit ergibt folgendes Bild:

- langfristige bis fortwährende sowie sehr umfangreiche sonderpädagogische und stark therapeutische Maßnahmen (Verhaltensbehinderte; etwa 0,02 bis 1%);

- mittel- bis langfristige und intensive sonderpädagogische sowie z.T. therapeutische Maßnahmen (Verhaltensgestörte; etwa 3-6%);

- kurz- bis mittelfristige bzw. gelegentliche und teils partielle sonderpädagogische oder pädagogische Maßnahmen (Verhaltensauffällige; etwa 8-10% der Schüler eines Jahrgangs).

Die Beschreibungs- und Bewertungsebene solcher Systematisierungen und Klassifizierungen sind, wie die Beispiele zeigen, sehr verschieden. Es ist zu fragen, wie sinnvoll und wie nützlich eine Klassifikation von Verhaltensstörungen ist, denn es besteht die Gefahr, dass eine Einordnung einer Erscheinungsform nur ein neues Etikett anbietet. Etikettierungen aber verhindern eine angemessene Betrachtung, Erklärung und Behandlung eines abweichenden Verhaltens und die Beachtung des situativen Kontextes.

2.8 Historischer Überblick

Norbert Myschker, einer der renomiertesten Professoren der Verhaltensgestörtenpädagogik, hat sehr intensiv über die Geschichte gestörten bzw. abweichenden Verhaltens geforscht. Seine Ergebnisse fasst er wie folgt kurz zusammen (*Myschker 1993, 16 ff.*):

„Kinder und Jugendliche mit unerwünschten Abweichungen im Verhalten, mit Defiziten oder die Umwelt irritierenden Eigentümlichkeiten im Verhaltensrepertoire hat es zu allen Zeiten in allen Kulturen gegeben. Wie stark sie auffällig wurden und mit welchen Reaktionen die Umwelt ihnen begegnete, geschah in Abhängigkeit von kulturellen, religiös-ethischen, ökonomischen und sozialen Gegebenheiten. Die Reaktionen waren durch die Jahrhunderte hindurch sehr vielfältig und reichten im europäischen Kulturkreis von der Hinrichtung über die verschiedenen Formen körperlicher Züchtigung bis hin zu verständnisvoller Hilfe zu einer sozial adäquaten Entwicklung.

Soweit mit den Maßnahmen das Leben geschont wurde, lassen sich diese mit den Begriffen Separieren, Isolieren, Disziplinieren und Normalisieren zusammenfassend bezeichnen. Die besonderen Einrichtungen, die für Kinder und Jugendliche mit Verhaltensstörungen entstanden und das Erfahrungsfeld für die Entwicklung einer differentiellen Pädagogik waren, die wir heute als Verhaltensgestörtenpädagogik bezeichnen, lassen sich von ihren Ursprüngen über ihre Entfaltung und Konsolidierung bzw. ihren Niedergang in fünf historiographischen Linien verfolgen:

1. Waisenhäuser - Rettungshäuser - Erziehungsheime - Heimschulen,
2. Zuchthäuser - Jugendstrafvollzug - Gefängnisschulen,
3. Beobachtungsklassen - Erziehungsklassen - Kleinklassen,
4. Sonderklassen - Sonderschulen - Integrierte Fördereinrichtungen,
5. Einrichtungen der Psychopathenfürsorge - Kliniken für Kinder- und Jugendpsychiatrie - Klinikschulen.

Innerhalb der einzelnen historiographischen Linien spiegeln sich jeweils spezifische Entwicklungen in theoretischer, praktischer und organisatorischer Hinsicht wider, die häufig von Gemeinschaften, Gruppen Gleichgesinnter, aber auch von Einzelpersonen initiiert und getragen wurden. Einige Einrichtungen gibt es nicht mehr: Rettungshäuser, Zuchthäuser, „Psychopathen"fürsorge gehören der Vergangenheit an; Heime und Heimschulen redu-

zieren sich oder sind in einigen Bundesländern bereits völlig abgebaut; gleiches gilt für Berlin und die einzelnen Stadtbezirke im Hinblick auf die Beobachtungsklassen für Schüler/-innen mit Verhaltensstörungen.
Die historiographische Linie von den Klöstern über Findelhäuser und Rettungshäuser zu den Erziehungsheimen kann als sozialpädagogisch typisiert werden. Prägende Gedanken und Initiativen gingen von Pädagogen und Theologen wie Ph. J. Spencer (1675-1705), A. H. Francke (1663-1727), J. H. Pestalozzi (1746-1827), J. H. Wichern (1808-1881) und A. Aichhorn (1878-1949) aus.
Eine weitere für die heutige Pädagogik bei Verhaltensstörungen relevante Linie lässt sich als kriminalpädagogisch bezeichnen. Ende des 16. Jahrhunderts kam in Amsterdam der neue Gedanke auf, Kinder und Jugendliche, die Straftaten begangen hatten, nicht durch Leib- und Lebensstrafen sühnen zu lassen, sondern durch Zucht und Arbeit in ihrem Verhalten zu ändern. Dieser Gedanke manifestierte sich in der weiteren Entwicklung in einer speziellen Gerichtssamkeit für delinquente junge Menschen (Jugendgerichtsgesetz von 1922) und in speziellen Maßnahmen und Einrichtungen.
Für die Unterrichtung von Kindern und Jugendlichen mit Verhaltensstörungen und die Etablierung einer eigenständigen akademischen Fachrichtung der Sonderpädagogik haben die beiden historiographischen Linien Bedeutung, die einerseits Beobachtungsklassen, Erziehungsklassen und Kleinklassen, andererseits Sonderklassen, Sonderschulen und Maßnahmen integrierter Förderung umfassen und zusammenfassend als schulpädagogische Linie bezeichnet werden können. Für Erziehung, Unterricht und pädagogisch-therapeutische Interventionen haben sich unterschiedliche Konzepte elaborieren lassen, von denen die wichtigsten wegen ihrer weitgehenden Ausrichtung auf dahinterstehende psychologische Ansätze als psychoanalytisch (S. Freud, 1856-1939), individualpsychologisch (A. Adler, 1870-1937), lerntheoretisch (z. B. I. P. Pawlow, J. B. Watson, B. F. Skinner, A. Bandura), humanistisch-psychologisch (C. Rogers) oder wegen ihres integrationswissenschaftlichen Verständnisses und Rückgriffs auf verschiedene Ansätze als synthetisch bezeichnet werden können.
Eine letzte historiographische Linie, die von den ersten Einrichtungen für „geisteskranke" und „psychopathische" Kinder und Jugendliche (ab 1864) bis zu den gegenwärtigen Kliniken für Kinder- und Jugendpsychiatrie mit angeschlossenen Schulen oder Klassen reicht, kann als pädagogisch-psychiatrisch benannt werden. Das handlungsleitende Verständnis in diesen Kliniken und pädagogischen Institutionen steht in Abkehr von einem Anlagebedingungen akzentuierenden und „Ausmerzen" fordernden Psychopathie-Konzept in der Tradition, die mit Jean Itard (1774-1838) und seiner verständnisvollen und einfallsreichen Erziehung des „Wilden von Aveyron" begann, über Edward

Seguin und Maria Montessori fortgeführt wurde und durch Sigmund Freud und Alfred Adler sowie durch deren Schüler, Anhänger und Weiterdenker eine besondere Qualität gewann für diagnostische und pädagogisch-therapeutische Maßnahmen.

2.9 Aufgaben

1. *Definieren Sie den Begriff „Verhaltensstörungen" mit eigenen Worten und beschreiben Sie die Problematik von Definitionen!*
2. *Verhalten ist und war schon immer von Normen abhängig. Wie erklären Sie sich dieses Phänomen?*
3. *Geben Sie kurz die im Text genannten Beurteilungsspezifitäten wieder! Fallen Ihnen ergänzend dazu noch weitere ein?*
4. *Vergleichen Sie primäre und sekundäre sowie externalisierende und internalisierende Verhaltensstörungen! Welche Gemeinsamkeiten und Unterschiede fallen Ihnen auf?*
5. *Beschreiben Sie Zusammenhänge zwischen den im Text beschriebenen fünf histografischen Linien der Entwicklung von Einrichtungen für Kinder und Jugendliche mit abweichendem Verhalten!*

2.10 Literatur

Bildungskommission des Deutschen Bundesrates 1974: Sonderpädagogik 4. Stuttgart: Klett.

Konferenz der Kultusminister der Länder der Bundesrepublik Deutschland 1995: Empfehlungen zur sonderpädagogischen Förderung in den Schulen in der Bundesrepublik Deutschland. Bonn.

Minsel, B. 1978: Verhaltensauffälligkeiten bei Schülern. In: Lohmann, J. & Minsel, B. (Hrsg.): Störungen im Schulalltag. Studienprogramm Erziehungswissenschaft 6. München: Urban & Schwarzenberg.

Myschker, N. 1993: Verhaltensstörungen bei Kindern und Jugendlichen. Stuttgart: Kohlhammer.

Thommen, B. 1985: Alltagspsychologie von Lehrern über verhaltensauffällige Schüler. Bern: Huber.

3 Erklärungsansätze und verursachende Faktoren von Verhaltensstörungen

3.1 Lernziele

Die Leserin/der Leser soll:

1. *die verschiedenen Möglichkeiten zur Erklärung von Verhalten und Verhaltensstörungen kennen lernen und vergleichen können,*
2. *die handlungstheoretische Sichtweise beschreiben und durch Beispiele erläutern können,*
3. *die einzelnen Bedingungsfaktoren für Verhaltensstörungen erkennen und beschreiben können,*
4. *Beispiele für das Vorkommen und Zusammenwirken von Faktoren zur Entstehung von Verhaltensstörungen geben können.*

3.2 Erklärungsmodelle

Die Möglichkeiten, das Entstehen von Verhalten und Verhaltensstörungen zu erklären, sind vielfältig, da der Mensch und sein Verhalten sehr unterschiedlich gesehen werden kann.

Als wichtigste Erklärungsansätze (grundlegende Sichtweisen) sind zu nennen:

- Medizinische Sichtweise
- Psychoanalytische Sichtweise
- Individualpsychologische Sichtweise
- Anthroposophische Sichtweise
- Soziologische Sichtweise
- Kommunikationstheoretische Sichtweise
- Personenzentrierte Sichtweise
- Entwicklungstherapeutische Sichtweise
- Ökologische Sichtweise

- Systemische Sichtweise
- Alltagstheoretische Sichtweise
- Handlungstheoretische Sichtweise

Eigentlich müsste man jeweils von Sichtweisen sprechen, da fast jeder dieser theoretischen Ansätze sehr unterschiedliche Strömungen (Denkschulen) umfasst. Es ist hier allerdings nicht der Ort und auch für die pädagogische Arbeit nur bedingt erforderlich, all die genannten Sichtweisen darzustellen bzw. durchzuarbeiten. Eine ausführliche Darstellung ist deshalb in Mutzeck (1990, drei Studienbriefe) zu finden.
Im Folgenden sollen einige wesentliche, sehr unterschiedliche und grundlegende Sichtweisen zur Erklärung und Analyse von Verhaltensstörungen wiedergegeben werden. Diese Ansätze sind auch die Grundlage für die pädagogisch-therapeutischen Verfahren (siehe Kap. 10) im Umgang mit Verhaltensstörungen. Den von mir entwickelten handlungstheoretischen Ansatz werde ich ausführlicher darstellen, weil hier mehrere neuere Sichtweisen zum Tragen kommen und er sich im pädagogischen Berufsalltag als gut anwendbar und übertragbar erwiesen hat. Zunächst aber sollen einige Aspekte aufgezeigt werden, die zur Beurteilung von Erklärungsansätzen nötig sind.
Ein wesentlicher Gesichtspunkt zum Vergleich verschiedener Erklärungsansätze ist die Frage, welches Menschenbild der jeweiligen Erklärungstheorie zugrundeliegt. Mit anderen Worten: Welche (Kern-)Annahmen über die potentiellen menschlichen Fähigkeiten berücksichtigt die jeweilige Sichtweise? Kinder und Jugendliche (mit Verhaltensstörungen) sind nicht nur Objekte (Gegenstände) einer Sichtweise; sie sind gleichzeitig auch Subjekte mit ihren potentiellen Fähigkeiten wie kognitive Rationalität, Emotionalität, Sozialität sowie Sprach- und Handlungsfähigkeit. Werden ihnen diese Fähigkeiten zu einer grundsätzlich möglichen Selbststeuerung zugestanden oder werden sie eher als fremdgesteuerte „Schachfiguren" gesehen?
Bei der Gegenstandsbestimmung „Verhaltensstörung und deren Kontext" sollten jeweils die Bezugsrahmen expliziert werden, welche die Orientierungspunkte für die Beschreibung und Analyse darstellen. Dazu gehören neben der oben formulierten Frage nach dem zugrunde liegenden Menschenbild (Gegenstandsverständnis) auch die Fragen nach dem theoretischen Ansatz und Konzept (z. B. lerntheoretische oder psychoanalytische Sichtweise) sowie die Frage nach der Zugangsweise zum Gegenstand (Methoden, mit denen Verhaltensstörungen, deren Kontext, Ursachen, Funktionen, Sinnzusammenhänge etc. beschrieben bzw. erschlossen und analysiert werden).

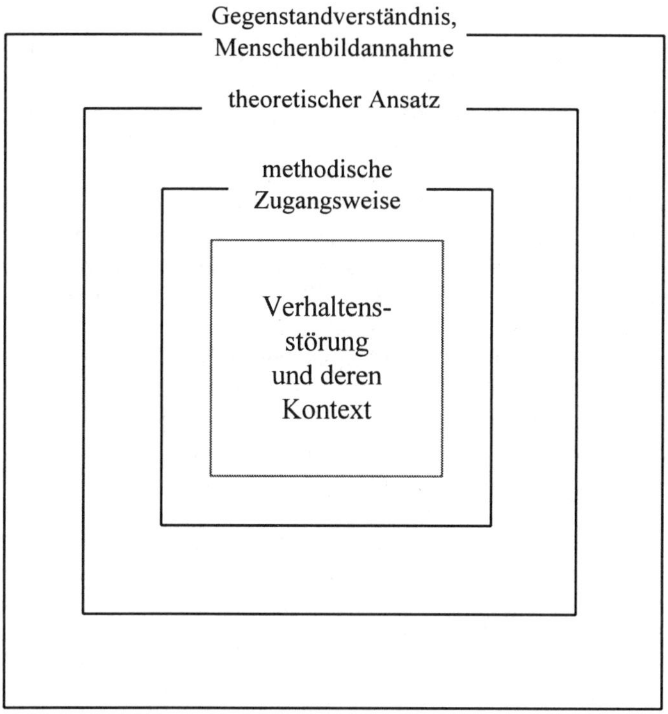

Abb. 5: Die Bezugsrahmen der Gegenstandsbestimmung „Verhaltensstörung und deren Kontext“

Die verschiedenen Bezugsrahmen sollten, wie bereits betont, nicht im Widerspruch, sondern in Stimmigkeit zueinander stehen. Allerdings lassen sich diese Bezugsrahmen nicht immer eindeutig erkennen, da nicht alle theoretischen Erklärungsansätze ihre Annahmen und Orientierungspunkte explizit beschreiben, d. h. offen legen.

Im Folgenden einige Kurzdarstellungen der wesentlichsten Erklärungsansätze:

3.3 Die medizinische Sichtweise

(*nach Benckmann in Mutzeck 1990*)

Kennzeichnend für den medizinischen Ansatz, auch biophysischer genannt, ist die Annahme, dass eine Vielzahl pädagogisch und sozial relevanter Verhaltensstörungen - allein oder primär - aus medizinisch mehr oder minder nachweisbaren, zumindest aber wahrscheinlichen und postulierten Abweichungen oder Schädigungen des physischen Organismus resultiert und somit deren Verursachung in der Person des Kindes als eine dem Individuum zugehörige Eigenschaft zu finden ist. Man spricht in diesem Zusammenhang auch von pathogenen Verhaltensstörungen, die beispielsweise in Verbindung mit Psychosen im Kindesalter, kindlichem Autismus, mit (minimaler) Hirnschädigung oder sonstigen physiologischen Dysfunktionen wie Allergien, Stoffwechsel- und Ernährungsstörungen etc. auftreten. Biophysische Aspekte der inneren Systembedingungen bilden hier den Ausgangspunkt für die Erklärung der beobachtbaren Störungsphänomene. Entsprechend geht es in den diagnostischen und den anderen empirischen Untersuchungen zentral um die Frage, ob irgendwelche somatologischen - anlagegemäßen oder erworbenen somatischen - Bedingungen nachweisbar sind, die mit den bestehenden Verhaltensauffälligkeiten zusammenhängend gesehen oder gar für die Störung ursächlich verantwortlich gemacht werden können. Verhaltensstörungen, die biophysisch bedingt bzw. ableitbar sind, kommen äußerst selten vor (z. B. minimale cerebrale Dysfunktion als eine geringfügige Funktionsstörung des Nervensystems im Kleinkindes- und Kindesalter, die Störungen in der Feinmotorik, Konzentration und in anderen kognitiven Bereichen zur Folge hat).

3.4 Die psychoanalytische Sichtweise

(*nach Benkmann in Mutzeck 1990*)

Der psychoanalytische, auch psychodynamisch genannte Ansatz betont den Prozesscharakter des Psychischen und damit die Bedeutung der Triebdynamik, d. h. der Antriebe und Emotionen, für das Verhalten und Erleben eines Menschen bzw. die Entwicklung seiner Persönlichkeit. Es herrscht die Auffassung vor, dass es sich bei Verhaltensstörungen um Symptome handelt, die auf tiefer liegende, relativ konstante Störungen der Persönlichkeit, ihrer Triebstruktur, ihrer Motivation bzw. ihrer Steuerungssysteme verweisen. Verhaltensstörungen entstehen nach psychoanalytischer Auffassung auf der Grundlage von traumatischen Erlebnissen in der frühen Kindheit, als Folge von frühkindlichem Konflikterleben und dessen unzulänglicher Verarbeitung.

Ungelöste intrapsychische Konflikte beeinträchtigen die Persönlichkeitsentwicklung und rufen abnormes Verhalten im körperlichen, psychischen und/oder psychosozialen Bereich hervor. Das Kernproblem der Entstehung psychischer Störungen stellt die unangemessene oder gestörte Verarbeitung von Konflikten, Mängel- und Versagenserlebnissen dar.
Unerlässlich für das Verstehen von Verhaltens- bzw. emotionalen Störungen ist das Aufdecken der Ursachen in der Persönlichkeitsstruktur des Kindes. Durch das Nachvollziehen subjektiver innerpsychischer Vorgänge oder Zustände wird die Störung in ihrem Wesen und in ihren Funktionen im Leben und Erleben eines Individuums erkannt. Hervorzuheben ist jedoch die individuumzentrierte Sicht der Probleme. Es wird angenommen, dass Verhaltensauffälligkeiten überwiegend aus der Persönlichkeitsstruktur des Kindes, statt aus seiner sozialen Situation (z. B. möglichen Deprivationen, Ungerechtigkeiten, Zwängen oder anderen Umweltgegebenheiten) entstehen. Gegenüber einem biophysischen (medizinischen) Modell, nach dem Verhalten und seine Störungen im Wesentlichen Ausdruck endokriner und neurologischer Vorgänge ist, stellt der psychodynamische Ansatz einen erheblichen Fortschritt dar, denn er nimmt innerhalb des Individuums ablaufende Vorgänge sowie interpersonale und damit prinzipiell beeinflussbare als auch reversible Interaktionsprozesse als Ursachen von Verhaltensstörungen in den Blick. Von grundlegender Bedeutung für die Entwicklung des psychodynamischen Modells ist die psychoanalytische Theorie Freuds gewesen.

3.5 Die individualpsychologische Sichtweise

Die Individualpsychologie ist eine von Alfred Adler begründete Richtung der Tiefenpsychologie und Psychotherapie. Nach ihr ist der Mensch aus seinem „Lebensplan" heraus zu verstehen. Dieser besteht in dem Bestreben, soziale Anerkennung zu erreichen, vor allem aber Minderwertigkeitskomplexe auszugleichen, die dem Menschen von früher Kindheit an (durch seine Hilflosigkeit, Entmutigungen, körperliche Mängel, sog. Organminderwertigkeit, soziale oder wirtschaftliche Benachteiligung, tatsächliche oder vermeintliche Geringschätzung u.dgl.) zu eigen sind. Das Geltungs- und Machtstreben im Menschen versucht diese Minderwertigkeitskomplexe durch Erfolge zu überwinden, zu „kompensieren". Dabei kann es allerdings auch zur „Überkompensation" kommen. In diesem Prozess entwickeln sich die Charaktermerkmale, aber ebenso die neurotischen Erscheinungen, als Folge eines fehlerhaften Lebensplans, bei misslungener Kompensation und/oder gestörter Entwicklung des Gemeinschaftsgefühls.

3.6 Die soziologische Sichtweise

Von den soziologischen Sichtweisen, auf die schon bei der Normabhängigkeit abweichenden Verhaltens (siehe Kap. 2) eingegangen wurde, soll hier der Etikettierungsansatz näher dargestellt werden.

Das Verhalten eines Menschen wird von gesellschaftlichen, institutionellen und persönlichen Normen oder Wertvorstellungen aus beurteilt. Bei der Abweichung von solchen gruppenimmanenten Standards wird diesen Personen oft ein einseitig gefasstes Merkmal, ein Etikett, zugeschrieben. Sogenanntes normabweichendes Verhalten von Schülern wird dann meist als faul, aufsässig, aggressiv, verwahrlost, verhaltensgestört, ängstlich oder neurotisch etikettiert. Diese Etikettierung, die häufig auf einem vorschnellen und undifferenzierten Urteil beruht und eine bloße Kategorisierung bezweckt, ist ein sehr komplexer Vorgang. Uhlmann & Krasner kommen zu dem Ergebnis: „Verhalten, das abnorm genannt wird, muss als Wechselwirkung von drei Variablen erforscht werden: dem Verhalten selbst, seinem sozialen Kontext und einem Beobachter, der sich in einer Machtposition befindet" (1969, 21).

Das Verhalten selbst Ein Schüler tut irgend etwas ...	-	z. B. die Mitarbeit verweigern, jemanden schlagen, in die Gegend starren, sich „schlampig" kleiden
Der soziale Kontext unter bestimmten Bedingungen ...	-	z. B. im Unterricht - 5. Stunde - Streit in der Pause gehabt; während der Schulfeier
Der Beobachter in einer Machtposition das jemanden so sehr erregt, ärgert, wütend macht oder stört, ...	-	z. B. Lehrer, Schulleiter, Kollegen, Eltern
so dass bestimmte Handlungen unternommen werden ...	-	z. B. der Schüler wird zum Schulleiter geschickt, das Jugendamt wird benachrichtigt, die Polizei wird gerufen, ein Besuch beim Psychiater wird empfohlen, man plant, das Individuum einzusperren
Die Kategorisierung des Verhaltens/die Bezeichnung der Störung durch die die Beurteiler („Etikettierer") der Gesellschaft von Amts wegen in Kontakt mit dem Individuum kommen und ...	-	z. B. Psychologen, Sonderschullehrer, Ärzte, Psychiater, Richter, Sozialarbeiter
bestimmen, welches derzeit übliche Beurteilungsraster (Etikett) am besten passt	-	z. B. verhaltensgestörte, aggressive, ängstliche, psychopatische Persönlichkeit

Abb. 6: Etikettierungsmodell

Verhaltensauffälligkeiten sind also weder durch Eigenschaften des Handelns - abgesehen von somatisch bedingten Störungen - noch durch den Verstoß gegen Regeln und Normen allein zu beurteilen, sondern es bedarf der Einbeziehung des sozialen Umfeldes des Abweichenden und vor allem der Reaktionen der Instanzen sozialer Kontrolle, die ein Verhalten als abweichend bezeichnen. Letztendlich können wir sagen: Abweichendes Verhalten ist keine Qualität, die im Verhalten selbst liegt, sondern in der Interaktion zwischen einem Menschen, der eine Handlung begeht, und Menschen, die darauf reagieren. Unter diesem Aspekt wird die Nähe zum kommunikationstheoretischen Ansatz deutlich.

3.7 Die ökologische Sichtweise

(nach Benckmann in Mutzeck 1990)

In der ökologischen Sichtweise manifestiert sich abweichendes Verhalten als wechselseitige Störung der Anpassung des Individuums sowie seiner Umwelt. Die Störungsursachen werden nicht im Individuum lokalisiert. Sie liegen vielmehr in dem aus dem Individuum und seiner Umwelt bestehenden Ökosystem.
Zum Ökosystem eines Kindes gehören - auf der Mikroebene - z. B. seine Angehörigen, seine Spielgefährten, die räumliche Wohnumgebung sowie alle weiteren sozialen und materiellen Faktoren seiner unmittelbaren Umwelt.
Solange die verschiedenen Kräfte dieses Systems harmonisch zusammenwirken, besteht Kongruenz in den Kind-Umwelt-Beziehungen. Verhaltensauffälligkeiten dagegen zeigen Inkongruenz oder fehlende Balance eines Ökosystems an. Sie verweisen auf spezifische Verhaltensorte oder Situationen, in denen die Interaktion zwischen dem Kind und seinem Ökosystem gestört oder beeinträchtigt erscheint. Für die Anwendung angemessener Interventionen zur Wiederherstellung einer Balance, mit der gleichsam ein Niveau für kompetentes Funktionieren, für Entwicklung und Wachstum erreicht wird, ist die Analyse des Zusammenhanges von individuellem Handeln und Umweltfaktoren eine wichtige Voraussetzung. Fehlende Balance stellt sich z. B. auf Grund von Disparität zwischen den Fähigkeiten, Bedürfnissen und/oder Ansprüchen des Kindes und den Anforderungen oder Erwartungen signifikanter Bezugspersonen seiner Umwelt ein. Eine pädagogische Aufgabe kann es dann sein, dem Kind die nötige soziale und kognitive Kompetenz zu vermitteln, damit es diesen Anforderungen gerecht werden kann, oder aber den Umweltdruck zu reduzieren, um das Eintreten von Situationen zu verhindern, die Störungen produzieren oder zu ihrer Manifestierung beitragen.
Einige für die Verhaltensgestörtenpädagogik bedeutsame Basisannahmen des ökologischen Störungs- und Änderungsmodells lassen sich wie folgt skizzieren:

- Jedes Kind ist Teil eines Ökosystems, mit dem es untrennbar verbunden ist. Es lebt in einem Kontext, der einzigartig ist. Die Kenntnis dieses Systems ist wesentlich für das Verständnis des Kindes und seiner Probleme sowie für die Planung und Durchführung von Maßnahmen zur Behebung von Systemstörungen. Ökologische Systeme können sich über die Zeit verändern und mehr oder weniger komplexe Strukturen aufweisen.

- Das Kind ist nicht bzw. nicht allein „gestört": Vertreter des ökologischen Ansatzes gehen davon aus, dass Störungen durch die Interaktion des Kindes mit seiner Umwelt hervorgerufen werden. Verhaltensabweichungen beruhen nicht auf individuellen Defiziten; sie werden durch Systemstörungen verursacht und sind ein Indikator von Inkongruenz bzw. fehlender Balance im System. Als emotional oder verhaltensgestört bezeichnete Kinder repräsentieren gestörte Systeme. Letztere beeinflussen die Interaktionen zum einen durch Bedingungen, die das Auftreten von Verhaltensdevianzen begünstigen (z. B. zu hohe Anforderungen in der Schule), zum anderen durch Kontrollinstanzen, die ein bestimmtes Verhalten als störend oder gestört identifizieren. Angenommen wird, dass Störungen des Ökosystems eines Kindes durch ausreichende Information, Bereitstellung und Koordination geeigneter Hilfen und Unterstützungsmaßnahmen behoben werden können.

- Interventionen zur Überwindung von Inkongruenzen müssen Änderungen im ökologischen System herbeizuführen suchen, in dem die Störung auftritt. Dies bedeutet, dass die Intervention nicht nur auf Verhaltensänderungen beim Kind gerichtet ist, sondern primär darauf, das „Funktionieren" des Systems zu verbessern. Allgemeines Ziel ist die Entwicklung von Kongruenz bzw. Veränderungen zu bewirken, die es ermöglichen, dass schließlich das Setting ohne Unterstützung funktionieren kann. Kinder mit abweichendem Verhalten sollen daher nach Möglichkeit auch nicht aus dem Setting entfernt werden, in dem die Störung sich manifestiert, etwa in ein Heim gegeben, dort „behandelt" werden und in eine unveränderte Umgebung zurückkehren.

- Interventionen in einem komplexen System können nicht vorhersehbare Folgen haben. Zusätzliche bzw. Neben-Effekte - beabsichtigte oder unbeabsichtigte - können eintreten. Unerwünschte Nebenwirkungen sind vor allem dann nicht auszuschließen, wenn wesentliche Elemente des ökologischen Systems bei der Veränderungsplanung unberücksichtigt bleiben. Da sich Situationsvariablen eines Ökosystems in kurzer Zeit ändern können und einander ähnliche Settings einen unterschiedlichen Einfluss auf Kinder auszuüben vermögen, erscheint es unangemessen, eine Art

„Meisterplan" zu fordern, in dem festgelegt ist, welche Variablen in jedem Fall von Systemstörungen zu ermitteln sind.

3.8 Die entwicklungstherapeutische Sichtweise

(*nach Benkmann in Fitting 1993*)

Es wird angenommen, dass sich menschliche Entwicklung in hierarchisch gestuften Sequenzen vollzieht. Im Hinblick auf den Bereich der Förderung von Schülern mit Verhaltensstörungen sind bisher zwei - wenn auch nicht klar voneinander abgrenzbare, so doch in einigen Aspekten durch Akzentsetzung unterscheidbare - Modellkonzeptionen entwickelt worden: Die eine akzentuiert die Prozeßhaftigkeit in der Ausformung kognitiver Funktionen, emotionaler Kräfte und interpersonaler Fähigkeiten durch Schule und Unterricht mit dem Ziel einer ganzheitlich ausgerichteten Entwicklungsförderung. Die andere stellt dem Pädagogen zentral die Aufgabe der Vermittlung unterrichtsbezogener Fertigkeiten in Bezug auf Lernen und Verhalten, vielfach unter besonderer Berücksichtigung von Vorgehensweisen, wie sie bei der Aufgaben- und Verhaltensanalyse angewendet werden.
Das entwicklungstherapeutische Konzept betont die wechselseitige Beeinflussung von schrittweise erfolgenden Entwicklungsprozessen und der pädagogischen Umgebung als Agens der Entfaltung individueller Fähigkeiten. Der Entwicklungstherapie liegen folgende fünf Basisannahmen zugrunde:

1. Normale und unauffällige Verhaltensweisen sind bei Kindern der angesprochenen Zielgruppe eng mit gestörten Funktionen verwoben, und es ist oft schwierig, sie voneinander abzugrenzen. Die gesunden, normalen Verhaltens- und Erlebnisweisen bei einem Problemkind werden leicht übersehen oder als untypisch fehlinterpretiert. *Implikationen für die Entwicklungstherapie*: Aufgrund dieser Verflechtung hat eine Förderung beides - sich normal entwickelnde und gestörte Funktionen - zu berücksichtigen, andernfalls läuft sie Gefahr, Entwicklungsdefizite und Verhaltensprobleme zu sehr zu betonen und entwicklungsfördernde Prozesse zu wenig zu beachten. Wenn die positiven Ansätze in der Therapie genutzt werden, ist häufig ein rascher Fortschritt zu verzeichnen.

2. Die normale seelische Entwicklung vollzieht sich in hierarchisch geordneten Stufen und Sequenzen. Diese Sequenzen bringen von Natur aus erhebliche Veränderungen während des Entwicklungsprozesses mit sich und führen oft in relativ kurzer Zeit zu völlig neuen Verhaltensweisen und einem erweiterten Verhaltensrepertoire, sowohl bei sich normal entwi-

ckelnden als auch bei Kindern mit Verhaltensstörungen. *Implikationen für die therapeutische Förderung*: Letztere sollte spontane Veränderungen im Entwicklungsgeschehen beachten und nach Möglichkeit in die Therapie einbeziehen. Für eine erfolgreiche therapeutische Intervention haben diese spontanen Veränderungen vielfach eine Schlüsselfunktion. Positive Verhaltensweisen treten dann auf, wenn unangemessenes Verhalten daran gehindert wird, in Erscheinung zu treten und gleichzeitig entwicklungsgemäßes Verhalten (verstärkt) gefördert wird.

3. Der normale Entwicklungsprozess ist individuell und einzigartig, erfolgt jedoch schrittweise und ist vorhersehbar. Er vollzieht sich in Abhängigkeit von bestehenden Umweltbedingungen, biologischen Faktoren und lerngeschichtlich bedeutsamen Fakten. *Implikationen für die Entwicklungstherapie*: Der therapeutische Prozess, der auf Veränderung und Wachstum zielt, sollte im Hinblick auf zwei Gesichtspunkte geplant werden:

   a) in Bezug auf die allgemeinen Verläufe der normalen Entwicklung bei allen Kindern und

   b) im Blick auf die individuellen Entwicklungsmuster eines bestimmten Kindes, seine Stärken und Schwächen, die sich beim Auftreten bzw. Ausbleiben wichtiger Entwicklungsschritte manifestieren.

4. Das Wissen des Kindes bzw. Jugendlichen von sich selbst, sein Selbstvertrauen und seine Bereitschaft, sich in ihm nicht vertraute, Unsicherheit hervorrufende Situationen zu begeben, erwächst aus häufig freudvoll erlebten und befriedigenden Erfahrungen. *Implikationen für die Therapie*: In dem Maße, wie der Schüler erfolgreiche, befriedigende und Freude bereitende Verhaltensweisen erlernt, wird er nicht mehr auf „pathologische" und unangemessene Verhaltensäußerungen beharren. Die pädagogisch-therapeutischen Bemühungen müssen dem Schüler Möglichkeiten eröffnen, Erfolge zu erleben, und der Lehrer muss fähig sein, ihm diese Erfolge bewusst zu machen. Sofern die Therapieerfahrung dem Kind bzw. dem Jugendlichen Freude und Befriedigung vermittelt, wird es bzw. er die neuen Verhaltensweisen assimilieren. Sind seine Erfahrungen jedoch erschreckend, verwirrend, undurchsichtig, bedeutungslos oder beinhalten sie Misserfolge, wird der Schüler diese Situationen und Beziehungen meiden, an negativen Reaktionen festhalten oder neue problematische Verhaltensweisen erlernen.

5. Wichtig für das Lernen und die Entwicklung des Schülers sind Erfahrungen, die er selbst macht sowie ein handelnder Umgang mit Dingen und Personen. Was der Schüler tut, ist oft bedeutsamer als das, was er nur (mit dem Kopf) lernt. Bedeutung bekommen die Dinge für den Schüler durch Erfahrung. *Implikationen für die Therapie*: Sie betont die Erfahrung als eine wesentliche Entwicklungsstimulanz, d. h. es soll eher durch Erfahrung als durch Worte gelernt werden. Die Therapie muss auch eine Bedeutung für die eigene Welt des Kindes bzw. Jugendlichen außerhalb des schulischen Unterrichts gewinnen. Der Schüler soll die in der Therapie gelernten Handlungsmöglichkeiten mit deutlichem Erfolg auf die reale Lebenssituation übertragen können. Die Transferbedingungen sind durch Beratung und Anleitung aller beteiligten (Bezugs-)Personen zu planen und zu unterstützen. Zu fordern ist, dass Schüler diese Erfahrungen in einer möglichst „normalen" Umgebung machen, d. h. in einem kulturellen Bezugsrahmen mit der geringst möglichen Einschränkung durch Isolierung.

Auf diesen Basisannahmen beruht das entwicklungstherapeutische Curriculum, das gleichsam der Dreh- und Angelpunkt des Modells ist.

3.9 Die kommunikationstheoretische Sichtweise

Unter Kommunikation (soziale Interaktion) wird das wechselseitige aufeinander bezogene Verhalten von zwei oder mehr Personen verstanden. Unter diesem werden die verbale und die nichtverbale Kommunikation subsumiert. Genauer gesagt sollen bei der Beschreibung und Erklärung zwischenmenschlicher Kommunikation nach Möglichkeit folgende Bereiche berücksichtigt werden:

- Verbales Verhalten:
  Sachinhalt der Kommunikation

- Vokale Verhaltenskomponenten:
  Stimmqualität: Lautstärke, Tonhöhe, Stimmvolumen, Klangfarbe; Sprechweise: Betonung, Tempo, Zögern, einschließlich paraverbaler Äußerungen (äh, öh, emm etc.), Pausen, Dehnen und Verschlucken von Wortteilen

- Nonverbales Verhalten:
  Grobmotorische Tätigkeiten

– Nonverbales nonvokales Verhalten:
  Blickkontakt, Gestik, Mimik.

Vokale sowie nonverbale, nonvokale Verhaltensweisen werden meist nicht oder kaum beachtet, aber gerade diese Zeichen zwischenmenschlicher Mitteilungen und Interaktionen sind für die Bedeutung eines Verhaltens besonders entscheidend. Eine genaue Beschreibung der verbalen und nonverbalen Teile einer Kommunikation ermöglicht z. B. die Feststellung, ob die Inhaltsebene und die Beziehungsebene einer Mitteilung übereinstimmen.
Bei der Analyse und Erklärung von sozialen Interaktionen (interpersonellen Verhaltensereignissen) ist nach den Bedingungen zu fragen, die Einfluss auf eine Person haben (also den mitgeteilten Informationen auf der Inhalts- und Beziehungsebene, siehe Abb. 7) sowie nach deren Empfang und den daraus folgenden Auswirkungen beim Interaktionspartner.
Das heißt, beim kommunikationstheoretischen Ansatz geht man davon aus, dass das Verhalten eines Individuums nicht isoliert zu sehen ist. Vielmehr ist es durch das Verhalten anderer Personen bedingt und wirkt gleichzeitig auch auf deren Verhaltensweisen. Mit anderen Worten: Das Individuum ist also nicht „aus sich allein" heraus in seinen Handlungen zu verstehen, sondern seine Reaktionen sind nur im Zusammenhang mit den Reaktionen der übrigen Handelnden zu begreifen.
Wir sprechen hier von dem Wirkungsgefüge zwischenmenschlicher Beziehungen. Kommunikationstheoretisch heißt das, Personen sind als Empfänger und Sender von Botschaften zu sehen (siehe Abb. 7). Botschaften oder Kommunikationen können verbal oder nonverbal sein (Inhalt, Tonfall, Mimik, Blickkontakt, Gestik). Pädagogisch gesehen bedeutet das kommunikationstheoretische Erklärungsmodell, dass Art und Weise, wie Lehrer und Schüler miteinander umgehen (kommunizieren), speziell berücksichtigt und untersucht werden müssen.
Die drei wichtigsten Axiome (nicht weiter hinterfrag- und beweisbare Grundsätze) der Kommunikationstheorie Watzlawicks (1969) stellen das Kernstück dieses Modells zur Erklärung von Verhalten und von Verhaltensstörungen dar, die hier als Kommunikationsstörung bezeichnet und analysiert werden:

1. *Man kann sich nicht nicht verhalten. Auch Schweigen, Sich-Abwenden, Still-Dasitzen usw. ist Verhalten und drückt eine Botschaft aus.*

   Dieser Kernsatz geht von der Einsicht aus, dass Menschen, immer wenn sie sich wahrnehmen und miteinander in Beziehung treten, kommunizieren. Die Kommunikationstheorie nennt dies eine *face-to-face-Situation,* also eine Situation „von Angesicht zu Angesicht". Selbst wenn die betreffenden Personen nicht miteinander sprechen, sich gar voneinander abwenden, gibt ihr Verhalten dem Kommunikationspartner eine bestimmte Information. Diese Unmöglichkeit, in face-to-face-Situationen *nicht* zu kommunizieren, ist darin begründet, dass alle an der Kommunikation beteiligten Personen ständig das Verhalten der Partner in Bezug auf sich interpretieren.

2. *Jede Kommunikation hat einen Inhalts- und einen Beziehungsaspekt, wobei der Beziehungsaspekt dem Inhaltsaspekt übergeordnet ist und daher dessen Verständnis mitbestimmt.*

Während der Inhaltsaspekt einen Sachverhalt (Daten, Fakten) mitteilt, kommuniziert der Beziehungsaspekt, der sich durch Mimik, Gestik, Tonfall usw. ausdrückt, die zwischenmenschlichen Beziehungen zwischen Sender und Empfänger. Mit anderen Worten: Auf der „sachlichen" Ebene werden die Inhalte mitgeteilt, auf der „Beziehungsebene" wird kommuniziert, wie diese Inhalte aufzufassen sind.
Der Beziehungsaspekt ist sehr wesentlich für den Erfolg einer Kommunikation, denn wenn auf der Beziehungsebene keine Verständigung hergestellt werden kann, wird auch der inhaltliche Informationsaustausch stark beeinträchtigt und ein Verständnis auf dieser Ebene sehr erschwert. So gesehen erfolgt auf der Beziehungsebene einer Kommunikation eine Information *über* die Information, die als Aussage auf der Inhaltsebene der Mitteilung gegeben wird. In diesem besonderen Sinn ist die Beziehungsebene dann der Inhaltsebene übergeordnet - man sagt: sie ist die *Meta-Ebene der Kommunikation.*
Zu einer Kommunikationsstörung kommt es vor allem dann, wenn Inhalts- und Beziehungsaspekt nicht übereinstimmen. Der Empfänger einer solchen „doppelbödigen" Mitteilung ist damit einer sogenannten Doppelbindungs-Situation, einer Beziehungsfalle ausgesetzt und steht in einem mehr oder weniger schweren Konflikt. Die betroffene Person kann zwar die beiden sich widersprechenden Aussagen der Kommunikation unterscheiden, eine echte Entscheidung für eine der (scheinbaren) Alternativen ist aber unmöglich.
Eine Beeinträchtigung der Kommunikation kann auch durch das Einwirken innerer und äußerer Störquellen (siehe Abb. 7) hervorgerufen werden:

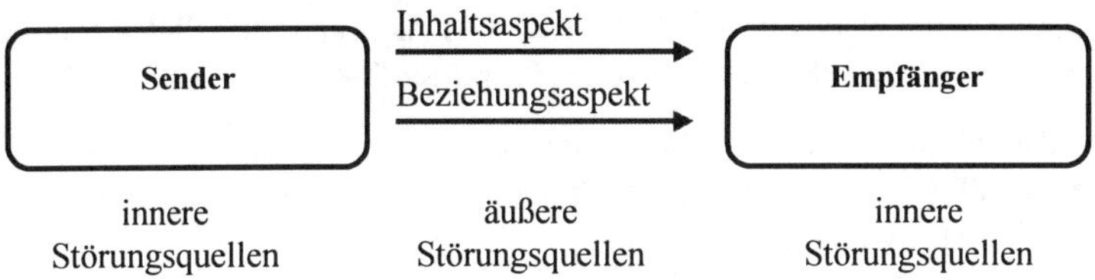

Innere Störungsquellen:
Sinnesmängel / Intelligenz / Konzentrationsfähigkeit / Befinden (z.B. Ermüdung, Geräuschempfindlichkeit, innere Ablenkungen wie Schmerzen etc.) / emotionale Faktoren (Lerngeschichte, Reizereignisse).

Äußere Störungsquellen:
situative Bedingungen (wie schlechter Blickwinkel, Entfernung, äußere Ablenkungen).

Abb. 7: Kommunikationsschema

3. *Die Natur einer Beziehung ist durch die Interpunktion (Gliederung) der Kommunikationsabläufe durch die Partner bedingt.*

Nach Auffassung von Watzlawick u. a. liegt die Ursache vieler Beziehungskonflikte in Unstimmigkeiten bei der *Interpunktion* von Ereignisfolgen. D. h. oft lassen sich Anfang und Ende eines Kommunikationsablaufs nicht bestimmen bzw. eine Feststellung der Ursache eines sozialen Konflikts trägt nicht zu dessen Lösung bei. Dies lässt sich an zwei Beispielen verdeutlichen:

1. Beispiel:

Ein Ehemann kommt häufig betrunken nach Hause. Seine Frau schimpft jedes Mal mit ihm, mit immer zunehmender Heftigkeit. Er sagt: „Ich trinke, weil du dauernd schimpfst." Sie sagt: „Ich schimpfe, weil du dauernd trinkst."

2. Beispiel:

Ein Lehrer ist schlecht auf Peter zu sprechen - und Peter ist über den Lehrer verärgert. Die Situation lässt sich folgendermaßen kennzeichnen:

- *Aus der Perspektive von Peter:* Peter stört den Unterricht und ist faul, weil der Lehrer ihn immer öffentlich tadelt.

– *Aus der Perspektive des Lehrers:* Der Lehrer tadelt Peter vor der Klasse, weil er den Unterricht stört und faul ist.

Der Beziehung „Peter - Lehrer" liegt eine Störung zugrunde, die sich verselbstständigt hat und sich kreisförmig nach immer demselben Muster wiederholt.

Jeder der Kommunizierenden erklärt sein Verhalten aus dem vorangegangenen des anderen. Dabei sind sie unfähig, ihr Verhalten als Voraussetzung für das Verhalten des anderen zu begreifen. Mit anderen Worten: Mann und Frau bzw. Lehrer und Schüler sind nicht in der Lage, ihre jeweilige Interpunktion der Ereignisfolgen zu verändern; bei ihnen ist keine Verständigung *über ihr kommunikatives Verhalten* möglich, in der sie ihr Verhalten als Ursache des kritisierten Verhaltens des anderen begreifen könnten.

3.10 Die lerntheoretischen Sichtweisen

(*nach Mutzeck 1976*)

Sie bestehen vor allem aus den Modellen des klassischen Konditionieren, des operanten Konditionieren sowie des Modelllernens und geben für das Erkennen und Verstehen von Verhaltensstörungen eine weitere grundlegende Hilfe. Verhalten wird, abgesehen von angeborenen Reflexen, Instinkten sowie Verhaltenskomponenten, die durch organische Schädigungen bedingt sind, *gelernt,* wobei die Anlage und die Reize der Umwelt den Lernprozess bestimmen. Lerntheoretisch lässt sich Verhalten folgendermaßen definieren, wobei die Variable Organismus im jeweiligen Anwendungsfall mit zu berücksichtigen ist: Verhalten wird durch die ihm vorausgehenden Ereignisse (Praesequenzen) direkt und durch die ihm nachfolgenden Ereignisse (Konsequenzen) indirekt gesteuert.

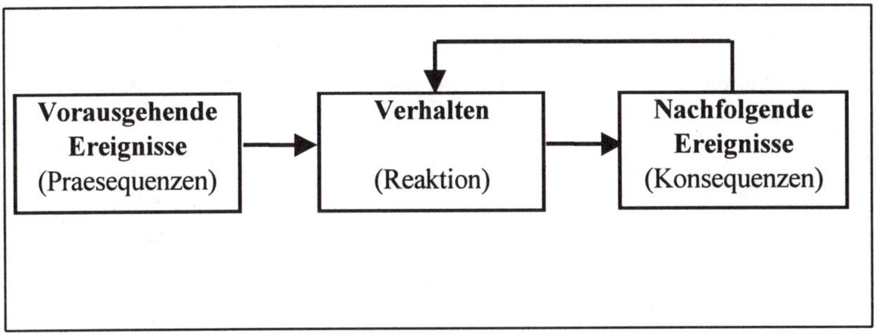

Abb. 8: Grundmodell der Beziehungen zwischen Verhalten und seinen Bedingungen

Neben den Konsequenzen, den verschiedenen Formen der Verstärkung und Bestrafung, sind die Praesequenzen besonders wichtig. Sie sind pädagogisch gesehen vor allem als motivierende Aufbereitung und als Einsicht gewährende, aktivierende Hilfestellung zu verstehen.
Das lerntheoretische Modell zeigt, dass nicht nur das normale Verhalten, sondern auch die Verhaltensstörungen in einem funktionalen Bedingungsgefüge stehen. Der entscheidende Schritt dieses Modells ist deshalb die Verhaltensanalyse, d. h. das Herausfinden der einzelnen Bedingungen, die die Verhaltensstörung in Gang gesetzt haben und die sie aufrechterhalten. Dabei ist es wichtig, dass das Verhalten selbst wie die es steuernden Bedingungen weitestgehend operational beschrieben werden.
Neben diesen situativen Ursachen, den auslösenden und den aufrechterhaltenden Faktoren, sind auch lerngeschichtliche Ursachen mehr oder weniger von Bedeutung. Für den Erwerb neuer Verhaltensweisen spielt das Lernen durch Beobachtung (Modell-, Imitationslernen) eine entscheidende Rolle. So kann auch eine Bezugs- oder eine Autoritätsperson als negatives Modell dienen und das Auftreten von Verhaltensstörungen bedingen.

Operantes Konditionieren

Das Grundprinzip bei der Verhaltensmodifikation, von dem alle anderen Prinzipien abhängen, heißt: Verhalten wird durch Konsequenzen kontrolliert, die ihm unmittelbar folgen, wobei vor allem das besondere Verhältnis der Konsequenz zum Verhalten (Reaktion) wichtig ist. Konsequenzen (dem Verhalten folgende Ereignisse) beeinflussen entscheidend die Wahrscheinlichkeit des Wiederauftretens des betreffenden Verhaltens.

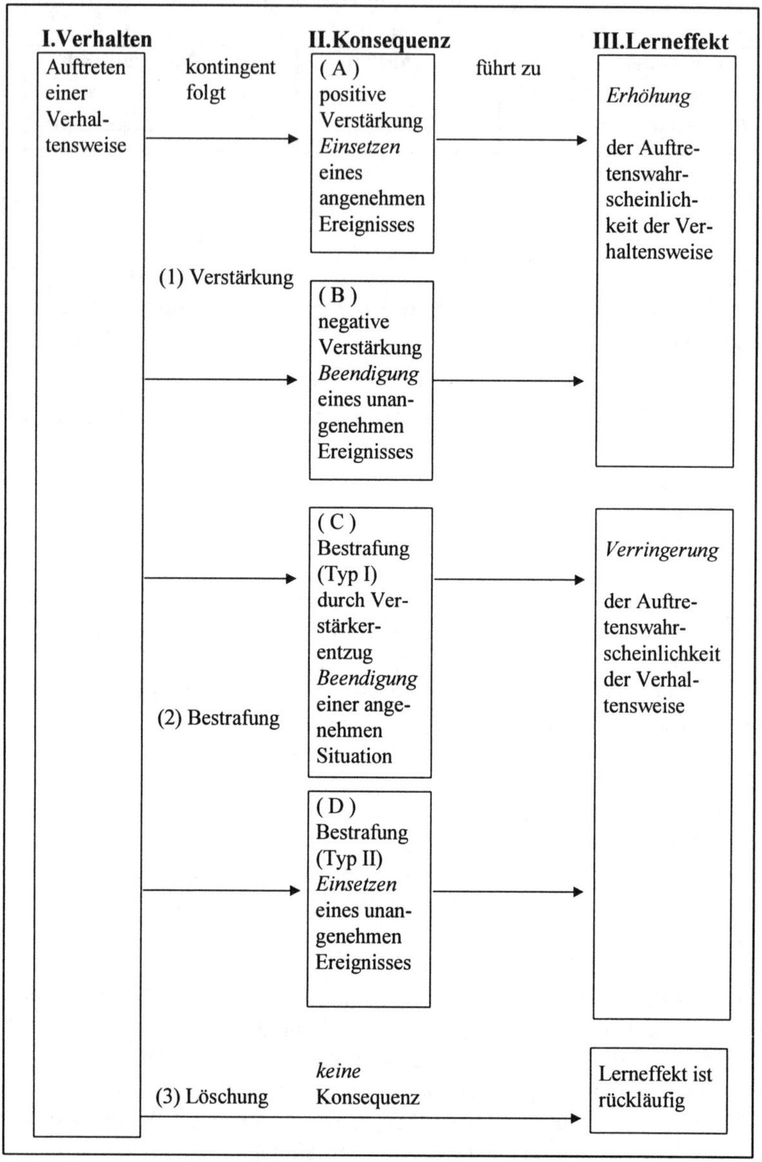

Abb. 9: Zusammenfassende Darstellung der Lernprinzipien des operanten Konditionierens

Konsequenzen können bestimmte Lernprozesse bewirken und zu folgenden Lerneffekten führen:

- *Erhöhung* der Auftretenswahrscheinlichkeit der Verhaltensweise,
- *Verringerung* der Auftretenswahrscheinlichkeit der Verhaltensweise, *Rückläufigkeit* der Lerneffekte (Extinktion = Löschung des Lerneffektes).

Welcher der möglichen Lernprozesse bewirkt wird, hängt davon ab, ob eine Konsequenz auf ein definiertes Verhalten
- ein angenehmes oder
- ein unangenehmes Ereignis

für das betreffende Individuum ist und ob die Konsequenz den Zustand
- des Einsetzens oder
- der Beendigung

beinhaltet.

Die Abläufe der einzelnen Prozesse sind in der Abbildung 9 vereinfacht dargestellt. Die Konsequenzen lassen sich in vier Kategorien (A-D) einteilen, wobei sich jeweils zwei Kategorien zur „Verstärkung" (1) und zu „Bestrafung" (2) zusammenfassen lassen.

Klassisches Konditionieren

Mit dem klassischen Konditionierungsmodell können bestimmte Verhaltensweisen erklärt werden, die nicht durch Konsequenzen, sondern durch angeborene Auslöser und erworbene Valenzen (CS) kontrolliert werden. Bestimmte Ereignisse (US) können ohne Lernprozess eine spezifische Reaktion (UR) auslösen. So können u. a. sehr laute Geräusche, wie z. B. jemanden anschreien, Schreck oder Angstreaktionen auslösen. Diese Art Stimuli werden angeborene, unkonditionierte Stimuli (US), die durch sie ausgelösten Reaktionen unkonditionierte Reaktionen (UR) genannt. Wird nun ein anderer neutraler Stimulus (NS), z. B. ein Klassenzimmer, mit dem unkonditionierten Stimulus (US), also dem Anschreien, oft gekoppelt, übernimmt nach gewisser Zeit der neutrale Reiz die Eigenschaft des unkonditionierten Reizes und löst als sekundärer Reiz die spezifische Reaktion aus. So kann z. B. das Betreten des Klassenzimmers oder schon der Gedanke an dieses Angstreaktionen auslösen. Der neutrale Stimulus (NS) ist nun zum konditionierten Stimulus (CS) und die von ihm ausgelöste Reaktion zur konditionierten Reaktion (CR) geworden.

Gleiches gilt auch für die Koppelung eines neutralen Stimulus (NS) mit einem konditionierten Stimulus (CS).

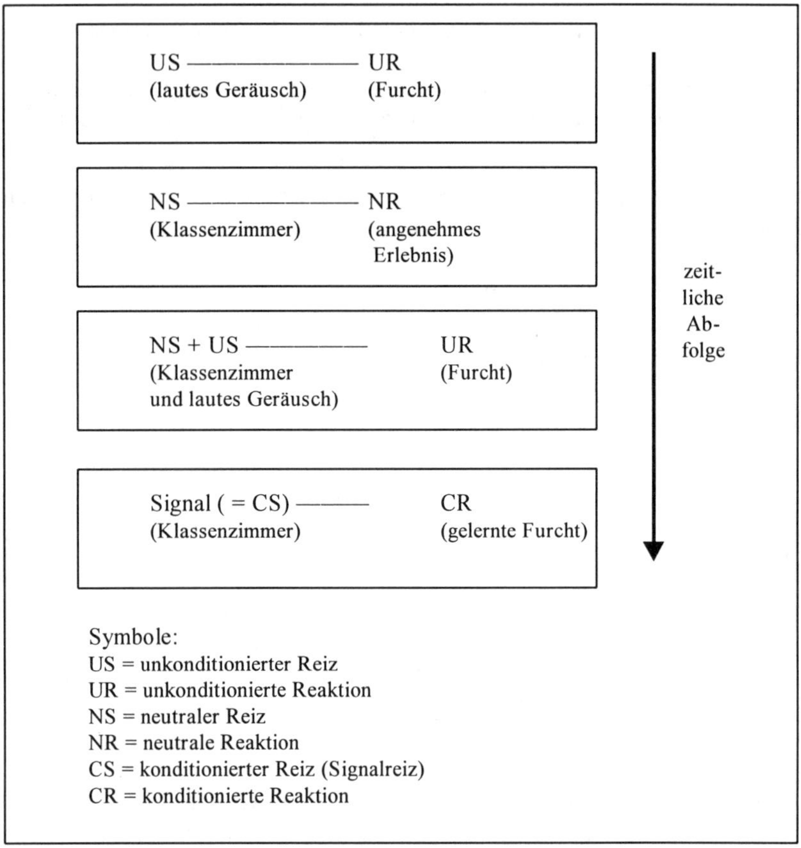

Abb. 10: Schema einer klassischen Konditionierung

Modelllernen

Eine weitere Grundlage der lerntheoretischen Sichtweisen ist das Lernen am Modell, kurz als Modell- oder Beobachtungslernen bezeichnet. Dabei geht es um das Lernprinzip, dass sich ein Individuum Verhaltensweisen als Folge von Beobachtung - sei es ggf. auch nur aufgrund übermittelter Information - durch Nachahmung erwerben kann. Ob das beobachtete Verhalten eines Modells in das Verhaltensrepertoire des Beobachters aufgenommen wird, hängt von verschiedenen Merkmalen dieses Modells ab, etwa ob sie den Beobachter, z. B. emotional, ansprechen. Die Wahrscheinlichkeit der Realisierung der beobachteten Verhaltensweise, sofort oder später, in einer der Modellsituation entsprechenden Situation, wird dadurch beeinflusst, dass der Beobachter selbst oder auch stellvertretend sein Modell für die Ausführung der Verhaltensweise verstärkt wird. Ein guter Lerneffekt zeigt sich auch, wenn ein Dritter (eine Person oder Gruppe) das Modellverhalten durch verbale Beschreibung, die möglichst auf eine Verstärkung hinweist, begleitet oder nachvollzieht. Durch Beobachtungslernen können auch komplexere Verhaltensweisen und längere Verhaltenssequenzen relativ schnell erlernt werden. Besonders im Bereich der Sprache und der sozialen Verhaltensweisen hat sich das Modelllernen als erfolgreich und ökonomisch erwiesen.

3.11 Handlungstheoretische Sichtweise zur Erklärung von Verhaltensstörungen

3.11.1 Einleitung

Der handlungstheoretische Ansatz soll, wie schon gesagt, ausführlicher dargestellt werden, da in dieser Sichtweise z. T. nicht nur mehrere der oben genannten Ansätze vereint sind, sondern auch eine große Praxisnähe gegeben ist. Ferner sind in dieser Zugangsweise zu normalem wie abweichendem Verhalten die eingangs aufgeführten Kriterien und Forderungen (siehe Kap. 3.1) erfüllt. Eine ausführliche Darstellung ist zu finden in Mutzeck (1988 und 1999).

3.11.2 Grundlagen des handlungstheoretischen Ansatzes

Umgangsweisen in der Erziehung, Unterrichtung, Diagnostik, Beratung und Therapie bei Menschen mit Verhaltensstörungen sollten auf dem Hintergrund der zugrundegelegten Menschbildannahmen und Konzeption von Handlung und Störung (Abweichungen) gesehen werden. Diese Explikation (Offenlegung und Erklärung) des Gegenstandsverständnisses lässt sich durch eine Rahmen-(Schachtel-)konzeption am deutlichsten veranschaulichen (siehe Abb. 11).

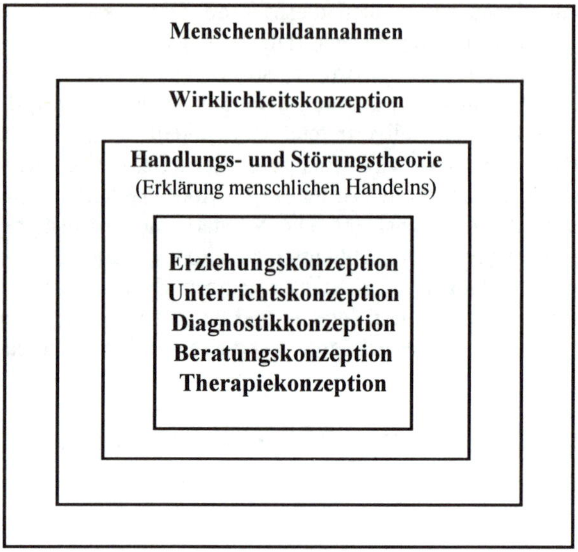

Abb. 11: Bezugsrahmen und Bestandteile des handlungstheoretischen Ansatzes

Grundlage des handlungstheoretischen Modells sowie Basis für alle weiteren Konzeptionen sind die Menschenbildannahmen.
Mit der nachfolgenden Konzeption muss die Frage geklärt werden, aufgrund welcher Wirklichkeit menschliches Handeln geplant und ausgeführt wird. Die darunter liegende Konzeption ist die Handlungs- und Störungstheorie. Mit ihr soll menschliches Handeln in seiner normalen und abweichenden Vorkommensweise erklärt werden können. Die drei Rahmen bilden die Metatheorie für die Konzeption von konkreten Handlungsbereichen, z. B. für Erziehung, Unterricht, Diagnostik, Beratung und Therapie.
Menschenbildannahmen und Handlungs- und Störungstheorien dienen als Orientierung für Entwicklung und Weiterbildung von Konzeptionen für die Alltagspraxis. Sie haben eine kreierende, eine regulative und eine korrektive Funktion. Diese grundlegenden Bezugsrahmen sollen nicht nur in sich, sondern auch zueinander stimmig sein, so dass sich eine Übereinstimmung (Kongruenz) und Widerspruchslosigkeit (Konsistenz) zu den Anwendungsbereichen (Erklärungs- und Umgangsweise) ergeben kann.

3.11.3 Menschenbildannahmen

Ob wir über Menschen forschen, ob wir sie diagnostizieren, unterrichten, erziehen, therapieren oder beraten, bei keiner dieser Tätigkeiten arbeiten wir ohne grundsätzliche Vorstellungen vom Menschen. Jedes Mal haben wir, zumindest implizit, Annahmen und Sichtweisen über die grundsätzlichen Fähigkeiten und das Funktionieren von ihnen. Der Zugang zum Gegenstand Mensch ist also nicht voraussetzungsfrei. Das Gegenstandsverständnis, mit anderen Worten, die zugrunde gelegte Menschenbildkonzeption, beeinflusst die Betrachtungs- und Umgangsweise auf vielfältige Art, z. B. wie der Berater das Gespräch strukturiert, ob er bestimmte Beratungsbedingungen herstellt oder nicht. Personen, die eine Konzeption zu Erziehung, Unterricht, Diagnostik, Beratung oder Therapie erstellen, seien es Wissenschaftler oder Praktiker, sollten deshalb allen Anwendern, die mit dieser Konzeption arbeiten wollen, auch ihre zugrunde gelegten Menschenbildannahmen zugänglich machen. Das Gegenstandsverständnis, das jeweilige Menschenbild, gibt den Rahmen, in dem Konzeptionen formuliert werden (siehe Abb. 5 und 11).
Der handlungstheoretische Ansatz orientiert sich an einem humanistischen Menschenbild, welches seine Wurzeln in der „Psychologie des reflexiven Subjekts" (*Groeben & Scheele 1977*) und ferner in den Ansätzen der personenzentrierten, der systemischen, der kommunikationstheoretischen und der gestalttheoretischen Psychologie hat.
Der Mensch ist ein ganzheitliches Wesen, welches von seinen generellen Möglichkeiten her (potentiell) die Fähigkeiten des Denkens einschließlich des Entscheidens und Wollens, des Fühlens, des Sprechens und Handelns besitzt. Bezugssystem dieser potentiellen Fähigkeiten sind dessen Körperlichkeit und Spiritualität einerseits und die Umwelt, Sozialität und Historizität andererseits. Der Mensch kann zu sich selbst in Beziehung treten (Intraaktion) und zu seiner Umwelt, insbesondere zu seinen Mitmenschen (Interaktion). Er ist ein potentiell aktives Wesen.

Zur Einordnung des Gegenstandsverständnisses:

Die im folgenden explizierten Menschenbildannahmen sind die für diesen handlungstheoretischen Ansatz wesentlichsten, geben aber noch kein vollständiges Bild des Menschen wieder, was auch nicht beabsichtigt ist. Es handelt sich um ein ideales Bild vom Menschen, welches als eine regulative Zielidee zu sehen ist. Diese dient zur Orientierung und zur Korrektur vor allem bei der Methodenkonzeption und -anwendung. Auch wenn die Grundannahmen menschlicher Fähigkeiten prinzipielle Möglichkeiten darstellen, so sind sie doch die Beschreibung von Faktischem. Es sind Fähigkeiten, die potentiell zum Selbst(verständnis) des Menschen gehören und damit sowohl für den Lehrer wie auch für den Schüler konstitutiv manifestiert sind. Somit ist das Menschenbild mehr als ein philosophisches Problem. Es entscheidet mit darüber, wie mit den an Diagnostik, Beratung, Unterricht, Erziehung oder Therapie teilnehmenden Personen umgegangen wird, d. h. welche Fähigkeiten ihnen zugestanden, welche genutzt und gefördert werden. Da gerade beim Menschen geistige und emotionale Fähigkeiten wachsen und reifen müssen (Maslow, Rogers, Tausch), kommt es darauf an, Situationen zu schaffen, die ein Ausbilden und Weiterentwickeln seiner Fähigkeiten und Potentiale fördern.

Menschliche Fähigkeit: **Reflexivität**

Durch die Fähigkeit des Nachdenkens und Überlegens (Reflexivität) kann der Mensch sein Denken, seine Aufmerksamkeit und sein Bewusstsein von den Gegenständen, Situationen und Erfahrungen der Außenwelt abwenden und sich nach „innen", dem inneren Erleben, zuwenden, sich auf Erfahrenes gedanklich zurückbesinnen und das Gedachte überdenken. Dadurch kann er nicht nur vergangene Erfahrungen verarbeiten, ihnen Sinn und Bedeutung beimessen, sondern insbesondere auch zukunftsbezogen handeln; d. h. das menschliche Subjekt überlegt sich Ziele und Möglichkeiten zu deren Erreichung, es stellt Pläne auf. Zu ihnen und seinen Erfahrungen kann er in Distanz treten, die Situation und deren Bedingungen überdenken, neue Informationen einholen, sie einbeziehen und daraus folgend Pläne und Bedingungen verändern. Somit ist der Mensch ein reflexives Subjekt, das Annahmen und Erklärungen bildet, überprüft und zur Handlungssteuerung anwendet. Diese Möglichkeit zur Reflexivität versetzt den Menschen in die Lage, auch die inneren Prozesse seines Handelns, die Ziele, Intentionen, Gründe etc. selbst zu interpretieren. Durch dieses Selbstbewusstsein und seine Selbstaufmerksamkeit kann das menschliche Subjekt sich selbst, seine inneren Erlebnisse und so auch sein Denken, Fühlen und Wollen zum Gegenstand seines Nachdenkens machen. Es kann Erfahrungen reflektieren, und sie zur Bewältigung von Fragestellungen und Problemen einsetzen.

Menschliche Fähigkeiten: **Rationalität, Intentionalität, Sinnorientierung, Erkenntnisfähigkeit**

Der Mensch als reflexives Subjekt verfügt über die Fähigkeit, rational zu handeln. Er ist in der Lage, sein Handeln unter Abwägung von Kosten und Nutzen, der Erwartungen künftiger Ereignisse usw. zu planen. Handeln ist somit begründbar, sinnorientiert und intentional. Ziele und deren Erreichung bzw. Unterlassung kommen absichtlich und vernunftorientiert zustande. Abwägen, Auswählen, Sich-Entscheiden und Begründen sind Teile dieses rationalen Prozesses. Diese überwiegend kognitiven Prozesse setzen Wissen,

dessen Beschaffung und Aneignung voraus. Es ist aufgrund einer individuellen reflexiven Verarbeitung von Informationen subjektives Wissen.
Der Mensch versucht, seine durchdachte Welt- und Selbstsicht (subjektive Theorien) in der Realität anhand von Erfahrungen zu überprüfen und einzuordnen. Diese Fähigkeit zur Rationalität beinhaltet auch die Fähigkeit zur Intentionalität, eine absichtlich aufmerksame Hinwendung zu einem Ziel oder zu einem Objekt. Das reflexive Subjekt Mensch handelt, da es sich intentional und rational verhält, aus seiner Sicht sinnvoll und vernünftig.
Die Potenz zur Rationalität hängt zusammen mit der Fähigkeit des Erkennens. Durch den Prozess des Erkennens, in den Wahrnehmung, Erinnern, Vorstellung, Denken, Zurückführen und Beurteilen einfließen, erwirbt das Individuum bewusste Kenntnis und Wissen von seiner Umwelt und sich selbst und kann diese Erkenntnis in seine allgemeinen Lebenszusammenhänge einordnen bzw. sie dadurch verändern. Der Mensch ist ein aktiv erkennendes und erkenntnisgeleitetes Subjekt (Epistemologe).
Auf einen besonderen Aspekt der Sinnorientierung soll noch eingegangen werden: der Wunsch und das Streben nach Bedürfnisbefriedigung. Diese Handlung besteht aus dem Erleben eines Mangels, der Absicht und dem Willen, diesen unangenehmen Zustand zu beseitigen bzw. einen gewünschten, angenehmen Zustand zu erreichen und aus der Umsetzung entsprechender Tätigkeiten (Verhaltensweisen). Dabei geht es nicht nur um physische Bedürfnisse wie Hunger und Durst, sondern ebenso um psychische Bedürfnisse wie Sicherheit und das Bedürfnis nach positiver (angenehmer) Erfahrung und Beachtung bzw. der Vermeidung von Unangenehmem. Die Bedürfnisbefriedigung ist meist der Zustand des subjektiven Wohlbefindens.

Menschliche Fähigkeit: **Emotionalität**

Der Einzigartigkeit des menschlichen Subjekts wird man aber nicht gerecht, wenn man dessen Handeln nur als eine Sache des Denkens ansieht. Eine Konzentration allein auf die reflexive und rationale Potenz des Individuums stellt eine Reduktion des Menschen dar. Diese Kopflastigkeit im Denken, d. h. die Emotionalität des Menschen nicht zu beachten bzw. zu vernachlässigen, bedeutet, ihn als Person nur teilweise ernstzunehmen. „Mithin unterscheidet sich der Mensch also nicht nur durch das Vorhandensein von Sprache und Kognition von tierischen Spezies, sondern auch durch eine entsprechend stärker entwickelte Emotionalität" (Scherer 1981, 312).
So kann weder ein behavioristisches noch ein rationalistisches Menschenbild menschliches Handeln adäquat beschreiben und erklären. Es hilft auch nicht weiter, wenn „viele Psychologen Emotion als bedauerliche Unvollkommenheit einer ansonsten perfekten kognitiven Maschine" (Scherer 1981, 312) sehen. Das menschliche Subjekt ist ein vernunftbegabtes wie emotionales

Wesen. Es gibt „keine emotionsfreie Informationsverarbeitung" (Sembill 1992).
Unter Emotionen sollen hier Bestimmungsmerkmale wie Selbstbetroffenheit, Erleben von Lust und Unlust, Stimmungen und Gefühle wie Freude, Ärger, Angst, Mitleid verstanden werden. Sie beeinflussen die kognitiven Prozesse der Reflexivität und Rationalität und manifestieren sich in Erwartungen, Überzeugungen, Wertungen, Beurteilungen etc. des Menschen.
So ist das Bild des Menschen als das eines rein informationsverarbeitenden Problemlösers ein Artefakt (Mayring 1980); „eine Analyse kognitiver Vorgänge ohne Berücksichtigung emotionaler Komponenten ist einfach wirklichkeitsfremd" Ulich (1982, 75). Für Ulich (1982, 78) bedeutet es, dass Emotionales nicht ignoriert bzw. nicht in „Kognitives" aufgelöst werden kann, ohne „dass Schaden für den gesamten Erkenntnisanspruch der Psychologie entsteht". Er bezeichnet Emotionen deshalb als „subjektive Erfahrungstatsachen bzw. Bewusstseinsinhalte, die persönliche Betroffenheit und Engagement in unseren Beziehungen zur Welt ausdrücken" (80). Zu ergänzen wären noch Bewusstseinsinhalte, die auf den Menschen selbst bezogen sind.
Emotionale wie kognitive (reflexive und rationale) Prozesse durchbrechen den Reiz-Reaktions-Mechanismus. Erst diese Entkopplung ermöglicht menschliches Handeln. Was nun vorausgeht, die Kognition den Emotionen oder umgekehrt, oder ob überhaupt eines dem anderen vorausgeht, ist theoretisch sehr interessant, aber noch ohne ausreichende Antwort (*Groeben & Scheele 1983*). Es ist aber davon auszugehen, dass beide aufeinander bezogen sind (*Scherer 1981, Laucken 1983, Dörner 1985*), da sie sich gegenseitig bedingen. Emotionen sind daher im Gesamt der mentalen Prozesse, vom Menschen „als Ganzes", als Einheit zu rekonstruieren (*Ulich 1982, Dörner 1985*).

Menschliche Fähigkeiten: **Verbalisierungs- und Kommunikationskompetenz**

Der Mensch kann sprechen (verbalisieren): d. h. er vermag gleichbleibende Zeichen (Lautketten) zur Verständigung einzusetzen und kann dadurch seine Gedanken, seine Gefühle und seinen Willen ausdrücken bzw. darstellen. Als sprachbegabtes Wesen kann er mit anderen in Kommunikation treten, und sich über das Verstehen seiner sprachlich geäußerten Selbst- und Weltsicht verständigen (Aschenbach 1984). Sprache ist ein soziales Mittel der Verständigung. Der Ausdruck, die Darstellung bzw. die Rekonstruktion von internalen mentalen Prozessen (Informationen, Gedanken, Gefühlen, Absichten etc.) vollzieht sich in Worten (Begriffen), Sätzen und Satzsystemen. Diese Verbalisierung geschieht meist in spontan-natürlichen Sprachäußerungen (z. B.

wissenschaftliches Sprachspiel). Beides bezieht sich aber sowohl auf Äußeres, Beobachtbares (Verhalten, Gegenstände etc.) als auch auf Inneres, verbal Rekonstruierbares (Gedanken, Gefühle). Wird das Sprachspiel einer Person in das einer anderen überführt, kann man es als einen transformativen Verstehensprozess bezeichnen. Dieses aber bedarf einer Absicherung, einer Vergewisserung des Richtig-Verstehens des verbalisierenden Subjekts. Nur das erkennende reflexive Subjekt selbst ist in der Lage, über die nur ihm (direkt) zugänglichen mentalen und emotionalen Prozesse Auskunft (Selbstaussagen) zu geben (Graumann 1984). Wenn nicht nur äußerlich beobachtbares Verhalten erfasst werden soll, sondern sinnhaftes, intentionales Verhalten, also das Handeln des menschlichen Subjekts, ist es den Fähigkeiten des Menschen unangemessen, ihn als Stimulus-Response-Gegenstand, also als datenabrufbares Objekt zu behandeln. Das reflexive Subjekt Mensch kann die Inhalte seiner mentalen Prozesse, wie Ziele, Abwägungen, Entscheidungen, Stimmungen etc. verbalisieren; insbesondere dann, wenn es in einer für es sinnhaften, vertrauensvollen Weise dazu Gelegenheit bekommt. Also fragen wir sie doch, die erkennenden, reflexiven und verbalisierungsfähigen Subjekte, und geben ihnen ausreichend Möglichkeit, ihre internalen mentalen Prozesse in ihrer Sprache selbst zu artikulieren und zu interpretieren.

Menschliche Fähigkeit: **Handlungsfähigkeit**

Der Mensch verhält sich nicht nur im Sinne eines Reagierens auf Umweltreize, sondern er verhält sich auch zu seiner Umwelt und sich selbst. Dieses Verhalten ist dabei meist auf einen Sinn, auf ein Ziel hin orientiert: er handelt also. Die potentielle Handlungsfähigkeit des menschlichen Subjekts impliziert die Rationalität, die Reflexivität, die Emotionalität einerseits sowie das produktiv realisierende Tätigsein andererseits. So ist der Mensch potentiell als ein aktiv gestaltendes, sich selbst steuerndes, kontrollierendes, sinnsuchendes und -schaffendes Wesen zu sehen, und (von seinen Möglichkeiten her) nicht als ein Objekt, welches durch Triebe oder Umweltreize nur reagieren kann. Auch wenn sich ein Individuum manchmal wie eine Schachfigur geschoben oder wie eine Marionette gegängelt fühlt, ist es potentiell in der Lage, selbstbestimmt zu handeln.
Diese aktive Konstruktivität beinhaltet auch die prinzipiell mögliche bzw. erreichbare Fähigkeit, Intentionen, Anliegen und Wünsche in konkretes Handeln umzusetzen. Diese Fähigkeit wird als Wollen (Volition) bezeichnet (Gollwitzer u. a. 1987). Die externen und internen Bedingungen der Realisierung bzw. Nichtrealisierung einer Handlungsabsicht sind, soweit dem Individuum bewusst, rekonstruierbar und damit verbalisierbar.

Menschliche Fähigkeit: **Autonomie**

Der Mensch als reflexives Subjekt ist in seiner Entscheidung für bzw. gegen eine zielgerichtete Planung und eine produktiv realisierende Tätigkeit (aktive Konstruktivität) potentiell autonom. Er kann von seinen prinzipiellen Möglichkeiten her Entscheidungen selbstständig, ohne andere Personen, aus eigener Vernunft und Kraft treffen. Bevormundung und die Einschränkung seiner Entscheidungsfreiheit stellen eine Leugnung bzw. Reduzierung seiner möglichen Fähigkeiten dar und rufen Misstrauen und Enttäuschungen auf der Seite der Betroffenen hervor. Durch Gewährung und Schaffung von Situationen, in der eine nicht-bevormundende soziale Beziehung, z. B. durch Vertrauen und ein Sich-in-seinen-Fähigkeiten-ernst-genommen-Fühlen, ermöglicht wird, ist ein kommunikatives autonomes Handeln eines reflexiven Subjekts möglich. Gemeinsame (gleichberechtigte) Vereinbarungen über das Umgehen miteinander schränken die Autonomie der beteiligten Subjekte (prinzipiell) nicht ein, sondern sind eher als förderlich anzusehen. Prozesse wie Erkennen, Mitteilen, Erklären, Zuhören, Interpretieren und Verstehen, die die Selbst- und Weltsicht eines Menschen implizieren, können erst durch die Anerkennung der potentiellen Autonomie des Menschen angemessen zum Tragen und Nutzen kommen.
Damit kein falscher Eindruck entsteht, sei noch einmal betont, dass die beschriebenen Fähigkeiten des Menschen potentielle Fähigkeiten darstellen. Kein Mensch handelt immer bewusst und subjektiv vernünftig.
Auch wenn die wesentlichen Fähigkeiten des Menschen hier einzeln hervorgehoben wurden, so bilden sie doch eine Einheit, eine Ganzheit (Weiterführungen zu den Menschenbildannahmen siehe Mutzeck 1988).

3.11.4 Wirklichkeitskonzeption

Es wurde von der Welt- und Selbstsicht, den Gedanken und Empfindungen des Menschen gesprochen. Wie aber kommt das Subjekt zu ihnen? Welche Wirklichkeit wird dadurch abgebildet? Jedes Individuum hat Zugang zur Welt und zu sich selbst allein durch seine Sinne und deren Qualität. Diese wiederum hängen zusammen mit den biochemischen und physikalischen Prozessen, insbesondere in den Nervenzellen des Individuums. Das letzte Produkt dieses Prozesses, die Welt- und Selbstsicht, ist ein Abbild der subjektiv wahrgenommenen und verarbeiteten Realität. Diese Wirklichkeit ist eine jeweils subjektiv konstruierte Realität. Jede Abbildung von Wirklichkeit ist die Konstruktion desjenigen, der diese Wirklichkeit erlebt. Es ist die Realität, die jeweils in unseren Köpfen besteht und sich ständig bildet. Ein Individuum kann nicht eine von ihm unabhängige, d. h. objektive Wirklichkeit

bilden, sondern es ist eine ganz bestimmte Realität, seine individuelle Welt- und Selbstsicht.
Der Verhaltenstheoretiker unterliegt einer Illusion, wenn er meint, die Wirklichkeit objektiv (im Sinne von unabhängig von sich selbst) erfassen zu können. Von Foerster (zit. nach *Rotthaus 1987, 21*) bringt die grundlegende Argumentation dieses konstruktivistischen Denkmodells auf den Punkt, wenn er sagt: „Objektivität ist die Wahnvorstellung eines Subjekts, dass es beobachten könnte ohne sich selbst!" Auch „... die Naturwissenschaft beschreibt und erklärt die Natur nicht einfach so, wie sie „an sich" ist. Sie ist vielmehr Teil des Wechselspiels zwischen der Natur und uns selbst. Sie beschreibt die Natur, die unserer Fragestellung und unseren Methoden ausgesetzt ist" (Heisenberg 1958, 1984, 66).
Menschen handeln also nicht aufgrund der Informationen, die ihnen die soziale und situative Umwelt gibt, sondern aufgrund der internen Bilder, die sie sich von der Welt und sich selbst machen. Der Handelnde ist also der empirische Ort der Konstruktion von Wirklichkeit als auch Sinnhaftigkeit seiner (subjektiv-individuellen) Handlungen. „Was wir erleben und erfahren, erkennen und wissen, ist notwendigerweise aus unseren eigenen Bausteinen gebaut und lässt sich auch nur aufgrund unserer Bauart erklären" (von Glaserfeld 1981, 35).
Aus dem bisher Dargestellten ist es nur folgerichtig zu postulieren, dass in unserer Welt- und Selbstsicht das Gesehene, Gehörte, Gespürte etc. nicht als solches besteht (Inhaltsaspekte), sondern ihm durch die Verarbeitung des Wahrgenommenen ein Sinn, eine Bedeutung, ein Wert zugeschrieben wird (Beziehungsaspekt). Aufgrund dieser uns eigenen Sichtweise (Konstruktion) von Wirklichkeit treffen wir Entscheidungen und kommen zu Handlungen. Dieses häufig handlungsleitende Selbst- und Weltbild entsteht nicht nur aufgrund eines aktuellen, beschreibbaren Ereignisses, sondern im Gesamtkontext von Aktualität, Sozialität und Historizität des Individuums. Die Innensicht stellt keine lineare Informationssammlung dar, sondern ist ein vernetzter Informationsprozess. Sie befindet sich in Entwicklung und Weiterentwicklung, was nicht bedeutet, dass nicht auch Altes Bestand hat. Durch mündliche oder schriftliche Versprachlichung kann ein reflexives autonomes Subjekt seine Welt- und Selbstsicht direkt abbilden und rekonstruieren. Jedes Gesagte ist aber von jemandem gesagt, jede Handlung von jemandem gehandelt und daraus folgend von subjekthafter Bedeutung.
Mit diesem Kernsatz des konstruktivistischen Denkmodells wird in dem dargelegten Menschenbild ein wesentlicher Akzent gesetzt, der über die potentiellen Fähigkeitspostulate hinausgeht. Dabei ist anzumerken, dass der personenzentrierte Ansatz dieser Sichtweise recht nahe steht, wenn es heißt: „Jedoch ist die wahrgenommene Realität die für das Individuum eigentliche,

die sein Verhalten beeinflusst" (Rogers 1959, 1987, 48). Und Weinberger (1988, 90) sagt es noch deutlicher: „Nach Rogers gibt es demzufolge keine objektive Realität, sondern immer nur eine - gemäß der individuellen selektiven Wahrnehmung - subjektive Wirklichkeit, die durch das Selbstkonzept einer Person strukturiert wird."

3.11.5 Konzeption eines Handlungsmodells

Der dritte, nachgeordnete Rahmen des handlungstheoretischen Ansatzes (siehe Abb. 11) ist eine Handlungs- und Störungstheorie auf der Grundlage der explizierten Menschenbildannahmen und Wirklichkeitskonzeption. Der Mensch ist ein überwiegend handelndes Wesen. Handlung ist durch folgende Merkmale gekennzeichnet:

- Handlung geht über den Begriff Verhalten hinaus, da sie die mentalen Prozesse einbezieht, und sie in Verbindung zur Umwelt in Bezug auf Aktualität, Sozialität und Historizität setzt.

- Für die Erklärung von Handlung sind die internen mentalen Prozesse, die Welt- und Selbstsicht einer Person in Bezug zum Verhalten und zur Umwelt ausschlaggebend.

- Handlung zeichnet sich dadurch aus, dass sie
  * bewusst,
  * zielgerichtet,
  * geplant bzw. planvoll,
  * absichtlich (willentlich),
  * interaktiv (Mensch-Umwelt-bezogen),
  * normen- und wertorientiert,
  * aus mehreren Möglichkeiten gewählt, abgewägt und entschieden und
  * damit subjektiv sinnvoll und mit Bedeutung versehen ist, und
  * dass der Handelnde (unter diesen Prämissen) mit den ihm als geeignet und sinnvoll erscheinenden Mitteln versucht, etwas zu verändern, zu erhalten oder eine Veränderung zu verhindern bzw. sie absichtlich zu unterlassen.

So gesehen ist davon auszugehen, dass das Verhalten von Menschen im Wesentlichen auf Zielorientierung, Planung, Entscheidung und Sinnhaftigkeit beruht und daraus folgend eine Handlung darstellt. Die Zielorientiertheit und Sinnhaftigkeit von Handlungen kann ein Außenstehender, ein Beobachter, aber nur erschließen, in dem er das von ihm Beobachtete interpretiert. Der

Handelnde selbst (jedoch) kann, soweit er sich der Inhalte seiner mentalen Prozesse bewusst ist, Auskunft über sie geben. Indem er sein Handeln in Verbindung setzt zu seinen Zielen, Plänen und Entscheidungen, interpretiert auch er, da er die Wirklichkeit nur so darstellen (konstruieren) kann, wie er sie sieht und erlebt.

Eine Interpretation geschieht also sowohl vom Außenstehenden, vom Beobachter als auch vom Handelnden selbst. Der entscheidende Unterschied ist aber: „Die Interpretation des Beobachters (hinsichtlich der Intentionen, Handlungsgründe etc.) kann nie unmittelbar in Richtung auf eine Handlungsentscheidung, -ausführung etc. wirksam werden; die Selbstinterpretation des Handelnden jedoch muss nicht, kann aber operativ wirksam werden." (Scheele & Groeben 1986, 5, siehe auch Lenk 1978)

Die Handlung einer Person ist als ein kontextgebundenes Geschehenssystem zu sehen, wobei die jeweilige Person mehreren Systemen gleichzeitig angehört. Ein Schüler z. B. lebt in den Systemen Familie, Schule, Freundeskreis, Sportverein etc.. Seine Handlungen sind an den jeweiligen Kontext gebunden, beziehen aber entsprechend seiner Wahrnehmung und Informationsverarbeitung andere Systeme mit ein. Ein Handlungsmodell auf der Grundlage des Menschen als reflexives Subjekt in seinen systemischen Bezügen stellt somit keine gradlinige Ursache-Wirkung-Beziehung dar, sondern eher einen zirkulären Rückkopplungsprozess. Handlung ist ein wechselseitiges inter- und intraaktives Geschehen (siehe Abb. 12).

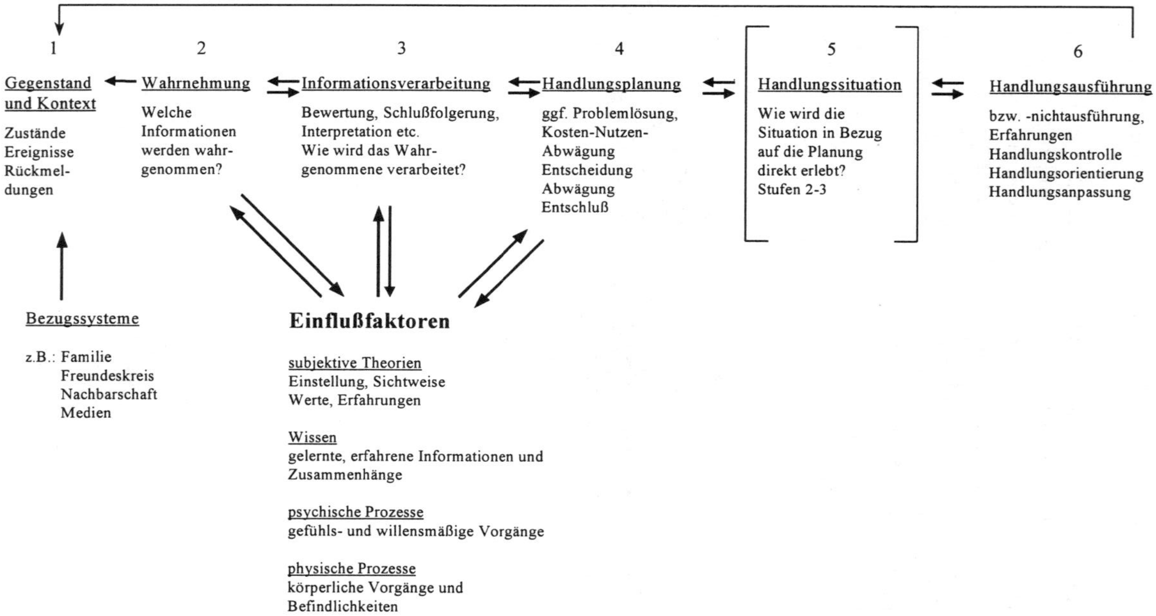

12: Handlungsmodell (Mutzeck 1996)

Nicht der Kontext an sich bestimmt die Handlung einer Person, sondern deren individuelle mentale Prozesse der Wahrnehmung, Informationsverarbeitung und Handlungsplanung sowie deren Einflussfaktoren in Bezug zum Kontext.
Ein Individuum nimmt aus einem Kontext bestimmte Informationen wahr, andere nicht (Wahrnehmungsprozess). Diese wahrgenommenen Informationen verarbeitet es, indem es Bedeutungszuschreibungen, Schlussfolgerungen und Interpretationen vornimmt (Informationsverarbeitung). Bei der Erschließung kann es auch zu Informationen kommen, die nur zu einem kleinen Teil auf beobachteten Informationen beruhen (z. B. aufgrund nonverbaler Körpersprache oder Kleidung). Diese Prozesse werden von unterschiedlichen Faktoren beeinflusst (siehe Abb. 12), die wiederum auf den Informationen der dargestellten Prozesse beruhen. Die inter- und intraaktiven Wahrnehmungs- und Informationsverarbeitungsprozesse führen dann zur subjektiv konstruierten Wirklichkeit, auf deren Grundlage eine Handlungsplanung und die Ausführung einer Handlung bzw. deren Unterlassung, Aufschiebung, Unterbrechung vorgenommen werden. Wird eine Handlung an einem anderen Ort geplant als am Handlungsausführungsort, kann es nach der Planung noch zu Veränderungen, Anpassungen und neuen Entscheidungen kommen, entsprechend den erneuten Bewertungen der Handlungssituation, z. B. den veränderten antizipierten Handlungsfolgen. Insbesondere können plötzliche, starke Emotionen eine Handlungskonzeption völlig verändern.
Aus Sicht der Handlungstheorie ist bei den meisten normalen wie *abweichenden* Verhaltensweisen davon auszugehen, dass die Person, die eine Handlung ausführt, sich etwas dabei gedacht hat, oder sogar ganz gezielt und planvoll vorgeht. Ein von Gedanken und Empfindungen ausgehendes Verhalten wird als Handeln bezeichnet. Für das Zustandekommen einer Handlung ist zwar die soziale und gegenständliche Umwelt von Bedeutung, letztendlich entscheidend ist jedoch das, was die betreffende Person von der Umwelt und bei sich selbst wahrnimmt, und wie sie das Wahrgenommene verarbeitet. Mit anderen Worten, das Handeln eines Menschen hängt von den Bildern ab, die er sich von seiner Umwelt und von sich selbst macht, also von seinen subjektiven Situationsinterpretationen, von seinen Vorstellungen, Motiven, Erwartungen, Abwägungsprozessen, Zielen und Entscheidungen. Der Einfluss von Umwelt, Kultur und Gesellschaft auf das Handeln wird somit von einer anderen Perspektive gesehen, nämlich aus der Selbst- und Weltsicht des Individuums. *Verhaltensstörungen* sollten aber auch aus der Innensichtperspektive der Interaktionspartner betrachtet werden, d. h. aus der Sicht dessen, der eine Handlung als abweichend und störend erlebt, und aus der Sicht der Person, die diese Handlung überlegt und ausgeführt hat. Dabei

ist zu fragen, welches Bild der jeweilige Interaktionspartner von seinem eigenen Handeln, vom Handeln des Anderen, von den situativen Bedingungen und von der Entstehungsgeschichte der Abweichung hat. Insbesondere geht es um die Normen, Regeln und Ziele, die die Interaktionspartner bei der Beurteilung und Planung einer Handlung anlegen. Dazu gehören Aspekte wie emotionale Befindlichkeit, Handlungs- oder Leidensdruck, die Funktionszuschreibung einer Handlung, Sicherung oder Gefährdung des Ansehens, Anstrengungs- und Toleranzbereitschaft sowie die erwarteten Handlungsfolgen. Diese genannten Aspekte können sich ebenfalls auf die Handlungssteuerung auswirken. Eine Handlung ist somit nicht an sich abweichend und störend, sondern sie wird vor dem Hintergrund einer Bezugsinstanz, der individuellen oder kollektiven Sichtweise, als abweichend und störend definiert.
Um einem Missverständnis vorzubeugen, sei auch an dieser Stelle betont, dass der Mensch sich nicht immer nur bewusst, überlegt und sinnorientiert verhält, d. h. nur handelt. Viele seiner Verhaltensweisen geschehen unreflektiert (unbewusst, antriebsunmittelbar, organismisch ausgelöst). Dieses Gewohnheits-, Spontan-, Zwangs-, Affektverhalten etc. kann man aufteilen in:

- Reflexe: als angeborene oder erworbene Reiz-Reaktionsverbindungen,

- Automatismen und Routinen: als erlernte, aber unreflektiert (automatisch) ablaufende Reaktionen und Verhaltensweisen. Sie sind meist aus einst reflektiertem Verhalten (Handlung) entstanden und haben sich dann zu weniger bewussten Prozessen (rück)entwickelt.

Bei vielen dieser unreflektierten Verhaltensweisen ist es oft nicht eindeutig und zum Teil strittig, ob sie dem einen oder anderen Phänomen zuzuordnen sind. Auch ist der Übergang zur Handlung zumindest im Alltagsleben eher fließend; mit anderen Worten, reflektiertes Verhalten (Handlung) versus unreflektiertes Verhalten (Reflex, Automatismen, Routinen) sind die beiden Endprodukte eines Kontinuums. Handlung in ihrer dargestellten Explikation und Konzeptualisierung ist als ein Interpretationskonstrukt auf der Basis eines unreduzierten Menschenbildes, als eine „Fokussierung des Menschenmöglichen" (Scheele 1984, 123) zu sehen.

3.11.6 Konsequenzen für Konzeptionen zur Erziehung, Unterrichtung, Diagnostik, Beratung und Therapie

Die Konsequenzen aus den oben dargelegten Rahmen-(Meta-)theorien für Konzeptionen zur Erklärung, Planung und Handlung pädagogischer Situationen sind vielfältig. Einzelne Folgerungen ergeben sich direkt aus dem Gesagten. Einige Aspekte, die grundlegend für alle weiteren Ausführungen sind, sollen im Folgenden gesondert ausgeführt werden.

(1) Diagnostische Vorgehensweisen und Maßnahmen zur Modifikation und zur Prävention von Verhaltensstörungen sollten die handlungsleitenden subjektiven Sichtweisen (subjektiven Theorien) ebenso einbeziehen wie die wissenschaftlichen Erkenntnisse über den gesellschaftlichen, geschichtlichen, systematischen und ökologischen Kontext und Wirkungszusammenhang, in dem das Handeln von Individuen und Gruppen steht.

(2) Eine als abweichend und störend erlebte Handlung ist aus unterschiedlichen Perspektiven zu betrachten:

1. Aus der Sicht dessen, der eine *abweichende* Handlung zeigt,
2. aus der Sicht des Interaktionspartners dieser Handlung und
3. aus der Sicht der Person, die diese Handlung als abweichend und störend beurteilt (2. und 3. Person können identisch sein).

Dabei ist die jeweilige Sicht und Bewertung sowohl der Verhaltensweisen als auch des sozialen und situativen Kontextes und ggf. der interagierenden Bezugssysteme zu erheben.

(3) Die aufgezeigten Menschenbildannahmen gelten prinzipiell für alle Menschen. So ist der „Störende" zumindest von der Struktur der potentiellen Fähigkeiten eines reflexiven Subjekts her als ebenso kognitions-, emotions-, handlungsfähig etc. anzusehen wie der „nicht Auffällige". Es gibt in diesem Menschenbild- und Handlungsmodell keine „Us-" und „Them-" Modelle (Herzog 1984), d. h. es gibt keinen strukturellen Widerspruch zwischen den potentiellen Fähigkeiten von *Uns*, den Beratern, Lehrern, Therapeuten etc. und *Denen*, die auffällig abweichend handeln. Die prinzipielle *Strukturparallelität* von Fähigkeiten ist der eine Teil des potentiell symmetrischen Verhältnisses von Schülern mit Verhaltensstörungen und Lehrern mit ihren Aufgaben des Erziehens, Unterrichtens, Diagnostizierens etc.

Der andere Aspekt der Symmetrie ist das *beiderseitige Expertentum*. Der Lehrer ist Fachmann für Unterricht, Beratung etc., der Schüler ist Experte für sein Handeln und Erleben. Nur er kennt Einzelheiten und Zusammenhänge seines Alltags ganz genau, nur er kennt die Konstruktionen seiner Wirklichkeit. Auch hier bedarf das prinzipiell mögliche symmetrische Verhältnis der gegenseitigen Akzeptanz des zwar andersartigen, aber gleichwertigen und gleichwichtigen Expertenwissens. Der Schüler wird als *gleichwertiges Subjekt* gesehen und in dieser Weise *mit* ihm und nicht an ihm gearbeitet. Ein solches Subjekt-Objekt-Verhältnis ist eine notwendige Voraussetzung für eine symmetrische, horizontale Beziehung.
Es ist hoffentlich deutlich geworden, dass es hier nicht um eine Gleichmacherei von Individuen oder eine Verflachung von Kompetenzen geht, sondern um das Ausnutzen und Optimieren von potentiellen, menschlichen Bedingungen für eine tragfähige Beziehung zwischen den Individuen. In einer asymmetrischen Relation ist nur der Lehrer der Informierte und arbeitet als aktiv gestaltendes und reflexives Erkenntnissubjekt; dem Schüler aber werden diese Fähigkeiten abgesprochen oder nur bedingt zugestanden, er wird als reagierendes, datenspendendes und Anweisungen oder Ratschläge entgegennehmendes Objekt behandelt.
Bei einer gegenstandsunangemessenen, die menschlichen Fähigkeiten nicht wertschätzenden Zugangs- und Kommunikationsweise werden erhebliche Potentiale und Ressourcen außer acht gelassen.

(4) Die Umsetzung handlungstheoretischer Sichtweisen in konkretes Handeln wird einem Lehrer allerdings nur gelingen, wenn er prinzipielles Vertrauen in den Schüler, in seine Fähigkeiten, Potentiale und Ressourcen hat. Er muss durch sein Handeln deutlich machen, wie eine vertrauensvolle Kommunikation und Wertschätzung aussehen kann. Obwohl das Schaffen von Vertrauen ein aktiver, gegenseitiger Prozess des Gebens und Nehmens ist, hat der Lehrer mit gutem Beispiel voranzugehen. „Die Wahrscheinlichkeit, dass, wenn ich jemandem Vertrauen entgegenbringe, er sich auch für eine verantwortungsvolle Haltung entscheidet, ist größer, als wenn ich ihm mit Misstrauen begegne" (Kebeck 1982, 97). „Vertrauensvolle Menschen wecken Vertrauen bei anderen, gehen positiv an Probleme heran und werden als verlässliche Partner geschätzt. Sie halten es für besser, ab und zu betrogen zu werden, als gar nicht erst zu vertrauen" (Rotter 1981, 23).

Drei Aspekte sind beim Aufbau von Vertrauen zu beachten:

* Herstellen einer vertrauensfördernden Kommunikation,
* Vorbeugen und Abbau von vertrauenshemmenden Bedingungen,
* Sichern einer vertrauensvollen Beziehung.

Als Grundhaltungen sollten dabei Akzeptanz, Empathie und Echtheit (vgl. *Rogers 1983, Tausch & Tausch 1990*) praktiziert werden, ebenso wie ein angenehmes Nähe-Distanz-Verhältnis.

3.12 Bedingungsfaktoren von Verhaltensstörungen

Der Wunsch, die Ursachen von Verhaltensstörungen bestimmen zu können, ist groß, denn man erhofft sich dadurch, „das Übel an der Wurzel zu packen". Die Entstehung einer Verhaltensstörung lässt sich aber nur schwer feststellen, und sie ist fast in keinem Fall allein auf *eine* Bedingung zurückzuführen. Sie ist als ein meist über Jahre gehender Lernprozess zu sehen, der durch eine Verflechtung sich wechselseitig beeinflussender Faktoren gekennzeichnet ist. Die früher vorherrschende Auffassung, nach der eine Verhaltensstörung als eine in der Person krankhafte, individuelle Eigenschaft zu sehen ist, hat sich als irreführend und als den Abweichungsprozeß eher verstärkend erwiesen. Verhaltensstörung wird heute eher als Ergebnis negativer Einflüsse auf eine und in einer Person sowie deren Wechselwirkung gesehen. Hierbei spielen aber nicht nur situative, sondern auch generelle Faktoren eine Rolle.

3.12.1 Faktoren, die das Verhalten eines Schülers bestimmen und ggf. zu Verhaltensstörungen führen können

Verhalten ist als Konsequenz der Wechselwirkung zwischen Anlage und Umwelt zu verstehen. Anlage und Umwelt sind keine festgelegten Größen, sie stellen generelle, aber variable Faktoren dar. Die Abb. 13 veranschaulicht, dass es sich bei den meisten Faktoren, die das Verhalten des Kindes bzw. Jugendlichen bestimmen, um Bedingungen der Umwelt handelt, die mehr oder weniger veränderbar sind. Bei körperlich und organisch behinderten Kindern kommt den konstitutionellen oder Anlagefaktoren, die gar nicht oder nur schwer zu beeinflussen sind, eine große Tragweite zu. Trotzdem ist bei allen Kindern und Jugendlichen das Verhalten der engeren Bezugsperson von besonderer Bedeutung (Modell- und Verstärkungsverhalten, s. Kap. 3.10).

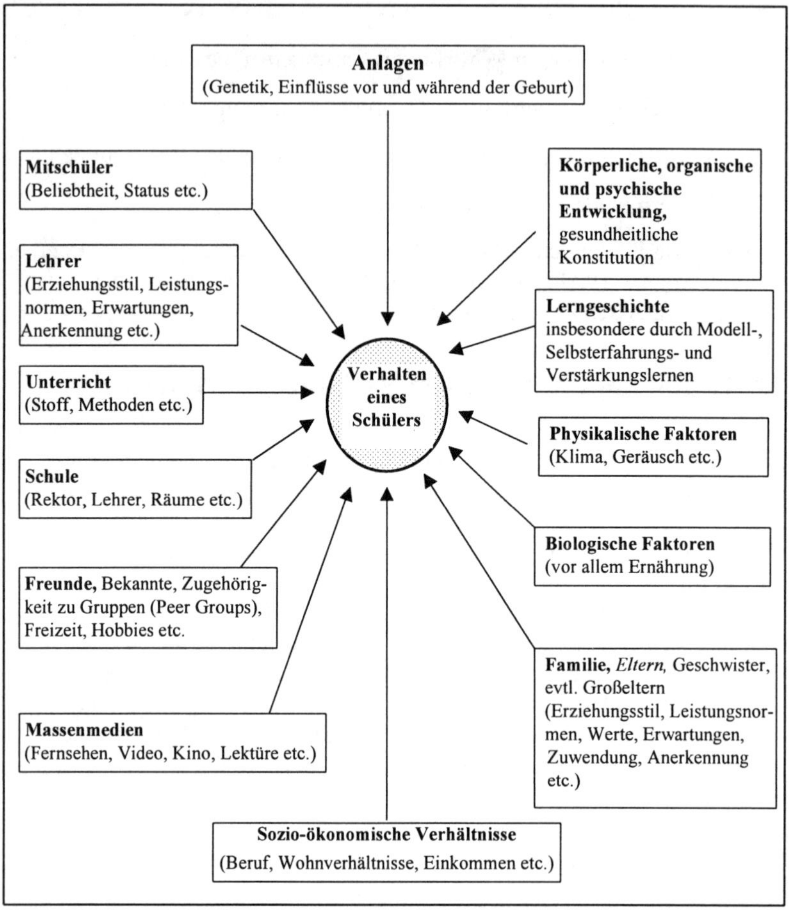

Abb. 13: Die wichtigsten Faktoren, die das Verhalten eines Schülers bestimmen.

Wenn wir bedenken, wie verschiedenartig diese einzelnen das Verhalten eines Schülers bestimmenden Faktoren in sich sein können, und das sie oft noch untereinander in Interaktion stehen, wird besonders deutlich, dass das Verhalten eines Schülers ein *individuell* zu erfassender Aktions- oder Reaktionszusammenhang ist. Dieser komplexen Kausalität mit ihren zahlreichen Bedingungsfaktoren muss der Erzieher in seinem Beurteilen und Handeln, Rechnung zu tragen versuchen.

Die meisten menschlichen Verhaltensweisen werden durch das Einwirken der o. g. Faktoren auf ein Individuum nach bestimmten Gesetzmäßigkeiten erlernt und können demzufolge wieder verlernt werden (siehe auch Kap. 3.10). Insbesondere die psychologischen Bedingungen der Umwelt, wie angenehme und unangenehme Erlebnisse und Verhaltensmodelle, spielen bei den Lernvorgängen eine wesentliche Rolle. Auch Verhaltensstörungen sind als Konsequenz der Wechselwirkung zwischen Anlage und Umwelt zu verstehen, und auch sie sind größtenteils erlernt worden und können somit wieder verlernt werden. Man kann davon ausgehen, dass die meisten Verhaltensstörungen durch das Erziehungsmilieu, vor allem durch das Einwirken der Bezugspersonen (Familie, Lehrer, Peer-group) auf das Verhalten eines Kindes, entstehen.

3.12.2 Unterrichtsbedingte Faktoren

Um Verhaltensstörungen und auch Lernstörungen im Unterricht besser erkennen und verstehen zu können, seien ergänzend zu Abb. 13 die verhaltensbeeinflussenden Faktoren des Bereichs Unterricht in ihrem Zusammenhang dargestellt (siehe Abb. 14):

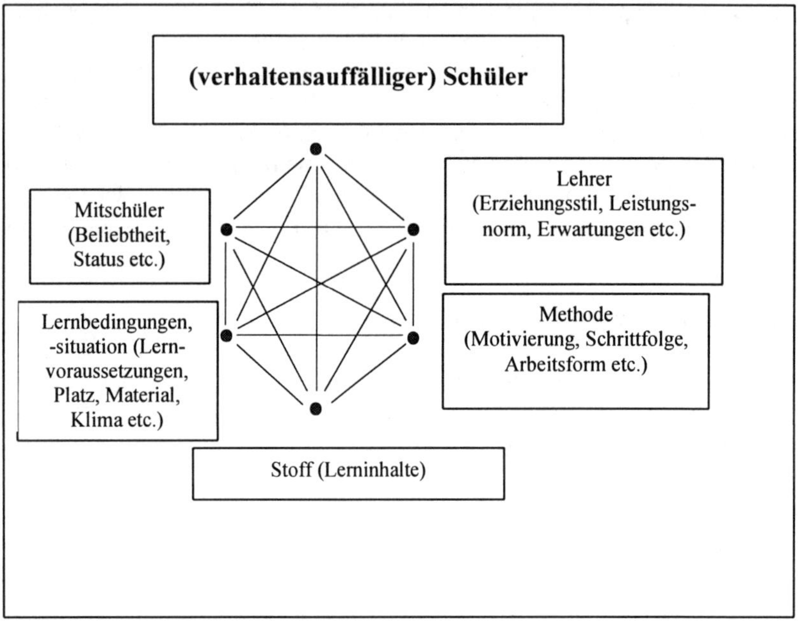

Abb. 14: Der (verhaltensauffällige) Schüler im unterrichtlichen Kontext

Faktoren des Unterrichts im sozialen und situativen Kontext deutlich. Neben diesen direkten Faktoren des Unterrichts (Lehrer, Methode, Stoff, Lernvoraussetzungen, -bedingungen und Mitschüler) gibt es auch indirekte mitbestimmende Ursachen, die zu Verhaltens- und Lernstörungen führen können. Dazu gehören Faktoren der äußeren Schulbedingungen (Gebäude, Lage; Richtlinien, Verordnungen etc.) und der inneren Schulbedingungen (Organisation von Lernbedingungen, Klima im Kollegium etc.). Auch Veränderungen wie Wechsel der Schule, der Klasse, des Lehrers, der Methode etc. können das Verhalten eines Schülers beeinflussen - positiv wie negativ.

3.12.3 Konkrete Einzelfaktoren

Als konkrete Hinweise auf mögliche Faktoren, die zu abweichendem Verhalten führen können, sind zu nennen:

1. *Mangel an der Befriedigung fundamentaler Bedürfnisse, z. B.:*
    * Kaum- bzw. Nichtvorhandensein oder Verlust an Geborgenheit, emotionaler Wärme, Geliebtsein, Angenommensein etc.;
    * mangelnde Fürsorge;
    * keine (kaum) anregende emotionale, soziale und intellektuelle Reize.

2. *Inkompetente und instabile Erziehungspersonen (Eltern, Lehrerinnen und Lehrer),* z. B.:
    * Erziehungsmangel, Erziehungsfehler;
    * keine klaren Strukturen und Regeln im Erziehungsmilieu;
    * schwankende, ständig wechselnde unklare Erziehungsstile, -verhaltensweisen;
    * keine bzw. destruktive Überzeugungen, Zukunftsperspektiven, Werthaltungen;
    * Mangel an Problemlösungskompetenz bzw. die Unfähigkeit, Widersprüche zwischen Wünschen, Planung und Realität zu bewältigen, der Verlust der Selbstdisziplinierung;
    * kein Interesse, keine Geduld, Zeit oder Lust an der Erziehung des Kindes;
    * keine oder negative Vorbilder und Identifikationspersonen.

3. *Sehr schwierige familiäre Ereignisse und Situationen,* z. B.:
    * Kind ist unerwünscht (nicht gewollt und abgelehnt);
    * längere Trennung von der primären Fürsorgeperson insbesondere im ersten Lebensjahr;
    * (häufig) wechselnde Bezugspersonen;
    * Geburt eines jüngeren Geschwisters innerhalb der ersten beiden Lebensjahre;
    * dauerhafte Disharmonie;
    * Eltern in Scheidung, geschiedene Eltern;
    * Abschied von/oder Tod eines Elternteils, eines älteren Geschwisters oder engen Freundes;
    * Wohnungswechsel, Schulwechsel;
    * lange Arbeitslosigkeit oder sporadische Beschäftigungen der Eltern;

* Überforderung, zu starke Belastung der Erziehenden (insbesondere bei Alleinerziehenden oder Eltern, die beide voll berufstätig sind);
* häufige bzw. ständige Abwesenheit des Vaters oder der Mutter;
* chronische Armut;
* alkohol- bzw. drogenabhängige Eltern;
* kriminelle Eltern;
* Wiederheirat oder Stiefeltern, die im Haushalt mitleben;
* Einweisung in ein Erziehungsheim.

4. *Psychopathologische Störungen und Krankheiten der Eltern,* z. B.:
   * Neurotische oder psychotische Eltern;
   * hohe Ängstlichkeit oder Depression;
   * chronische Krankheiten.

5. *Schädigungen im Kind/Jugendlichen,* z. B.:
   * Schädigungen des zentralen Nervensystems;
   * körperliche Schädigungen;
   * Schädigungen durch Frühgeburt bzw. während der Geburt;
   * schwere oder wiederholte Kinderkrankheiten;
   * Wirkung von Drogen, Alkohol etc.

6. *Umwelt,* z. B.:
   * Starke Belastung durch die Umwelt (Lärm, Reizüberflutung, Schadstoffe in der Ernährung).

7. *Kindergarten, Schule, Ausbildung* (siehe auch 1. und 5.), z. B.:
   * Mangel an Zuwendung und Akzeptanz;
   * häufiges bzw. ständiges Erleben von Versagen (Misserfolg);
   * Über- bzw. Unterforderung;
   * Kind/Jugendlicher hat zu wenig Eigenverantwortlichkeit bzw. ein Übermaß an Fremdbestimmungen;
   * Mangel an positiver Orientierung und Autorität;
   * keine oder schlechte Vorbilder (Idenitifikationsmodelle);
   * Erleben von Nichtgebrauchtwerden oder Nutzlosigkeit der eigenen Arbeit;
   * häufiges bzw. langfristiges Erleben von Sinn- und Perspektivlosigkeit.

Abschließend sei noch einmal betont, dass es sich bei allen Bedingungen, die das Verhalten eines Kindes oder Jugendlichen bestimmen, um *„Kann-Faktoren"* handelt, d. h. sie *können* unter bestimmten Konstellationen zu Verhaltensstörungen führen, müssen es aber nicht. Meistens sind es auch mehrere Faktoren, die vorhanden sein und zusammenwirken müssen, um eine

Verhaltensstörung verursachen, verstärken, unterstützen oder „aufschaukeln" *zu können.*

Die grundlegendsten und häufigsten Ursachen sind die unter 1. genannten Faktoren, das Fehlen oder der Mangel an Geborgenheit, Wärme und Anerkennung:

> *Wer keine Wärme und Zuwendung erfahren hat, dem fehlt die grundlegende psychische Nahrung zum Wachsen und Gedeihen und er wird sie auch schwer weitergeben können!*

3.13 Aufgaben

1. *In diesem Kapitel wurden verschiedene Möglichkeiten zur Erklärung von Verhalten und Verhaltensstörungen dargestellt. Suchen Sie sich eine mögliche Sichtweise aus, beschreiben Sie sie kurz mit eigenen Worten und versuchen Sie sie auf eine in Ihrem Berufsalltag erlebte Situation zu übertragen!*
2. *Vergleichen Sie das operante mit dem klassischen Konditionieren!*
3. *Inwiefern sehen Sie einen Zusammenhang zwischen dem im Text dargestellten humanistischen Menschenbild und der handlungstheoretischen Sichtweise?*
4. *Beschreiben Sie die im Text dargestellten „Menschlichen Fähigkeiten" mit eigenen Worten!*
5. *Geben Sie das Handlungsmodell graphisch wieder!*
6. *Geben Sie, aufgrund Ihrer (Berufs-)Erfahrung, Beispiele für das Vorkommen und Zusammenwirken von Faktoren zur Entstehung von Verhaltensstörungen!*

3.14 Literatur

Aschenbach, G. 1984: Erklären und Verstehen in der Psychologie. Zur methodischen Grundlegung einer humanistischen Psychologie. Bad Honnef: Bock & Herchen.

Benkmann, K. H. 1993: Der entwicklungstherapeutische Ansatz einer Pädagogik für Kinder und Jugendliche mit Verhaltensstörungen. In: Fitting, K. u. a. (Hrsg.): Pädagogik und Auffälligkeit. Weinheim: Deutscher Studien Verlag.

Dörner, D. 1985: Verhalten, Denken und Emotionen. In: Eckensberger, L. H. & Lantermann, E. D. (Hrsg.): Emotion und Reflexivität. München: Urban & Schwarzenberg.

Glaserfeld von, E. 1981: Einführung in den radikalen Konstruktivismus. In: Watzlawick, P.: Die erfundene Wirklichkeit. München & Zürich: Piper & Co.

Gollwitzer, P. M., Heckhausen, H. & Weinert, F. E. 1987: Jenseits des Rubikon. Der Wille in den Humanwissenschaften. Berlin: Springer.

Graumann, C. F. 1984: Bewusstsein und Verhalten. Gedanken zu Sprachspielen der Psychologie. In: Lenk, H. (Hrsg.): Handlungstheorien interdisziplinär, Bd. 3 II. München: Fink.

Groeben, N. & Scheele, B. 1977: Argumente für eine Psychologie des reflexiven Subjekts. Paradigmawechsel vom behavioralen zum epistemologischen Menschenbild. Darmstadt: Steinkopf.

Groeben, N. & Scheele, B. 1983: Emotion in einer Psychologie über Subjektive Theorien. Beitrag zum Symposium: Subjektive Theorien von Lehrern - Probleme ihrer Validierung und Veränderung. Universität Oldenburg.

Heisenberg, W. 1984, amerikanisches Original 1958: Physik und Philosophie. Stuttgart: Hirzel.

Herzog, W. 1984: Modell und Theorie in der Psychologie. Göttingen: Hogrefe.

Kebeck, G. 1982: Emotion und Vergessen. Aspekte einer Neuorientierung psychologischer Gedächtnisforschung. Münster: Aschendorff.

Laucken, U. 1983: Wohin mit den Gefühlen? Eine Antwort aus handlungstheoretischer Sicht. Beitrag zum Symposium „Subjektive Theorien von Lehrern". Universität Oldenburg.

Lenk, H. 1978: Handlung als Interpretationskonstrukt. In: Lenk, H. (Hrsg.): Handlungstheorien interdisziplinär. Bd. 2, I. München: Fink, 343-347.

Mayring, P. 1980: Einige theoretische und methodische Anregungen zur Untersuchung kognitiver Verarbeitung aus der Sicht eines Forschungsprojekts über Krisenbewältigung. Thesenpapier zum DFG-Rundgespräch „Theoretische Aufarbeitung, methodische Erfassung und Möglichkeiten der Veränderung subjektiv-psychologischer Theorien von Lehrern" (Schlee/Wahl). Bonn - Bad Godesberg.

Mutzeck, W. 1976: Verhaltensmodifikation in der Schule. In: Seiß, R.: Beratung und Therapie im Raum der Schule. Bad Heilbrunn: Klinkhardt.

Mutzeck, W. 1980: Sehen und Verstehen von Verhaltensstörungen in der Schule. Lütjensee: Albrechts.

Mutzeck, W. 1988: Von der Absicht zum Handeln. Weinheim: Deutscher Studien Verlag.

Mutzeck, W. 1990: Kinder und Jugendliche mit Verhaltensstörungen. Grundlegende Sichtweisen. Reader I, II und III. Studienbriefe der Sonderpädagogik. Hagen: Fernuniversität.

Mutzeck, W. 1996, 2. Aufl. 1997: Kooperative Beratung: Grundlagen und Methoden der Beratung und Supervision im Berufsalltag. Weinheim: Deutscher Studien Verlag.

Rogers, C. R. 1983: Klientenzentrierte Psychotherapie. In: Corsini, R. J. (Hrsg.): Handbuch der Psychotherapie. Weinheim: Beltz Verlag, 471-512.

Rogers, C. R. 1987, amerikanische Erstausgabe 1959: Eine Theorie der Psychotherapie, der Persönlichkeit und der zwischenmenschlichen Beziehungen. Köln: Gesellschaft für wiss. Gesprächspsychotherapie.

Rotter, J. 1981: Vertrauen. Psychologie heute, Heft 3, 23-29.

Rotthaus, W. 1987: Erziehung und Therapie in systemischer Sicht. Dortmund: Verlag modernes Leben.

Scheele, B. 1984: Dialog-konsensuale Erhebung des Sinnaspekts von Handlung zur Indikation von generellen Therapiemodellen. In: Quekelberghe, R. van (Hrsg.): Studien zur Handlungstheorie und Psychotherapie. 2. Landauer Studien zur klinischen Psychologie. Landau: Erziehungswissenschaftliche Hochschule Rheinland-Pfalz, 120-151.

Scheele, B. & Groeben, N. 1986: Eine Dialog-Konsens-Variante der Ziel-Mittel- Argumentation. Heidelberg: Institut für Psychologie der Universität Heidelberg.

Scherer, K. R. 1981: Wider die Vernachlässigung der Emotion in der Psychologie. In: Michaelis, W. (Hrsg.): Bericht über den 32. Kongress der Deutschen Gesellschaft für Psychologie in Zürich 1980. Göttingen: Hogrefe, 304-317.

Sembill, D. 1992: Problemlösefähigkeit, Handlungkompetenz und Emotionale Befindlichkeit. Göttingen: Verlag für Psychologie.

Tausch, A. & Tausch, R. 1990, 9. ergänzte Auflage: Gesprächspsychotherapie. Göttingen: Verlag für Psychologie Hogrefe.

Ullmann, L. P. & Krasner, L. 1969: A psychological approach to abnormal behavior. Englewood Cliff.

Ulich, D. 1982: Das Gefühl. Eine Einführung in die Emotionspsychologie. München: Urban & Schwarzenberg.

Watzlawick, P., Beavin, J. H. & Jackson, D. D. 1969: Menschliche Kommunikation. Bern: Stuttgart.

Weinberger, S. 1988, 2. Auflage 1990: Klientenzentrierte Gesprächsführung. Weinheim: Beltz.

4. Entstehung und Aufschaukelung von Verhaltensstörungen und Zusammenhänge insbesondere mit Lernstörungen

4.1 Lernziele

Die Leserin/der Leser soll:

1. *die Entstehung und Verfestigung von Verhaltensstörungen als Folge eines möglichen Ettikettierungs- und Stigmatisierungsprozesses kennen lernen,*
2. *den Einfluss verschiedener Verhaltensweisen der Interaktionspartner, des Wirkungsgefüges sowie schulischer und außerschulischer Faktoren auf ein gezeigtes Verhalten erkennen,*
3. *den Zusammenhang zwischen Lern- und Verhaltensstörungen beschreiben,*
4. *eine spezielle Erscheinungsform von Verhaltensstörungen anhand der dargestellten Phasenmodelle erläutern können.*

4.2 Grundlegende Aspekte

Die Entstehung und Verfestigung von Verhaltensstörungen, von Normen abweichendem Verhalten, kann aus soziologischer und psychosozialen Sicht als Etikettierung- und Stigmatisierungsprozeß (Zuschreibung eines sozial negativ bewerteten Merkmals) gesehen werden.

Der Verlauf und die Folgen solch einer Etikettierung und Stigmatisierung sollen durch das nachstehende Prozessmodell verdeutlicht werden (Karriere abweichenden Verhaltens):

(1) Ein Kind oder Jugendlicher (Schüler) wird durch äußere oder innere Bedingungen (siehe Kap. 2 und 3) in seinem gewohnten Denken, Fühlen und/oder Verhalten belastet, gestört etc. Um dieses *Problem* für ihn zu lösen, zeigt er ein bestimmtes Verhalten. So kann z. B. der Wegfall oder der Mangel an Zuwendung, Entscheidungsfreiheit oder Sinn- und

Zielorientierung meist in Zusammenhang mit anderen negativen Einflüssen zu aggressivem, arbeitsverweigerndem Verhalten oder zu Aufmerksamkeitsstörungen führen.

(2) Das Umfeld des Schülers nimmt diese Verhaltensauffälligkeit nicht als ein, aus seiner Sicht sinnvolles, funktionales und situationsangemessenes *Signal*, als Wirkung auf die Belastung und/oder Störung wahr.

Kann der Schüler des Problem nicht selbst lösen, und erhält er keine Hilfe durch Lehrer, Ausbilder, Betreuer, Eltern oder Freunde, wird er erneut Versuche zur Lösung seines Problems unternehmen, also weiterhin abweichendes Verhalten zeigen und wahrscheinlich auffällig werden oder bleiben.

(3) Die *Wahrnehmung und Klassifikation* von Verhaltensauffälligkeiten hängt insbesondere von den Normen der Institution, sowie den Zielvorstellungen des Lehrers allgemein sowie in der jeweiligen Situation ab.

„Die allgemeinen Normen müssen durch die Lehrer über interpretative Prozesse handlungspraktisch angeeignet werden. Dieses leisten die pragmatischen Alltagstheorien, die als überdauernde Situationdefinitionen die Bewältigungsformen der komplexen beruflichen Anforderungen darstellen ... Je starrer und selektiver die berufspraktische Alltagstheorie des Lehrers ist, desto weniger wird er Verhaltensauffälligkeiten als Versuche der Problemlösung einschätzen können“ (*Keupp 1976, 155 - 156*).

(4) Anstatt dem abweichenden Verhalten mit Toleranz oder einfühlender Hilfestellung zu begegnen, ist die Reaktion meist eine negative *Etikettierung* (Stigmatisierung). Das ursprüngliche Problem des Schülers bleibt dagegen ungelöst, es wird oft sogar noch verstärkt.

(5) „Die erfolgte Etikettierung bestimmt nun wesentlich das Denken und Handeln des Lehrers gegenüber dem Schüler“ (*Keupp 1976, 156*). Der Schüler wird zunehmend in eine Statusrolle gedrängt, der er oft trotz adäquater Problemlösungsversuche kaum entgehen kann, da nun meist auch sein *Gesamtverhalten* negativ beurteilt wird (Halo-Effekt). Es entwickelt sich vielmehr eine Karriere abweichenden Verhaltens durch eine „sich negativ auswirkende wechselseitige Verstärkung von Problemstruktur auf Seiten des Schülers und Reaktionsformen auf Seiten des Lehrers und der Schuladministration“ (*Keupp 1976, 156*).

(6) Die Etikettierung hat für den Schüler meist erhebliche Folgen, die sich vor allem in den Reaktionen des Lehrers, des Ausbilders, des Betreuers, der Mitschüler bzw. der Eltern äußern. Sie verhindert zum einen eine

ausreichende Aufklärung der problematischen Situation, denn weitere Informationen über den Jugendlichen werden meist verzerrt bewertet (*Hanke u. a. 1976*). Auf dem Wege einer naiven Ursachenzuschreibung (Kausalattributierung) werden aus wahrgenommenem Verhalten Rückschlüsse auf „grundlegende, ursächliche Eigenschaften" gezogen (*Heider 1958, Rheinberg 1978*). Eine solche Einstellung zum Kind oder Jugendlichen bringt die größtmögliche Wahrscheinlichkeit mit sich, die Ursachen für das Entstehen des abweichenden Verhaltens allein in seiner Persönlichkeit zu suchen (Krankheitsmodell) und nicht dessen „Sozialgeschichte" zu berücksichtigen (sozialpsychologisches Modell). Zum anderen werden durch diese Sichtweise pädagogische Maßnahmen lediglich auf den Jugendlichen zentriert, die daraus folgend meist nur auf der Ebene der Sanktionierung liegen.

(7) Passt der Schüler sein Verhalten allmählich der Etikettierung und den sich daraus ergebenden negativen Erwartungen an, verinnerlicht er also letztendlich das *negative Selbstkonzept*, ist die Verfestigung der abweichenden Rollenkarriere erreicht.

(8) Hierauf folgt dann als letzte Phase die *Separation* des Schülers aus der normalen Schule in eine besondere Institution (Heim, Klasse oder Schule für Verhaltensgestörte oder Erziehungshilfe, Jugendstrafanstalt). „Mit diesem Akt wird das abweichende Verhalten institutionell festgeschrieben" (*Keupp 1976, 156*), die Schülerpersönlichkeit sozial isoliert und das abweichende Verhalten endgültig verfestigt.

Um die Entwicklung einer solchen Karriere abweichenden Verhaltens zu verhindern bzw. abzubauen, ist es notwendig, frühzeitig und ursachenaufdeckend in den Prozessverlauf einzugreifen. (*Keupp 1976, 157*) schlägt dafür folgende Ansatzpunkte vor:
„(1) Verhaltensauffälligkeiten sollen in ihrem Charakter als Problemlösungsversuche ernst genommen werden und zu ihrem Konflikthintergrund in Beziehung gesetzt werden.
(2) Die stereotype Struktur der berufspraktischen Alltagstheorie sollte als verursachender Faktor jeweils mit untersucht und in den Gesprächen mit den Kollegen problematisiert werden."

Die „Teufelskreise", d. h. die Regelkreise sich aufschaukelnder negativer Bedingungen (negative Rückkopplungen, Homöostase) gilt es, vereinfacht gesagt, in Regelkreise mit positiven Bedingungen und positiven Rückkopplungen umzuwandeln.

Eine Verhaltensstörung (z. B. häufiges Clownverhalten) hat nicht nur ihre Wirkung für den „Störer", d. h. der betreffende Schüler hat davon seinen Nutzen (Anerkennung, im Mittelpunkt stehen etc.), sondern auch die Gruppe profitiert von der Clownerie (Abwechslung, Belustigung, Sündenbock für Nichtgelerntes etc.). Hinzu kommt, dass Lehrerinnen und Lehrer eigentlich eine Anerkennung und Wertschätzung ihrer Arbeit erhalten möchten, doch statt dessen erfahren sie durch das Verhalten des Schülers Missachtung. Deshalb fällt es ihnen oft schwer, Ansätze der Mitarbeit bzw. positiven Verhaltens des störenden Kindes/Jugendlichen positiv zu bewerten und zu loben.
Allein dieses einfache Beispiel zeigt, wie Elemente eines Systems einander bedingen. Deshalb sind auch Veränderungen in einer system- und handlungsorientierten Sichtweise zu betrachten und zu gestalten (siehe Kap. 3.9).
Beim Erleben und Betrachten von auffälligem Verhalten wird häufig nur linear gedacht:

Verhalten der Person B wird durch das Verhalten der Person A verursacht:

wirkt auf
A ⟶ B

Meistens handelt es sich bei Verhaltensweisen aber um ein Interaktionsgeschehen und um ein Wirkungsgefüge:

wirkt auf
A ⟷ B
wirkt auf

Oft kann nur dieses zirkuläre Denken weiterführen.

Wirkungsgefüge schulischer und außerschulischer Faktoren, die das Verhalten beeinflussen, werden nicht selten zu einem Regelkreis wechselseitig verursachender Bedingungen mit der Tendenz der Aufschaukelung zum Konflikt. So kann z. B. eine unangemessene Lernmethode und das ungeduldige Verhalten des Lehrers bei der dann auftretenden Lernschwierigkeit eines Schülers zu dessen Leistungsversagen führen. Die darauf vom Lehrer erteilte schlechte Note ist für den Jugendlichen eine Bestrafung, die oft durch die Reaktion der Eltern oder Betreuer noch verstärkt wird. Infolgedessen erlebt der Jugendliche die Schule als abermalige Quelle von Strafe. Angst vor dem Unterricht und Vermeidung der Schule sind meist die Reaktionen darauf, was wiederum zu Lernhemmungen führen kann, die dann noch schlechtere Leistungen hervorrufen usw.

Oft kommt es auch zu weiteren Störungen (Sekundärsymptomatiken), wie Belastung der Beziehungen zu den Mitschülern, psychosomatische Leiden (Kopf-, Bauchschmerzen, Übelkeit etc.) oder zu einer Etikettierung (siehe oben). Lehrer und Eltern bzw. Erzieher sollten versuchen, diese konfliktverstärkende Beziehungskette mit ihren verhängnisvollen Wirkungen so früh wie möglich zu erkennen, aufzudecken und zu unterbrechen.
Die Entstehung und/oder Verstärkung von Lernstörungen läuft häufig in gleicher Weise ab. Lern- und Verhaltensstörungen hängen meist miteinander zusammen und bedingen einander, wobei nicht immer zu erkennen ist, welche Störung am Beginn des Fehlentwicklungs-Prozesses stand, oder ob sich nicht beide Störungen in einem gemeinsamen Prozess manifestierten. Lernstörungen führen oft zu Kompensationsversuchen. Dieses Streben nach psychischem Ausgleich bzw. nach Ersatzbefriedigung kann für das Umfeld im Toleranzbereich liegen. Werden diese, aus der Sicht des betroffenen Schülers logischen (psychologischen), Verhaltensweisen allerdings nicht verstanden, sondern abgelehnt, entwickeln sich aus Verhaltensauffälligkeiten häufig (manifeste) Verhaltensstörungen.
Wie Verhaltensstörungen lassen sich auch Lernstörungen meistens vor dem Hintergrund von Normen verstehen, seien es Erwartungsnormen, unter denen die Umwelt einen Schüler sieht oder unter denen es sich selbst sieht, oder objektivierbare Normen im Sinne von Leistungskriterien (z. B. Lernziele). Von Lern*störungen* wird nur dann gesprochen, wenn eine mindestens durchschnittliche Intelligenz gegeben ist. Bei einer Lern*behinderung* liegt hingegen vor allem eine Schwäche oder Einschränkung des kognitiven Bereiches vor, häufig gekoppelt mit einer Wahrnehmungs- und psychomotorischen Schwäche.
Henning & Knödler (1987) unterscheiden Lernstörungen unter ätiologischem Aspekt nach neurogenen und psychogenen Lernstörungen. Neurogene Lernstörungen stehen im Zusammenhang mit Entwicklungsverzögerungen, zentralen Funktionsstörungen, wie Störungen der sensorischen und kognitiven Aufnahme und Integration, sowie mit Stoffwechselstörungen. Psychogene Lernstörungen resultieren aus Umweltbedingungen und können mit der Familiensituation (sehr große Familie, Konfliktfamilie, fehlleitende Erziehungspraktiken, Vernachlässigung sowie Misshandlung) und mit der schulischen Situation (Schüler-Lehrer-Probleme, Über- oder Unterforderung, zu große Klassen usw.) zusammenhängen. Häufig ist jedoch nicht auszumachen, ob organische oder Umweltbedingungen primäre Faktoren sind, so dass in der Regel von einer Kovarianz dieser beiden Bedingungen auszugehen ist. Nach dem internationalen Klassifikationssystem psychischer Störungen ICD - 10 werden die vor allem auf biologisch bedingte „Beeinträchtigungen der kognitiven Informationsverarbeitung" zurückzuführenden neurogenen Lern-

störungen wie die Lese- und Rechtschreibstörung (Dyslexie), die Rechtschreibstörung sowie die Störung der Rechenfähigkeit (Dyskalkulie, Entwicklungs-Akalkulie) den „umschriebenen Entwicklungsstörungen schulischer Fertigkeiten“ zugerechnet. Die Diagnose gilt als schwierig, da eine Vielzahl von Bedingungen zu berücksichtigen ist.
Eine spezielle Erscheinungsform von Verhaltensstörungen kann man nach dem eingangs genannten Etikettierungs- und Stigmatisierungsprozeß erklären: das delinquente bzw. kriminelle Verhalten. Myschker (*1993, 100*) beschreibt in Anlehnung an Quensel (*1970*) acht Phasen, nach denen sich abweichendes Verhalten entwickelt:

1. Phase: Ein Jugendlicher begeht ein kleines Delikt zur Lösung eines kleinen Problems (Elternkonflikt - Diebstahl).

2. Phase: Der Jugendliche hat kein Glück: Es kommt zu keiner Problemlösung, vielmehr zu einer Bestrafung.

3. Phase: Das Problem wird größer. Die Ablehnung der Umwelt wächst. Der Jugendliche sucht nach Selbstbestätigung bei gleichgesinnten Jugendlichen. Er lehnt die Bestrafung als „Ungerechtigkeit“ ab.

4. Phase: Ein weiteres Delikt wird als „Rückfall“ interpretiert und bringt die Gefahr eines Aufschaukelprozesses mit sich: Das delinquente Verhalten und die Bestrafungen verstärken sich gegenseitig.

5. Phase: Der Jugendliche wird als Delinquent definiert. Er wird aktenkundig und behandlungsbedürftig (Jugendarrest, Heim). Er übernimmt die Definition „Delinquenter“ in sein Selbstbild: Die Schwelle zum Verbotenen wird niedriger, die ungelöste Problematik größer.

6. Phase: Der Jugendliche wird zum Außenseiter. Techniken delinquenter Problembewältigung verfestigen sich, werden zur Typisierung im Sinne „schädlicher Neigungen“ (der aggressive Schläger, der Wegläufer, der Manipulator, der Rocker, der Süchtige). Mit der Übernahme der delinquenten Rolle zeichnet sich eine delinquente Karriere ab.

7. Phase: Der Jugendliche kommt in eine Strafanstalt. Mit der nunmehr eindeutigen Rollenfestlegung ist eine deutliche Problemverstärkung verbunden.

8. Phase: Nach der Entlassung ist der Jugendliche ein Vorbestrafter. Meistens kehrt er in das Milieu Gleichgesinnter zurück, ist für

ihn ein Rückfall oft naheliegend, der zu einer härteren Bestrafung führt. Es kommt zu einem Teufelskreis, zu einem sich wechselseitig hochschaukelnden Interaktionsprozeß zwischen dem Jugendlichen und seiner sozialen Umwelt unter Einfluss der staatlichen Sanktionsinstanz.

4.3 Aufgaben

1. *Im letzten Kapitel wurde der Verlauf und die Folgen eines möglichen Ettikettierungs- und Stigmatisierungsprozesses erläutert! Übertragen Sie dieses Modell auf eine von Ihnen konkret erlebte Situation und stellen Sie diese inhaltlich oder graphisch dar!*
2. *Was fällt Ihnen beim Vergleich von Lern- und Verhaltensstörungen auf?*
3. *Schlagen Sie Handlungsalternativen vor, wie man dem, von Myschker in acht Phasen beschriebenen, Prozess abweichendem Verhaltens pädagogisch begegnen könnte! Nennen Sie für jede Phase mindestens ein Beispiel und erläutern Sie es kurz!*

4.4 Literatur

Hanke, B., Huber, G. L. & Mandl, H. 1976: Aggressiv und unaufmerksam. München: Urban & Schwarzenberg.

Heider 1958: Psychologie der interpersonalen Beziehungen. Stuttgart: Klett.

Henning, C. & Knödler, M. 1987: Problemschüler - Problemfamilien. Ein praktisches Lehrbuch zum systemischen Arbeiten mit schulschwierigen Kindern. München.

Keupp, H. 1976: Abweichung und Alltagsroutine. Hamburg: Hoffmann und Kampe.

Myschker, N. 1993: Verhaltensstörungen bei Kindern und Jugendlichen. Stuttgart: Kohlhammer.

Quensel, S. 1970: Wie wird man kriminell? In: Kritische Justiz, Heft 4.

Rheinberg, F. 1978: Der Lehrer als diagnostische Instanz. In: Bach, H. u. a. (Hrsg.): Handbuch der Sonderpädagogik, Bd. 9: Sonderpädagogik in allgemeinen Schulen. Berlin.

5 Entwicklungspsychologische Aspekte des Jugendalters

5.1 Lernziele

Die Leserin/der Leser soll:

1. *die wesentlichen entwicklungspsychologischen Aspekte des Jugendalters sowie deren daraus resultierenden physischen und psychischen Schwierigkeiten für Jugendliche kennen lernen,*
2. *die Rolle der Peer-Group erkennen,*
3. *wichtige Entwicklungsaufgaben, die in der beschriebenen Phase bewältigt werden müssen, benennen können,*
4. *den Einfluss und das Verhalten von Erwachsenen gegenüber Jugendlichen einschätzen lernen,*
5. *Schutz- und Förderfaktoren für eine positive Entwicklung beschreiben können.*

5.2 Grundlegende Aspekte

Da es den Erwachsenen meist schwer fällt, gerade Jugendliche in ihrem So-Sein zu verstehen, sollen einige wesentliche Aspekte der Entwicklung im Jugendalter dargestellt werden.
In diesem Kapitel soll kein vollständiger Abriss über die Entwicklung des Jugendalters gegeben werden. Deshalb hier ein Hinweis auf speziellere Literatur, die auch für das Kindesalter gilt: Baacke 1994, 7. Auflage; Oerter & Montada 1995, 3. Aufl.; Mönks & Knoers 1996; Mietzel 1995, 2. Auflage.
Im folgenden sollen einige Aspekte des Jugendalters dargestellt werden, die die Problematik dieses Alters besser verstehen lassen und Grundlagen für ein adäquates Handeln liefern.
In der Entwicklung des Menschen gibt es kritische Phasen, in denen besonders wichtige und auffällige Veränderungen mit ihm geschehen. Der Übergang in die Adoleszenz, in das Erwachsenenalter, ist eine solche Phase. Die Adoleszenz wird eingeleitet und anfangs stark beeinflusst durch die Ent-

wicklungsperiode der Pubertät. Die Pubertät und der Übergang zum Erwachsenenalter umfassen etwa das 13. - 18. Lebensjahr. Abweichungen davon sind häufig zu finden und stellen an sich keine Anomalie dar.
In der Pubertät (Pubes = Schamhaare bekommen, also geschlechtsreif werden) geht es vor allem um physiologisch-biologische Veränderungen. Einerseits findet ein starkes körperliches Wachstum statt, wie z. B. Veränderung von Körpergröße und -gewicht, Zunahme an Muskelkraft, Veränderung der Motorik. Andererseits vollzieht sich eine meist plötzliche Entwicklung der primären und sekundären Geschlechtsmerkmale (Geschlechtsreife).
Die körperlichen Einzelentwicklungen laufen allerdings nicht immer in synchroner Geschwindigkeit ab. So kommt es zu Disproportionen oder zu schlaksigen, ungelenken Bewegungen.
Zunehmend ist eine beschleunigte Entwicklung (Akzeleration) oder eine verlangsamte Entwicklung (Retardation) festzustellen.
Auch die psychosoziale Entwicklung verläuft häufig nicht synchron, sie vollzieht sich oft retardiert. So ist der Jugendliche psychosozial zwar noch kein Erwachsener, obwohl an ihn immer häufiger Erwartungen wie an einen Erwachsenen herangetragen werden, er ist aber auch kein Kind mehr, obwohl er oft noch als solches behandelt wird.
Ursache für diese äußeren und inneren Konflikte sind Probleme mit körperlichen Veränderungen, insbesondere mit der sexuellen Entwicklung, aber ebenso die Erwartungen und die Umgangsweise der Erwachsenen.
Die notwendigen psychosozialen Kompetenzen des Erwachsenwerdens und des Erwachsenseins müssen erst erworben, d. h. gelernt werden. Sie werden nicht automatisch mitgeliefert.
Der berühmte amerikanische Entwicklungspsychologe Erik H. Erikson (siehe Oerter & Montada 1995) hat aufgrund vieler empirischer Untersuchungen Stufen der psychosozialen Entwicklung des Menschen erstellt. Im Schulalter, in der Pubertät ist es wichtig, dass das Kind bzw. der Jugendliche *Zutrauen zu seiner eigenen Leistung (Werksinn)* gewinnt und erfährt. Häufiger Misserfolg hemmt die Weiterentwicklung des Selbstwertgefühles und führt letztendlich zum *Minderwertigkeitsgefühl*, was wiederum eine Arbeitslähmung bewirkt.
Während der Adoleszenz sollte es zur Bildung der eigenen *Identität* kommen (Wer bin ich, wer bin ich nicht? Werde ich gebraucht ? etc.). Es besteht in dieser Phase allerdings die Gefahr der *Identitätsdiffusion*.
In der Periode des frühen Erwachsenenalters (18 - 25 Jahre) ist die primäre psychosoziale Aufgabe die *Intimität*, d. h. den Anderen, den gegengeschlechtlichen Partner, den Freund finden und sich ihm psychosexuell hingeben, ohne sich dabei aufzugeben. Dieses ist aber nur möglich, wenn man sich selbst mehr oder weniger gefunden hat und annehmen kann (Identitätsfin-

dung). Gelingt die Entwicklung der Fähigkeit von Intimität und Solidarität nicht, kann eine soziale *Isolierung* oder *Distanzierung* die Folge sein.
Kommt es nicht zu einer positiven psychosozialen Entwicklung, sondern zu den dargestellten negativen Zuständen, können sich Verhaltensstörungen entwickeln und manifestieren: Vandalismus, Delinquenz, Drogenabhängigkeit, Zugehörigkeit zu Banden und extremen (politischen) Gruppen einerseits, sowie psychische Krankheiten andererseits (Weg nach Innen).
Manchmal erleben Jugendliche ihre Situation so aussichtslos, dass sie zur Selbsttötung greifen. Suizid ist bei den deutschen Jugendlichen die zweithäufigste Todesursache (bei Jungen häufiger als bei Mädchen, 3 : 2).
Verhalten, wie auch Verhaltensstörungen, werden zwar durch biologische und anlagebedingte Faktoren beeinflusst, die sozialen Faktoren, insbesondere die Erziehung eines Kindes oder Jugendlichen, sind aber von größerer Auswirkung und können durch nichts ersetzt werden (s. Kap. 3.12).
Allerdings sind die Erzieher unserer Zeit nicht mehr allein die Eltern, Lehrerinnen und Lehrer. Die Medien haben, insbesondere bei Menschen in der Pubertät und Adoleszenz, einen entscheidenden meinungsbildenden und erzieherischen Einfluss. Medienwelten gehören derart zum Alltags von Jugendlichen, dass man nicht mehr davon sprechen kann, dass sie nur eine ergänzende Funktion haben, sondern sie sind ein allgemeiner Bestandteil ihres Lebens geworden.
„Jugendliche leben heute nicht nur mit Fernsehen und Radio; mit Tageszeitungen, Illustrierten, Massen- und Jugend-Presse, Schüler-Zeitschriften, Alternativblättern; sie hören auch Schallplatten, überspielen Tonkassetten, rezipieren Videokassetten qua Videorecorder; sie stülpen sich den Walkman über, hantieren am Computer, indem sie Telespiele spielen oder die Regeln von Computerprogrammen ergründen; sie schauen in reich ausgestattete Schaufenster, treiben sich in Warenhäusern herum, besuchen Videobars, Diskotheken und Warenhäuser, sind die wichtigsten Kinogänger - kurz: Medienkonsum ist *konstitutives* Element ihres Alltags geworden. Die Entwicklung der neuen Informations- und Kommunikationstechniken (Mikro-Elektronik, optische Nachrichtentechnik, Satellitentechnik) bestimmt ihre Zukunft. Am integrierten Terminal werden sie Berufliches erledigen, Bestellungen aufgeben, Kommunikationen abwickeln, sich unterhalten und informieren lassen. Die Vermittlung von Politik und Kultur, von Öffentlichkeit und Privatheit geht heute über die Medien." (*Baacke 1994, 1. Auflage 1983*)
Heute kommen zu diesem 1983 geschriebenem Text weitere Medienarten, -systeme und -programme hinzu.
Die Jugendlichen scheinen mit dieser multioptionalen Medienwelt auf den ersten Blick besser zurecht zu kommen als Erwachsene. Doch es besteht die große Gefahr, dass die *soziale* Kommunikation, die Selbstständigkeit und

Selbstbestimmung eingeschränkt werden. Die Faszination durch die Medienwelt erschwert oder verhindert die Auseinandersetzung mit der realen Welt, der technisch nicht aufbereiteten, selektierten und bewerteten Wirklichkeit. Auf die oft massiven gesundheitlichen und psychischen (Neben-) Wirkungen sei hier nur hingewiesen.
Keine Verteufelung, aber eine kritische Auseinandersetzung mit der Medienvielfalt und -intensität ist erforderlich (Medienerziehung), damit die Medien nicht hauptsächlich die entscheidenden Stoffe darstellen, mit deren Wirkung die Individualität eines Kindes oder Jugendlichen geformt wird.
Ein weiterer Faktorenkomplex ist zu nennen, den Jugendliche und junge Erwachsene als stark beeinflussend für ihre Entwicklung erleben: Bildungssystem, Berufsfindung und Arbeitslosigkeit. Die längere Verweildauer im Schulbereich (die meisten Jugendlichen machen mittlere Reife oder Abitur und besuchen danach oft noch eine Fachschule bzw. studieren an einer Fachhochschule oder Universität) bedeutet Aufschub des Wunsches nach Geld, d. h. seinen Unterhalt selbst zu verdienen, ganz auf eigenen Beinen zu stehen und praktisch in seinem Beruf arbeiten zu können.
Oft kommt es nach Schule und Ausbildung nicht zu einem nahtlosen Übergang, d. h. es findet eine Entkopplung von Schule bzw. Ausbildung und Berufstätigkeit statt. Häufig muss „gejobbt", manchmal sogar ein neuer aussichtsreicherer Beruf erlernt werden. Für viele junge Menschen ist die Berufsfindung sehr schwierig, da eine Fülle von Berufsfeldern - zumindest theoretisch - zur Verfügung stehen. Nicht immer gibt es die Möglichkeit, ein Praktikum in den oft sehr spezialisierten Berufen zu machen, um eine bessere Entscheidungsbasis zu haben.
Aber viel größer als die Angst, nicht den richtigen Beruf gewählt zu haben, ist die Furcht, arbeitslos zu werden, nicht in der Arbeitswelt gebraucht zu werden, nicht an einem wichtigen Bereich des Lebens und der Gesellschaft teilhaben zu können.
Ständige Absagen auf Bewerbungen und lange Arbeitslosigkeit bringen für Jugendliche und junge Erwachsene psychische Belastungen mit sich, die sie nur unbeschadet durchstehen können, wenn sie entsprechende Qualitäten und Kompetenzen in der Kindheit und Jugend erfahren haben und wenn sie in dieser schweren Zeit Hilfe und Unterstützung bekommen.
Auch eine zunehmende Verschlechterung der ökonomischen und damit ebenso der sozialen Lage belastet Jugendliche, vor allem, wenn sie es in ihrer Familie, Verwandtschaft oder im Bekanntenkreis erleben.
Der „Schein" in der Werbung und das „Sein" in der Wirklichkeit ist eine Diskrepanz, die nicht jeder Jugendliche verkraften kann. Eine ständige Nicht-Befriedigung bestimmter Bedürfnisse und Erwartungen führt zu Frustration,

Hoffnungslosigkeit und Ohnmachtgefühl. Aus diesen letztendlich psychischen Belastungen können „Brutstätten" für Verhaltensstörungen entstehen.

5.3 Peer-group und weitere Lebensregionen von Jugendlichen

Die Gruppe der Gleichaltrigen und Gleichgesinnten, die sogenannte „Peer-group", nimmt im Jugendalter einen sehr wesentlichen, oft sogar den wichtigsten Status und eine sehr entscheidende Funktion ein.
Die Peer-Group ist eine Form des Übergangs von der starken Bindung des Kindes an die Eltern hin zur reifen Partnerschaft und Intimität im Erwachsenenalter.
Die Gleichaltrigen stellen die neuen Bezugspersonen dar, auf die sich alles richtet. Insbesondere das Finden und Erproben von (neuen) Werten, Stilen und Umgangsformen beschäftigt die Jugendlichen. Ihre Gruppenzugehörigkeit als auch ihre Originalität drücken sie durch Kleidung, Frisur, Schmuck und andere Accessoires, Musikstil etc. aus, durch ihre Art des Auftretens und Reaktionen auf die Mit- und Umwelt, ihre Art zu feiern, Freundschaften aufzubauen und zu pflegen, sowie durch stilistische Besonderheiten in der Gestaltung ihrer Wohn- und Treffpunkträume.
Die Jugendlichen leben in zwei Welten: 1. der Welt der Erwachsenen, dem mit Konventionen und Traditionen behafteten Elternhaus, das sie oft so schnell wie möglich verlassen wollen, aber es andererseits auch anstreben, später selbst eine Familie zu gründen, und 2. leben sie in der Welt der Peer-Group mit einem demonstrativ anderen Lebensstil, unterstützt durch Vorbilder in den Medien und subkulturellen Gruppen.
Wenn Jugendliche in dieser Zeit ihre (Rest-)Familie nicht wenigstens zum Teil als angenehm und förderlich erleben, sondern überwiegend negativ durch Streit, Unbeständigkeit etc., kommt es zu keiner konstruktiven Ablösung vom Elternhaus mit fortwährender potentieller Unterstützung. Alleingelassen und ohne positiven Einfluss und Rückhalt in der Peer-Group und Freundschaft zu anderen kann es dann schnell zu den o. a. Verhaltensstörungen aggressiver oder regressiver Art kommen.
Während einige Jugendliche ihre Peer-Group vor allem durch die Mitgliedschaft in Jugendverbänden (Sportverbände, Pfadfinder, Landjugend, Jugendfeuerwehr etc.), finden, suchen andere Jugendliche (momentan mit steigender Tendenz), ihre „Heimat" in kommerziellen oder inoffiziellen Subkulturen. Diese Subkulturen sind oft Gegenkulturen, die eine Abgrenzung oder Opposition zur offiziellen Kultur der Erwachsenen darstellen. Hier gelten eigene Kultur- und Lebensstile, Werte, Systeme und Regeln. Insbesondere Disko-

theken spiegeln die Vielfalt und Bandbreite dieser Subkulturen Jugendlicher wieder.
Außer Gruppierungen, wie Hippie, Punk, Hip-Hop etc., deren Botschaft insbesondere durch Musik ausgedrückt wird und von „Peace" (Frieden) bis „Destroy" (Zerstörung) reicht, gibt es auch zunehmend technisch orientierte Gruppierungen, wie Computerfreaks.
Gruppenkonformität spielt eine erhebliche Rolle. Sie kommt in der Kleidung, Musik etc. zum Tragen. Ein Abweichen von diesen Gruppennormen, -stilen und -gewohnheiten ist Jugendlichen peinlich, ja sogar mit Angst besetzt.
Achtung und Anerkennung durch Gleichaltrige sind nicht selbstverständlich und stellen sich nicht automatisch ein, sie müssen meist durch gruppenspezifische Leistungen erbracht werden (Statuserwerb und Statussicherung).
Durch die Pluralisierung und Globalisierung unseres Alltags kommt vieles in Fluss, und die Neubildung von Richtungen und Stilen ist rasant in unserer Multioptionsgesellschaft. So sind auch die Wertvorstellungen der Jugendlichen im Wandel begriffen und durch Vielfalt gekennzeichnet. Zudem stehen sie oft im Gegensatz zu Werten und Tugenden der Erwachsenen (Fleiß, Pflicht, Disziplin etc.).
Jugendliche erleben das Verhalten von Erwachsenen ihnen gegenüber meist als unerwünschte Einmischung, als Ausübung von Kontrolle und Demonstration von Macht. Schule ist für viele Jugendliche nicht primär ein Ort des Lernens (Noten erleben sie relevanter als Inhalte), sondern vielmehr ein „Treff", der sie zusammenführt, um Freizeit zu planen und sich darüber auszutauschen.

5.4 Lebensentwürfe von Jugendlichen

Wie Jugendliche denken und was ihnen wichtig ist, zeigt sich in der Shell-Studie (referiert von *Baacke 1994*). 17 Fixpunkte lassen sich aus den Erhebungen herausarbeiten:

(Verselbstständigungen)
- „zum ersten Mal auf eigene Faust eine Urlaubsreise machen"
- „weggehen und heimkommen wann man will"
- „größere Anschaffungen selbst bestimmen und aussuchen"
- „selbst bestimmen, wie man aussehen will"
- „gegenüber Vorgesetzten (Chefs) seinen eigenen Standpunkt vertreten können"
- „aus dem Elternhaus ausziehen (unabhängig von den Eltern wohnen)"

(Einstieg in die Geschlechtsrolle)
- „zum ersten Mal sehr verliebt sein"
- „selbst sexuelle Erfahrungen mit dem anderen Geschlecht machen"

(Wege in die Normalkultur)
- „das erste eigene Auto fahren"

(Einstieg in die Berufsrolle)
- „die (erste) Berufsausbildung abschließen"
- „genug Geld verdienen, um für sich selbst sorgen zu können"

(Heirat und Familie)
- „ein Kind gut erziehen können"

(Aufbau und Krise des Lebensentwurfs)
- „anfangen sich über die eigene Zukunft Gedanken zu machen"
- „zum ersten Mal Rückblick halten, was man aus seinem Leben gemacht hat"

(Höhepunkte des Lebens)
- „den Höhepunkt seiner körperlichen Leistungsfähigkeit erreichen"
- „geistig in Hochform sein"
- „am glücklichsten sein".

(Baacke 1994, 57 - 58)

Zu bedenken ist, dass die referierte Shell-Studie in den 80er Jahren erstellt wurde.

5.5 Entwicklungsaufgaben des Jugendalters

Gerade bei einer so schwierigen Aufgabe wie der Erziehung von Jugendlichen ist es hilfreich, Ziele und Anhaltspunkte zu haben, die eine Orientierung ermöglichen. Die im folgenden aufgelisteten Punkte sind nicht als Pflichtkanon zu verstehen. Es sind Hinweise auf Entwicklungsaufgaben, die es im konkreten Fall, an die individuellen Gegebenheiten anzupassen und zu operationalisieren gilt. Entwicklungsaufgaben sollten soweit wie möglich mit den Jugendlichen gemeinsam formuliert werden.

Beispiele für Entwicklungsaufgaben:
- die Veränderungen seines Körpers und seines Aussehens akzeptieren;

- die weibliche bzw. männliche Rolle für sich definieren;
- sich selbst kennen, sich mögen und verändern lernen;
- sich seiner Eigenheit und Originalität bewusst werden;
- seinen Körper effektiv, sinnvoll und förderlich einsetzen;
- das dramatische körperliche Wachstum und die sexuelle Entwicklung annehmen;
- eine Auseinandersetzung mit dem Selbstbild und Fremdbildern über die eigene Person konstruktiv führen;
- reife Beziehungen zu Freunden herstellen und halten (Aufbau eines Freundeskreises);
- Aufnahme intimer Beziehungen zum Partner;
- Vorstellungen entwickeln, wie Partnerschaft/Ehe und Familie sein sollen und sich darauf vorbereiten;
- Vorstellung von seinem späteren Beruf entwickeln und sich darauf vorbereiten;
- emotionale Unabhängigkeit von Eltern, Lehrern und anderen Personen gewinnen;
- sich vom Elternhaus lösen können;
- Gewinnung von Selbstständigkeit gegenüber Personen und Institutionen;
- sein Leben bejahen und konstruktiv gestalten;
- seine Freizeit gestalten, sinnvoll nutzen und genießen;
- wissen, wer man ist, was man will und was man dafür noch lernen bzw. verändern muss;
- Zukunftsperspektiven entwickeln, Ziele planen und ansteuern, sowie Erreichtes sichern und verändern können;
- Werte, Normen, Weltanschauungen aufnehmen, kritisch prüfen und gegebenenfalls zum Leitfaden für eigenes Denken und Handeln machen (moralische und ethische Entwicklung);
- Verantwortung und Mitwirkung bei sozialen Fragen und Fragen in Bezug auf Umwelt und Natur aufbauen;
- sich entscheiden können und Entscheidungen nicht ständig hinausschieben oder unterlassen (Verbindlichkeit);
- einen Weg zwischen totaler Anpassung und gesellschaftlichem Ausstieg finden;
- mit Diskrepanzen in unserer Gesellschaft, z. B. der Suggestion des schönen Lebens (insbesondere in der Werbung) und der tatsächlichen sozioökonomischen Lage und den Abhängigkeiten des Lebens konstruktiv umgehen können.

Die Aufstellung ist unvollständig. Sie kann ergänzt werden durch Anregungen aus dem Studium der nächsten Abschnitte, sowie aus eigenen Erfahrungen. Betont sei nochmals, dass Entwicklungsaufgaben für das Jugend- und Jungerwachsenenalter letztendlich nur *mit* den Betroffenen selbst formuliert werden sollten.

5.6 Das Verhalten der Erwachsenen gegenüber dem Verhalten von Jugendlichen

Auch wenn der Einfluss der Erwachsenen auf Jugendliche nicht so groß ist, wie auf Kinder, so ist er doch noch vorhanden. Allerdings erleben ihn manche Erwachsene nicht immer direkt und offensichtlich.
Ebenso wie im Kindesalter spielt im Jugendalter das Vorbildlernen (Modell, Beobachtungslernen) noch eine entscheidende Rolle, aber in einer anderen Bedeutung. Während man einem Kind noch klarmachen kann, dass der Erwachsene sich in vielen Situationen anders verhalten darf und muss, so ist dieses besonders Jugendlichen nur selten verständlich zu machen. Der Jugendliche steht kurz vor dem Eintritt in das Erwachsenenalter und möchte lernen, wie man sich als Erwachsener bei bestimmten Anforderungen oder in Konflikten verhält.
In vielen Fällen sind Erwachsene kein gutes, d. h. positiv wertvermittelndes Vorbild. Und was noch schlimmer ist, sie leben eine Doppelbödigkeit vor. Sie „beschwören" Werte, wie z. B. Ehrlichkeit, und im Alltag zeigen sie ein völlig entgegengesetztes Verhalten (Steuerhinterziehung etc.). Oft passiert es auch, dass Erwachsene ein Verbot für bestimmte Verhaltensweisen setzen. Wird dieses dann überschritten, gestatten sie es, wegschauend oder augenzwinkernd, ohne die vereinbarte Konsequenz auszuführen.
Außer einem ehrlichen und glaubhaften Modellverhalten, ist eine konstruktive Auseinandersetzung des Erwachsenen mit dem Jugendlichen für dessen (Weiter-) Entwicklung sehr wichtig. Aber argumentieren, streiten etc., will gelernt sein.
Zur Bewältigung der vielen Herausforderungen und Krisen des Jugendalters brauchen die jungen Menschen Erwachsene, die gesprächsbereit sind, Zeit haben und die Akzeptanz, Empathie (Einfühlsamkeit) und Kongruenz (Echtheit) wenigstens ansatzweise verwirklichen (siehe Kap. 8).
Weitere Merkmale für eine gelingende Erwachsenen-Jugendlichen-Beziehung sind vor allem Beständigkeit und Verlässlichkeit sowie Fordern (klare Aufgaben und Vereinbarungen) und Fördern (differenzierte, individuelle Unterstützung).

Eine herablassende, besserwisserische, rechthaberische oder großtuerische Haltung von Erwachsenen führt bei Jugendlichen, verständlicherweise, meistens zur Distanzierung, Provokation oder Aggression. Neben einer den Jugendlichen ernstnehmenden, um Verständigung bemühenden Haltung ist es wichtig, dass klare Grenzen formuliert und vereinbart werden, ebenso die Reaktion bzw. Konsequenzen bei der Einhaltung bzw. Nichteinhaltung.

Wenn Strafen erforderlich sind und angekündigt werden, müssen sie auch konsequent durchgeführt werden. Strafen sollten unmittelbar oder kurzfristig nach der Tat erfolgen. Sie sollten, soweit wie möglich, mit der Tat in Zusammenhang stehen und eine Wiedergutmachung (Täter-Opfer-Ausgleich etc.) beinhalten. Sehr bedeutsam sind fördernde und stützende Maßnahmen bei Ansätzen adäquaten Verhaltens.

Wird eine Lernsituation (Unterricht, Ausbildung) von Jugendlichen/jungen Erwachsenen als sinnlos und nutzlos betrachtet, kommt es schnell zu Provokationen, Aggressionen oder zur Resignation. Daher ist Sinngebung, Motivation und das Ermöglichen von Erfolgserlebnissen eine zentrale Aufgabe von Schule und Ausbildung, ebenso der adäquate Umgang mit Misserfolgen und Konflikten.

Ein konstruktiver Dialog sollte möglichst frühzeitig (präventiv) geführt werden, einen gleichwertigen Austausch von Meinungen und Kompetenzen fördern und, soweit wie möglich, Partizipation beinhalten. Die realisierte Handlung ist die „Nagel- und Bewährungsprobe" für getroffene Vereinbarungen.

Oft ist es hilfreich, sich als Erwachsener in Probleme der eigenen Jugendzeit zurückzuversetzen oder die Rolle des betreffenden Jugendlichen innerlich nachzuvollziehen, um das Denken und Handeln von Jugendlichen zu verstehen.

Aussonderung von Schülern bzw. Auszubildenden mit Verhaltensstörungen in besondere Einrichtungen sowie eine rein medikamentöse Therapie haben, wenn überhaupt, eine temporäre Wirkung und nicht selten negative Nebenwirkungen. Entscheidend ist das Erziehungsverhalten von Eltern, Lehrerinnen und Lehrern auch oder gerade bei sehr schwierigen persönlichen und beruflichen Entwicklungsbedingungen (siehe oben).

Beim Erkennen und Verstehen der Entwicklung von Verhaltensstörungen sollte man sich nicht nur auf die Ursachen und Risikofaktoren beschränken. Dieses „Defizit-, Verhinderungs- und Misserfolgsmodell" führt meist nur zu Resultaten, die aussagen, was nicht vorhanden ist oder nicht erreicht wurde.

Ein „Kompetenzmodell" zeigt die fördernden und unterstützenden Bedingungen einer Entwicklung auf, sowie die Ressourcen und die sozialen Unterstützungsnutzwerke.

Noch ist dieses Denken in der Wissenschaft und Praxis der Kinder- und Jugendhilfe (Entwicklungspsychologie, Pädagogik etc.) leider kaum zu finden. Im Folgenden soll ein erster Versuch unternommen werden, Schutz- und Förderfaktoren der Entwicklung von Kindern und Jugendlichen herauszuarbeiten.

5.7 Schutz- und Förderfaktoren für eine positive Entwicklung von Kindern und Jugendlichen

Vorbemerkung:

Auch wenn sich dieses 5. Kapitel auf das Jugendalter konzentriert, ist in dieses Unterkapitel das Kindesalter einzubeziehen, da die Entwicklung des Jugendlichen die Weiterführung der Kindheit ist. Sind entscheidende Entwicklungsprozesse versäumt, d. h. sind bestimmte Schutz- und Förderfaktoren nicht eingesetzt worden oder zum Tragen gekommen, sollten diese z.T. und in einer entsprechend altersgemäßen Weise nachgeholt werden.
Manche Kinder und Jugendliche entwickeln sich trotz einer chaotischen und/oder sozial schwachen Familiensituation und körperlicher Beeinträchtigung, zu psychisch stabilen und gesunden Menschen. Was macht diese positive, durch Widerstandskraft (Resilienz) gekennzeichnete Entwicklung aus?
Die folgenden Schutz- und Förderfaktoren (protektive Faktoren) sind auf der Grundlage der empirischen Langzeitstudien von Emmy Werner (USA, 1997) und von Zdenek Matejcek (Tschechien, 1997) sowie eigener Studien und Erfahrungen entstanden. Die Ergebnisse können an dieser Stelle auf Grund des Themas und des Umfangs des Studienbriefes, nur als Auflistung der protektiven Faktoren dargestellt werden. Sie sollen als Anregung zur Diskussion und als Arbeitsgrundlage für die Erziehungssituation einer Einrichtung im Allgemeinen und zur Erstellung von klassen- bzw. lehrjahrbezogenen oder individuellen Erziehungsplänen im Besonderen dienen.

Kindheit

- grundlegendes Vertrauen geben (Urvertrauen);
- positive akzeptierende, emotional warme und stetige Erziehungsperson(en);
- an positiven emotionalen Reizen reiches und starkes Erziehungsmilieu;
- enge, langfristige Bindung zu (mindestens) einer kompetenten, stabilen und fröhlichen Person, die auf das Kind und seine Bedürfnisse eingeht;

- Körperkontakt vorleben und stärken (körperliche Nähe, körperlicher Kontakt, z. B. berühren - Hand auflegen, Arm umlegen, streicheln, drücken, auf dem Schoß sitzen);
- Aufmerksamkeit und Zuneigung geben;
- stabile Erziehungsperson sein und Idenitifikationsmodelle bieten (Modell für Hilfsbereitschaft, Fürsorge, Werte, Verantwortung etc.);
- beständiges Identifikationsmodell mit gleichgeschlechtlichen Personen bieten;
- religiöse Überzeugungen (Glaube) und/oder humanistische Werte, die auch in Zeiten der Not, trotz ungünstiger Bedingungen, Stabilität und Sinn erzeugen, positive Lebensbedeutung und -perspektive geben, Vertrauen in das Leben, in die Zukunft, vorleben, anregen und stützen;
- Sinn für Zusammengehörigkeit erleben lassen;
- Temperamente und Eigenschaften anregen, fördern und lenken;
- Vertrauen in eigene (vorhandene) Fähigkeiten erzeugen, unterstützen, vormachen etc.;
- Bedürfnisse befriedigen und aufschieben können;
- Möglichkeiten schaffen zur erfolgreichen Meisterung (Bewältigung) frustrierender bzw. schwieriger Situationen.

Mittlere Kindheit und Jugend

- moralische und ethische Werte vorleben und Nachahmung bzw. Übertragung verstärken;
- Verantwortung und Fürsorge vorleben, sowie Hilfs- und Kooperationsbereitschaft belohnen;
- ein Modell bieten für die Überzeugung, dass das Leben trotz der unvermeidbaren Belastung einen Sinn hat;
- Erziehungsorientierungen, klare Strukturen und Regeln geben und einhalten;
- Lebensbewältigungsstrategien modellhaft lernen;
- dazu ermutigen, jenseits der Kernfamilie Beziehungen zu einem geliebten Verwandten, Nachbarn oder Freund aufzunehmen;
- Fähigkeit, tragfähige Bindungen zu knüpfen und zu erhalten, vorleben und lernen lassen;
- gegengeschlechtliche Beziehungen und Bindungen aufbauen und gestalten können;
- Strategien für den Umgang mit Notsituationen lernen;
- positives Selbstkonzept (Selbstwertgefühl, Selbstsicherheit) aufbauen
- internale Kontrollüberzeugungen aufbauen;

- fördern und bestärken, ein spezielles Interesse, Hobby oder eine Aktivität zu entwickeln, die als beglückende Tätigkeit und als Quelle für die Entwicklung des Selbstwertgefühles dienen kann.
- zu selbstständigem Arbeiten anleiten

Schule und Freizeit

Schule als Ort, der

- emtionale Stabilität fördert;
- Aktivitäten vermittelt, die helfen, lebenspraktische Kompetenzen und Berufsziele (Vorbereitung) zu erreichen;
- Kompetenzen vermittelt, übt und anwendet, die Fürsorge und Lebenszufriedenheit erzeugen.

mindestens einen Lehrer

- als positives Identifikationsmodell,
- als Förderer und Forderer,
- als Berater ,
- zur Motivation, Unterstützung,
- zur Herausforderung,
- als Erzieher zur Arbeit, zur Verantwortung und zum Selbstwertgefühl.

Entwicklungsressourcen bereitstellen bzw. vermitteln oder finden lässt (Nischen des Gedeihens).

Zugang zu helfenden bzw. fördernden Angeboten erfahren lässt

- Bildungs- und Erziehungsberatung,
- Gesundheitsberatung,
- Sozialdienste,
- kirchliche Einrichtungen,
- Sportvereine etc..

5.8 Aufgaben

1. *Im Text wurden Stufen der psychosozialen Entwicklung des Menschen, besonders während des Jugendalters, dargestellt sowie mögliche physische und psychische Schwierigkeiten für Jugendliche. Vergleichen Sie diese Aussagen mit ihren persönlichen Erfahrungen aus Beruf und Familie!*
2. *Stellen Sie die Bedeutung der Peer-group für Jugendliche dar!*
3. *Nennen Sie mögliche Entwicklungsaufgaben des Jugendalters!*
4. *Wie erklären Sie sich das oft doch recht differierende Verhalten von Erwachsenen gegenüber Jugendlichen?*
5. *Inwiefern lassen sich die dargestellten Schutz- und Förderfaktoren für eine positive Entwicklung von Kindern und Jugendlichen in Ihren Berufsalltag integrieren?*

5.9 Literatur

Baacke 1994, 7. Auflage: Die 13 - 18jährigen. Weinheim: Beltz.

Mietzel, G. 1995, 2. Auflage: Wege in die Entwicklungspsychologie. Weinheim: Beltz.

Mönks, F. J. & Knoers, A. 1996: Lehrbuch der Entwicklungspsychologie. München, Basel: Reinhardt.

Oerter, R. & Montada, L. (Hrsg.) 1995, 3. Auflage: Entwicklungspsychologie. Weinheim: Beltz.

Werner, E. 1997: Gefährdete Kindheit in der Moderne. Protektive Faktoren. VHN, 66. Jg., Heft 2, 192-203.

Zdenek, M. 1997: Neue Ergebnisse der Prager Studien über psychische Deprivation und Subdeprivation. VHN, 66. Jg., Heft 2, 179-191.

6 Schulische und außerschulische Betreuung - Organisationsstrukturen und Formen

6.1 Lernziele

Die Leserin/der Leser soll:

1. *schulische und außerschulische Betreuungsformen für Kinder und Jugendliche mit Verhaltensstörungen kennen lernen,*
2. *theoretische Ansätze der Organisation zur Behandlung von Verhaltensstörungen kurz erläutern können,*
3. *praktische Organisationsmodelle zum Abbau und zur Prävention von Verhaltensstörungen mit Hilfe der dargestellten Möglichkeiten nennen und beschreiben können,*
4. *anhand der eigenen Berufspraxis die Organisation der Betreuung bzw. Behandlung von Kindern bzw. Jugendlichen mit Verhaltensstörungen beschreiben.*

6.2 Grundlegende Aspekte

Züchtigung und Aussonderung waren jahrhundertelang die gebräuchlichsten Reaktionen auf Menschen mit Verhaltensstörungen. Sie sind heute aber eher, als ein Zeichen der Hilflosigkeit und mangelnder Tragfähigkeit einzelner Personen oder Institutionen gegenüber diesen Menschen anzusehen. In den letzten Jahren fand ein großer Wandel in der Behandlung von Verhaltensstörungen statt. Es wurde eine Verhaltensgestörtenpädagogik entwickelt, die versucht, dem Phänomen des abweichenden Verhaltens mit präventiven, intervenierenden und rehabilitativen Maßnahmen zu begegnen. Dabei wird eine individuelle, möglichst mit den Betroffenen im Dialog erarbeitete Erziehungsplanung angestrebt, die auch die ökopsychologischen und systemischen Zusammenhänge berücksichtigt.
Die Erscheinungsformen von Verhaltensstörungen sind vielfältig. Diese Tatsache erfordert eine Vielfalt von sonderpädagogischen, sozialpädagogischen und therapeutischen Maßnahmen. Die Einweisung eines Menschen in ein Heim für Erziehungshilfe, eine Psychiatrie oder eine Strafanstalt stellt heute

im Regelfall nur die letzte Möglichkeit des Umgangs mit Verhaltensstörungen dar. Hierbei sind die sanktionierenden und isolierenden Interventionsformen dem Ziel einer schnellen Wiedereingliederung weitestgehend gewichen.

Die Arbeit von Sonderpädagoginnen und Sonderpädagogen vollzieht sich deshalb nur noch zum Teil in stationären Maßnahmen, sie ist vielmehr auf die mobile Tätigkeit in Regeleinrichtungen und auf die Bereiche erzieherischen, unterrichtlichen und therapeutischen Handelns im natürlichen Umfeld gerichtet. Ihr Arbeitsspektrum umfasst die Zeit von der frühen Kindheit bis zum Erwachsenenalter. Eine solche Erweiterung und Differenzierung des Aufgabenfeldes ist notwendig, um frühzeitig und wirkungsvoll Verhaltensstörungen entgegenzuwirken oder sie abbauen zu können. Es geht aber nicht nur um die Entwicklung und Bereitstellung von Hilfen für Personen, die als verhaltensgestört beurteilt werden, sondern ebenso um die Personen, die dieses Verhalten als abweichend und störend erleben. Zugangswege und Methoden für eine handlungsorientierte Beobachtung sowie für eine konstruktive Problemlösung und methodisch-didaktische Interventionen sind somit allen Beteiligten anzubieten. Techniken, Rezeptologien und allgemeine bürokratische Lösungen zur Problembewältigung weichen heute zunehmend individuellen und differenzierten Vorgehensweisen, wie z. B. sich in die Betroffenen einzufühlen, ein "Stück des Weges" mit ihnen zu gehen sowie ihnen Hilfen zur Selbsthilfe, zur selbstständigen Lebensbewältigung in Schule, Freizeit und Beruf zu geben.

Diese veränderten, teils neuen Sichtweisen (Paradigmenwechsel) haben sich auch in den „Empfehlungen zur sonderpädagogischen Förderung" in der Kultusministerkonferenz (KMK) vom 6.5.1994 niedergeschlagen. Danach soll nicht mehr die institutionszugeordnete und -abhängige Förderung im Vordergrund stehen, sondern eine personenbezogene, individualisierte und differenzierte sonderpädagogische Förderung. Dazu gehört, dass nicht mehr eine Sonderschulbedürftigkeit ermittelt wird, sondern der *individuelle sonderpädagogische Förderbedarf*. Die Realisierung dieses diagnostizierten Förderbedarfs (siehe Kap. 7) ist nicht nur an Sonderschulen gebunden, sondern konzentriert sich vor allem auf die Allgemeinen Schulen, zu denen auch die Sonderschulen gehören. Sonderpädagogik sollte sich deshalb als notwendige Ergänzung und Schwerpunktsetzung der allgemeinen Pädagogik in der schulischen und beruflichen Ausbildung und der sozialpädagogischen Betreuung verstehen.

„Sonderpädagogische Förderung soll das Recht der behinderten und von Behinderung bedrohten Kinder und Jugendlichen auf eine ihren persönlichen Möglichkeiten entsprechende schulische Bildung und Erziehung verwirklichen. Sie unterstützt und begleitet diese Kinder und Jugendlichen durch indi-

viduelle Hilfen, um für diese ein möglichst hohes Maß an schulischer und beruflicher Eingliederung, gesellschaftlicher Teilhabe und selbstständiger Lebensgestaltung zu erlangen. Sonderpädagogische Förderung orientiert sich daher an der individuellen und sozialen Situation des behinderten oder von Behinderung bedrohten Kindes bzw. Jugendlichen und schließt die persönlichkeits- und entwicklungsorientierte Vorbereitung auf zukünftige Lebenssituationen ein"(*KMK 1994, 4*).
Dort, wo dieser Wandlungsprozess seinen Niederschlag in der Praxis findet, bedeutet das eine Erweiterung, Ergänzung und teilweise auch Veränderung des bisherigen „institutionellen" Umgangs mit „Verhaltensgestörten". An konkreten organisatorischen Grundkonzeptionen, die im Folgenden beschrieben werden, sollen hier mögliche und häufig schon beschrittene Wege einer pädagogischen Förderung aufgezeigt werden.
Zuvor sei nochmals darauf hingewiesen, dass nicht der Begriff „verhaltensgestörte Kinder und Jugendliche" verwendet werden sollte, sondern möglichst von „Kindern und Jugendlichen **mit** Verhaltensstörungen" gesprochen wird. Dadurch soll die Zuschreibung einer Eigenschaft, das Attribut einer charakterlichen Qualität, vermieden werden und der Blick auch auf außerhalb der Person liegende Ursachen sowie Veränderbarkeit von Verhaltensstörungen gerichtet werden (siehe Kap. 2 und 3).
Verhaltensstörung ist als normabweichendes Verhalten zu verstehen und ist das Ergebnis sozialer Beurteilungs- und Zuschreibungsprozesse. Diese führen meist zu Abgrenzungs- oder Ausgliederungsprozessen, zur „Stigmatisierung" (siehe Kap. 4).

6.3 Theoretische Ansätze der Organisation zur Behandlung von Verhaltensstörungen

Verhaltensstörungen sind häufig Anlass für die Inanspruchnahme eines Fachmannes, der die Probleme lösen soll. Eltern und Lehrer wenden sich meist an Ärzte, Schulpsychologen, Erziehungsberater usw., also Personen, die durch eine spezielle Ausbildung oder spezifische Weiterbildung sowie durch berufliche Erfahrung ein hohes Maß an Problemlösestrategien erworben haben.
Mit der Inanspruchnahme eines Fachmannes treten jedoch zwei grundlegende Fragen auf:

- Wie kann dessen Spezialwissen nutzbar gemacht (Perlwitz 1978) und ökonomisch eingesetzt werden?
- Wie kann die pädagogisch-psychologische Handlungskompetenz des Lehrers als Fachmann am Krisenort nutzbringend eingesetzt werden?

6.3.1 Klassisches Organisationsmodell

Das klassische zweigliedrige Organisationsmodell, das in der Medizin Anwendung findet, ist auch für den psychologischen Bereich, insbesondere in der Psychoanalyse, übernommen worden. Nach diesem Behandlungsmodell wendet sich der Hilfesuchende, der Patient, direkt an einen hochqualifizierten Fachmann, den Therapeuten und unterzieht sich einer Behandlung, die meist viele Therapiestunden beansprucht. Dabei wird der Patient (z. B. Schüler oder Lehrer) aus seiner natürlichen Umwelt (z. B. Schule), also aus den Bedingungen, in denen das Problemverhalten auftritt, herausgenommen und kommt in die künstliche Situation des Therapeuten (Praxisräume), der ihn dort behandelt.

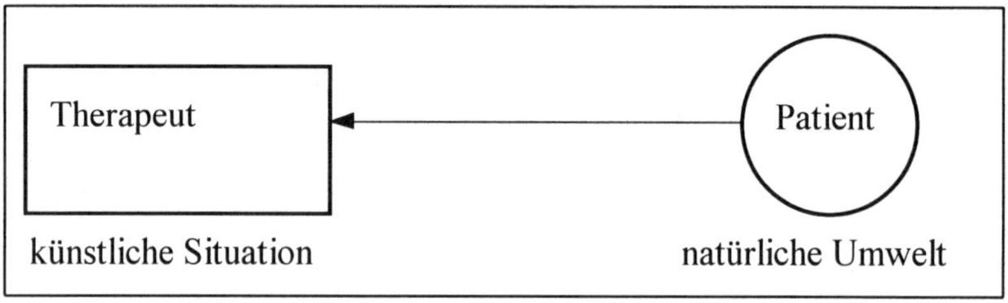

Abb. 15: Klassisches (sog. medizinisches) Modell

Zwar werden bei dem klassischen Organisationsmodell Wissen und Fähigkeiten des Therapeuten nutzbar gemacht, es ist jedoch zu bezweifeln, ob es sich um einen ökomischen Weg zur Problemlösung handelt, denn die Therapien sind zum einen oft recht zeitaufwendig, zum anderen sieht sich der Therapeut meist einer für ihn nicht zu bewältigenden Zahl von Patienten gegenübergestellt. Es stellt sich also die Frage, ob wirklich alle Hilfesuchenden direkt seiner Behandlung bedürfen oder ob nicht viele dieser Personen durch von ihm angeleitete und supervidierte Fachleute, die mit der natürlichen Umwelt des jeweiligen Problems besonders vertraut sind (Lehrerinnen und Lehrer, Sozialpädagogen etc.), behandelt werden können. Ferner ist zu fragen, ob die bei diesem therapeutischen Organisationsmodell örtlich extern durchgeführten Behandlungen die unmittelbaren situativen Ursachen der Verhaltensstörung, z. B. das Verhalten der Bezugspersonen, wirkungsvoll zum Gegenstand der Interventionen machen können.

6.3.2 Verhaltenspsychologisches Organisationsmodell

In diesem Behandlungsmodell steht der hochqualifizierte Fachmann nur indirekt in Beziehung zum Patienten. Er berät, trainiert und supervidiert die Sonderpädagogen, und Sozialpädagogen, die direkt im Konfliktfeld von Schule, Ausbildung und Wohngruppe arbeiten.
Sonderpädagogen für Verhaltensgestörte sind Lehrer, die eine zusätzliche, sonderpädagogische und psychologische Qualifikation haben. Diese im Zentrum des verhaltenspsychologischen Organisationsmodells stehenden Fachleute beraten und trainieren Lehrer bzw. Sozialpädagogen und vermitteln dem jeweiligen unmittelbaren 'Therapeuten', also der Person, die direkt in Beziehung zur Zielperson (Schüler, Auszubildender etc.) steht und damit meistens über die wirkungsvollsten Verhaltenskontingenzen (Verstärker etc.) verfügt, Wissen und umsetzbare Handlungskompetenzen. Solche Interventionsstrategien zur Problemlösung haben den entscheidenden Vorteil, dass sie die situativen Bedingungen der Verhaltensstörung berücksichtigen.

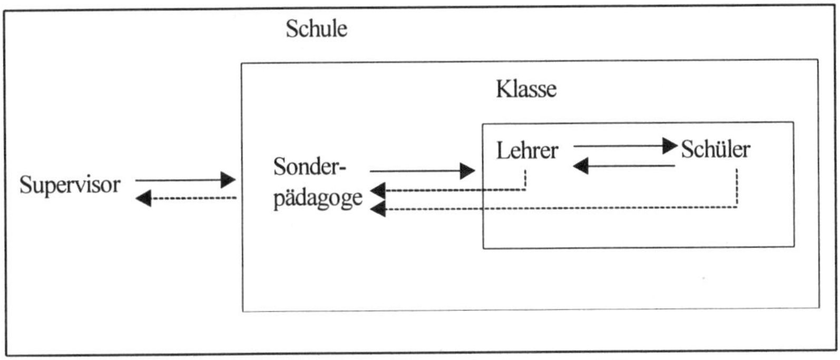

Abb. 16: Verhaltenspsychologisches Organisationsmodell

Diese „interpersonale Vermittlungskette von Wissen, das in Handlungen zur Modifikation eines Problemverhaltens umgesetzt werden soll" (*Perlwitz 1978*), stellt eine Entprofessionalisierung im Sinne einer therapiefördernden und ökonomischen Entlastung des Experten (Schulpsychologen, Psychotherapeuten etc.) dar.

Mit dem Verhalten der unmittelbaren Therapeuten, also dem Sonderpädagogen und dem unterrichtenden Lehrer, steht oder fällt die Effektivität der Verhaltensmodifikation in der natürlichen Umwelt. Sie werden somit zu Schlüsselfiguren des Erkennens, Verstehens und Behandelns von Verhaltensstörungen in der Schule. Der Erfolg der Interventionsstrategie hängt im wesentlichen von der Fähigkeit des jeweiligen Experten ab, dem Hilfesuchenden vor allem Handlungskompetenzen vermitteln zu können.

In diesem Modell ist nicht nur der Spezialist Helfer, sondern auch oder gerade die unmittelbaren Umgebungspersonen des Problemfelds. Ein solches Vorgehen der interpersonalen Handlungsvermittlung hat gleichzeitig noch den Vorteil der Prävention von Verhaltensstörungen, da Wissen und Handlungskompetenz nicht nur auf den Experten konzentriert sind, sondern gerade die Bezugsperson des Kindes zum Helfer werden lassen.

6.4 Praktische Organisationsmodelle zum Abbau und zur Prävention von Verhaltensstörungen

Der Schwerpunkt der eben dargestellten Konzeptionen zur Integration von Kindern und Jugendlichen mit Verhaltensstörungen liegt im schulischen Bereich, es sollen aber auch Modelle außerschulischer Maßnahmen mit einbezogen werden. Für eine Integration ist die Zusammenarbeit schulischer und außerschulischer Institutionen eine notwendige Voraussetzung. Es gilt daher, die Grundstrukturen sehr unterschiedlicher Modellkonzeptionen zur Organisation der Behandlung und Prävention von Verhaltensstörungen in der natürlichen Umwelt zu erarbeiten.

Die folgende Integrationskonzeption geht von drei Ansatzpunkten aus:
- eine Einstellungsveränderung bei Lehrern und eine Erweiterung deren Handlungskompetenzen;
- eine Strukturveränderung der Regelschule mit dem Ziel der Erweiterung der Förderkompetenz;
- eine Erweiterung des Selbstverständnisses des Erziehungsauftrages.

Das nachstehende Modell gibt verschiedene Ebenen der Integration wieder, sie sollten aber nicht nur in ihrer Einzelform betrachtet werden. Gerade das Zusammenwirken mehrerer sich ergänzender und abgestufter Maßnahmen wird dem schwierigen und sehr differenzierten Phänomen Verhaltensstörung am ehesten gerecht.

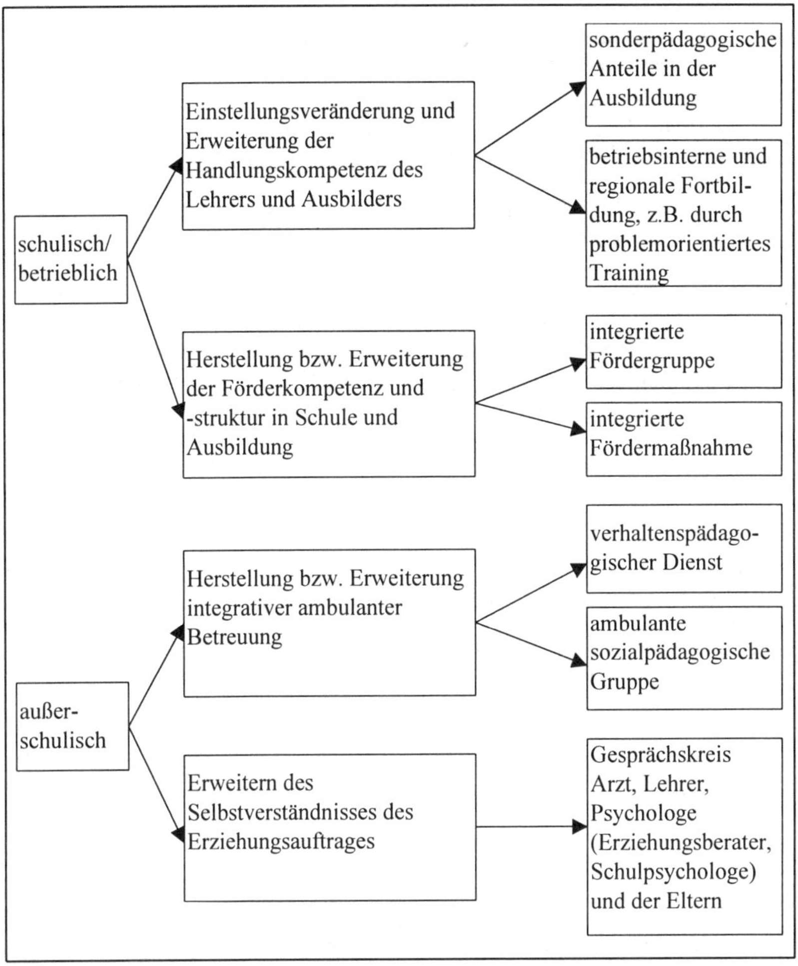

Abb. 17: Möglichkeiten und Organisationsmodelle zur interaktiven Förderung

Im Folgenden sollen nun Hinweise zur organisatorischen Gestaltung und zu konkreten Maßnahmen im Umgang mit Schülern mit besonderem Förderbedarf im sozialen und emotionalen Verhalten gegeben werden. Dass diese Kinder und Jugendlichen häufig auch von einer Lernstörung oder Lernbehinderung betroffen sind, ist in den Vorschlägen und Erfahrungsberichten berücksichtigt.

6.4.1 Prävention: Vorbeugende Maßnahmen zur Verhinderung von Verhaltensstörungen

- Öffentliche Vorträge über verschiedene Thematiken der Verhaltensstörungen und der Erziehungshilfe zur Information und Orientierung;
- Seminare zu Erziehungsfragen für Eltern (einschließlich Alleinerziehende), Elterngesprächskreise, Familiengruppen;
- Arbeitskreise von Experten auf kommunaler Ebene (Lehrer verschiedener Schultypen, Schulpsychologen, Beratungslehrer, Mitarbeiter des Jugendamtes, Kinderarzt, Gemeinderatsmitglieder etc.) mit dem Ziel, jene Lebensbedingungen zu verändern, die abweichendes und störendes Verhalten auslösen und verstärken können;
- Einführung von Aspekten der Verhaltensgestörtenpädagogik in die Ausbildung von Lehrern der allgemeinbildenden und der berufsbildenden Schulen;
- Fortbildungskurse und Supervisionsgruppen zu Erziehungsfragen für Lehrer (schulinterne und regionale Fortbildung);
- Einsatz von Unterrichtsthemen und -methoden, die Sucht, Vandalismus und Delinquenz vorbeugen;
- Innovation von Erkenntnissen zur Verhinderung und zum Abbau von Verhaltensstörungen in der Schule (Schulbau, Einrichtung, organisatorische und methodisch didaktische Gestaltung, personelle Besetzung; Näheres s. u.);
- Kooperative Beratung bei Erziehungs- und Unterrichtsfragen.

6.4.2 Intervention: Maßnahmen zum Abbau von Verhaltensstörungen

- Einführung von schul- und unterrichtsorganisatorischen Rahmenbedingungen und von pädagogisch-psychologischen *Handlungsweisen*, die einen Abbau von Verhaltensstörungen bewirken können: Möglichst wenige Lehrkräfte pro Klasse; Aufbau von prosozialen Klassengemeinschaften; Betonung musischer, handwerklicher und sportlicher Tätigkeiten; strukturierte, tägliche Bewegungszeiten; gemeinsames Klassenfrühstück oder Mittagessen unter dem Aspekt des sozialen Lernens und einer konstitutionsfördernden Ernährung; differenzierte und individualisierte Unterrichtsphasen, methodisch-didaktische Interventionen und eine entsprechende Klassenraumgestaltung sowie Medienausstattung; stärkere Beachtung von Prinzipien zur Lernmotivation und -aktivierung (Strukturierung, Ermutigung, Lob, Entspannung, kleine Schritte etc.); Projektunterricht unter besonderer Berücksichtigung von Methoden zur Bewältigung des Lebensalltags; mehr Situationen und Zeit für persönliche Begegnungen (Feste, Klassenfahrten, gemeinsame Freizeitaktivitäten, Einzel- und Gruppengespräche bei Problemen und Krisen); Vereinbarung von klaren und erfüllbaren Regeln zum sozialen Handeln und von Konsequenzen bei Einhaltung bzw. Nichteinhaltung; verstärkendes Modell-(Vorbild-)verhalten; Angebote für eine unterstützende Selbstmodifikation und -disziplinierung; intensive Zusammenarbeit mit den Eltern und mit Institutionen, die den Abbau der Verhaltensstörungen stützen.

- *Beratung* von Lehrkräften, Schülern und Eltern durch Lehrerinnen und Lehrer der Verhaltensgestörtenpädagogik: Dem Berater obliegen die Aufgaben der Diagnose, der Beratung, der pädagogisch-therapeutischen Förderung und der nachgehenden Betreuung. Er hat die unterschiedlichen Sichtweisen des zu Beratenden und dessen Interaktionspartners zu erfassen, miteinander zu vergleichen, Lösungsvorschläge sowie eine Vereinbarung herbeizuführen, Handlungskompetenzen einzuüben und deren Realisierung unterstützend zu begleiten. Dabei versucht er, eine aktiv-konstruktive Haltung und die Eigenverantwortlichkeit der betroffenen Person zu fördern. Lernen und Handlungsänderung sind als ein Prozess zu sehen, der Zeit, Geduld und Standhaftigkeit erfordert. Manchmal ist es effektiver, wenn die Beratung im Zusammenhang mit einer Supervision, einer schulinternen oder regionalen Fortbildung oder einer pädagogischen Konferenz ("Fallbesprechung") durchgeführt wird.

- Notwendig ist die *Koordination und Kooperation* des Beraters mit sonderpädagogischen, schulpsychologischen und medizinischen Diensten, der Jugendhilfe, mit anderen Schulen, Betrieben etc. (Vernetzung). Seine sonderpädagogische Förderarbeit vollzieht sich überwiegend im Bereich des Verlernens von Verhaltensstörungen und des Erlernens von prosozialem Verhalten, von Gruppenfähigkeit und Selbstkontrolle. Dies geschieht in Einzel- und Gruppenbetreuung und findet meist unter Anwendung pädagogischer und therapeutischer Verfahren wie Spiel, Rollenspiel, kunst- und musiktherapeutischer Übungen und motopädagogischer Schulung statt. Ferner gehört zum Aufgabenbereich der beratenden Lehrkraft ein Mitwirken in der Elternarbeit, die Arbeit mit speziellen Elterngruppen sowie die Durchführung von Eltern-Lehrer-Gesprächskreisen oder von problemorientierten Lehrerinnen und Lehrer-Trainingsprogrammen. Die Sonderpädagogin bzw. der Sonderpädagoge betreut eine Schülerin oder einen Schüler mit Verhaltensstörungen soweit wie möglich im Unterricht (Co-Lehrer). In besonderen Fällen nimmt diese Fachkraft sie stundenweise aus dem Unterricht heraus. Sie kann 3 - 6 Fälle intensiv betreuen und mit etwa 10 weiteren Fällen in Kontakt sein.

- Aufgrund der Erfahrungen mit sonderpädagogischen Fördermaßnahmen in allgemeinbildenden Schulen und an Berufsschulen komme ich zu der Auffassung, dass eine sonderpädagogische Fachkraft, die im mobilen Dienst eines regionalen sonderpädagogischen Förderzentrums tätig ist, ihr Stundendeputat von 27 Wochenstunden auf folgende *Aufgaben* verteilen sollte:
  - Sonderpädagogische *Beratung* (einschließlich Diagnose, Hospitation, Einzelberatung, Kollegiale Praxisberatung mit Gruppen) = 6 Wstd.
  - sonderpädagogische *Fördermaßnahmen* (klassenintern und klassenextern) = 8 Wstd.
  - *Koordination* (Aufgabenteilung und Kooperation mit Kollegen, Eltern, Behörden etc., Dokumentation der eigenen Arbeit) = 3 Wstd.
  - *Unterricht* (in einer Regelklasse oder in einer Integrationsklasse) = 5 Wstd.
  - *Fortbildung* (von Lehrkräften, Unterrichtshilfen, Kollegen und eigene Fortbildung) = 5 Wstd.

6.4.3 Schulorganisatorische Gestaltung

Die Gestaltung der schulischen Maßnahmen für den Umgang mit Verhaltensstörungen sollte neben "Maßnahmen bei Erziehungskonflikten" vor allem pädagogische Antworten geben. Im folgenden sind Beispiele für abgestufte und flexible Interventionen genannt:

1. Zusätzliche pädagogische Beratungs- und Fördermaßnahmen an der Schule bzw. Ausbildungsstätte;
2. sonderpädagogische Beratung von Lehrerinnen und Lehrern und Schülern/Auszubildenden;
3. zeitlich befristete sonderpädagogische Fördermaßnahmen (z. B. sonderpädagogischer Intensivkurs oder Sozialtraining);
4. dauernde Mitarbeit einer sonderpädagogischen Lehrkraft an der Schule bzw. Ausbildungsstätte bezogen auf Art und Schwere der jeweiligen Verhaltensstörung;

5. Unterricht durch zwei Lehrkräfte, davon eine sonderpädagogische in einzelnen, mehreren oder allen Fächern einer Klasse. Der Umfang richtet sich nach der Anzahl der Jugendlichen mit sonderpädagogischem Förderbedarf in einer Klasse und nach Art und Schwere der Verhaltensstörung;
6. zusätzliche sonderpädagogische Förderung in ambulanter Form in einem Förderzentrum;
7. Unterrichtung eines Kindes oder Jugendlichen mit Verhaltensstörungen in einer Klasse bzw. Schule für Erziehungshilfe mit dem Ziel einer Reintegration.

In welcher Form diese Vorgehensweisen (Mikro-Organisation) am sinnvollsten und effektivsten in eine Makro-Struktur, d. h. in ein regionales und/oder überregionales Förderzentrum, eingebettet sein sollten, ist von Fall zu Fall zu entscheiden.
Voraussetzung dieser präventiven, integrativen und kurativen Maßnahmen sonderpädagogischer Förderung ist das Ineinandergreifen sonderpädagogischer und berufspädagogischer Arbeit, die in besonderer Weise die Kooperation aller Beteiligten, eine entsprechende Koordination und eine auf Öffnung und Flexibilität angelegte Organisationsstruktur erfordern.
Da auch das Lehrpersonal (Lehrerinnen und Lehrer) Anteil am Zustandekommen von Verhaltensstörungen haben kann, diese aber durch präventive Erziehungsmaßnahmen verhindern könnte, soll zunächst ein Training (Fortbildungskurs) und eine Zusatzqualifikation beschrieben werden.

6.4.4 Problemorientiertes Training (POT)

Lehrerinnen und Lehrer, die Konflikte mit einem oder mehreren Schülern/Auszubildenden haben bzw. bei denen sich ein belastendes Interaktionsproblem anbahnt, wird die Möglichkeit geboten, an einem Training teilzunehmen, das überregional, regional oder schul- bzw. betriebsintern organisiert wird. Die Lehrerinnen und Lehrer, die an einem derartigen Kurs teilnehmen, sollen Verhaltensstörungen durch eine Einführung in deren Problematik, insbesondere der Normen- und Wertabhängigkeit des abweichenden Verhaltens, erkennen und verstehen lernen. Der Trainingskurs soll die Teilnehmer befähigen, Interaktionskonflikte im Unterricht gezielt zu beobachten, zu beschreiben, auf der Grundlage von Übungen selbsterfahrener psychologischer Gesetze (z. B. fördernde und hemmende Mechanismen in Lern- und Interaktionsprozessen) Verhalten, Ziele und Einstellungen der Interaktionspartner (Lehrer, Schüler etc.) zu analysieren sowie Lösungsstrategien zu entwickeln und zu erproben.

Ein problemorientiertes Training sollte sowohl wissenschaftliche Sichtweisen als auch die subjektiven Meinungen der Betroffenen über einen Konflikt und dessen Bewältigung ernst nehmen und vom Ansatz her ganzheitlich (Denken, Fühlen, Handeln) und in ökologischer Perspektive der Pädagogik und Psychologie arbeiten.
Erfahrungen mit einem derart gestalteten Trainingskurs (*Mutzeck 1983, 1987*) haben ergeben, dass Rollenspiel (mit Elementen des Psychodramas), Demonstrationsübungen, Video-Feedback und strukturierte Kleingruppenarbeit die günstigen Lernmedien sind. Ferner hat sich gezeigt, dass eine Nachbetreuung der Teilnehmer den Erfolg der Konfliktbewältigung und -vorbeugung im Sinne der Selbsthilfe in der alltäglichen Unterrichts- bzw. Ausbildungssituation erhöht. Für die Nachbetreuung und Weiterarbeit hat sich die Form der regionalen oder schulinternen Supervisionsgruppe bewährt. Dieser Ansatz der "indirekten Intervention", d. h. eine Verhaltensänderung beim Schüler durch eine Verhaltens- und ggf. Einstellungs- und Zieländerung beim Lehrer, ist der direkten Intervention (alleinige Betreuung oder Aussonderung des Schülers etc.) nicht nur in ökonomischer Hinsicht überlegen, sondern auch in Bezug auf die Stabilität des Trainingserfolges (*Innerhofer 1976, Mutzeck 1983*).
Als besonders günstig hat sich das POT in Verbindung mit betriebsinterner Fortbildung erwiesen. Durch diese Kombination wird eine Bewältigung konkreter, die Schule und Ausbildung unmittelbar betreffende Aufgaben, insbesondere im erzieherischen Bereich, gewährleistet. Berufsinterne Fortbildung im Sinne eines gemeinsamen Handelns und Tragens von Verantwortung sowie einer produktiven und innovativen Mitarbeit in der unterrichtlichen und erzieherischen Gestaltung und Weiterentwicklung einer Schule trägt gleichzeitig auch zu dem notwendigen pädagogischen Grundprinzip von Geborgenheit und Vertrauen bei.

6.4.5 Lehrer mit heilpädagogischer Zusatzqualifikation (LHZ)

Lehrer, die mit mehreren Schülern mit Verhaltensstörungen bzw. in besonderen Klassen oder Maßnahmen arbeiten, erhalten eine heilpädagogische Weiterbildung in den Fachrichtungen Verhaltensgestörtenpädagogik und Lernbehindertenpädagogik, sowie im Bereich Allgemeine Heilpädagogik. Alle Inhalte dieser Zusatzausbildung müssen allerdings auf die Erfordernisse der Eingangsstufe der Grundschule abgestimmt sein. Es werden hier keine „Mini-Sonderschullehrer" ausgebildet, sondern diese Lehrer sollen spezielle Kenntnisse und Fertigkeiten erwerben, die sie in die Lage versetzen, gerade dieser wichtigen Erziehungs- und Unterrichtsaufgabe gerecht zu werden.

Die Fortbildungskurse zum Erwerb dieser Zusatzqualifikation umfassen etwa ein Jahr mit 36 Fortbildungstagen (wöchentlich ein Tag oder 12 mal drei Tage in Kompaktform). Der Autor dieses Buches führt diese Zusatzqualifikation für Lehrer seit vielen Jahren durch.

6.4.6 Integrierte Förderklasse (IFK)

Lernschwache, entwicklungsverzögerte und verhaltensgestörte Kinder oder Jugendliche erhalten die Möglichkeit, in einer Kleinklasse (bis zu 12 Schülern) den Stoff von drei in vier Schuljahren zu erlernen. In dieser Zeit kommt dem Erlernen sozialer Verhaltensweisen besondere Bedeutung zu. Einige Schüler erhalten außerdem noch speziellen Förderunterricht.
Lehrer dieser Langzeitklasse muss ein Lehrer mit oben beschriebener Zusatzqualifikation oder ein Sonderschullehrer sein. Auf jeden Fall ist es unerlässlich, dass diese Lehrkraft mit den entsprechenden Klassen oder Fachlehrern der Schüler sowie mit den Eltern bzw. Erziehern der Wohngruppen sehr eng zusammenarbeitet.

6.4.7 Integrierte Fördermaßnahmen (IFM)

Ziel dieses Modells soll es sein, durch den zusätzlichen Einsatz eines Sonderschullehrers schulische Lern- und Verhaltensschwierigkeiten und -defizite sowohl integrativ pädagogisch-therapeutisch als auch präventiv anzugehen. Hierzu ist ein abgestuftes flexibles Konzept integrierter Fördermaßnahmen notwendig. Das Prinzip dieses Konzepts ist eine weitestgehende Förderung der lern- und verhaltensauffälligen Kinder in deren Stammklassen (innere Differenzierung). Nur in besonderen Fällen findet eine zeitlich begrenzte, abgestufte Herausnahme aus dem Klassenverband statt (flexible Differenzierung). Um eine effektive Förderung zu erreichen, muss jede dieser stützenden und fördernden Hilfen individuell auf den einzelnen Jugendlichen/Auszubildenden abgestimmt sein.

(1) Unterrichtsintegrierte Förderung
Der Lehrer führt in Zusammenarbeit mit dem Sonderschullehrer (s.o.) eine gezielte Strukturierung seines Unterrichts durch:

- Innere Differenzierung und strukturierter Unterrichtsablauf: Einführungsphase, Übungs- und Förderphase mit Co-Lehrer, zusätzlichen Lernmaterialien und vor allem gezielten individuellen Hilfen, ggf. ein in verschiedene Bereiche strukturierter Klassenraum usw.
- Pädagogisch-therapeutische Interventionsprogramme: Regeltraining, Kontingenzkontrakte.

Das Ziel aller Programme muss es stets sein, dem Schüler eine eigene verantwortungsbewusste Steuerung und Kontrolle seines Verhaltens zu ermöglichen.
Ferner bietet die unterrichtsintegrierte Förderung die Möglichkeit der Rückmeldung und Kontrolle des Lehrerverhaltens durch den Co-Lehrer, was die Gefahr der unrechtmäßigen Problemzuschreibung auf den Schüler stark einschränkt, einseitige, unreflektiert-verhaltensändernde Maßnahmen verhindert und außerdem "Betriebsblindheit" vermindert.
Der Sonderschullehrer sollte etwa zwei Unterrichtsstunden pro Tag und Klasse zur Verfügung haben, um diese unterrichtsintegrierte Förderung durchzuführen.

(2) Fördergruppen (Intensivkurse)

Reichen die unterrichtsintegrierten Fördermaßnahmen zur Stützung des Sozial- und Lernverhaltens und zum Abbau der Lern- und Verhaltensdefizite nicht aus, verlassen die betreffenden Schüler für eine begrenzte Zeit den Klassenverband, um an speziellen Fördergruppen teilzunehmen. Diese Intensivkurse sind fachbezogen auszurichten (Deutsch, Mathematik, Fachkunde etc.) und sollen den Schüler möglichst schnell wieder an den jeweiligen Leistungsstand seiner Klasse heranführen. Diese intensivere, gezieltere Förderung kann aber nur erbracht werden, wenn, außer einer stärkeren Strukturierung und Differenzierung des Unterrichts (s.o.), die Gruppengröße von vier Schülern nicht überschritten wird und die räumlichen und materiellen Bedingungen den Anforderungen einer derartigen Differenzierungs- und Individualisierungsmaßnahme entspricht.

6.4.8 Praxisintegrierter Unterricht (PIU)

Schüler mit Verhaltensstörungen oder anderen Behinderungen benötigen in einem wesentlich höheren Ausmaß die Verbindung von Unterricht (Theorie) und Ausbildung (Praxis). Eine Integration von Teilen des Unterrichts (insbesondere Fachkunde) in die Ausbildung führt zu verbesserten Lernchancen und Prüfungsergebnissen. In Berufsbildungswerken, in überbetrieblichen Ausbildungsstätten sowie in Ausbildungsstätten großer Firmen ist eine solche Integration der Berufsschule in die Ausbildung möglich.
Im Berufsbildungswerk Leipzig wird dieses Modell schon praktiziert und vom Autor wissenschaftlich begleitet. Die ersten Zwischenergebnisse führten zu einer Ausweitung und Übertragung des Modellprojektes.
Lehrer und Ausbilder eines Ausbildungsberufes arbeiten dabei in einem Team zusammen. Sie kombinieren ihren Lehr- und Ausbildungsplan, stim-

men die zur Umsetzung dieses gemeinsamen Plans notwendigen Koordinationen ab und erstellen z.T. gemeinsam Merk- und Arbeitsblätter sowie Leittexte. Auch bei der Durchführung des auf den einzelnen Auszubildenden abgestimmten differenzierten und individuumsorientierten Unterricht in der Ausbildungswerkstatt bzw. z.T. in einem Gruppenraum kooperiert der Lehrer mit den jeweiligen Ausbildern. Dieses Modell dient ebenfalls auch der Prävention von Verhaltensstörungen.

6.4.9 Sozialpädagogisch-therapeutische Gruppe (STG)

Verhaltensauffällige Schüler, bei denen die pädagogisch-therapeutischen Interventionsprogramme innerhalb der unterrichtsintegrierten Förderung nicht zum Tragen kommen, werden in einer sozialpädagogisch-therapeutischen Gruppe betreut. Dabei handelt es sich vor allem um Jugendliche, die sich mit den bisherigen Maßnahmen nicht in den Klassenverband integrieren lassen und/oder deren Probleme dort nicht gelöst werden können.
Zur Anbahnung und Festigung sozialer und emotionaler Lernprozesse dienen u. a. Spiel, Rollenspiel, Gespräche, Rhythmik, Malen und Konzentrationsübungen als Medium der individuellen pädagogisch-therapeutischen Maßnahme.
Eine enge Zusammenarbeit mit den anderen Institutionen dieses Bereichs (Jugendamt, Arzt, Erziehungsberatung etc.) und vor allem mit den Eltern ist bei dieser Fördermaßnahme unerlässlich.
Grundsätzlich sollte auch die allgemeine Organisationstruktur der Berufsschule und Ausbildungsstätte unter dem Aspekt der Prävention von Verhaltens- und Lernstörungen durchleuchtet werden. Erfahrungen haben gezeigt, dass Verhaltensstörungen beträchtlich geringer auftreten, wenn präventive Strukturen und Maßnahmen beachtet werden.
Beim folgenden Modell geht es vor allem um die Verminderung und Prävention von Verhaltenstörungen durch praktische Hilfen einer zentralen Einrichtung. Dieses Modell ist allerdings nicht nur auf den Berufsschulbereich beschränkt.

6.4.10 Verhaltenspädagogischer Dienst (VPD)

In einem solchen Dienst arbeiten hauptamtlich Sonderpädagogen und stundenweise therapeutische Fachkräfte, wie klinische Psychologen, Musiktherapeuten usw., in einem Team zusammen. Die Arbeit der hauptamtlichen Mitarbeiter findet z.T. in der jeweiligen Schule statt, die um Unterstützung bittet. Hier werden die betreffenden Informationen zusammengetragen und Beratung und Hilfe geleistet. Zum anderen werden im Verhaltenspädagogischen

Dienst Beratung, Gesprächskreise und Trainingskurse für die betroffenen Lehrer und Eltern angeboten sowie spezielle pädagogisch-therapeutische Maßnahmen mit einem oder mehreren Schülern durchgeführt. Diese pädagogisch-therapeutischen Maßnahmen können eine stundenweise oder in einigen besonders begründeten Fällen eine zeitlich begrenzte Vollzeit-Betreuung eines Schülers beinhalten. Eine über Jahre hinweglaufende Vollzeitbeschulung für Verhaltensgestörte soll diese Einrichtung aber nicht darstellen. Integration in die natürliche Umwelt muss auch das oberste Ziel dieses Modells sein. Ein weiterer wichtiger Pluspunkt neben der personellen und materiellen Ausstattung des Verhaltens-pädagogischen Dienstes ist die enge Zusammenarbeit mit Institutionen ähnlicher Aufgabenbereiche, so vor allem mit den Erziehungsberatungsstellen, dem Jugendamt, der Schulaufsichtsbehörde, der Kinder- und Jugendpsychiatrie und dem Facharzt, aber auch der Familienfürsorge, dem Jugendgericht, den Heimen und Schulen für Verhaltensgestörte, der Berufsberatung usw.
Der Verhaltenspädagogische Dienst, teilweise auch Beratungs- und Förderzentrum genannt, ist als integrative ambulante Betreuung zu verstehen. Diese Kombination von ambulant tätigen Sonderschullehrern (Beratungslehrern) und von Förderklassen hat sich in unterschiedlicher Form bereits bewährt (*Abrams 1981, Köppel & Mutzeck 1982*).

6.4.11 Ambulante Sozialpädagogische Gruppe (ASG)

Diese Einrichtung ist als eine Ergänzung zu den oben dargestellten Konzeptionen, insbesondere für den familiären Bereich, zu sehen. Die Ambulante Sozialpädagogische Gruppe stellt einen weiteren Schritt zur Reduzierung von Verhaltensstörungen, vor allem aber zur Verhinderung einer Heimeinweisung dar. Die Schüler werden nach Schulabschluss bis zum Spätnachmittag in der ASG betreut. Diese Maßnahme ist sinnvoll, wenn die Verhaltensauffälligkeiten des Jugendlichen auch oder gerade im Elternhaus bzw. in der Wohngruppe auftreten und die Eltern bzw. der Erziehungsberechtigte zu einer Zusammenarbeit bereit sind. Die Familie sollte noch so stabil sein, dass der Jugendliche dort übernachtet und am Wochenende betreut werden kann. Die Eltern werden somit nur teilweise von ihrer erzieherischen Aufgabe entbunden, im Gegensatz zur Heimunterbringung oder Ersatzfamilie. In ihnen soll hingegen die Bereitschaft entwickelt werden, an ihrem eigenen Erziehungsverhalten zu arbeiten und die pädagogisch-therapeutischen Maßnahmen an ihren Kindern mitzutragen. Die Interventionen der ASG sind den Maßnahmen der Födergruppen und der sozialpädagogisch-therapeutischen Gruppen sehr ähnlich. Auch hier dient die Gruppe als soziales Lernfeld beim Erlernen von Verhaltensregeln, beim adäquaten Lösen von Konflikten, beim Aufbau

von Beziehungen und stabilen Bindungen sowie beim Erwerb eines angemessenen Arbeitsverhaltens.
Die Förder- und Stützmaßnahmen im Lernbereich und die Aufarbeitung der Sozialisationsdefizite sind mit den Bezugspersonen des betreffenden Schülers, also den Eltern, den Lehrerinnen und Lehrern abzuklären und ggf. zu koordinieren.
Elternarbeit, d. h. Gespräche, Hausbesuche, Elterntraining etc., spielt in diesem Modell eine besondere Rolle, da nach spätestens einem Jahr den Eltern bzw. Erziehern die volle pädagogische Arbeit und Verantwortung zurück übertragen werden sollte, auch wenn zum Ausblenden der Hilfen noch gelegentliche Kontakte von Eltern und Jugendlichen mit einem Mitarbeiter der Ambulanten Sozialpädagogischen Gruppe stattfinden.
In dieser Einrichtung sollten zwei bis drei Mitarbeiter, ein bis zwei Sozialpädagogen, ein Sonderpädagoge und/oder ein Psychologe tätig sein. Sinnvoll wäre es, wenn für den Sonderpädagogen der Schwerpunkt seiner Arbeit in einer Fördermaßnahme an einer Schule (s.o.) liegt, und er etwa drei Stunden täglich für bestimmte pädagogische und therapeutische Maßnahmen, für Besprechungen der Koordination, der Fallarbeit usw. der Ambulanten Sozialpädagogischen Gruppe zur Verfügung steht.
Die Gruppengröße sollte je nach Zahl der Mitarbeiter 6 - 10 Jugendliche nicht übersteigen.
Die Kosten für diese Einrichtung, einschließlich einer schulischen Fördermaßnahme, werden mit Sicherheit unter denen eines Heimaufenthalts (für einen Jugendlichen 1999 pro Monat etwa 7 – 9 TDM) liegen.

6.4.12 Verhaltenspädagogischer Arbeitskreis (VPA)

Um aktuelle und grundlegende verhaltenspädagogische Fragen auf einer breiteren Basis diskutieren und angehen zu können, ist es sinnvoll, einen Arbeitskreis einzurichten. In ihm sollten die pädagogisch bzw. erzieherisch tätigen Lehrerinnen und Lehrer, Eltern, Sozialpädagogen, Erziehungsberater und Kinderärzte eines Stadtteils bzw. eines Ortes vertreten sein. Mögliche Ursachen von Verhaltensstörungen wie Reizüberflutung, Auflösung des Familienverbandes, Fehlen von Freizeitgestaltungsmöglichkeiten usw. können durch solch eine handlungsorientierte und gemeindezentrierte Öffentlichkeitsarbeit wirkungsvoll angesprochen werden.
Gerade eine regional konstituierte Arbeitsgemeinschaft, die das pädagogische Alltagsgeschehen zur Grundlage ihrer Arbeit macht, kann eine gemeindenahe Prävention von Verhaltensstörungen darstellen. Krisenintervention sollte aber weiterhin Aufgabe der entsprechenden pädagogischen, sozialpädagogischen, psychologischen und medizinischen Institutionen bleiben.

6.5 Schlussbemerkungen

Bei der Diskussion und Entwicklung von Organisationsmodellen sollten zwei grundlegende Ansatzpunkte einbezogen werden:
Lehrer(-innen) und Schüler sind weniger als ein von außen her erfassbares, berechenbares, manipulierbares menschliches Objekt, sondern vielmehr als reflexives und kognitiv konstruktives Subjekt (*Groeben & Scheele 1977*) zu verstehen, d. h. bei der Betrachtung des Systems Schule ist eine "Sicht von innen", die nach dem Sinn des Verhaltens fragt (*Groeben 1981, 20*) und "die Wert- und Zielorientierung des Handlungssubjekts" (*Krampen & Brandstädter 1981, 248*) darstellt, zu berücksichtigen.
Den organisatorischen und ökonomischen Aspekten bei pädagogischen Modellen ist die Frage gegenüberzustellen, wie Schüler und Lehrer als Handelnde, als Subjekt, die alltägliche Schulsituation und deren Veränderungen erleben, verstehen, gebrauchen und verarbeiten. Hieraus ergibt sich ein zweiter Ansatzpunkt. Es handelt sich dabei um eine ökologische Perspektive in der Pädagogik, die die Beziehung und Wechselwirkung zwischen dem Erleben und Handeln von Schülern und Lehrern einerseits und deren natürlicher Umgebung (Klassenzimmer, Schule, Ausbildungsstätte, Kollegen, Freunde, Familie, Wohnung, Stadtteil etc.) andererseits beinhaltet. Das Einzelproblem, ein Jugendlicher mit Verhaltens- und/oder Lernstörungen, ist vor dem Hintergrund seiner objektiven und subjektiven Umwelt zu sehen.
Bei der konkreten Entwicklung eines Integrationskonzepts sollte die technologische Auffassung von Innovation einer ökologischen weichen. D. h. außer den Faktoren wie Durchführbarkeit und Effektivität sollten von Beginn an die möglichen Auswirkungen der neuen Maßnahmen auf die Umwelt, hier insbesondere des "Ökosystems" Schule, berücksichtigt werden. Eine "genaue Kenntnis der Eigengesetzlichkeit einer Schule und der Werte und Normen ihrer Lehrer" (*Havers 1981, 255*) ist unabdingbar.
Außerdem muss die Einsicht in die Notwendigkeit der neuen Maßnahmen und eine gewisse Bereitschaft zur Mitarbeit nicht nur bei der jeweiligen Schulleitung und Schulverwaltung, sondern gerade bei den Lehrern und möglichst auch bei den Eltern und Schülern der Schule vorhanden sein bzw. erzeugt werden. Eine detaillierte Gesamtkonzeption sollte daher nach der Phase der Entscheidung über die Grundstruktur eines Organisationsmodells gemeinsam mit allen später Beteiligten entwickelt werden und durch Erfahrungen veränderbar sein.
Es wäre euphorisch und unverantwortlich zugleich, zu glauben, die Betreuung von verhaltensgestörten Kindern in Heimen würde sich nach Einrichtung einer oder mehrerer der oben dargestellten Einrichtungen völlig erübrigen.

Die Zahl der Heimeinweisungen würde aber drastisch zurückgehen, und vielen Kindern und Jugendlichen würde zumindest ein großer Teil des leidvollen Lebenswegs der Karriere abweichenden Verhaltens erspart (siehe Kap. 4). Dass es auch in der Heimerziehung Ansätze zu einer integrativen Förderung gibt, ist in der Öffentlichkeit leider kaum bekannt (z. B. die Observationsschule Sofiedal, Dänemark, *Holst & Mutzeck 1982*).
Abschließend sei betont, dass die bloße Bereitstellung organisatorischer Maßnahmen zum Abbau von Verhaltensstörungen die Gefahr in sich birgt, dass die oft anzutreffende Teilung der pädagogischen Ebenen der Schule in Unterricht und Erziehung noch verstärkt wird.
„Ein Schüler, der zwecks Belehrung und Wissensaufnahme im Lehrerunterricht sitzt und auf den Sozialpädagogen warten muss, bis dabei entstandene oder von zu Hause mitgebrachte soziale und emotionale Bedürfnisse zum Thema werden dürfen, wird in Teile eines Objektes zerlegt, das einen Identitätsverlust erleidet. Nach Sinn suchend, wird der Schüler dann leicht "auffällig", so dass eine in solcher Weise organisierte Schule oft nur lindern können wird, was sie verstärkt hat und einmal doch verhindern wollte: Sie bleibt Feuerwehr für selbstgelegte Brände" (*Hopf 1981, 54*).
Wie kann also erreicht werden, dass jeder Lehrer seine pädagogische und soziale Kompetenz behält, ja sie sogar noch ausbauen kann und er dennoch Möglichkeiten bekommt, in schwierigen, von ihm nicht mehr zu bewältigenden Fragen, Hilfe zur Selbsthilfe in Anspruch zu nehmen? Damit zusammenhängend ist weiterhin die Frage zu stellen: Wie kann der Gefahr begegnet werden, dass durch die Schaffung von organisatorischen Maßnahmen der betroffene Lehrer endlich jemanden findet, der ihm die Problemfälle abnimmt und er sich dadurch nicht mehr mit den "schwierigen" Schülern auseinandersetzen muss? (*Hopf 1981*).

6.6 Aufgaben

1. *Stellen Sie sich vor, Sie könnten sich als Ratsuchender zwischen dem klassischen und dem verhaltenspsychologischen Organisationsmodell entscheiden! Welches würden Sie wählen? Begründen Sie Ihre Entscheidung!*

2. *Beschreiben Sie stichwortartig eine mögliche ausserschulische Betreuungsform für Kinder und Jugendliche mit Verhaltensstörungen!*

3. *Der Schwerpunkt, der im Text dargestellten Konzeptionen, liegt in der Intergration von Kindern und Jugendlichen mit Verhaltensstörungen.*

Entwickeln Sie auf dieser Grundlage ein Modell für Ihre eigene Berufspraxis!

6.7 Literatur

Abrams, R. 1981: Bericht über eine ambulante sonderpädagogische Betreuung an der Sonderschule für Verhaltensgestörte, Hamburg-Harburg, Waitzstraße, Außenstelle Bremer Straße. In: ZfHp, Heft 11, 764-767.

Groeben, N. 1981: Die Handlungsperspektive als Theorierahmen für Forschung im pädagogischen Feld. In: Hofer, M. (Hrsg.): Informationsverarbeitung und Entscheidungsverhalten von Lehrern. München: Urban & Schwarzenberg, 17-45.

Groeben, N. & Scheele, B. 1977: Argumente für eine Psychologie des reflexiven Subjekts. Paradigmawechsel vom behavioralen zum epistemologischen Menschenbild. Darmstadt: Steinkopf.

Holst, J. & Mutzeck, W. 1982: Sofiedal-Schule. Eine dänische Observationsschule. In: Die Sonderschule in Schleswig-Holstein, Heft 3-4, 134-148.

Hopf, A. 1981: Lehrer als Sozialpädagoge - Feuerwehr für selbstgelegte Brände? In: Westermanns Pädagogische Beiträge, Heft 2, 53-56.

Havers, H. 1981: Schulische Integration lern- und verhaltensgestörter Kinder. In: Die Deutsche Schule, Heft 4, 250-256.

Innerhofer, P. 1976: Das Münchener Trainingsmodell. In: Minsel, W.-R. u. a. : Verhaltenstraining - Modelle und Erfahrungen. München: Urban & Schwarzenberg.

Köppel, K. & Mutzeck, W. 1982: Organisationsmodelle schulischer Integration verhaltensgestörter Kinder - Das Wiener Modell. In: Die Sonderschule in Schleswig-Holstein, Heft 1-2, 11. Jg.

Krampen, G. & Brandstädter, N. 1981: Kognitionspsychologische Analysen erzieherischen Handelns. Instrumentalitätstheoretische Ansätze. In: Hofer, M. (Hrsg.): Informationsverarbeitung und Entscheidungsverhalten von Lehrern. München: Urban & Schwarzenberg.

Kultusministerkonferenz (1994): Empfehlungen zur sonderpädagogischen Förderung in den Schulen der Bundesrepublik Deutschland. Bonn: Sekretariat der ständigen Konferenz der Kultusminister der Länder.

Mutzeck, W. 1983: Intergrative Förderung und Prävention bei Verhaltensstörungen. Die medizinische Welt, Heft 39, 1031-1035.

Mutzeck, W. & Pallasch, W. (Hrsg.) 1987, 4. Auflage 1992: Integration von Schülern mit Verhaltensstörungen. (Erweiterte Neuausgabe). Weinheim: Deutscher Studien- Verlag.

Perlwitz, E. 1978: Verhaltensmodifikatorische Vermittlungsketten in der Schulpsychologie. In: Perlwitz, E. (Hrsg.): Verhaltensforschung in der Schule. Braunschweig: Westermann.

7. Diagnostik von Kindern und Jugendlichen mit Förderbedarf im sozialen und emotionalen Bereich

7.1 Lernziele

Die Leserin/der Leser soll:

8. *die Grundlagen einer auf das Subjekt und dessen Förderung orientierten Diagnostik kennen und verstehen lernen,*

9. *die Methoden dieser Diagnostik kennen lernen, erklären und Möglichkeiten und Grenzen aufzeigen können,*

10. *insbesondere sich mit der Methode der Verhaltensbeobachtung auseinandersetzen und auf die jeweilige Praxis übertragen können.*

7.2 Einleitung und Ziele

Kein Bereich in der Pädagogik ist so stark im Umbruch wie die Diagnostik. Der Wandel, der sich seit Anfang der 90iger Jahre vollzieht, umfasst nicht nur die grundlegenden Sichtweisen und Denkmuster (Paradigmenwechsel), sondern auch die Methoden der Diagnostik (vgl. *Kornmann, Meister & Schlee 1994, Eggert 1997*).
Der Anlass war die Unzufriedenhiet mit einer Diagnostik bei der Selektion, Typisierung sowie Defizit und Statusorientierung im Vordergrund stehen.
Die neue Denkrichtung hat das Ziel, die zu diagnostizierende Person in ihrer Persönlichkeit als Ganzheit und in ihrer prozeßhaften Entwicklung im Kontext ihrer Mit- und Umwelt zu sehen und zu verstehen. Ziel ist es ferner, den individuellen Förderbedarf unter Einbeziehung der Stärken und Ressourcen des Jugendlichen zu ermitteln.
Es wird auch nicht mehr nur vom Verhalten eines Menschen gesprochen, sondern auch die Innensicht (sein Erleben, Denken und Fühlen) wird einbezogen, und damit rückt der Begriff des Handelns, der beide Aspekte einbezieht, in den Vordergrund.

Diese aufgezeigten neuen Paradigmen haben auch in den Empfehlungen der Ständigen Konferenz der Kultusminister der Länder der Bundesrepublik Deutschland (Bonn, Mai 1994) ihren Niederschlag gefunden.
Im Folgenden sollen die Grundlagen und Methoden dieser handlungs- , umfeld- , und förderungsorientierten Diagnostik dargestellt werden.

7.3 Grundlagen

Bei einer Diagnostik und Förderung, die den Menschen, insbesondere dessen mögliche Störungen im sozialen und emotionalen Verhalten, zum Gegenstand haben, sollten nicht nur ihre Methoden beschrieben werden, sondern auch das Gegenstandsverständnis, das ihnen zumindest implizit zugrunde liegt. Eine Förderdiagnostik bei Schülern mit Verhaltensstörungen sollte daher in folgenden Bezugsrahmen gesehen werden:

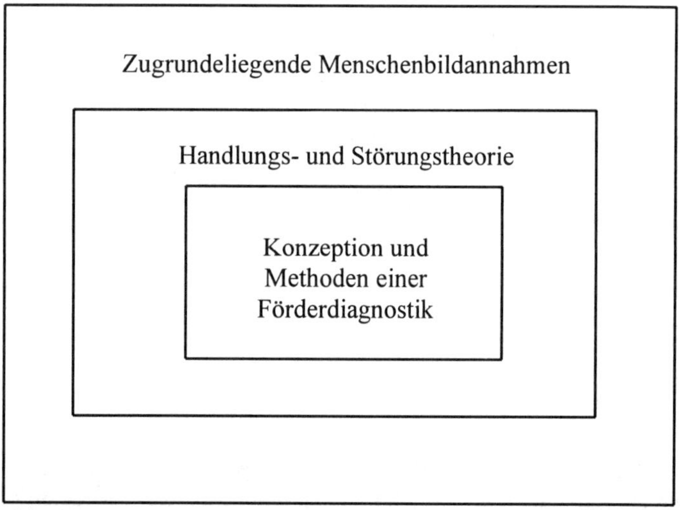

Abb. 18: Bezugsrahmen der Konzeption einer Förderdiagnostik

Ob wir über Menschen forschen, ob wir sie unterrichten, erziehen, therapieren, beraten oder diagnostizieren, bei keiner dieser Tätigkeiten arbeiten wir ohne grundsätzliche Vorstellungen vom Menschen. Dabei haben wir implizite oder explizite Annahmen und Sichtweisen über seine grundsätzlichen Fähigkeiten.

Der Zugang zu einem Gegenstand, hier der Mensch in einer Diagnose- bzw. Fördersituation, ist also nicht voraussetzungsfrei. Das Gegenstandsverständnis, m. a. W. die zugrundegelegte Menschenbildkonzeption, beeinflusst einen Diagnose- und Förderprozess auf vielfältige Weise, z.B. wie der Diagnostiker die Vorgehensweise strukturiert oder ob er bestimmte kommunikative Bedingungen herstellt oder nicht.
Experten, die eine Konzeption einer Förderdiagnostik erstellen, seien es Wissenschaftler oder Praktiker, sollten deshalb den Anwendern ihrer Verfahren die zugrundegelegte Menschenbildannahme sowie die Handlungs- und Störungstheorie zugänglich machen. Dieses explizite Gegenstandsverständnis gibt den Rahmen, in dem die Konzeption der Theorie und Methode einer Diagnostik und Förderung formuliert werden. Beide Rahmenkonzeptionen sind ausführlich im Kapitel 3.11 dieses Buches dargestellt worden. Zum besseren Verständnis der folgenden Ausführungen ist es sinnvoll, die Inhalte zu rekapitulieren.

7.4 Konzeption, Prinzipien und Ablauf einer Förderdiagnostik

Im Folgenden werden die grundlegenden Merkmale der Konzeption einer Förderdiagnostik für den sozialen und emotionalen Bereich aufgezeigt auf der Grundlage bzw. im Rahmen der oben explizierten Menschenbildannahme „der Mensch als reflexives Subjekt" und des daraus entwickelten Handlungsmodells. Auf drei grundlegende Merkmale möchte ich näher eingehen:

- die Beziehung: Diagnostiker – Proband,
- Prinzipien einer individuumsorientierten Förderdiagnostik und
- die Vorgehensweise einer Förderdiagnostik im sozialen und emotionalen Bereich.

7.4.1 Die Beziehung: Diagnostiker - Proband

Für den Förderdiagnostiker im Bereich von sozialen und emotionalen Störungen und Kompetenzen ist zwar der Jugendliche primärer Proband, aber auch die sekundären „Probanden", wie Lehrer, Ausbilder, Mitschüler und/oder Eltern/Erzieher sind oft ebenso wichtige Gesprächspartner, da es sich bei Verhaltensstörungen meistens um Interaktionsstörungen handelt (s. Kapitel 3.6 bis 3.11).
Die Beziehung zu diesen Probanden kann sehr unterschiedlich sein. Zwei extreme Pole von Sicht- und Verhaltensweisen der Beziehung des Diagnosti-

kers zum Probanden können in Reinform oder in Mischformen beobachtet werden:

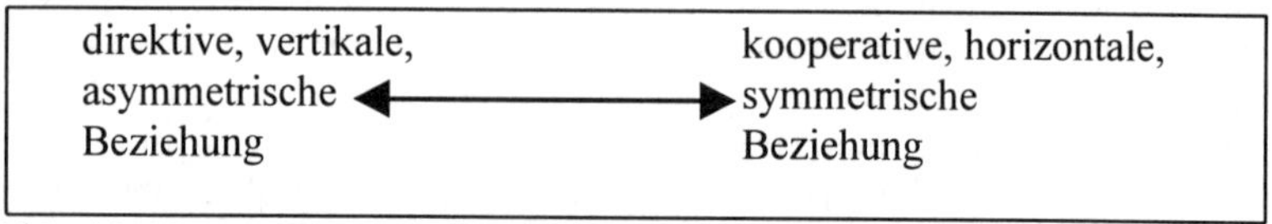

Abb. 19: Formen der Beziehung zwischen Diagnostiker und Proband

Bei der direktiven (vertikalen) Beziehungsstruktur bestimmt und lenkt allein der Diagnostiker den Gesprächsverlauf. Er zeigt ein vertikales Gesprächsverhalten, so stellt er z. B. viele direkte Fragen, informiert, erklärt, interpretiert, macht Vorschläge und gibt Handlungsanweisungen, und zwar nur aus seiner *Expertensicht* heraus. Die Kommunikationsbeziehung zwischen Diagnostiker und Proband ist *asymmetrisch* und direktiv, d. h. es gibt ein „oben", das Expertenwissen des Diagnostikers, und ein „unten", die Hilfsbedürftigkeit des Probanden. Die Mitarbeit des Probanden ist reaktiv und rezeptiv.

Bei dieser vertikalen Beziehung wird von einer Hierarchie der unterschiedlichen Wertigkeit der Kompetenzen ausgegangen. Höherwertig („oben") sind die Kenntnisse und Fähigkeiten des Diagnostikers, seine Wahrnehmung, Bewertung etc.. Geringwertig („unten") hingegen werden die Kompetenzen des Probanden eingestuft. Überspitzt formuliert lautet die Sichtweise eines so eingestellten Diagnostikers: „Ich kenne Ihr Problem und sage Ihnen, wie es zu lösen ist."

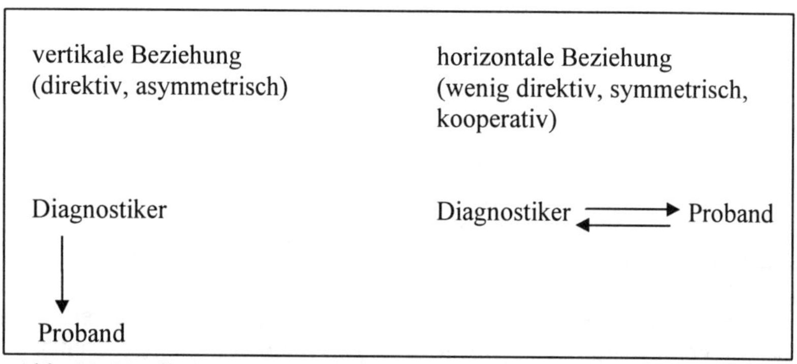

Abb. 20: Vertikale und horizontale Beziehung in einer Förderdiagnostik

Die horizontale, wenig direktive Beziehung ist gekennzeichnet durch Herstellung und Stützung der Auskunftsfähigkeit und -offenheit des Probanden.

Seine Kräfte und Möglichkeiten werden aktiviert und gefördert, damit er seine potentiellen Fähigkeiten nutzen und erweitern kann. Der Diagnostiker gibt dabei Anreize, Impulse und Hilfestellung. Die Kommunikationsbeziehung ist bei diesem Vorgehen horizontal, d. h. die Kompetenzen des Diagnostikers und des Probanden werden als gleichwertig angesehen. So sind die Kenntnisse und Sichtweisen des *Probanden* über sich selbst und seine Lebens- und Schul- bzw. Berufswelt, die Fähigkeiten, mit sich selbst und seinen Mitmenschen umzugehen, ebenso bedeutsam wie z. B. die Methodenkenntnisse des Diagnostikers. Durch die Explikation dieser Selbst- und Weltsicht des Probanden wird der Sinn seines Handelns offenbar, und damit wird die Veränderung seiner handlungsleitenden Gedanken und Empfindungen ermöglicht. Förderdiagnostiker und Proband erkennen beide die Bedeutung der Kompetenzen des anderen an und versuchen, zu kooperieren und miteinander zu arbeiten.
Bei dieser symmetrischen, horizontalen Vorgehensweise ist die Rollenverteilung nicht „Diagnose, Ratschläge und Förderung erteilen“ bzw. „empfangen und befolgen“, sondern unter methodischer Leitung des Förderdiagnostikers gemeinsam den Weg der Klärung, der Suche nach Lösungen und der Umsetzung der erarbeiteten Fördermaßnahmen zu gehen. Die Aktivitäten beider sind dabei nicht gleich, aber *gleichwertig*. Diese symmetrische Beziehung des Förderdiagnostikers zu seinen Probanden ist dem oben dargestellten Bezugsrahmen von Menschenbild und Handlungs- und Störungskonzeption angemessen und kongruent. Der Proband ist stets als aktiv Handelnder einzubeziehen. Auch wenn es manchmal nur schwer oder nicht möglich ist, diese Beziehungsstruktur zu erreichen, so ist sie doch als regulatives Ziel zunehmend anzustreben und schrittweise zu realisieren.
Meine Erfahrung zeigte, dass gerade bei Schülern mit Verhaltensstörungen, über die mir gesagt wurde: „Den kriegen Sie nie zum Reden“, oder „Die arbeitet nicht mit“, oder „Der lügt Ihnen nur die Hucke voll“ durch die Wertschätzung ihrer Person in Form dieser horizontalen Beziehung eine zumindest teilweise konstruktive Mitarbeit erreicht wurde. Voraussetzung ist aber, dass auch die Prinzipien und Methoden zur Diagnose und Förderung weitestgehend stimmig zum Menschenbild und zur gleichwertigen kooperativen Beziehung sind.

7.4.2 Prinzipien einer individuumorientierten Förderdiagnostik

Eine Förderdiagnostik im sozialen und emotionalen Bereich sollte u. a. folgende Prinzipien zum Ziel haben:

- Diagnose und Förderung sollten sich *nicht* allein an den *Defiziten*, Störungen und Problemen des Schülers im Kontext seines Umfeldes orientieren, sondern auch *Kompetenzen*, Stärken, bereits bewältigte Situationen und vor allem vorhandene und neu zu erschließende Ressourcen erkunden und sichern. Dazu gehören auch Bereitschaft und Fähigkeit zur Problemlösung.

- Eine individuums- und subjektbezogene Förderdiagnostik darf nicht missverstanden werden als ein auf die Person determiniertes Modell, das Verhaltensstörungen allein als in der Person liegende krankhafte Eigenschaften sieht. Im Sinne der oben gemachten Ausführungen sind die *Mit- und Umwelt* in ihren systemischen Zusammenhängen und Wirkungen einzubeziehen, ja sogar unabdingbarer Bestandteil normalen wie abweichenden Verhaltens.

- Der Schüler bzw. Auszubildende und sein Umfeld sollte aus unterschiedlichen *Perspektiven* gesehen werden, um einseitigen Betrachtungsweisen und möglichen „blinden Flecken“ entgegenzuwirken. Prinzipielle Blickwinkel sind vor allem:

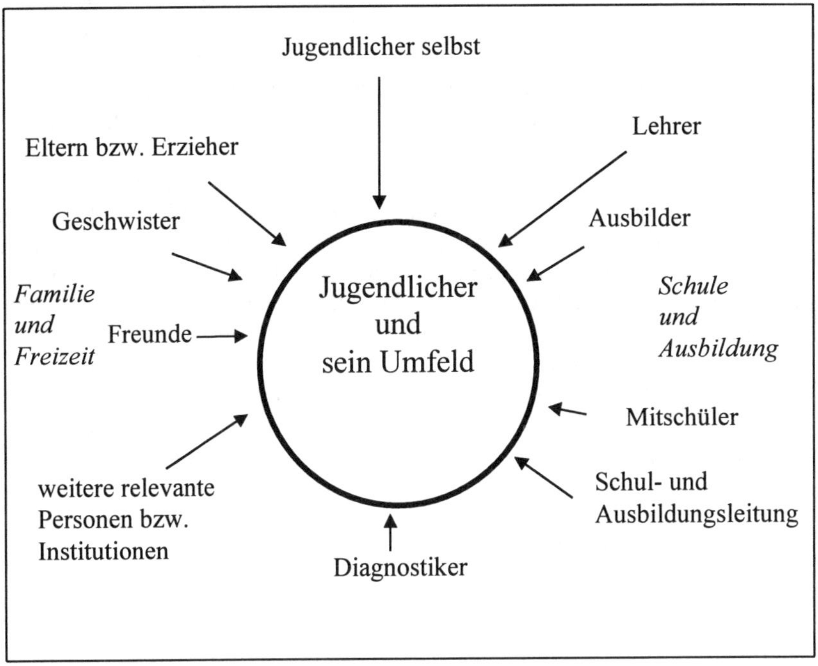

Abb. 21: Der zu begutachtende Jugendliche aus unterschiedlichen Perspektiven gesehen

- Welche dieser oder weiterer möglicher Perspektiven erhoben werden, hängt vom jeweiligen Fall und den Fragestellungen ab.

- Nach Möglichkeit sollten nicht nur Ergebnisse von Handlungen, sondern auch deren *Entwicklungs- bzw. Entstehungsprozesse* betrachtet und dokumentiert werden. Dadurch wird ein besseres Verständnis des Probanden erreicht als auch einer Stigmatisierung entgegengetreten. Es lassen sich darüber hinaus auch leichter individuumsgerechte Fördermaßnahmen und Handlungsempfehlungen ableiten.

- Der Ort der Datenerhebung und der Förderung sollte, so weit wie sinnvoll und möglich, die *gewohnte Umgebung* (Schule/Ausbildung) des Kindes

bzw. Jugendlichen sein. Die *zeitliche Belastung* des Probanden sollte der normalen, entwicklungsgemäßen Belastbarkeit entsprechen und nicht schulorganisatorischen Gesichtspunkten und Problemen nachgeordnet werden.
Ferner dürfen Diagnose und Förderung nicht in einer Zeit stattfinden, in der normalerweise ein (starker) Leistungsabfall des betreffenden Schülers zu erwarten ist.

- In der Förderdiagnostik sollten die Bereiche *Diagnostik und Förderung* gleichwertig sein, d. h. beide Anteile sind für eine erfolgreiche Betreuung von Schülern mit Störungen im sozialen und emotionalen Erleben und Verhalten unentbehrlich. Die individuums- und umfeldorientierte Diagnosephase ist zeitlich der Förderung vorgeordnet, von der Bedeutung und vom Aufwand her aber untergeordnet (s. Abb.). Die Förderung ist das Hauptanliegen der Förderdiagnostik, daher der Diagnosephase übergeordnet, zeitlich jedoch nachgeordnet. Aus der Förderungsperspektive sollten sich Leitziele des diagnostischen Vorgehens ergeben.

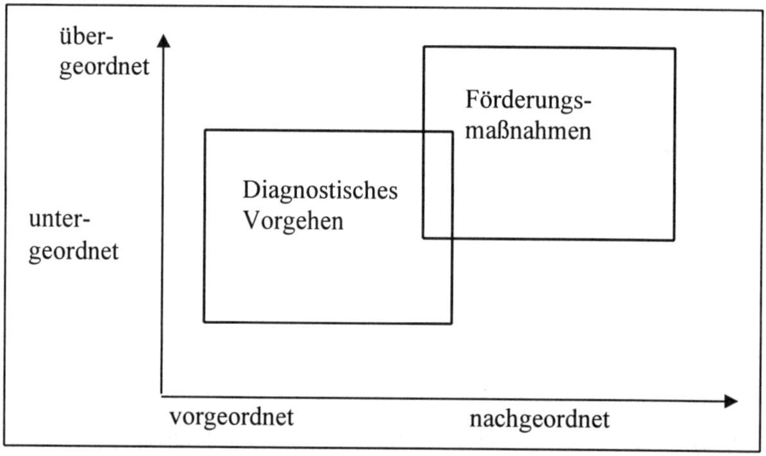

Abb. 22: Stellung von Diagnose und Förderung innerhalb der Förderdiagnostik

7.4.3 Die förderdiagnostische Vorgehensweise

Die Konzeption der Vorgehensweise dieses förderdiagnostischen Ansatzes ist mit dem Ziel verbunden, eine Strategie zu entwickeln, die von der Datenerhebung über die Durchführung einer Fördermaßnahme bis hin zu Kontroll- und Evaluationsschritten reicht.

Folgende Schritte umfasst die Konzeption:

Schritte einer Förderdiagnostik

1. Vorbereitung, In-Gang-Setzung, Einführung und Eröffnung eines förderdiagnostischen Verfahrens

⇓

2. Diagnoseerhebung und Informationsanalyse zu Defiziten, Störungen und Kompetenzen, Ressourcen etc.

⇓

3. Entwicklung von Förder- und Erziehungszielen

⇓

4. Zusammentragen und Erarbeiten von zielannähernden Förder- und Erziehungsmaßnahmen (Suchen von Lösungswegen bzw. -alternativen)

⇓

5. Bewertung der erarbeiteten Maßnahmen, Entscheidungsfindung und Erstellung eines Förder- und Erziehungsplans

⇓

6. Planung und Vorbereitung der Umsetzung des Förder- und Erziehungsplans in den Schulalltag und ggf. in andere Lebensbereiche (konkrete Handlungsschritte, fördernde, unterstützende und mögliche hemmende oder erschwerende Bedingungen)

⇓

7. Durchführung und Begleitung der Förder- und Erziehungsmaßnahmen

⇓

8. Evaluation und ggf. Revision der Maßnahmen und Bedingungen

Abb. 23: Schritte einer Förderdiagnostik

Die Abfolge der Schritte dieses förderdiagnostischen Ansatzes ist zwar logisch, die Komplexität und Vielgestaltigkeit der praktischen Zusammenhänge von Person, Umfeld und Organisation macht es manchmal sinnvoll und notwendig, dass ein vorangegangener Schritt wieder aufgenommen wird und ggf. aus einer anderen Perspektive oder durch einen anderen methodischen Zugang betrachtet wird. Diese systematische aber auch differenzierte und flexible Vorgehensweise halte ich für ein wichtiges Qualitätsmerkmal einer Förderdiagnostik. „Blinde Flecken" und Irrtümer sind auch in einer Förderdiagnostik nie ganz auszuschließen. Auch ein Förderdiagnostiker kann sie durch ein geschultes Vorgehen und durch gutes „Handwerkszeug" nur minimieren. Teamarbeit und Supervision durch Fachkollegen sind für eine Optimierung und Qualitätssicherung sehr wichtig.

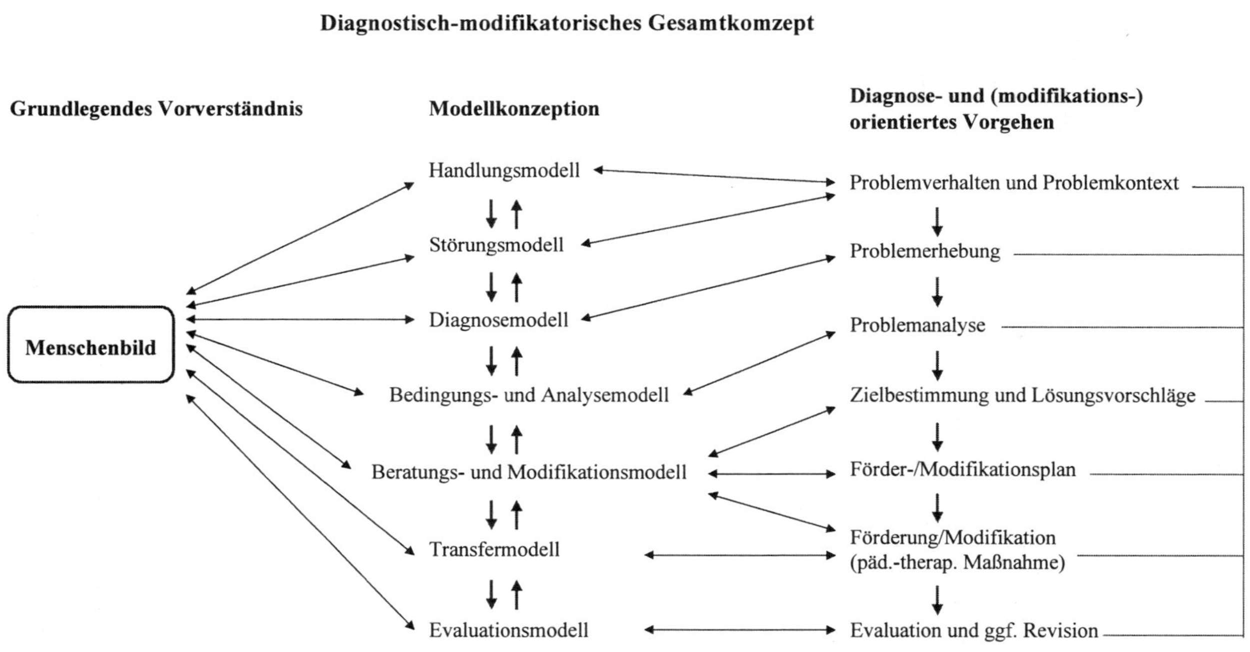

Abb. 24: Diagnostisch - modifikatorisches Gesamtkonzept

7.5 Methoden zur Diagnostik von Schülern mit besonderem Förderbedarf im sozialen Handeln

Die im Folgenden beschriebenen Methoden sollen der Feststellung des Förderbedarfs, der Planung und der Begleitung von Fördermaßnahmen dienen. Diese individuums- und nur bedingt bezugsgruppenorientierten Verfahren sind von ihrer Konstruktion und Durchführung her auf ein systematisches und wiederholbares Vorgehen ausgerichtet. Um mit der Person, der Situation und der Fragestellung angemessen arbeiten zu können, sollte ihr Einsatz trotzdem flexibel und kreativ geschehen.
Zu den wichtigsten Methoden der Problem-, Stärken- und Ressourcenerhebung gehören:

(1.) Erstkontakt

(2.) Klärung der Ausgangslage
- Verhaltensscreening
- Fragebogen zur Selbstklärung

(3.) Verhaltensbeobachtungen

(4.) Diagnostisches Gespräch mit dem Lehrer und/oder dem Ausbilder

(5.) Aktenanalyse

(6.) Exploration des Jugendlichen
- diagnostisches Gespräch
- „Rekonstruktion von Problemsituationen unter Anwendung von Rollenspiel
  und Figuren"
- „Personen als Tiere"
- „Verfahren zur Feststellung der sozialen Beziehungen in Schulklasse/
  Ausbildungsgruppe, Freizeit, Familie oder Wohngruppe"

(7.) Diagnostisches Gespräch mit den Eltern/Erziehern

(8.) ggf. störungsorientierte Testverfahren und Anamnese

Diese Auflistungen von diagnostischen Methoden sollen nicht als die allein zugelassenen Verfahren verstanden werden. Methoden können ergänzt, weggelassen, in einer anderen Abfolge oder wiederholt durchgeführt werden. Entscheidend ist die Beachtung der o. g. Grundlagen und Prinzipien.

Zu (1.) Erstkontakt

Die Person, die mit einem Schüler ein Problem hat bzw. die für ihn verantwortlich ist (meistens ist es der Klassenlehrer), nimmt persönlich oder telefonisch Kontakt mit dem zuständigen Lehrer (Diagnostiker) auf, um einen Förderbedarf ermitteln zu lassen.

Der Diagnostiker lässt sich den Anlass der Kontaktaufnahme darstellen und bittet um eine erste kurze Problembeschreibung sowie um eine Angabe des Ausmaßes der Betroffenheit bzw. des Leidensdrucks durch das Problem. Danach stellt er seine Vorgehensweise zur Diagnostik von Jugendlichen mit abweichendem Sozialverhalten (besonderem Förderbedarf im sozialen Handeln) dar und vereinbart erste Schritte und Termine. Er bittet den Lehrer/Ausbilder, die unter (2.) genannten Verfahren durchzuführen.

Zu (2.) Klärung der Ausgangslage

Zur Vorbereitung der Verhaltensbeobachtung und des diagnostischen Gesprächs mit dem Lehrer/dem Ausbilder, dem Schüler und ggf. mit dem Erzieher und den Eltern wird die den Fall vorstellende Person gebeten, mit Hilfe eines Verhaltens-Screenings (s. Fingerle & Mutzeck 1996, s. Anlage 1; die Anlagen befinden sich am Ende dieses Kapitels 7.5) und eines Fragebogens zu einer ersten Abklärung des Problems (s. Anlage 2) den Jugendlichen und sein Umfeld unter unterschiedlichen Aspekten zu betrachten. Diese, dem ausführlichen diagnostischen Gespräch und den weiteren Untersuchungsverfahren vorgeschaltete gezielte Beobachtungsaktivität des Lehrers/Ausbilders, dient auch der Selbstklärung. Oft stehen negative Gefühle gegenüber dem Jugendlichen und der Wunsch, ihn „loszuwerden", im Vordergrund. Die beiden genannten Methoden sollen helfen, wichtige Informationen zu sammeln und zu klären, ob durch Eigeninitiative des Lehrers/Ausbilders und der Institution ggf. mit Unterstützung eines Förderschullehrers (sekundäre Prävention) das Problem gelöst oder gemindert werden kann.

Diese Methoden können auch in einer anderen Reihenfolge und wiederholt durchgeführt werden.

Ist eine weiterführende Diagnostik angezeigt, so kommen die folgenden Methoden zum Einsatz.

Zu (3.) Verhaltensbeobachtung

Bei der Verhaltensbeobachtung ist darauf zu achten, dass der Diagnostiker den Schüler insbesondere in den Situationen beobachtet, in denen das Problemverhalten bisher aufgetreten ist (natürliche Situation) und nur in begründeten Fällen auch in „Testsituationen" (künstliche Situationen). Meistens geht es darum, spezielle Aspekte des Lern- und Leistungsverhaltens, des Arbeitsverhaltens und des Sozialverhaltens genauer zu erfassen und den interaktiven und prozessualen Ablauf des Problemverhaltens zu beschreiben.
Die Beobachtungsmethoden sollten teilstrukturiert bis völlig strukturiert (Zeichen- und Kategoriesysteme) sein. In jedem Falle ist eine operationale Beschreibung wichtig, mit der beobachtbare (sicht-, hörbare etc.) Ereignisse wiedergegeben werden. Bei der Verhaltensbeobachtung handelt es sich um die Ermittlung der Außensicht.
Da die Verhaltensbeobachtung die wichtigste Methode in der pädagogischen Diagnostik darstellt, wird sie im Kapitel 7.6 ausführlich beschrieben.

Zu (4.) Diagnostisches Gespräch

Um die Sicht und die Erfahrungen des Lehrers und ggf. der anderen Bezugspersonen des auffälligen Schülers zu erfassen und zu verstehen, führt der Diagnostiker mit dieser Person ein Gespräch.
Die im Verhaltens-Screening und in dem „Fragebogen zur Vorbereitung des diagnostischen Gesprächs und zur Selbstklärung" (siehe 2.) genannten Aspekte werden vertieft. Entsprechend der Fragestellungen und Hypothesen werden die Fragerichtungen erweitert. Der Gesprächspartner sollte als Experte für diesen Fall angesprochen werden (s. Kap. 3.11 und 7.4) und auch gefragt werden, was bei diesem Problemverhalten seiner Meinung nach noch erkundet oder untersucht werden sollte.
Da Verhaltensauffälligkeiten oft gezeigt werden, um einen Fehlbedarf bzw. den Wunsch nach der Befriedigung eines oder mehrerer Grundbedürfnisse auszudrücken, sollten Fragen in dieser Richtung einbezogen werden. Das sind vor allem die Bereiche:

- Sicherheit
  (jemandem vertrauen können; Beständigkeit und Verlässlichkeit erleben)

- Liebe und Zugehörigkeit
  (akzeptiert sein; angenommen sein; sich geborgen fühlen; sich geliebt fühlen;
  sich dazugehörig fühlen)

- Fähigkeit und Selbstverwirklichung
  (sich fähig fühlen; erleben, etwas zu können; erleben, etwas zu bewirken; Entfaltung und Ausschöpfung der eigenen Möglichkeiten und Wünsche erleben)

- Wertschätzung
  (beachtet sein; sich anerkannt fühlen; erleben, etwas wert zu sein)

- Sinnhaftigkeit
  (einen Sinn in seinem Tun und seinem Leben sehen)

- Befriedigung physiologischer Bedürfnisse
  (Hunger; Durst etc.)

In Anbetracht der Bedeutung und des Umfangs des Wissens- und Kompetenzerwerbs zum diagnostischen Gespräch wird die Methode der personenzentrierten Gesprächsführung im Kapitel 7.7 eingehend dargestellt.
Diese Fähigkeiten sind auch bei der Exploration des Schülers (6.) unerlässlich.

zu (5.) Aktenanalyse
Die Daten zur Lebenssituation, über den Schulverlauf etc. lassen sich aus der Verwaltungsakte der Jugendlichen (Auszubildenden / Lehrlingen) entnehmen. Wichtig ist, dass, wie auch bei den anderen Erhebungsmethoden, stets vermerkt wird, aus welcher Informationsquelle die Daten kommen und zu welchem Zeitpunkt sie erhoben wurden. Es ist auch die Frage zu prüfen, ob die erhobenen Daten aus der Akte stimmig zueinander sind oder im Widerspruch zueinander stehen.

Zu (6.) Exploration des Kindes/Jugendlichen
Sehr wichtig ist es, die Erfahrungen des Schülers mit sich selbst und seinem Umfeld aus seiner Sicht kennen- und verstehen zu lernen. Da bei Kindern, manchmal aber auch bei Jugendlichen, die Exploration des Problemverhaltens und seines Umfelds nicht oder nur sehr schwer über ein reines Gespräch gelingt, ist es oft notwendig, mit handelnden, zumindest aber visualisierenden Methoden einen Zugang zu finden.
Das Verfahren „Rekonstruktion von Problemsituationen unter Anwendung von Rollenspiel und Figuren“ (s. Anlage 3) ermöglicht die Rekonstruktion von Problemverhalten im Kontext des Umfelds aus der Sicht des Schülers

(Probanden). Auch mit den Bezugspersonen des Probanden kann diese Rekonstruktion des Problems durchgeführt werden.

Um die subjektive Bedeutung von Personen in der Schule bzw. Lehrwerkstatt oder in der Familie bzw. Wohngruppe explizieren zu können, ist es hilfreich, das gestalterische Verfahren „Meine Klasse (Ausbildungsgruppe, Familie oder Wohngemeinschaft) in Tieren“ anzuwenden (s. Anlage 4). Die zu zeichnenden Merkmale und Eigenschaften der zu symbolisierenden Gegenstände können auch Pflanzen oder Werkzeuge sein. Die Deutung geschieht allein aus der Sicht des Probanden. Der Diagnostiker hilft und unterstützt bei dieser Explikation und führt abschließend einen Dialog-Konsens durch (s. Kap. 7.7).
Diese beiden letztgenannten Methoden sind keine projektiven Verfahren wie der „Sceno-Test“ oder „Familie in Tieren“. Mit ihnen konstruiert der Proband selbst seine Wahrnehmung und Deutung bestimmter Aspekte. Die Deutung des Diagnostikers bzw. eine Deutung nach allgemeinen Erfahrungswerten tritt in den Hintergrund.
Nicht selten sind es Schwierigkeiten in den sozialen Beziehungen des Schülers zu seiner personalen Umwelt, die sein Problemverhalten auslösen, verstärken oder auch verringern bzw. sozial erwünschtes Verhalten stützen und fördern. Diese können durch das „Verfahren zur Feststellung der sozialen Beziehungen in der Klasse, Ausbildungsgruppe, Wohngruppe, Familie oder Freizeit“ (re)konstruiert werden (s. Anlage 5).

zu (7.) Diagnostisches Gespräch mit Eltern bzw. Erziehern
Für den Fall, dass die häusliche Situation bzw. die Wohngruppe eine wichtige Rolle bei der Entwicklung oder der Verfestigung der Verhaltensstörung spielen, sollte auch ein Gespräch mit den entsprechenden Bezugspersonen geführt werden. Auch hier gelten die unter (4.) aufgeführten Aspekte und die in Kapitel 7.6 dargestellte Methode.

zu (8.) Störungsorientierte Testverfahren und Anamnese
Sollte es sich zeigen, dass die bisher erhobenen Informationen den Ist - Zustand einer Verhaltensstörung noch nicht ausreichend erfassen oder noch große Widersprüche zwischen den verschiedenen Informationsquellen bestehen, ist es angezeigt, weitere diagnostische Verfahren einzusetzen.
Störungsorientierte Tests sind standardisierte Prüfverfahren, die es ermöglichen, Personen nach bestimmten Merkmalsausprägungen zu unterscheiden, d. h. es wird geprüft, ob eine bestimmte Verhaltensstörung auftritt und wie stark sie ausgeprägt ist in Bezug auf eine bestimmte Stichprobe von Personen. So gibt es z. B. Tests zu den Symptomen Angst, Aggression, Konzent-

ration und Leistungsmotivation. Im Verhältnis zu anderen Störungsbereichen, wie Schulleistungen und Intelligenz, ist die Zahl der Tests sehr gering. Dieses hat mit der Schwierigkeit der Konstruktion solcher Prüfverfahren und mit dem Sinn und der Bedeutung dieser Tests in der Diagnostik bei Kindern und Jugendlichen mit Verhaltenstörungen zu tun. Hinzuweisen sei in diesem Zusammenhang noch einmal auf die meistens vorliegende Kontextgebundenheit dieser Störungsart.
Zur Auswahl eines Tests ist es hilfreich, sich der Beschreibungen der einzelnen Prüfverfahren durch die Verlage zu bedienen (Beltz Deutsche Schultests, Beltz Verlag; Postfach 3751, 37027 Weinheim). Informativer ist allerdings das kritische Handbuch für Praktiker „Testdiagnostische Verfahren in Vor-, Sonder- und Regelschule“ von Borchert u. a. (1991). Hier werden außer der Beschreibung und Einordnung der Tests Bewertungen abgegeben. Tests sollten aber nur von Personen durchgeführt werden, die eine allgemeine Ausbildung in Testdiagnostik absolviert oder eine Einführung für einen speziellen, für die Hand des Pädagogen ausgewiesenen Test, bekommen haben. Auch die spezielle Erhebung der Entwicklungs- und Störungsgeschichte (Anamnese) bedarf besonderer Kenntnisse und Kompetenzen. Prinzipiell sollten die einzusetzenden Methoden nicht einem Selbstzweck oder dem Voyeurismus dienen, sondern stets unter ethischen und förderungsbezogenen Gesichtspunkten gerechtfertigt werden können. Dieses gilt insbesondere bei einer Anamnese oder störungsorientierten Testverfahren.

Abschließend sei noch einmal betont:
Entscheidend für diesen förderdiagnostischen Ansatz ist, dass die ausgewählten Methoden nicht im Widerspruch zu dem grundlegenden Menschenbild und dem kooperativen Beziehungsverhältnis stehen sollten. Die aufgezeigte Rahmenkonzeption (s. Abb.) ist auch bei der Entscheidung für oder gegen weitere diagnostische Methoden als regulatives Leitziel zu verstehen.
Die so erhobenen Daten werden dann in einem Fördergutachten (Anlage 6) zusammengefasst, analysiert und als Grundlage für Fördervorschläge verwendet.
Im Folgenden werden die in den Punkten (1.) bis (8.) erwähnten Anlagen (Methodenbeispiele) wiedergegeben und die Methoden „Beobachtung“ und „Diagnostisches Gespräch“ ausführlich dargestellt.

Anlage 1

Screening für Verhaltensauffälligkeiten im Schulbereich (SVS)

Mutzeck, W. & Fingerle, M.

Das Screening für Verhaltensauffälligkeiten im Schulbereich (SVS) dient der Erfassung von Verhaltensauffälligkeiten im Schulalltag. Es ist dafür gedacht, die täglichen Beobachtungen kurz und prägnant wiederzugeben, und stellt damit den ersten Schritt in einer förderdiagnostischen Begutachtung dar.
Auf den beiden nächsten Seiten finden Sie eine Liste von Schülermerkmalen, die jeweils fett gedruckt sind. Da es sich dabei um recht weitgefasste Begriffe handelt, die z.T. auch in der Fachliteratur uneinheitlich verwendet werden, ist jedes Merkmal noch einmal näher erläutert. In diesen Beschreibungen ist das Wort Schüler, bzw. Schülerin durch den Buchstaben „S." abgekürzt. Bei den aufgeführten Verhaltensweisen handelt es sich um Beispiele. Orientieren Sie sich bitte bei Ihrem Urteil soweit wie möglich an diesen Erläuterungen und vermeiden Sie es bitte, die fettgedruckten Oberbegriffe in anderer Weise zu interpretieren, als dies durch die Beispiele illustriert wird.
Schätzen Sie auf der abgedruckten Skala ein, wie häufig dieses Verhalten im Verlauf der letzten vier Wochen (= 20 Anwesenheitstage) des Schülers oder der Schülerin ungefähr auftrat, bzw. wie stark das Merkmal in diesem Zeitraum Ihrer Meinung nach ausgeprägt war.
Die Stufen der Skalen bedeuten dabei im Einzelnen:

0 **Das Verhalten kam nicht vor**
1 **Das Verhalten kam selten vor / Die Eigenschaft war schwach ausgeprägt**
2 **Das Verhalten kam häufig vor / Die Eigenschaft war stark ausgeprägt**
3 **Das Verhalten kam sehr häufig vor / Die Eigenschaft war sehr stark ausgeprägt**

Wenn ein Verhalten überhaupt nicht auftrat oder eine Eigenschaft sehr schwach ausgeprägt war, so kreuzen Sie bitte die „0" an. War das Verhalten dagegen sehr häufig, bzw. war die Eigenschaft sehr stark ausgeprägt, so kreuzen Sie bitte die „3" an. Schätzen Sie diese Merkmale bitte aus Ihrer Sicht ein.

Angaben zum Schüler / zur Schülerin

Geschlecht: weibl. O männl. O

Alter: _______ Klasse: ________

Schulart:
O Förderschule/ Schule für Erziehungshilfe
O Heimschule
O Klinikschule
O Erziehungsberatungsstelle (o. ä.)
O Grundschule
O Hauptschule
O Mittelschule / Realschule
O Gymnasium

Die diesen Fragebogen ausfüllende Person ist:

O Klassenlehrer/in des Schülers/der Schülerin
Wochenstunden: _______________

O Fachlehrer/in des Schülers/der Schülerin
Wochenstunden: _______________

Geben Sie bitte die Fächer an, in denen Sie den Schüler / die Schülerin unterrichten und auf die sich Ihre Beobachtungen beziehen:

____________________ ____________________

____________________ ____________________

Bitte schätzen Sie nun die im Folgenden genannten Verhaltensweisen aus Ihrem eigenen Umgang mit dem Schüler ein (Blättern Sie bitte um).

0 Kam gar nicht vor / War gar nicht ausgeprägt - **1** Kam selten vor / War schwach ausgeprägt
2 Kam häufig vor / War stark ausgeprägt - **3** Kam sehr häufig vor / War sehr stark ausgeprägt

1. Verbale od. gestische Aggressionen gegen Mitschüler 0 1 2 3 Bsp.: Beschimpfen, Beleidigen, Drohungen, bedrohliche Gesten, Mimik.

2. Körperliche Aggressionen gegen Mitschüler 0 1 2 3 Bsp.: Prügeleien, andere an den Haaren ziehen, treten, beißen, quälen.

3. Verbale od. gestische Aggressionen gegen Lehrkräfte 0 1 2 3 Bsp.: S., beschimpft, beleidigt, oder bedroht Lehrkraft, macht unagemessene oder obszöne Gesten oder Laute, sucht Streit, protestiert übermäßig.

4. Körperliche Aggressionen gegen die Lehrkraft 0 1 2 3 Bsp.: S. schlägt oder stößt Lehrkraft, kratzt und beißt.

5. Gegen Sachen gerichtete Aggressionen 0 1 2 3 Bsp.: Beschädigen, Zerstören von Mobiliar, Schulutensilien; Bemalen, Wegnehmen oder Verstecken des Eigentums anderer.

6. Wutausbrüche 0 1 2 3
Bsp.: S. schlägt wahllos um sich, hat ungerichtete Wutausbrüche, schreit, kreischt übermäßig; ist aufbrausend.

7. Autoaggressionen 0 1 2 3
Unter Autoaggressionen versteht man aggressives Verhalten, das gegen die eigene Person gerichtet ist. Bsp.: sich selbst hart schlagen, sich sichtbar verletzen.

8. Unterrichtsverweigerung 0 1 2 3
Bsp.: S. kommt absichtlich zu spät, verlässt den Unterricht zu früh, macht eine Stunde blau; kommt überhaupt nicht in die Schule.

9. Einzelgängertum 0 1 2 3
Bsp.: S. lehnt soziale Kontakte von sich aus ab; S. hat wenige Kontakte zu anderen Schülern, bleibt in der Pause oft allein, sondert sich ab, will sich nicht in die Gemeinschaft integrieren.

10. Außenseiter 0 1 2 3
Bsp.: S. wird von anderen ausgegrenzt, gehänselt, abgelehnt, findet keine Beachtung.

11. Freundschaften 0 1 2 3
Bsp.: S. findet leicht Anschluss; hat viele Freunde; geht von sich aus auf andere zu.

12. Klassenclown 0 1 2 3
Bsp.: S. ist albern, kaspert übermäßig, führt sich als Klassenclown auf, grimassiert stark, ruft rein, singt und findet damit Beachtung.

13. Lügen 0 1 2 3
Bsp.: S. sagt bewußt nicht die Wahrheit, verdreht Fakten, erfindet Geschichten, Ausreden.

14. Delikte 0 1 2 3
Bsp.: S. bricht ein, stiehlt, nimmt Schülern Gegenstände, Kleidung, etc. weg; quält andere; vorsätzliche Körperverletzung, Erpressung, Nötigung, sexuelle Belästigung.

15. Suchtverhalten 0 1 2 3
Bsp.: S. konsumiert übermäßig Süßigkeiten, zeigt übermäßiges Eßverhalten, konsumiert übermäßig Zigaretten, Alkohol, nimmt Drogen (Haschisch, Heroin, etc.), zeigt Anzeichen einer Spielsucht.

16. Unaufmerksamkeit 0 1 2 3
Bsp.: S. ist leicht ablenkbar oder lenkt sich selbst ab, bleibt nicht lange bei der Sache, ist unkonzentriert.

17. Arbeitsverweigerung / Trotzverhalten 0 1 2 3 Bsp.: S. sagt, wenn etwas von ihm verlangt wird „Das kann ich nicht", obwohl er der Auf-gabe durchaus gewachsen wäre; weigert sich offen, Aufgabe zu erledigen, ist meistens dagegen, sieht alles negativ, lehnt Vorschläge stets ab, ständiger „Nein-Sager", zeigt destruktives Verhalten, tut vorsätzlich etwas, was andere verärgert.

18. Regelverstöße 0 1 2 3
Bsp.: S. hält sich nicht an Regeln, Ordnungen, Regeln, Vereinbarungen werden nicht eingehalten, werden übertreten, mißachtet, ignoriert.

19. Rücksichtslosigkeit 0 1 2 3
Bsp.: S. ist nicht hilfsbereit; kümmert sich nicht um andere, hat keine Hemmschwelle, ist nur auf eigenen Vorteil bedacht.

20. Überanpassung 0 1 2 3
Bsp.: S. will immer machen, was andere auch tun, hat keine eigene Meinung, hängt wie eine „Klette" an Mitschülern oder Lehrern, macht übereifrig, was man ihm/ihr sagt, ist übermäßig einschmeichelnd, ständiger „Ja-Sager", verpetzt andere.

21. Konfliktlösungskompetenzen 0 1 2 3
Hiermit sind Fähigkeiten gemeint, mit deren Hilfe man Streitigkeiten vermeidet, bzw. Konflikte friedlich löst. Bsp.: S. löst Konflikte friedlich, lässt Streitigkeiten nicht eskalieren, ist kompromißbereit, probiert verschiedene Lösungswege, bemüht sich um Wiedergutmachung.

22. Selbstständigkeit 0 1 2 3
Bsp.: S. ist in der Lage, selbstständig Aufgaben zu bearbeiten, Ordnung zu halten, sich Ziele zu setzen und zu erreichen, muss nicht dauernd kontrolliert werden, benutzt selbständig Hilfsmittel.

23. Kreativität 0 1 2 3
Bsp. S. ist einfallsreich, voller konstruktiver Ideen, macht Lösungsvorschläge für Aufgaben, die zum Unterrichtsstoff gehören.

24. Selbstsicherheit 0 1 2 3
Bsp.: S. hat Vertrauen in die eigenen Fähigkeiten; ist von eigenen Entscheidungen und Meinungen überzeugt, ist vom Erfolg eigener Bemühungen und vom Erreichen eigener Ziele überzeugt.

25. Selbstwertgefühl 0 1 2 3
Bsp.: S. ist sich selbst gegenüber emotional positiv eingestellt; S. ist mit sich zufrieden, ist sich sicher, positive und wertvolle Eigenschaften zu besitzen, ist stolz auf sich, hat viel Selbstvertrauen, fühlt sich nicht minderwertig.

26. Selbstkontrolle 0 1 2 3
Bsp.: S. ist fähig, seine Gefühle und Affekte unter Kontrolle zu halten; kann seinen Ärger beherrschen; denkt nach, bevor er handelt; platzt nicht mit irgendetwas heraus, wartet, bis er drangenommen wird, drängelt nicht.

27. Soziale Fähigkeiten 0 1 2 3
Hierunter fallen Fähigkeiten, die den Umgang mit anderen Menschen erleichtern. Bsp.: S. ist hilfsbereit, freundlich, läßt andere mitspielen, verleiht Spielzeug od. Arbeitsmaterialien, kann gut mit anderen zusammenarbeiten.

28. Allgemeine Ängstlichkeit 0 1 2 3
Bsp.: S. macht einen ängstlichen Eindruck, hat Angst, sich zu verletzen, Angst vor dem Alleinsein, vor Neuem und Ungewissem, ist schreckhaft.

0 Kam gar nicht vor / War gar nicht ausgeprägt - **1** Kam selten vor / War schwach ausgeprägt
2 Kam häufig vor / War stark ausgeprägt - **3** Kam sehr häufig vor / War sehr stark ausgeprägt

29. Schulangst 0 | 1 | 2 | 3
Bsp.: S. hat Angst, an die Tafel zu gehen; hat Angst, in die Klasse zu kommen, vor anderen zu sprechen, hat Angst vor der Schule

30. Emotionale Labilität 0 | 1 | 2 | 3
Bsp.: S. hat plötzliche Stimmungsumschwünge, seine Stimmung ist unberechenbar, wechselt schnell und häufig; S. ist launisch.

31. Zuwendungsbedürfnis 0 | 1 | 2 | 3
Bsp.: S. sucht intensive Zuwendung durch Körpernähe.

32. Mangelnde Ausdauer 0 | 1 | 2 | 3
Bsp.: S. ist schnell von etwas begeistert, hält aber nicht lange durch; fängt vieles an, führt aber nichts zu Ende; verliert schnell das Interesse; braucht immer wieder Pausen, um dem Stoff folgen zu können; baut schnell ab.

33. Impulsivität 0 | 1 | 2 | 3
Bsp.: S. ruft dazwischen; platzt mit der Antwort heraus, bevor eine Frage beendet ist; handelt, ohne sich Gedanken über die Konsequenzen zu machen; kann nicht abwarten, bis er/sie an die Reihe kommt; zeigt Mangel an Vorsicht und Zurückhaltung; gibt sofortige, aber fehlerhafte Antwort.

34. Frustrationsintoleranz 0 | 1 | 2 | 3
Bsp.: S. will seine Bedürfnisse sofort erfüllt bekommen, wird wütend, wenn etwas nicht so läuft, wie es soll, oder Wünsche nicht sofort erfüllt werden; zieht sich bei Enttäuschungen für längere Zeit zurück, kann Enttäuschungen nur schwer verwinden, kann Misserfolge nicht ertragen.

35. Motorische Hyperaktivität 0 | 1 | 2 | 3
Bsp.: S. verlässt seinen Platz im Klassenraum und läuft umher, hat gerne etwas in der Hand, um damit zu spielen, zappelt häufig mit Händen und Füßen, kann nur schwer stillsitzen bleiben, ist häufig unnötig laut beim Spielen, redet häufig übermäßig viel.

36. Desinteresse 0 | 1 | 2 | 3
Bsp.: S. ist antriebslos, desinterssiert, gleichgültig, abgestumpft, macht den Eindruck, dass sie/ihn alles langweile; ist schwer für irgendetwas zu begeistern; findet alles öde; scheint sich für nichts zu interessieren.

37. Depressivität 0 | 1 | 2 | 3
Bsp.: S. ist niedergeschlagen, traurig, weint ohne erkennbaren Anlass.

38. Soziale Willenschwäche 0 | 1 | 2 | 3
Bsp.: S. ist gegenüber anderen willensschwach, hat geringe Durchsetzungsfähigkeit, kann nicht „Nein" sagen.

39. Motivation 0 | 1 | 2 | 3
Bsp.: S. ist motivierbar, lässt sich zum Mitmachen anregen, geht auf Anregungen ein, erbringt von sich aus Leistungen; ist bereit, sich etwas zu erarbeiten, arbeitet im Unterricht rege mit.

40. Körperliche Beschwerden 0 | 1 | 2 | 3
Hierunter fallen Beschwerden, die in *keinem* Zusammenhang mit einer bestimmten Erkrankung zu stehen scheinen. Bsp.: Kopfschmerzen; Bauchschmerzen; Übelkeit; Erbrechen; Hautprobleme; Schwindelgefühle.

41 Arbeitsstil 0 | 1 | 2 | 3
Bsp.: S. arbeitet nur oberflächlich und nachlässig; bearbeitet Aufgaben unvollständig; arbeitet ungenau; arbeitet schnell, aber fehlerhaft.

42. Rückzug 0 | 1 | 2 | 3
Bsp.: S. macht einen in sich gekehrten Eindruck; ist scheu; zurückhaltend; zieht sich in sich zurück; antwortet, wenn man ihn/sie anspricht, verzögert oder gar nicht.

43. Sexuelle Auffälligkeiten 0 | 1 | 2 | 3
Bsp.: S. macht anderen eindeutige sexuelle Angebote, zeigt seine/ihre Geschlechtsorgane, masturbiert öffentlich

44. Angst vor Körperkontakt 0 | 1 | 2 | 3
Bsp.: S. hat Angst vor Berührungen; schreckt zurück, wenn man sie/ihn berührt; hat deutlichen Widerwillen gegenüber Berührungen.

45. Absenz 0 | 1 | 2 | 3
Bsp.: S. ist verträumt; geistig abwesend; in Phantasien versunken.

46. Minderwertigkeitsgefühle 0 | 1 | 2 | 3
Bsp.: S. hält sich für wertlos; für eine(n) Versager(in); traut sich nichts zu; hält sich für unfähig; hält sich für unbeliebt.

47. Negative Reaktion auf Kritik 0 | 1 | 2 | 3
Bsp.: S. ist nach schlechten Leistungen oder Kritik in sich verschlossen und nicht ansprechbar.

48. Emotionalität 0 | 1 | 2 | 3
Bsp.: S. .kann seine Empfindungen zeigen; zeigt sich Hören einer berührenden Geschichte oder eines gefühlvollen Musikstücks emotional berührt; zeigt Mitgefühl;

49. Weitere Stärken und/oder Auffälligkeiten
Sollten bei dem Schüler / der Schülerin in den letzten vier Wochen (20 Anwesenheitstage) Stärken und / oder Auffälligkeiten zu beobachten gewesen sein, die bisher nicht erwähnt wurden, so beschreiben Sie diese bitte:

Fragebogen zur Vorbereitung des diagnostischen Gesprächs und zur Selbstklärung
Mutzeck, Leipzig 1995

Liebe Kollegin, lieber Kollege,

damit ich mir ein genaueres Bild von dem Verhaltensproblem in Ihrer Klasse machen kann und Sie selbst klären können, welche Aspekte beachtet werden sollten und welche Zusammenhänge bestehen können, bitte ich Sie, die folgenden Fragen schriftlich zu beantworten:

1. Wie sieht das Problemverhalten aus? Bitte beschreiben Sie es.

2. Bitte geben Sie ein oder zwei Beispiele von Situationen in denen das Problemverhalten in der letzten Zeit aufgetreten ist. Stellen Sie die Situation und den Ablauf des Geschehens dar. Wer war daran beteiligt und wer hat was gemacht?

2.1. Was vermuten Sie, hat dieses Verhalten in dieser Situation ausgelöst? Gibt es darüber hinaus noch weitere (allgemeine) Bedingungen, die das Problemverhalten verursacht haben könnte?

3. Hat sich das Problemverhalten im Laufe der Zeit entwickelt?
☐ es war plötzlich vorhanden wie oben beschrieben
☐ es hat sich wie folgt entwickelt:

Welche Gedanken und welche Gefühle entstehen bei Ihnen, wenn der Schüler dieses Problemverhalten zeigt?

5. Wie stark beschäftigt/belastet Sie das Problemverhalten?

1	2	3	4	
☐	☐	☐	☐	
gar nicht	etwas	stark		sehr stark

6. Wie häufig tritt dieses auffällige Verhalten auf?
in einer U.-Stunde:
an einem Schulvormittag:
in einer Woche:

in einem Monat:
regelmäßig ☐ unregelmäßig ☐

7. Sind es meistens die gleichen auslösenden Bedingungen, wie unter 2. genannt, oder sind es weitere verursachende Bedingungen?
   ☐ immer die gleichen
   ☐ weitere Bedingungen und zwar:

8. Welche Wirkungen und welche Folgen haben sich oder werden sich aus dem Problemverhalten bzw. seinem Umfeld ergeben?

9. Welche Aktivitäten haben Sie schon unternommen, um auf das Problem verhalten einzuwirken und es abzubauen?

10. Wie reagieren Mitschüler, Eltern, Kollegen oder/und die Schulleitung auf dieses Problemverhalten?

11. Welches Ziel, welchen Zweck mag der Schüler verfolgen, wenn er das Problemverhalten zeigt? Was will er damit sagen?

12. Was gefällt Ihnen an diesem Schüler?
    Welche Stärken, welche Entwicklungspotentiale und -ressourcen hat er?

13. Was gibt es sonst noch zu bedenken, um das Problemverhalten, Ihr Verhalten und die Situation zu verstehen?

14. Wenn Sie sich wünschen könnten, was von wem bis wann geschehen sollte, was würden Sie sagen?

Rekonstruktion von Problemsituationen unter Anwendung von Rollenspiel und Figuren

Mutzeck, Leipzig 1994

Nicht selten ist es schwierig, sich die Einzelheiten vergangener Situationen zu vergegenwärtigen. Um ein Erinnern bzw. Wiedererkennen zu erleichtern, ist es hilfreich, wenn der Proband (Jugendliche), der eine erlebte Situation zu rekonstruieren versucht, zunächst die Äußerlichkeiten dieser Situation aktualisiert. D. h. erstens sollten die Gegenstände, die in der bestimmten Situation gegenwärtig waren, benannt werden. Das sind Raumbeschreibungen, Möbelstücke, Unterrichtsmaterial bzw. Wohnutensilien usw. Zweitens sollten die Personen genannt und beschrieben werden, die in dieser Situation anwesend waren. Und drittens sollte der Proband in die Lage versetzt werden, das betreffende motorische und verbale Verhalten zu erinnern und zu verbalisieren.

Bei dieser Beschreibung der Problemsituation hat es sich besonders bei Kindern und Jugendlichen als sehr hilfreich herausgestellt, den diagnostischen Dialog durch handlungsmotivierende Medien zu unterstützen. Methodische Hilfen für diese situationsbezogene Rekonstruktion (Rekonstruktion von äußeren Gegebenheiten) sind das Szenario des Rollenspiels. Die Spielmedien sind Wohn- und Schulmöbel und die entsprechenden Figuren. Als „Personen" eignen sich entweder Kinder- und Erwachsenenfiguren von der Firma „Playmobil" oder Holzfiguren (große und kleine Spielsteine wie bei „Mensch-ärgere-dich-nicht" bzw. entsprechende Holzrohlinge, die es in Bastelläden zu kaufen gibt). Auch „Playmobil-Möbel" für eine Schulklasse sind in Spielzeuggeschäften erhältlich.

Der gesamte Rekonstruktionsprozess der erlebten Wirklichkeit (Situation) geschieht zunächst aus der Sicht des Probanden und danach, soweit wie möglich, aus der Sicht seiner Interaktionspartner (Perspektivenwechsel).

Die Durchführung der Rekonstruktion der Realsituation und der dabei abgelaufenen mentalen Prozesse des Probanden umfasst folgende Grundschritte:

1. Einführung in die methodische Arbeitsweise des (subjektiv-rekonstruierenden) Rollenspiels bzw. Puppenspiels
2. Schilderung der (Problem-)Situation
3. Vorbereitung der Spielhandlung: Aufbau des Szenarios; Bestimmung und Einführung der Interaktionspersonen (s. o.)

4. Durchführung der Spielhandlung in ihrer Gesamtheit (ggf. mit Videoaufzeichnung). Rückversicherung, ob die situative und interaktive Spielhandlung entsprechend der Realsituation rekonstruiert wurde
5. Durchführung einzelner Handlungssequenzen und Fragen zur Innensicht bzw. der Inhalte der mentalen Prozesse, die vor und während einer Handlung abliefen. Die verbalisierte Innensicht kann auf einem Tonband festgehalten werden.

Bei der Videoaufzeichnung einer Spielhandlung wird die Aufnahme in Handlungs- bzw. Interaktions-Sequenzen auf dem Monitor wiedergegeben, und der Proband expliziert die Inhalte der internalen mentalen Prozesse, die bei ihm während der Handlung abgelaufen sind. Auch diese Rekonstruktion wird auf Tonkassetten aufgenommen.
Ein entscheidendes Ziel dieser Form von Rollenspiel ist es, die Spielinhalte und –handlungen so nah wie möglich an den tatsächlichen Handlungen der real erlebten Situation zu gestalten. Mit fiktiven, phantasierten oder von anderen Personen vorgegebenen Situationen würde eine andere Zielrichtung verfolgt werden.

Ablauf in Kurzform

1. Schilderung der Problemsituation
2. Einführung in die Vorgehensweise
3. Aufbau des Szenarios (der Problemsituation)
   - Möbel: Welche Möbel stehen in diesem Raum?
   - Personen: Welche Figuren könnten welche Personen in Deiner Erzählung darstellen?
   - Utensilien: Welche Dinge brauchst Du noch?
4. Darstellung der Problemsituation im Rollenspiel
   - Darstellung der berichteten Situation als Rollenspiel
   - Rekonstruktion der Innensicht (Gedanken und Gefühle) von bestimmten Handlungssequenzen (Was hast du gedacht/gefühlt, als du ...?)
   - ggf. Perspektivenwechsel: Jugendlicher versetzt sich in die Rolle des Interaktionspartners, der Diagnostiker in die Rolle des Jugendlichen
5. Protokoll
   - Die rekonstruierte Problemsituation wird schriftlich festgehalten.

Personen als Tiere

Mutzeck, Leipzig 1995

Mit der folgenden Methode ist es möglich zu explorieren, wie der Proband (der zu diagnostizierende Jugendliche) die Personen seiner Umgebung in seinen kognitiven und emotionalen Vorstellungen erlebt und welche Bedeutungen sie für ihn haben. Sie ist durch eine reine Befragung oft nicht zu erfahren.

Material:
Papier DIN A4, Buntstifte, Bleistift, Anspitzer

Anweisung:
„Zeichnen Sie die Personen, die sich in Ihrer Klasse (Ausbildung, Wohngruppe, Freizeit oder Familie) befinden, als Tiere! Es soll kein künstlerisches Werk werden, sondern einfach die (angedeutete) Darstellung Ihrer Vorstellungen. Nach der Darstellung einer Person als Tier schreiben Sie bitte den Namen dieser Person unter das jeweilige Bild!"

Vorgehen:
Nach Einführung und Anweisung bittet der Diagnostiker den Probanden, mit der Darstellung zu beginnen. Er notiert sich die Reihenfolge der Tiere. Er lobt und ermuntert den Jugendlichen. Hat der Proband seine Zeichnungen beendet, bittet der Diagnostiker **ihn**, die Eigenschaften und die Bedeutungen, die der **Proband** den Tieren zuschreibt, zu benennen. Der Diagnostiker notiert sich Deutungen und Empfindungen des Probanden. Für die Befragung und die Auswertung der Zeichnungen können folgende Aspekte herangezogen werden:

1. *Tier und Tierart*
„Sie haben X als Y gemalt. Ich glaube, Sie haben einen Grund dafür."
2. *Tiergröße und Größenverhältnis im Vergleich zur Wirklichkeit*
3. *Stellung der Tiere zueinander*
- Wer schaut wen an bzw. ist wem zugewandt?
- Nähe, Distanz: Wer ist neben wem bzw. in der Nähe von wem? Wer ist weiter entfernt?

- Gruppierung von Tieren

4. *Strichstruktur*
   - Strichbreite: breit, dick – dünn, schmal
   - Strichdruck: zart (druckschwach) – kräftig (druckstark)
5. *Farbwahl*
   „Du hast X in ... gemalt."
6. *Reihenfolge der Tierzeichnungen*
7. *Ausdrucksgebaren der Tiere*

Anlage 5

Verfahren zur Feststellung von sozialen Beziehungen in der Familie, Schulklasse oder Freizeit (VFB)

Mutzeck, Kiel 1988, revidierte Fassung Leipzig 1997

1. Ziel und Einordnung des Verfahrens

Mit dem „Verfahren zur Feststellung von sozialen Beziehungen in der Familie, Schulklasse oder Freizeit" (VFB) können die sozialen Beziehungen eines Schülers in seiner Familie, seiner Schulklasse oder in seiner Freizeit expliziert, visualisiert und analysiert werden. Dieses Verfahren kann als Hilfe zur Explikation der individuellen, subjektiv erlebten sozialen Beziehungen eingesetzt werden. Es dient nicht der Ermittlung und Berechnung von quantitativen Daten sondern der Exploration qualitativer Informationen. Die kommunikative Validität (Dialog Konsens) ist das wichtigste Gütekriterium.

2. Material

DIN A3 Zeichenkarton, 15 Playmo-Figuren (klein, Kinder), 5 Playmo-Figuren (groß, Erwachsene), 25 Holzplättchen (quadratisch, Höhe 0,5 cm), 1 Lineal (30 oder 50 cm lang), 50 kleine Schilder aus Papier (1 x 4 cm), ggf. selbstklebende Etiketten, Farbstifte (blau, rot, grün), Bleistift, Anspitzer, Radiergummi;

3. Vorgehen

Zunächst wird eine Fragestellung bzw. Hypothese erarbeitet. Sie ergibt sich meistens aus den Ergebnissen bzw. offenen Fragen vorangegangener Untersuchungen (Beobachtung, Diagnose etc.).
Der Diagnostiker bestimmt ggf. in Absprache mit dem Schüler (Probanden) den Gegenstandsbereich der Darstellung (Familie, Schulklasse, Freizeit).
Die Explikation der sozialen Beziehungen des Schülers kann aus unterschiedlichen Perspektiven erfolgen: aus der Sicht des Kindes/Jugendlichen, aber zudem aus der Sicht der Mutter, des Vaters, eines Geschwisters bzw. aus der Sicht des Lehrers, eines Mitschülers bzw. aus der Perspektive von Freizeitteilnehmern. Die Sicht des Schülers muss dargestellt, die Perspektive der jeweiligen Interaktionspartner kann ergänzt werden. Damit wird das Selbstbild sowie das reale bzw. das vermutete Fremdbild expliziert (verbalisiert und visualisiert).
Der Diagnostiker erklärt das Material und seine Verwendung (Entfernung der Personen zueinander = Nähe und Distanz in der sozialen Beziehung. Die Blickrichtung direkt, seitlich oder abgewendet, soll das Ausmaß am Interesse an einer oder mehrerer Personen ausdrücken, das Interesse wird durch einen blauen Pfeil zu der betreffenden Person gekennzeichnet. Die Höhe, d. h. die Anzahl der Holzklötzchen, soll die Stärke des Einflusses einer Person auf andere Personen darstellen, die Richtung des Einflusses wird durch einen roten Pfeil angegeben; das Vorhandensein von Untergruppen (Subsytemen) wird durch das Umkreisen dieser Personengruppen mit einem grünen Farbstift markiert).
Der Diagnostiker leitet die einzelnen Darstellungsschritte ein, hilft ggf. bei den farblichen Markierungen und Beschriftungen und hält die Ergebnisse und Besonderheiten während des Darstellungsprozesses fest.

1. Schritt: Benennen der beteiligten Personen (bei mehr als vier Personen erhalten die Figuren ein Namensetikett).

2. Schritt: Positionierung der Figuren auf der vorgegebenen Fläche (Zeichenkarton) in normalen, gewöhnlichen Beziehungssituation (Rückfrage, ob die Entfernungen und Blickrichtungen so stimmen; Korrekturen zulassen, aber um Begründung bitten; Blickrichtungen durch blaue Pfeile kennzeichnen).

3. Schritt: Visualisierung der Zugehörigkeit von Untergruppen
(mit einem grünen Farbstift werden die Personen, die zu einer Untergruppe gehören, eingekreist)

4. Schritt: Darstellung der Einflussverhältnisse
(3 Plättchen = sehr starker Einfluss, 2 Plättchen = starker Einfluss, 1 Plättchen = mittlerer Einfluss, kein Plättchen = wenig, normaler oder kein Einfluss, die Richtung des Einflusses wird durch rote Pfeile signalisiert)
Nach jedem dieser Schritte führt der Diagnostiker einen Dialogkonsens durch. Er fasst die Darstellungen des Probanden zusammen und fragt ihn, ob er ihn so richtig verstanden habe; ggf. korrigiert der Proband die Zusammenfassung. Auch Ergänzungen sind erlaubt.

5. Schritt: Erläuterungsgespräch (Nachbefragung)
Nach der Darstellung lässt sich der Diagnostiker die sozialen Beziehungsstrukturen näher erklären. Er versucht, die Gründe, den Sinn, die Bedeutung und die emotionalen Qualitäten zu erkunden (explorieren).
Folgende Fragen sind Beispiele für Impulse zur Exploration:
„Susanne, Du hast Deine Klassenlehrerin, Frau Helmboltz, hier in die Mitte des Blattes gestellt. Sie steht Dir mit dem Rücken zu. Du stehst hier in der Ecke des Blattes, weit von Ihr entfernt, schaust aber in ihre Richtung. Was bedeutet das? Du hast Dir sicherlich etwas dabei gedacht. Was willst Du damit ausdrücken?"
„Gab es konkrete Situationen und Erlebnisse, in denen Du diese Beziehung so erlebt hast? ... Was ist da geschehen?"
„Seit wann ist die Beziehung zu Frau Helmboltz so? ... Weißt Du noch, wann diese Situation erstmals auftrat?"
„Wie erlebst Du diese Situation/Beziehung? Was empfindest Du dabei, wenn ...?"
Während, aber zumindest am Ende dieses Schrittes, wird wiederum ein Dialog-Konsens durchgeführt.
Zum Abschluss dieser Gesamtphase wird jede Figur mit einem Bleistift umkreist und der Name der dargestellten Person in den Kreis geschrieben. Das Blatt wird mit Namen des Schülers, Untersuchungsdatum und Bezeichnung der Darstellung (Normal-Konflikt- und Idealsituation) versehen. Es ist eine Anlage zum Protokollbogen.

Nach der Darstellung der sozialen Beziehungen in normalen, gewöhnlichen Situationen wird der Schüler gebeten, die gleichen Figuren (Personen) zu positionieren, wenn Konfliktsituationen (Probleme, Krisen etc.) ablaufen. Danach folgen die Schritte 3, 4 und 5.
Ein drittes Bild wird dargestellt, indem der Schüler sein Idealbild (Wunschbild) darstellt. Auch hier kommen die Schritte 2 bis 5 zur Anwendung.

4. Protokollierung

Auf dem beiliegenden Protokollbogen (s. Seite 5) werden die entsprechenden Informationen festgehalten. Für die beiden Darstellungsbilder „Konfliktsituationen" und „Idealbild" ist ein neues Blatt zum Aufstellen der Figuren und ein weiterer Protokollbogen zu verwenden.

5. Auswertung

Ein Teil der Auswertung der explizierten und dargestellten sozialen Beziehungen ist schon im Schritt 5 „Erläuterungsgespräch" durch den Probanden selbst erfolgt.
Der Diagnostiker hat nun die Aufgabe festzustellen, ob es in den Darstellungen und Erläuterungen Übereinstimmungen, Widersprüche, typische Handlungsmuster etc. gibt.

6. Beantwortung der Fragestellung/Hypothese

Die unter dem Punkt 3 aufgestellte Fragestellung bzw. Hypothese wird nun beantwortet und wenn möglich, unter Hinzuziehung der Ergebnisse vorhandener Untersuchungen (Beobachtung, Diagnosegespräch etc.) diskutiert.

Protokollbogen zum Verfahren zur Feststellung von sozialen Beziehungen in der Familie, Schulklasse oder Freizeit (VFB)

(Mutzeck, Kiel 1988, revidierte Fassung Leipzig 1997)

Name des Kindes/Jugendlichen:

Protokollbogen-Nr.:

Alter: **Klasse:** **Schule:**

Untersuchungsdatum: **Diagnostiker/-in:**

Uhrzeit: **Dauer:**

1. *Darstellungsbereich*: Schule (Klasse) ☐ , Familie ☐ , Freizeit ☐
vom Kind/Jugendlichen bestimmt ☐ ,
vom Diagnostiker bestimmt ☐
von beiden gemeinsam vereinbart ☐
Darstellung der normalen, gewöhnlichen Situation ☐ ,
Konfliktsituation ☐ , Ideal-(Wunsch-)situation ☐

2. *Fragestellung/Hypothese*:

3. *Ziel und Sinn* des Verfahrens wurden erläutert ☐
Besonderheiten: keine ☐ , ja ☐ , welche:

4. *Durchführung* der Explikations- und Durchführungsschritte:
Schritt 1 ☐ , Schritt 2 ☐ , Schritt 3 ☐ , Schritt 4 ☐
siehe Anlage Nr.: ______
Besonderheiten während der Durchführung: nein ☐ , ja ☐ , welche:

5. *Schritt 5: Erläuterungsgespräch*
(Fragen und Antworten stichwortartig festhalten)
Bezug siehe Anlage Nr.: ______

Anlage 6

Gliederung eines Fördergutachtens

Mutzeck, Leipzig 1977

0. **Personalangaben**
Vor- und Nachname des Schülers:

geb.: Alter:
Klasse:

Anschrift der/des Erziehungsberechtigten, Telefon:

Bei wem lebt das Kind/der Jugendliche?:

Anschrift der Schule, Telefon:

Klassenlehrer/-in (Name, Tel.):

Untersucher:

1 Vorstellung

1.1 Von wem und wann wurde die Untersuchung veranlasst?

1.2 Anlass, Vorstellungsgrund:

1.3 Ggf. weitere Auffälligkeiten, die als starke Belastung, Abweichung erlebt werden (wer, was):

1.4 Ziel bzw. Erwartung der vorstellenden Person an die Untersuchung:

1.5 Auftraggeber (falls nicht identisch mit 1.1.):

1.6 Ziel bzw. Erwartung des Auftraggebers:

2 Erste Informationssammlung

2.1 Fragestellung(en):

2.2 Methode, Informationsquelle, Zeitpunkt, Inhalt:

2.3 Verhaltensauffälligkeit (Symptomatik/Problembeschreibung):

2.3.1 Art, Intensität, Dauer, Häufigkeit, Ort, Situation (Kontext Mit- und Umwelt); erstes Auftreten:

2.3.2 Art der Abweichung von Normen, Erwartungen:

2.3.3 Weitere Entwicklung (vorläufige Prognose):

2.4 Vermutete Gründe und Zusammenhänge:

2.5 Zusammenfassung der Ergebnisse

2.6.1 Weitere Fragestellungen aufgrund der Analyse der ersten Informationssammlung

3 Bisherige Behandlung (Betreuung)

3.1 Bisherige *außerschulische* Betreuung (sonderpädagogisch, sozialpädagogisch, medizinisch, psychotherapeutisch, psychiatrisch etc. ambulant, stationär)

3.1.1 Im Vorschul- und Schulalter (Symptomatik, Institutionen, Therapie, Maßnahmen der Therapie, Zeitraum, Ergebnisse):

3.1.2 Institutionen und Fachkräfte, bei denen das Kind/der Jugendliche zur Zeit bzw. vor kurzem betreut wurde (Symptomatik, Institutionen, Therapie, Maßnahmen der Therapie, Zeitraum, Ergebnisse):

3.2 Bericht über bisher durchgeführte Fördermaßnahmen im Schulbereich (Auffälligkeiten, Fördermaßnahme, durch wen?, Zeitraum, Ergebnisse):

4 Angaben zur Biographie des Kindes/Jugendlichen in seinem Umfeld

4.1 Tabellarische Übersicht über Lebenslauf und Schullaufbahn des Kindes/Jugendlichen [graphisch, tabellarisch; insbes. in bezug auf die Entstehungsgeschichte, Entwicklung und bisherige Interventionen der Auffälligkeit, lebensverändernde Ereignisse (Übergänge, schwere Krankheit, Wohnungswechsel etc.)]:

Jahr	Alter	Ereignis	ggf. Problem	ggf. Intervention	Informationsquellen

4.2 Besonderheiten in der persönlichen Entwicklung des Kindes/Jugendlichen:

4.2.1 Entwicklungsstand heute (Defizite, Schwächen, Fähigkeiten, Ressourcen):

4.3 Bisherige *schulische* Beurteilungen (Zeugnisse: Bereich, Fach, Bewertung, Datum):

4.4 Angaben zum *schulischen* Entwicklungsstand des Kindes/ Jugendlichen

4.4.1 Defizite, Schwächen in den Lernbereichen und Sozialverhalten:

4.4.2 Fähigkeiten, Stärken, Ressourcen in den Lernbereichen und im Sozialverhalten

4.5 Erziehungsverhalten und Einstellung zur Verhaltensauffälligkeit aus der Sicht

4.5.1 der/des Lehrer/s:

4.5.2 der Eltern:

4.5.3 des Kindes/Jugendlichen:

4.6 Förderbedarf aus der Sicht

4.6.1 des Kindes/Jugendlichen:

4.6.2 der Eltern:

4.6.3 der Lehrer:

5 Bearbeitung einzelner Fragestellungen bzw. Hypothesen
(Die Fragestellungen gelten vor allem dem sozialen und emotionalen Handeln im entwicklungsbedingten und situativen Kontext, aber auch – je nach Bedarf – den Bereichen Schulleistungen, Intelligenz, Motorik, Sprache, Sprechen, Konzentration, Belastbarkeit, Ausdauer, Selbstständigkeit etc.)

5.1 Erste Fragestellung möglichst mit Begründung:

5.2 Informationsquelle, Datum, Methode (Prüfverfahren), Durchführung, Ergebnisse (Was, von wem, wie, wann wer, in welchem Kontext, beobachtet/festgestellt?): (Zusammenfassung, genaue Angaben siehe Anlagen)

5.3 Interpretation, ggf. im Zusammenhang mit weiteren Informationen:

5.4 Erster Fördervorschlag:

Die Bearbeitung weiterer Fragestellungen werden entsprechend der Punkte 5.1 bis 5.4 vorgenommen.

6 Zusammenschau sämtlicher Ergebnisse der Analyse, Interpretationen, Übereinstimmungen, Widersprüche (ggf. auch graphisch veranschaulichen):

7 Offene Fragen und Vorschläge für weitere Untersuchungen:

8 Fördervorschläge

8.1 Beschulungsvorschlag:

8.2 Spezielle Fördervorschläge (grobe Formulierung):

9 Prognose

9.1 Bei Durchführung der o. g. Fördermaßnahme (FM):

9.2 Wenn die FM nicht durchgeführt bzw. vom Kind nicht wahrgenommen wird:

10 Förderplan (differenzierte und präzise Fördervorschläge)

Bereich, Auffälligkeit (Ist-Verhalten)	Ziel (Soll-Zustand)	Fördermaßnahme, Organisation, Methode, Bedingungsveränderung	Durchzuführen von	Zeitraum und Umfang

11 Vorbereitung der Umsetzung der Fördermaßnahme, des Förderplans

(Erprobung neuer Sicht- und Verhaltensweisen; Was wird von wem wann vorbereitet, zur Durchführung veranlasst?):

12 Kontrolle, Überprüfung (Evaluierung) der Fördermaßnahme:

(Wenn, durch wen, ggf. mit welcher bes. Fragestellung)

7.6 Ausführliche Darstellung der Beobachtung

7.6.1 Definition

In der Alltagspraxis geht die Wahrnehmung von Verhalten und Erleben, insbesondere bei der Selbstanwendung, ineinander über. Aus methodischen Gründen soll eine getrennte Erfassung dieser Aspekte dargestellt werden, auch wenn ein Einfluss von Erlebnisvorgängen unstrittig und zu berücksichtigen ist (Reaktivität des Beobachters etc.). Die Wahrnehmung des Erhebens der eigenen internalen Zustände und Ereignisse und deren Exploration ist im vorhergehenden Abschnitt dargestellt worden.

Hier soll Beobachtung eingegrenzt werden auf die Erfassung (Erhebung) sinnlich wahrnehmbarer (vor allem sicht- und hörbarer) äußerer Tatbestände und Prozesse. Graumann (1973) beschreibt die Beobachtung, indem er sie von der Wahrnehmung abhebt: „Die absichtliche, aufmerksam-selektive Art des Wahrnehmens, die ganz bestimmte Aspekte auf Kosten der Bestimmtheit von anderen beachtet, nennen wir Beobachtung. Gegenüber dem üblichen Wahrnehmen ist das beobachtende Verhalten planvoller, selektiver, von einer Suchhaltung bestimmt und von vornherein auf die Möglichkeit der Auswertung des Beobachteten im Sinne der übergreifenden Absicht gerichtet. Im alltäglichen Verhalten gehen Wahrnehmen und Beobachten oft unmerklich ineinander über“ (S. 15).

Wenn auch Beobachtung bewusst geschieht, so gibt es doch eine zufällige und eine systematische Beobachtung. Die zufällige ist die im Alltag Übliche. Die systematische Beobachtung, von Graumann auch wissenschaftliche Beobachtung genannt, ist jedoch ein Messinstrument, eine Methode, die nicht Ausdruck „subjektiven Ermessens“ ist, sondern die „objektive Messungen“ als Ziel hat (Baumann 1974). Damit geht die systematische Beobachtung gegenüber der alltäglichen einen entscheidenden Schritt weiter, der sich vor allem in dem Grad an Systematisierung der Beobachtung niederschlägt.

7.6.2 Vorgehen

Bei einer wissenschaftlichen Beobachtung sind vier Hauptphasen des Vorgehens zu unterscheiden, die inhaltlich und zeitlich möglichst getrennt durchzuführen sind:

1. Phase der Vorentscheidung und der Vorbereitung
   - Feststellen und Festlegen der Rahmenbedingungen
   - Vorbereitung der Beobachtung
2. Phase der Beobachtung i. e. S.
3. Phase der Beschreibung und Protokollierung
4. Phase der Analyse und Beurteilung (Deutung und Interpretation)
   Ohne die Einhaltung dieser Phasen, insbesondere der Trennung von Beobachtung und Beurteilung, ist die Gefahr von voreilig beurteilten und verzerrten Beobachtungsergebnissen groß.

7.6.3 Ziel und Rahmenbedingungen

Die wissenschaftliche Beobachtung soll soweit wie möglich objektiv, d. h. kontrollierbar sein. Um diese Forderung erfüllen zu können, ist es von großer Wichtigkeit, das Ziel und die Bedingungen, unter denen beobachtet wird, zu bestimmen bzw. festzustellen. Diese Rahmenbedingungen, die überwiegend **vor** Beginn einer Beobachtung in der Phase der Vorentscheidung und Vorbereitung geklärt werden, sind im Folgenden zusammengestellt.

Bedingungsfaktor:	**Frage:**
- Observand	Wer soll beobachtet werden?
- Ort	Wo soll beobachtet werden?
- Grund (Anlass)	Warum soll beobachtet werden?
- Zweck	Wozu soll beobachtet werden?
- Auftraggeber	Wer veranlasst die Beobachtung?
- Situation (Unterricht, , Gruppenarbeit, Pausen etc.)	Während welcher Situation soll beobachtet werden?
- Zeitraum	Wie lange soll beobachtet werden?
- Verfahren	Wie soll beobachtet werden?
- Hilfsmittel	Womit soll beobachtet werden?
- Beobachtungswarte	Von wo aus soll beobachtet werden?
- Gewöhnungseffekt bei Unterrichtsbeobachtung	Wie oft wurde die Person bzw. Klasse schon von diesem bzw. anderen Beobachtern beobachtet?

Abb. 25: Rahmenbedingungen zur Durchführung einer Beobachtung

7.6.4 Formen der Beobachtung

Das Ziel der Beobachtung und die Umstände (Bedingungen), die aufgrund dieses Ziels (Fragestellung) eingegangen oder hergestellt werden, bestimmen weitgehend die Form der Beobachtungen. Diese lassen sich nach verschiedenen Gesichtspunkten klassifizieren. Die Klassifikationskriterien sind trotz gegenüberstehender Unterkategorien als Pole einer Kontinuierung zu verstehen. Oft stehen auch mehrere Beobachtungsformen miteinander in Beziehung.

- *Gegenstand der Beobachtung (Observand):* Selbstbeobachtung, Fremdbeobachtung

Die Beobachtung des Verhaltens der eigenen Person (Selbstbeobachtung) ist gerade bei der Erhebung von Handlungen in natürlichen Situationen eine oft nicht zu ersetzende Datenquelle, als Falsifikationskriterium aber wegen geringer Kontrollierbarkeit und der besonderen Gefahr der Verfälschung der Daten durch Wahrnehmungsfehler nur bedingt einsetzbar. Mit der Beobachtung des Verhaltens durch fremde (andere) Personen kann man diesem Kriterium eher gerecht werden.

- *Ort der Beobachtung:* natürliche Situation (Feldbeobachtung) – künstliche Situation (Laborbeobachtung)

Mit dieser Klassifikation ist das Ausmaß des systematischen Einflusses gemeint, unter dem das beobachtete Verhalten zustande kommt, aufrechterhalten oder beendet wird. Die Untersuchungen in der Verhaltensgestörtenpädagogik finden meistens in natürlichen Situationen statt. Hier lässt sich vor allem durch technische Hilfsmittel, z. B. durch Video-Aufzeichnungen, der Grad der Kontrollierbarkeit erhöhen.

- *Stellung des Beobachters zum Beobachtungsgegenstand (Rolle des Beobachters):*
  teilnehmend (aktiv bzw. passiv) - nicht teilnehmend

Diese Unterscheidung bezieht sich auf die unterschiedliche Stellung des Beobachters zum Beobachtungsgegenstand. Mit dieser Differenzierung soll das Ausmaß der räumlichen Distanz und die Dimension der sozialen Interaktion von Beobachter und Observand charakterisiert werden.

Bei der *aktiv-teilnehmenden* Beobachtung nimmt der Beobachter bewusst aktiv am Interaktionsgeschehen teil. Damit übt er aber nicht nur die Rolle des Beobachters aus, sondern ist auch aktives Mitglied und nimmt ggf. sogar noch eine führende Funktion ein. Der Beobachter verfolgt mit dieser Form der Beobachtung das Ziel, durch sein Auf- und Angenommensein in der Gruppe intimere Sachkenntnisse von sonst nicht oder nur schwer zugänglichen Gruppen zu erlangen. Eine besonders intensive Teilnahme ist aber problematisch, weil die beobachtete Gruppe selbst durch die Tatsache oder Teilnahme des Beobachters verändert werden kann. Das gilt insbesondere für die Teilnahme an kleinen Gruppen, wobei auch eine sehr starke Zurückhaltung, ein „Aus-der-Rolle-Fallen“, das gesamte Vorhaben in Frage stellen würde.

Diese aktiv-teilnehmende Form wird bei der Handlungs- und Aktionsforschung sogar zur intervenierenden Beobachtung. Beobachter und Observand stehen in Kooperation und in einem offenen semantischen Diskurs.

Bei der *passiv-teilnehmenden* Beobachtung, also einer Beobachtung mit geringem Partizipationsgrad, versucht sich der Beobachter vom beobachteten Interaktionsgeschehen soweit wie möglich zurückzuhalten, um das Gesche-

hen möglichst nicht zu beeinflussen und um „aktiver" beobachten und protokollieren zu können.
Aber auch wenn er nicht direkt am zu beobachtenden Interaktionsgeschehen teilnimmt, so hat doch allein schon seine Anwesenheit, selbst wenn er bereits die Rolle des „akzeptierten Außenseiters" errungen hat, einen mehr oder weniger starken Einfluss auf das Verhalten des Observanden. Es gibt auch bei der passiv-teilnehmenden Beobachtung das Problem der gegenseitigen Beeinflussung.
Bei der *nicht-teilnehmenden* Beobachtung finden keine Interaktion zwischen Oberservand und Beobachter statt, da dieser für den Observanden unsichtbar ist. Die Beobachtung geschieht durch eine Einwegscheibe oder in technisch vermittelter Form (Videoübertragung).

- *Vermittlung des Beobachtungsgegenstands:*
  technisch unvermittelt - technisch vermittelt

Bei dieser Beobachtungsform geht es um die Frage, wie der Beobachter den Beobachtungsgegenstand zu Gesicht bekommt, technisch unvermittelt oder „dem Beobachter ein technisches Aufnahmeorgan vorgeschaltet wird" (Graumann 1973b, S. 29). Die technisch vermittelte Beobachtung ist eine „echte Beobachtung", denn sie stützt sich im Gegensatz zu indirekten Beobachtungen auf direkt beobachtbare Verhaltensereignisse. Vor- und Nachteile der technisch vermittelten Beobachtung sind durch die technischen Geräte (Tonband, Filmgerät, Videoanlage) gegeben, deren sich der Beobachter bedient.

- *Informiertheit der beobachteten Person über die Beobachtung:*
  wissentliche (offene) - unwissentliche (verdeckte)

Diese Unterscheidung bezieht sich auf das Ausmaß, in dem der bzw. die Observanden über die Tätigkeit des Beobachters informiert sind bzw. die Tätigkeit erkannt wird oder nicht. Bei der wissentlichen Beobachtung ist das Vertrauensverhältnis zwischen Observand und Beobachter von entscheidender Bedeutung. Findet eine Beobachtung verdeckt statt, so sind ethische und datenrechtliche Gründe besonders zu berücksichtigen.
Jemanden ohne dessen Wissen zu beobachten, heißt auch, die Verantwortung für die Handlung öffentlich zu übernehmen.
Auf folgende Klassifikationskriterien soll später eingegangen werden:

- Kontrolliertheitsgrad der Beobachtung:
  unkontrollierte (unsystematische) - kontrollierte (systematische)
- Beobachtung
- Zeitfaktor der Beobachtung: kontinuierliche – diskontinuierliche Beobachtung.

7.6.5 Beobachtungseinheit und Verhaltensbeschreibung

Menschliches Verhalten bietet sich als „kontinuierlicher Ereignisfluss" (Cranach und Frenz 1969), als „Strom des Verhaltens" dar (Barker 1963); denn ein Mensch verhält sich immer, es ist ihm nicht möglich, sich nicht zu verhalten (Watzlawick 1969). Der Verhaltensstrom eines Menschen ist zwar kontinuierlich, er weist jedoch Strukturen auf.
Die Bildung einer Verhaltens- und damit einer Beobachtungseinheit kann nur dann exakt geschehen, wenn sich erkennen lässt, „an welchen Aspekten des Verhaltens sich die Beobachtung zu orientieren hat. Ohne eine - und sei es noch so vorläufige - Theorie des Versuchsgegenstands sind also letztlich auch die Beobachtungseinheiten nicht festzulegen. Die Theorie entscheidet im Grunde über die Gültigkeit eines Beobachtungssystems" (Graumann 1973a, S. 14).
Um das Ziel der wissenschaftlichen Verhaltensbeobachtung, Verhaltenseinheiten so objektiv und zuverlässig wie möglich zu erfassen, erreichen zu können, kann sich die Bestimmung, die Definition von Verhaltenseinheiten nur auf messbares, d. h. auf konkret *beobachtbares und eindeutig beschriebenes Verhalten* beziehen.
Dieses Ziel ist aber nicht ohne weiteres zu erreichen. Auch beim Prozess der Versprachlichung, d. h. bei der Umwandlung von Wahrgenommenem in Sprache, hat der Beobachter als „Signalwandler" (Baumann 1974) einen entscheidenden Einfluss. Begriffe und deren Definitionen sind von den Beobachtern konsensual zu bestimmen und offenzulegen.

Es ist zu beachten:

(1) Das zu beschreibende Verhalten muss beobachtbar sein.
(2) Das Verhalten soll so konkret und damit so eindeutig wie möglich beschrieben werden. Theoretische Konstrukte oder andere mehrdeutige Beobachtungsgegenstände müssen in beobachtbare Verhaltensweisen aufgeschlüsselt werden.
(3) Das zu beobachtende Verhalten kann in bestimmten Fällen durch ein Verhaltensmaß, durch Zeit- oder Mengenangaben zusätzlich aufgeschlüsselt werden.
(4) Die Beschreibung soll im Präsens und möglichst im Singular formuliert sein.

Bezogen auf die Modi der Versprachlichung von Graumann (1974): verbaler, adverbaler, adjektionaler und substantivischer Modus, ist der erste, ggf. auch der zweite zu verwenden.

Eine ausführliche Darstellung dieses besonders bedeutsamen Aspekts „Verhaltensbeschreibung“ für Beobachtung und Diagnostik ist im Kap. 7.6.7 zu finden.

7.7 Beobachtungsverfahren

Traditionell wird zwischen unsystematischen und systematischen Beobachtungsverfahren unterschieden. Dieses sind aber nur Endpunkte eines sehr breiten Spektrums unterschiedlichster Verfahren. Dabei wird der Grad der Systematisierung bestimmt durch die Operationalisierung und Strukturierung der Beobachtungseinheit, die planmäßige Vorgehensweise (Methode) und die Erfassung und Kontrolle der Umgebungsbedingungen.
Teilsystematisierte Beobachtungsverfahren haben in der Diagnostik meistens eine hypothesengenerierende Funktion und werden oft in Erkundungsstudien eingesetzt. Hier sind die inhaltsgebundene Gelegenheitsbeobachtung, die Technik des kritischen Ereignisses und das exemplarische Protokoll zu nennen. Die stärker systematischen, d.h. strukturierten und kontrollierbaren Beobachtungsverfahren hingegen werden zur Überprüfung von Hypothesen herangezogen. Sie zeichnen sich durch vorher festgelegte operational definierte Verhaltensweisen aus, die strukturiert in einem System zusammengefasst sind (Beobachtungssystem) und nach einer bestimmten Verfahrensvorschrift (Methode) über eine festgelegte Zeit planmäßig kontinuierlich bzw. diskontinuierlich beobachtet und unmittelbar registriert werden.
Als Beobachtungssystem werden am häufigsten Zeichen- oder Kategoriensysteme angewandt. Bei dem System der Zeichen(Merkmal-) registrierung werden bestimmte Verhaltensweisen definiert. Die Menge dieser bestimmten Merkmale kann je nach Fragestellung sehr unterschiedlich sein. Deren Beziehung untereinander wird nicht beschrieben. Ein Beobachter registriert auf einem Beobachtungsbogen oder einer Registrierkarte immer dann, wenn das definierte Merkmal auftritt. Nicht als Zeichen festgelegte Verhaltensweisen bleiben unberücksichtigt. Bei einem Zeichensystem kann es vorkommen, dass zu einem Zeitpunkt der Beobachter keine, eines oder mehrere Zeichen zu registrieren hat.
Ein Kategoriesystem stellt eine bestimmte Anzahl aufeinander bezogener Verhaltensklassen (Kategorien) dar, die theoretisch vor dem zu untersuchenden Verhaltenskonstrukt oder -aspekt abgeleistet sind. Die definierten Kategorien sollten untereinander inkompatibel und das System in sich logisch geschlossen sein. Der Beobachter hat jedes den Verhaltensaspekt betreffende und während der Beobachtungsphase geäußerte Verhalten einer der aufgestellten Kategorien zuzuordnen und zu registrieren oder zu kodieren (z. B.

durch Drücken der entsprechenden Taste eines Datenspeichergeräts). Die Endfassung des kategorisierten Verhaltenskonstrukts hat das Ziel, vollständig zu sein.
Gelegentlich werden Zeichen- und Beobachtungssysteme im Zusammenhang mit Schätzverfahren angewandt. Hier wird das Geschehen nicht nur auf bestimmte Zeichen oder Kategorien reduziert, sondern es wird deren Ausprägung auch nur eingeschätzt. Nicht selten werden diese Einschätzungen zudem erst nach Ablauf der Beobachtungszeit vorgenommen.
Zeichen- und Kategoriensysteme sind reduktiv, da sich die Datenerhebung nur auf bestimmte, vorher festgelegte Verhaltensweisen beschränkt und der Inhalt nicht wörtlich beschrieben, sondern klassifiziert und kodiert wird. Isomorphe Beobachtungsverfahren haben das Ziel, das Gesamtverhalten in einer bestimmten Situation möglichst vollständig wiederzugeben. Die isomorphe Wiedergabe des Beobachtungsgegenstands ist am ehesten mit Hilfe einer audio-visuellen Aufzeichnung zu leisten. Aber auch durch diese technischen Hilfsmittel müssen Einschränkungen des Ziels in Kauf genommen werden. Nachdem festgelegt ist, „was" beobachtet werden soll (Beobachtungsgegenstand und -system), ist das „Wann" der Beobachtung zu bestimmen. Das heißt, es ist die Frage abzuwägen, ob die Beobachtung kontinuierlich oder diskontinuierlich erfolgen soll. Als kontinuierliche Beobachtungstechniken sind das Verlaufsprotokoll (specimen-recording), die zeitlichlineare Darstellung (time-line-display) und die Ereignisstichprobe (eventsampling) zu nennen. Bei diesen Methoden (Techniken) soll während der festgelegten Zeitspanne ununterbrochen das Geschehen beobachtet werden. Bei der Ereignis-Stichprobe und der zeitlich linearen Darstellung werden aber nicht das gesamte Verhaltensgeschehen, sondern nur die vorher bestimmten Ereignisse fortlaufend registriert. Die Zeit-Stichprobe (time-sampling) ist eine kontrollierte, diskontinuierliche Technik. Sie wird in drei unterschiedlichen Varianten durchgeführt: der kontrollierten Beobachtung in regelmäßigen Zeitphasen, zu regelmäßigen Zeitpunkten und zu festgelegten unregelmäßigen (zufälligen) Zeitpunkten.

7.7.1 Die Fehlerquellen in der Beobachtung und die Beobachterschulung

Da die Leistungen des Beobachters Teil des Messverfahrens „Beobachtung" sind (Cranach & Frenz 1969), ist die Gefahr, dass die Güte der Daten beeinträchtigt werden kann, vielfältig. Es gilt, diese Fehler weitestgehend zu vermeiden. Fehlerquellen sind in allen Phasen der Beobachtung zu finden, insbesondere bei der Aufnahme (Wahrnehmung), der Verarbeitung (Klassifikation und Kodierung) und Registrierung (Eintragung, Aufzeichnung etc.) der Daten.

Die Versprachlichung (Signalwandlung) dessen, was beobachtet wurde, und der Einfluss der subjektiven Theorien des Beobachters einschließlich seiner Werthaltungen und Interessen wirken sich auf den Beobachtungsprozess und auf die Einhaltung der methodischen Regeln aus. Diese Prozesse der Beobachtung sind bisher international nur wenig erforscht worden. Die Einstellung des Beobachters zum Beobachtungsgegenstand (zu den „verhaltensgestörten" Schülern und deren Interaktionspartnern), zu seiner Beobachtungsmethode etc. sollten möglichst mit erhoben werden, um auch diese Einflussquellen soweit wie möglich offen legen und, sofern durchführbar, kontrollieren zu können.
Die wohl wichtigste Möglichkeit, um Beobachtungsfehler auszuschalten oder zu reduzieren, ist neben der Qualität des Beobachtungssystems eine systematische Schulung des Beobachters. Sie schafft die Voraussetzung dafür, die meßtheoretische Güte, die Reliabilität und die Validität der Beobachtungsdaten zu steigern. Hier ist ein differenziertes Training in der Wahrnehmung, der Versprachlichung, in Beobachtungsmethoden und -systemen und in der Benutzung technischer Hilfsmittel nötig.
Eine systematische Schulung führt fast immer zu einer wesentlichen Erhöhung der Übereinstimmung zwischen den Beobachtern. Die Beobachtung ist die wichtigste Methode, um den Verhaltensteil einer Handlung erheben zu können.

7.7.2 Verhaltensbeschreibung

Der problematischste Teil der Verhaltensbeobachtung, aber auch das Kernstück dieses Verfahrens zur Datenerhebung ist die Verhaltensbeschreibung. Die Schwierigkeit liegt in der rigorosen Trennung von Beschreibung und Interpretation. Zu oft fließt in unsere sprachlichen Äußerungen eine Deutung und Beurteilung eines beobachteten Verhaltens mit ein. Subjektive Informationen sind aber für eine kontrollierte Auswertung und damit für die kontrollierte Verhaltensbeobachtung insgesamt unbrauchbar.
Wenn wir erreichen wollen, dass das Verhalten einer Person möglichst objektiv beschrieben wird, dann sollten wir uns der Methode der operationalisierten und strukturierten Verhaltensbeschreibung bedienen.
Der Prozess der Versprachlichung, d. h. die Umsetzung insbesondere des Geschehenen und Gehörten in Sprache, ist sehr kompliziert. Es sei hier nur daran erinnert, dass jeder Wahrnehmungsvorgang durch subjektive Faktoren bestimmt wird. Ferner ist zu bedenken, dass der Beobachter, der „Signalwandler", wie Baumann (1974) ihn bezeichnet, einen mehr oder weniger persönlichen Sprachschatz und vor allem eine meist individuelle Bedeutung der Wörter hat.

Es müssen Bedingungen gefunden werden, die sicherstellen, dass die Beschreibung des Verhaltens möglichst objektiv, eindeutig ist. Am Beispiel eines Versuchs, ein bestimmtes beobachtbares Verhalten zu beschreiben, sollen diese Bedingungen erarbeitet werden.
Ein und dasselbe Verhalten eines Schülers während einer Unterrichtsstunde wurde von verschiedenen Personen u. a. wie folgt notiert:

(1.) Jens ist aggressiv.
(2.) Jens ist streitsüchtig.
(3.) Jens schlug seiner Nachbarin Erika mit dem Lineal wütend auf den Kopf.

Betrachten wir die „Beschreibungen" näher, so kann folgendes festgestellt werden:

Im *ersten* Satz ist ein Verhaltenskonstrukt, ein mehrere Verhaltensweisen umfassender Begriff, gebraucht worden, und es ist eine abstrakte „Beschreibung" des Verhaltens. Über Konstrukte, wie Kooperationsfähigkeit, Ich-Bezogenheit, Konzentration, um nur einige Beispiele zu nennen, lässt sich bei der Aufgabe der Zuordnung konkreter Verhaltensweisen kaum eine ausreichende Übereinstimmung erzielen. Konstrukte sollten daher nicht die Grundlage für eine Verhaltensbeobachtung sein. Man kann sie allerdings verwenden, wenn man sie „aufschlüsselt", d. h., sie in einzelne, beobachtbare, konkrete Verhaltensweisen (Tatsachen) untergliedert, die dann die Grundlage der Verhaltensbeobachtung und -beurteilung bilden. Beispielsweise konnte die Aussage „Heike ist motiviert" durch Beobachtungen wie „Heike löst 18 Rechtschreibaufgaben in 20 Minuten" oder „Heike arbeitet nach Erledigung der gestellten Aufgaben alleine weiter" usw. operationalisiert und damit beobachtbar gemacht werden. Und genau um diese Konkretisierung geht es.
Die *zweite* Beschreibung scheint zwar konkreter zu sein, sie stellt aber eher eine Bewertung eines Sachverhaltes dar, ohne dass dieser vorher beschrieben wurde. Bei dieser Bewertung wird man kaum eine ausreichende Beobachter-Übereinstimmung erzielen können. Außerdem lässt sich nicht ohne weiteres feststellen, ob jemand streitet, und schon gar nicht, ob jemand streitsüchtig ist. Wir erschließen es meist willkürlich aus einer Reihe sich in einer bestimmten Weise ähnelnder Verhaltensweisen. Und Erfolge mit dieser Vorgehensweise, die sich meist aus einer rein zufälligen Übereinstimmung ergeben, bestärken uns noch. Wie sehr diese besprochenen Beobachtungs- und Beurteilungsfehler in diesem Zusammenhang eine Rolle spielen, können wir uns leicht vorstellen.

Der *dritte* Beispielsatz stellt nun eine konkretere Beschreibung eines beobachtbaren Verhaltens dar, allerdings mit einer Einschränkung; denn, ob der seine Nachbarin schlagende Jens wütend ist, vermuten wir oder schließen es aus einer Reihe von Merkmalen, z. B. aus dem Gesichtsausdruck oder aus der Intensität des Schlagens, der Heftigkeit. Eine ausreichende interpersonelle Übereinstimmung und die Eindeutigkeit der Beschreibung wären bei Gebrauch dieses wertenden Ausdrucks kaum zu erreichen. Diese Erlebnisbeobachtung (siehe 5.1.2.) ist als subjektiv, z. B. durch Einklammerung des Wortes, zu kennzeichnen oder der Begriff ist in beobachtbare Verhaltensweisen aufzuschlüsseln. Ferner ist an der dritten Beschreibung noch zu beanstanden, dass sie nicht in der Form des Präsens formuliert ist. Erst im Präsens formulierte Aussagen zeigen ein unmittelbares Registrieren. Die korrigierte Beschreibung lautet nun: „Jens schlägt seiner Nachbarin Erika mit dem Lineal (wütend) auf den Kopf.“. Die Beantwortung der Frage, ob die Beschreibung des zu beobachtbaren Verhaltens so ausführlich sein muss oder z. B. nur die Feststellung ausreichend ist: „Jens schlägt“ hängt u. a. auch von der Fragestellung der Untersuchung, dem Verwendungszweck der Beobachtungsdaten und den Situationsbedingungen ab und ist unter Berücksichtigung der Eindeutigkeit der Beschreibung im Einzelfall zu entscheiden.
Aus den oben dargestellten Beispielen geht z. T. schon die Verschiedenartigkeit der Aussageweise über einen und denselben Beobachtungsgegenstand hervor. Dieses Modi der Versprachlichung soll nun als solche hervorgehoben dargestellt werden. Es sind folgende Modi der Beschreibung zu unterscheiden:

- der verbale Modus
Darunter sind „reine“ Beschreibungen, d. h. Registrierungen prozessualer Abläufe zu verstehen. Es gilt die Frage zu beantworten: Was <u>tut</u> ein Individuum?
Beispiel: „Gerd kaut an seinem Bleistift.“

- *der adverbiale Modus*
Hiermit wird der Umstand, die Qualifikation einer Handlung, ausgedrückt. Das kann durch verschiedene adverbiale Aussageweisen geschehen, wie die beiden folgenden Beispiele verdeutlichen:
„Gerd kaut *schnell* und *heftig* an seinem Bleistift.“
„Gerd kaut *nervös* an seinem Bleistift.“

Während bei der vorletzten Aussage mit großer Wahrscheinlichkeit mehrere Beobachter zum gleichen Ergebnis kommen würden bzw. die Umstandsbeschreibung ggf. mit technischen Hilfsmitteln nachprüfbar wäre, so beinhaltet das letzte Beispiel eine Schlussfolgerung, d. h., es handelt sich nicht um eine beobachtbare, sondern um eine erschlossene Aussage. Adverbien, die, wie „schnell“ und „heftig“ die Zeitdauer, Häufigkeit oder Stärke eines Verhaltens ausdrücken, kann man durch eine Operationalisierung meist schnell überprüfbar machen (z. B. Anzahl einer Handlung in einem bestimmten Zeitabschnitt), oder wenn dieses nicht möglich oder für die Beobachtung nicht sinnvoll ist, entsprechend z. B. der Einklammerung ( ) des Adverbs kennzeichnen.

- *der adjektivische Modus*
Mit dieser Aussageweise wird die „Beschreibung“ nun ganz zu einer Beurteilung, ja sogar zu einer rein subjektiven Deutung. Wir können hier eher von einer Zuschreibung als von einer Beschreibung sprechen. Hier ist die Gefahr sehr groß, dass Vorurteile einfließen.
Beispiel: Gerd ist nervös.
Aus diesem Beispielsatz erfährt man nichts mehr über die zugrunde liegende Handlung; eine Kontrolle derartiger Aussagen ist kaum noch möglich.

- *der substantivische Modus*
Was über den zuletzt aufgeführten Modus gesagt wurde, trifft auch für die substantivische Aussageweise in verstärktem Maße zu. Die Aussagen stellen bloße Klassifikationen und fertige Urteile dar, wie sie z. B. für Typologien kennzeichnend sind.
Beispiel: „Gerds Wesen ist durch Nervosität gekennzeichnet.“.

Eine wissenschaftlich vertretbare Verbalisierung beobachtbarer Verhaltensweisen ist nur auf dem ersten und ggf. mit Einschränkung auf dem zweiten Beschreibungsmodus möglich. Aussagen auf dem adjektivischen und substantivischen Niveau haben einen sehr hohen Abstraktionsgrad, wodurch die Beeinflussung von Interpretationsfaktoren verstärkt wird und eine Kontrollierbarkeit kaum durchführbar ist.

Die Methode des Operationalisierens (z. B. Mager 1973 u. a.) kommt am ehesten der Forderung nach einer objektiven Verhaltensbeschreibung entgegen:

Es werden konkrete, beobachtbare Sachverhalte so präzise und anschaulich wie möglich beschrieben. Bei dieser Beschreibungsart werden Operationen bzw. Funktionen angegeben. Eine operationale Beschreibung kann aus einem ganzen Satz, einem Satzteil oder auch aus einem Wort bestehen, das ein Verb sein muss, denn das Verb nimmt die Schlüsselposition ein. Besonders das Verb soll eine beobachtbare und eindeutige Tätigkeit darstellen. Wenn ein Verb also mehrere Interpretationen zulässt, so besagt dies m. a. W., dass darunter mehrere unterschiedliche Verhaltensweisen subsumiert werden können.

Mehrdeutige Verben wie „wissen“ oder „benehmen“ müssen in beobachtbare Tätigkeiten aufgeschlüsselt werden, denn nur die können Gegenstand der Beobachtung sein. Je konkreter ein Verb ist, desto eindeutiger ist es und umgekehrt. Die operationale Beschreibung findet vorwiegend auf verbalem Niveau statt.

Ist der Beobachtungsgegenstand ein Leistungsverhalten wie schreiben, lesen oder rechnen, so sollte diese beobachtbare Tätigkeit zusätzlich präzisiert, d. h. durch Zeit- und Mengenangabe begrenzt werden.

So können operationalisierte Beobachtungsweisen beispielsweise lauten:

(1) Der Beobachter soll zählen, wie häufig der Schüler Bernd seinen Nachbarn beim Rechnen der 30 Mathematikaufgaben Hinweise gibt, die zur Lösung führen.

(2) Der Beobachter soll die Sprechhäufigkeit Dirks über aufgabenfremde Bereiche während der Gruppenarbeit vom 9.00 - 9.20 Uhr zählen.

Bei einer operationalisierten Beschreibung muss mit Mager (1973) immer eine Antwort auf die Frage gegeben werden: *„Wie werde ich es (das Verhalten) erkennen, wenn ich es sehe bzw. höre?“* (S. 42).

Die Operationalisierung von Verhaltensweisen bzw. Sachverhalten darf aber nicht zu einer trivialen Aussage führen. Ihr Informationswert muss immer der Fragestellung und dem theoretischen Hintergrund ausreichend entsprechen. So nützt es nichts, wenn die Daten höchst zuverlässig, aber „theoretisch uninteressant“ sind.

Einige Anmerkungen seien zu der heute noch weit verbreiteten und „speziell in Deutschland gern an die Stelle der Beobachtung gesetzten“ (König 1973, S. 13) *phänomenologischen Beschreibung* gemacht. Bei dieser Methode handelt es sich um eine „Wesensschau“, um das Erfassen von „Wesenseigenschaften“, von dem, „was mir die Erscheinung bedeutet“. Die Aussage der phänomenologischen Beschreibungsart kommt intuitiv durch ganzheitliches Anschauen zustande, wo hingegen beim Operationalisieren von Verhaltensweisen gezielt beobachtet wird und der Beobachtungsgegenstand weitestgehend kontrollierbar ist, was bei der phänomenologischen Wesensschau überhaupt nicht der Fall ist. Mit König (1973) ist zu unterstreichen: „So geht es also nicht an, auf die Verwandtschaft der Worte ‘Schau’ und ‘Beobachtung’ zu spielen und etwa die ‘Wesensschau’ als eine höhere Form der Beobachtung überhaupt zu postulieren. Die Wesensschau hat in Wahrheit mit der Beobachtung überhaupt nichts gemeinsam, höchstens, dass beide Worte Assoziationen an die Tätigkeit des Betrachters von Dingen, Vorgängen und Menschen erhalten. Diese Assoziationen sind aber völlig unverbindlich.“ (S. 13).
Besonders problematisch ist die aus der Wesensschau abgeleitete Terminologie der älteren deutschen Charakterologie, die auch heute noch in Verhaltensbeobachtungsbögen zu finden ist. Dieses ist vor allem dann abzulehnen, wenn nicht fassbare, typologisierende und wertende oder gar abwertende Begriffe gebraucht werden. Beispiele dafür sind: „Stoff des Charakters“, „Stoßkraft des Wollens“, „sinnliche Triebfedern“ (*Kienzle 1969*[4]*, S. 64 ff*), „Artung der Antriebskräfte“, „Strebungen“ (*Hischer 1975*[2]*, S. 23*), „Schmutzfink“, „stumpfsinnig“, „widerspenstig“ (*Huth, 5. Auflage o. J., S. 131 ff*).
Wenn Verhaltensweisen oder Eigenschaften eines Menschen Inhalt eines Verhaltensbeobachtungsbogens sind, dann dürfen diese auf keinen Fall geringschätzend sein.
Abschließend sollen die Kriterien zur Operationalisierung von Verhaltensweisen zusammengefasst dargestellt werden:

(1) Das zu beschreibende Verhalten muss beobachtbar sein.

(2) Das Verhalten soll so konkret und damit so eindeutig wie möglich beschrieben werden. Theoretische Konstrukte oder andere mehrdeutige Beobachtungsgegenstände müssen in beobachtbare Verhaltensweisen aufgeschlüsselt werden.

(3) Das zu beobachtende Verhalten soll von den anderen operationalisierten Verhaltensweisen unterscheidbar sein, damit eine eindeutige Zuordnung des Beobachteten möglich ist.

(4) Das zu beobachtende Verhalten kann in bestimmten Fällen durch ein Verhaltensmaß, durch Zeit- und Mengenangaben zusätzlich begrenzt werden.

(5) Die Beschreibung soll im Präsens und möglichst im Singular formuliert sein.

Bei jeder Verhaltensbeobachtung sollten die Bedingungen, unter denen das operationalisierte Verhalten auftritt und unter denen beobachtet wird, präzise angegeben werden.

7.7.3 Inhaltliche Aspekte der Verhaltensbeobachtung und - beschreibung

Als Merkmale für eine operationale und strukturierte Verhaltensbeobachtung sollten somit in Anlehnung an die Grundvariablen auffälligen Verhaltens von Ullmann und Krasner (1969) folgende Fragen stehen:

Das Verhalten selbst:

(1.) Was tut das Individuum?

Der situative und soziale Kontext:

(2.) Wo, wann und unter welchen Bedingungen zeigt das Individuum dieses Verhalten?

Welches Verhalten zeigen die in dieser Situation anwesenden Personen (möglichst Beschreibungen der Verhaltensweisen vor, während und nach dem auffälligen Verhalten)?

Die Position des Beobachters:

(3.) Wer beobachtet und beschreibt das unter (1.) und (2.) beschriebene Ver halten in welcher Funktion und mit welchem Anliegen oder Auftrag?

Die Vorkommenshäufigkeit:

(4.) Seit wann und wie häufig wurde dieses Verhalten von wem und in welcher Situation in früherer Zeit beobachtet?

Bei der Beschreibung *zwischenmenschlicher Kommunikation* sollen nach Möglichkeit folgende Bereiche berücksichtigt werden:

- *verbales Verhalten*: Sachinhalte der Kommunikation
- *vokale Verhaltenskomponenten: Stimmqualität*: Lautstärke, Tonhöhe, Stimmvolumen, Klangfarbe; *Sprechweise*: Betonung, Tempo, Zögern einschließlich paraverbaler Äußerungen (äh, öh, ehm, etc.), Pausen, Dehnen oder Verschlucken von Wortteilen
- *Nonverbales Verhalten*: Grobmotorische Tätigkeiten
- *Nonverbales nonvokales Verhalten*: Blickkontakt, Gestik, Mimik. Vokales und nonvokales Verhalten werden meist nicht oder kaum beachtet, aber gerade diese Zeichen zwischenmenschlicher Kommunikation sind für die Bedeutung eines Verhaltens besonders entscheidend.

Eindrücke und Empfindungen, welche die direkt oder indirekt in Kommunikation stehenden Personen haben, können für die spätere Erklärung der Verhaltensstörung von Bedeutung sein und sollten deshalb möglichst festgehalten werden. Sie müssen aber als solche gekennzeichnet sein, in dem man sie in Klammern setzt.
Es ist sehr hilfreich, wenn man für die Verhaltensbeobachtung einen strukturierten Protokollbogen zur Hand hat. Das weiter unten wiedergegebene Beobachtungsprotokoll hat sich in vielen Situationen bewährt. In ihm sind die notwendigen Rahmenbedingungen aufgeführt, als auch Raum für die Beschreibung. Sollte der Platz nicht ausreichen, ist die Rückseite des Bogens oder ein leeres Blatt zu benutzen.

Beobachtungsprotokoll:

Name: **Klasse/Lehrjahr:**
Schule:

Tag: **Lehrer/Ausbilder:**
Fach:

Beob.-zeit/-dauer: **Beobachter:**

Besonderheiten:

Beschreibung:

Abb. 26: Beobachtungsprotokoll

Exkurs: Tagebuch und Schülerkartei

Das oben dargestellte Verfahren einer Verhaltensbeobachtung eignet sich auch sehr gut zur Führung eines Tagebuchs oder einer Schülerkartei. Gerade die Beobachtung und Beschreibung des Verhaltens über einen längeren Zeitraum hinweg (Wochen oder Monate) gibt für pädagogische und therapeutische Maßnahmen meist einschneidende und sehr hilfreiche Hinweise. Auch für eine objektivere Schülerbeurteilung ist eine kontinuierliche Beobachtung unerlässlich. Aus verfahrenstechnischen Gründen ist die Schülerkartei dem Tagebuch vorzuziehen. Zum einen können die für die Beobachtung notwendigen Bögen (Formblätter s. o.) durch eine maschinelle Vervielfältigung leichter und schneller hergestellt werden, anstatt jedes Mal das entsprechende Schema im Tagebuch einzutragen; zum anderen ist eine übersichtlichere Führung der Beobachtungsergebnisse durch eine systematische Katalogisierung, z. B. nach den Schülernamen, möglich.
Der Lehrer/Ausbilder sollte sich von seiner Meinung nach in Frage kommenden Beobachtungsbögen entsprechende Vordrucke herstellen und sie dann nach Gebrauch in seinem Karteiregister einordnen. So hat er die Beobachtungsergebnisse mühelos und schnell zur Hand. Diese Rationalisierung der

organisatorischen Maßnahmen sollte nicht als unnötig betrachtet werden, denn gerade der normalerweise entstehende Arbeitsaufwand zur Vorbereitung einer Beobachtung ist es, der die Durchführung einer Verhaltensbeobachtung oft behindert, hingegen bereitgelegte Beobachtungsbögen stimulieren. Eine situations- und verhaltensbeschreibende Schülerkartei ist eigentlich der wichtigste Teil der bisher geführten Schülerkarteien und sollte deshalb vernachlässigt werden. Sie enthält entscheidende Informationen zur Problemlösung und zur Erstellung konkreter Hilfen.
Nach der Phase der Beobachtung und der Phase der Beschreibung folgt die Beurteilung. Diese wichtigsten Elemente einer strukturierten Verhaltensbeobachtung sind inhaltlich und zeitlich möglichst getrennt durchzuführen. Insbesondere muss auf die Trennung von Beobachtung und Beurteilung geachtet werden, da die Gefahr von voreilig beurteilten und verzerrten Beobachtungsergebnissen groß ist.

7.8 Grundlegende Kompetenzen für das diagnostische und das beratende Gespräch

Bei der Darstellung der Methoden der Förderdiagnostik (Kap. 7.5) wurde insbesondere bei den Erhebungsformen „Diagnostisches Gespräch mit dem Lehrer und/oder dem Ausbilder“ (4.) und „Diagnostisches Gespräch mit den Eltern/Erziehern“ (7.) als auch bei der „Exploration des Schülers“ (6.) immer wieder auf die Notwendigkeit der Beherrschung der Wissens- und Handlungskompetenzen zur Gesprächsführung und Problemerhebung hingewiesen.

Im folgenden sollen diese Fähigkeiten dargestellt werden (weitere Ausführungen Mutzeck 1999). Da sie identisch mit den Kompetenzen eines Beraters sind (s. Kap. 8 „Beratung“), wird in den Ausführungen nicht nur vom Diagnostiker, sondern auch synonym vom Berater gesprochen.

- direktes, persönliches Ansprechen
- Anteilnahme zeigen
- Ansprechen von Gedanken
- Verbalisierung von Gefühlen
- zur Konkretisierung veranlassen

Berateraktivität 1: ***Direktes, persönliches Ansprechen***

Ziel des Beraters soll es sein, die ratsuchende Person direkt und persönlich anzusprechen, d. h. dass der Berater die direkte Rede verwendet (z. B. nicht „Wie geht's?“ sondern „Wie geht es Ihnen?“ oder „Wie geht es Dir, Robert?“; „Was fällt Ihnen dazu ein, Frau Müller?“). Ferner sollte der Berater den Klienten ausdrücklich ansprechen, indem er Person, Situation und Sichtweise des Ratsuchenden betont anspricht (z. B. „Wie sehen Sie das für Ihre Situation?“). Vermeiden sollte der Berater Verallgemeinerungen wie „wir“ oder „man“ (z. B. „Wir machen das schon.“ „Man wird sehen.“).

Berateraktivität 2: ***Anteilnahme zeigen***
Diese wohl grundlegendste Aktivität des Beraters setzt sich zusammen aus drei Kompetenzen: „Anteilnehmendes Interesse zeigen“, „Bedingungslose positive Zuwendung geben“ und „Zeit geben“.

Anteilnehmendes Interesse zeigen
Im Beratungsgespräch wird es häufig schon als hilfreich erlebt, dass da jemand ist, der sich für einen, für das, was man gemacht und erlebt hat, interessiert. Wahrhaftiges Interesse des Beraters reicht häufig aus, den Klienten zur Selbstexploration zu stimulieren, ihn in der Ausarbeitung eines Situationsbildes vorankommen und bisher vernachlässigte Anteile aufgreifen zu lassen.
Interesse zeigen kann ich durch einfache Fragen und Nachfragen zum Bericht des anderen, aber auch schon durch eine ihm zugewandte Körperhaltung, ein ermutigendes Zunicken oder ein Verstandenhaben signalisierendes „Mhm“. Als Interesse kann auch schon gewertet werden, den Bericht des Ratsuchenden nicht gleich durch Einbringen eigener mehr oder weniger ähnlicher Erfahrungen zu unterbrechen, auf solche Selbstdarstellung, zumindest für den Augenblick, zu verzichten.
Wenn einfaches Zurückhalten von Selbsterlebtem oder anderen Kommentaren durch den Berater vom Klienten schon als ihm persönlich bekundetes Interesse aufgefasst wird, hängt das sicher mit der in dieser Hinsicht gewöhnlich so ganz anderen Alltagsrealität zusammen. Welcher Lehrer macht nicht immer wieder die Erfahrung: im Pausengespräch mit einem Kollegen will er von einem Konflikt, den er gerade mit einem Schüler hatte, erzählen, wird aber, bevor er sein Erleben richtig loswerden kann, noch im Ansatz seiner Schilderung vom Gesprächspartner etwa mit den Worten

„Das macht der bei mir auch immer, ich..." in die Position des Zuhörers abgedrängt.

Die Art des Zuhörens, mit der dem Ratsuchenden anteilnehmendes Interesse gezeigt werden kann, wird der Berater dann besser leisten können, wenn er selbst anderswo Gelegenheit zur Selbstdarstellung hat, die Befriedigung dieses universellen Bedürfnisses für sich an anderer Stelle sichergestellt hat.

Bedingungslose positive Zuwendung geben

Diese von Rogers für hilfreiche Beziehungen als notwendig eingeschätzte Bedingung wird im deutschen Sprachraum auch als *unbedingte Wertschätzung* gekennzeichnet. Sie gilt als erfüllt, wenn die Anteilnahme des Beraters „von Beurteilungen oder Bewertungen der Gedanken, Gefühle oder Verhaltensweisen des Klienten frei bleibt" (Rogers 1983, 481).

Bedingungslose positive Zuwendung wirkt der häufig zu beobachtenden Tendenz in der Selbstdarstellung (und damit auch in der Selbstwahrnehmung) entgegen, sich an dem Wert des Gegenüber zu orientieren, möglicherweise auch der Tendenz, Selbstdarstellung oder Zukunftentwerfen durch Bewertungen, gelegentlich mit Abwertungen identisch, abzubrechen.

Bedingungslose positive Zuwendung wird zunächst einmal in all den Verhaltensweisen sichtbar, die Interessen für den anderen bekunden. Hinzu kommt, dass der Berater versucht, dieses Interesse allen für den Klienten persönlich bedeutsamen Inhalten in gleichem Maße entgegenzubringen und seine Mitteilungen eben nicht zu bewerten oder in Frage zu stellen. Dieses Infragestellen unterläuft Menschen, wenn auch unversehens, durch Einleitung eigener Sprachäußerungen, mit (wenn) aber, obwohl oder durch Einschieben von Worten wie doch, trotzdem, eigentlich, denn oder wirklich. Statt einfach zu sagen „Was stört dich daran?", wird dann gefragt „Was stört dich eigentlich daran?". „Aber was stört dich denn daran?" oder „Stört dich das wirklich?". Auch wenn es dem Berater fern liegt, können solche Formulierungsweisen beim Klienten den Eindruck erwecken, er werde vom Berater nicht ganz ernstgenommen, oder gar der Berater stelle sich gegen ihn. Auf jeden Fall zeigen solche Äußerungen das Vorhandensein einer zu großen Distanz zwischen Berater und Klienten.

Bedingungslose positive Zuwendung wird immer nur annähernd verwirklicht werden können. Dem Versuch, nicht zu bewerten, kann eine Grenze gezogen sein durch die eigene Scham oder

Angst, wenn sie als Gefühle auf Seiten des Beraters bei der Konfrontation mit der Lebenswirklichkeit des Klienten geweckt werden.

Zeit geben
Dem Ratsuchenden das Gefühl zu vermitteln, sich Zeit nehmen zu dürfen für die Bearbeitung von Erlebtem, für die Suche nach Orientierung und den Entwurf von Handlungsalternativen. Zeit geben ist als Aufgabe des Beraters, Interesse und Zuwendung zu zeigen, nicht abzutrennen.
Bei manchen Klienten reicht es aus, sie bei Eröffnung des Gesprächs darauf hinzuweisen, dass sie hier die Gelegenheit haben, sich für die Betrachtung und Reflexion ihrer Selbst Zeit zu nehmen. Von vielen Klienten wird das als wohltuend empfunden und angenommen. Für andere ist es aber auch ungewohnt, und man muss ihnen erst einmal und wiederholt versichern, dass ihnen Zeit gelassen wird. Zeit geben schließt auch ein (und das wird von Teilnehmern an Beratungskursen meist als schwer, wenn nicht als unvermeidbar mit dem Bild „guten" Beraterverhaltens gesehen), den Klienten in seinem Gesprächsfluss zu unterbrechen, wenn er ohne Halt von einem Punkt zum nächsten springt, etwa mit der Bitte: „Bevor du fortfährst, kannst du diese Idee noch etwas erläutern", zum Verweilen einzuladen.
Zum Zeit geben gehört auch, Gesprächspausen zuzulassen. In solchen Pausen laufen ja häufig wichtige innere Prozesse ab, sei es, dass der Klient die letzte Berateräußerung auf sich einwirken lässt und so ein zuvor immer übergangenes Gefühl zu spüren beginnt, sei es, dass er für bisher Ungedachtes nach Worten sucht. Es liegt auf der Hand, dass so genutzte Stille zu durchbrechen den Klienten in seiner Selbstwahrnehmung und Kreativität stören kann. Erst dann, wenn der Berater unsicher wird, ob der Klient die Gesprächspause noch braucht oder nutzt, sollte er ihn auf die Hilfe für weitere Klärung hinweisen. Die Hilfe kann darin liegen, dem Klienten selbst mitzuteilen, was in ihm während der Pause ablief, dem Berater dabei aber auch die Freiheit lassen, dieses für sich zu behalten.
Als Berater kann ich dem Ratsuchenden den Freiraum, bei einer Wahrnehmung oder Vorstellung verweilen zu dürfen, auch damit anzunehmen helfen, dass ich mir als Berater selbst merkbar Zeit nehme oder verschaffe. Das kann ich tun, indem ich etwa schnell sprechende Klienten um Redepausen bitte, in denen ich Anschluss

an zuvor Gesagtes finden kann, oder auch damit, dass ich mir für die Vorbereitung und Formulierung meiner (Berater-)Äußerung Zeit nehme oder erbitte, mich nicht unter Druck zu setzen, schnell produzieren zu müssen.
Sieht man einmal von vorgegebenen Zeitgrenzen ab, wird es dem Berater dann schwer fallen, Zeit zu geben und Gesprächspausen zu tolerieren, wenn er sich unwohl fühlt angesichts der damit immer verbundenen Ungewissheit, was die ratsuchende Person alles präsentieren wird, wenn ihm nur ausreichend Zeit eingeräumt wird.

Berateraktivität 3: ***Verbalisieren von Gefühlen***
Auffallendes Unterscheidungsmerkmal zwischen Alltagsunterhaltung und Beratungsgespräch ist die ausdrückliche Aufnahme der Gefühlsaspekte von erlebten oder vorgestellten, auch künftigen Situationen. Die darauf abhebende Berateraktivität zielt auf die emotionalen Anteile des vom Klienten persönlich Erlebten. Dazu gehört, das Fühlen des Ratsuchenden in allen seinen Nuancen vom inneren Bezugsrahmen des Klienten her wahrzunehmen und ihm das so Wahrgenommene verständlich wiederzugeben. Indem der Berater die Gefühle des Klienten aufgreift, teilt er ihm mit, dass er diese Gefühle haben, sie spüren darf. So angenommen zu werden, erleichtert es der ratsuchenden Person, sich mit diesen Gefühlen auch selbst anzunehmen, sich diesen Gefühlen weiter zuzuwenden, um sie differenzierter als bisher wahrnehmen zu können.
Die differenzierte Erfassung der emotionalen Aspekte der in der Beratungssitzung behandelten Situationen ist notwendig aufgrund der Wichtigkeit, die Gefühlen für das Verständnis vergangenen Tuns und der Gestaltung künftigen Tuns zukommt. Auf diesen Stellenwert, der Gefühlen im Handlungskontext zukommt, haben wir wiederholt hingewiesen. Unabhängig davon rechtfertigt sich das Verbalisieren emotionaler Erlebnisinhalte aber auch allein schon aus der häufig festzustellenden emotionalen Geladenheit der vom Klienten eingebrachten Ereignisse, deren so unterstützte Äußerung einen kathartischen Effekt haben kann.
Bei der Realisierung dieser Aktivität sollte der Berater nicht nur auf die expliziten Mitteilungen des Klienten eingehen, sondern auch die nur vage oder nicht-verbal angedeuteten Gefühle des Klienten verbalisieren, gleichzeitig aber vermeiden, „Gefühle auf-

zudecken, deren sich der andere überhaupt nicht bewusst ist, weil das zu bedrohlich wäre“ (Rogers 1983, 477).
Die Gefühle des Klienten genau zu verstehen und wiederzugeben, gleichzeitig aber auch auf die Grenze zu achten, über die hinauszugehen zur Bedrohung für den Klienten werden kann, fordert sehr viel Übung darin, Hinweise auf Empfindungen des Klienten, die dieser auf unterschiedlichen Kommunikationskanälen gibt, zu registrieren. Darüber hinaus scheint Offenheit gegenüber solchen Empfindungen bei sich selbst Voraussetzung für deren Wahrnehmung beim Klienten zu sein. Diese Empfindungen vom Bezugspunkt des Klienten aus zu verstehen, setzt wiederum voraus, den eigenen Standpunkt vorübergehend aufgeben zu können, ohne sich bedroht zu fühlen. Das so Nachempfundene exakt und differenziert zu verbalisieren, wird schließlich besser dem Berater gelingen, der über ein flexibles und umfangreiches Sprachvermögen verfügt.

Berateraktivität 4: ***Ansprechen von Gedanken***
Auch wenn die Gedanken und Gefühle einer Person als ein ganzheitlicher Prozess zu sehen sind, so ist es zur Beschreibung einer Handlung und zur Klärung eines Problems hilfreich, die kognitiven Abläufe, die vor, während oder nach einer Handlung vollzogen werden, anzusprechen. Durch direkte oder indirekte Fragen veranlasst der Berater den Klienten dazu, seine Gedanken, Vorstellungen ggf. auch Phantasien zu verbalisieren (z. B. „Was geht Ihnen gerade durch den Kopf“, „Frau Garde, wenn Sie sich vorstellen, aus dem Alltag auszubrechen, was fällt Ihnen dazu ein?“). Hilfreich für die Rekonstruktion von Gedanken ist es, wenn der Berater einen Bezug zu der betreffenden Situation herstellt (z. B. „Jochen, als du den Klassenraum der 5a gestern zur Religionsstunde betreten hast, was hast Du da gedacht?“).

Berateraktivität 5: ***Zur Konkretisierung veranlassen***
Diese Kompetenz des Beraters beinhaltet mehrere Handlungsmöglichkeiten: „strukturieren helfen“, „auf Konkretisierung drängen“, „zur Genauigkeitsprüfung der Beschreibung anregen“ und „Klientenselbstbeobachtung und Beraterbeobachtung gegenüberstellen“.

Strukturieren helfen:
Als Konsequenz individuell unterschiedlich verlaufender Lerngeschichten und augenblicklicher individueller Bedürfnislage, bei-

des die Wahrnehmung mitbestimmende Bedingungen, ist Situationserfassung und -beschreibung immer persönlich geprägt. Was dabei aufgegriffen, was vernachlässigt, was ausführlich und was nur beiläufig angesprochen wird, handhaben an ein und derselben Situation Beteiligte meist unterschiedlich. Ganz analog dazu wird der Entwurf von Alternativen für künftiges Handeln in ähnlich wieder auftretenden Situationen sehr persönlich geprägt sein. Auch Zukunftsentwürfe sind abhängig von der persönlichen Vergangenheit und zudem noch von gegenwärtig vertretenen Werten und Prinzipien. Von daher geht es im Beratungsgespräch auch keineswegs darum, irgendeine objektive Wahrheit aufzudecken oder die objektiv richtige Lösung zu finden, sondern nur darum, den Klienten dabei zu unterstützen, sein Bild der Situation herzustellen und für *ihn* gültige und mit *seiner* Person harmonierende Handlungsmöglichkeiten zu erarbeiten.
Mit dieser dem Berater hier nahegelegten Einstellung verträgt sich durchaus, durch Fragen oder kurze Fragenkataloge Strukturen vorzugeben, die eine detaillierte Situationswahrnehmung und die Erarbeitung einer konkret vorstellbaren Handlungsalternative erleichtern können. Auf diese Weise lässt sich der Gebrauchswert von Situationsbild und Handlungsentwurf erhöhen.
Ein einfacher Fragenkatalog, der dem Ratsuchenden dabei helfen kann, eine von ihm angesprochene Situation in eine überschaubare Struktur zu bringen, könnte etwa folgende Fassung haben:

- Wo spielt die Situation?

- Wer war an der Situation beteiligt?

- Wie haben sich die Beteiligten (einschließlich mir selbst) verhalten?

- Was habe ich in der Situation gefühlt und gedacht (diese Frage schließt ein: Wie habe ich die sprachlichen und nichtsprachlichen Äußerungen der anderen Beteiligten ausgelegt?)?

- Welche Anteile der Situation bringe ich mit meinem eigenen Verhalten in dieser Situation in Verbindung (in anderen Worten: Was sehe ich als Wirkung meines Verhaltens an?)?

- Welche Anteile der Situation haben bei mir welche Gefühle oder Ideen ausgelöst?

In der Herstellung eines Situationsbilds brauchen sich Klienten und Berater nicht unbedingt an die hier angeführte Reihenfolge und Formulierung zu halten. Wie detailliert im Rahmen einer Situationswiedergabe zu den einzelnen Fragen Stellung genommen wird, das wird in Abhängigkeit von der Person des Klienten und dem Agieren und Geschick des Beraters variieren. Es empfiehlt sich aber, im Verlauf der Situationsbeschreibung darauf zu achten, dass die Beantwortung dieser Fragen nicht vermischt wird. Damit kann leichter ausgemacht werden, wo in dem Situationsbild der Klient weiße Flecken gelassen hat (gelegentlich entdecken Klienten auf diese Weise auch blinde Flecken bei sich).
Andere Fragen, die strukturieren zu helfen geeignet sind, können aus dem Kapitel 4.4, das sich mit den einzelnen Phasen des Beratungsprozesses beschäftigt, ersehen bzw. abgeleitet werden.
Mit dem durch solche Fragen unterstützten Zergliedern und Ordnen kann der Klient zu den damit strukturierten Situationen Distanz gewinnen. Auf diese Weise wird besonders zuvor bedrohlichen oder Angst auslösenden Situationen etwas von ihrer verunsichernden Wirkung genommen und dann eine auf Veränderung abzielende Bearbeitung eher möglich.

Auf Konkretisierung drängen:
Mit Situationen verändert umzugehen, und darauf zielt ja Beratung ab, besteht häufig in nicht mehr als in der Veränderung eines in der bisherigen Situationswahrnehmung kaum oder gar nicht bemerkten Situationselements oder -aspekts. Für die Erfassung einer Situation und für die Erarbeitung einer neuen Umgangsweise mit ihr heißt das, es sollte so viel so konkret wie möglich einbezogen bzw. geplant und vorbereitet werden. Als Berater kann ich der ratsuchenden Person zu einem hohen Konkretionsniveau verhelfen, indem ich ihn dazu bewege,
- technische oder Fachausdrücke (z. B. lernbehindert, Projektion, depressiv), Fremd- und Trend- oder Modeworte (Beziehungskiste, Schiene), insbesondere, wenn sie für psychische oder zwischenmenschliche Phänomene verwandt werden, durch andere zu ersetzen oder, meist besser, in Sätze aufzulösen,

- beim Gebrauch von Demonstrativpronomen („Das vertrage ich nicht.“), das, worauf hingewiesen wird, ausdrücklich zu benennen, wenn nicht ganz deutlich ist, was gemeint ist,
- Sätze zu ergänzen (eine dazu stimulierende Berateräußerung wäre: „Fällt es Ihnen schwer, sich dazu aufzuraffen?“),
- Negativbeschreibungen („Ich kriege ihn nicht dazu, das Werkzeug an seinen Platz zurückzubringen.“) in Positivbeschreibungen zu transformieren (mögliche Berateräußerung, die das verfolgen: „Wie hast du das bisher versucht?“ oder „Wie sieht dein Kriegen aus?“).

Bei den auf Konkretion abzielenden Beraterinterventionen geht es also darum, die nicht augenblicklich herrschende Situation aus der Sicht des Klienten so detailliert und plastisch wie möglich nachzeichnen zu lassen, und zwar in ihren psychischen wie auch verhaltensmäßig beobachtbaren Anteilen. Da, wo es um Zielsituationen bzw. um dafür angestrebte Handlungsalternativen geht, sollten diese auf ebenso konkreter Ebene geplant und vorbereitet werden.

Zur Genauigkeitsprüfung der Beschreibung anregen:
Zwischen Wirklichkeit und ihrer Abbildung in Sprache besteht eine ständige, wenn auch nicht notwendige, vom Subjekt erlebte Spannung in dem Sinne, dass die Wirklichkeit wahrscheinlich häufig nur annähernd im Bild getroffen ist, der Grad der Annäherung auch nie exakt bestimmt werden kann. Trotz oder gerade wegen dieses problematischen Verhältnisses zwischen Sprache und Wirklichkeit ist es im Beratungsgespräch notwendig, den Klienten das von ihm Gesagte, Geschilderte mit von ihm Gesehenem und Erlebtem vergleichen zu lassen, ihn gegebenenfalls zu ermuntern, eine treffendere sprachliche Abbildung zu versuchen.
Solche Vergleich anregende Beraterinterventionen, denen natürlich auch andere Funktionen zukommen können, sind:
- Spiegeln: ein Wort, Satzteil oder einen Satz des Ratsuchenden wiederholen
- Paraphrasieren, bei dem der Berater das Verstandene in eigenen Worten wiedergibt,
- Resümieren, bei dem der Berater den Bericht des Klienten zusammenfassend wiedergibt. Gegenüber der Paraphrase, die in der Regel eine kürzere Äußerung wiedergibt, gibt das Resümee eher einen Aussagenkomplex des Klientenberichts wieder und

- Strukturieren: Den Aussagekomplex des Ratsuchenden zusammenfassen und dabei eine Struktur geben, die eine Gliederung, Zusammenhänge betont. Da hiermit eine Wertung vorgenommen wird, ist die Rückmeldung (s. Dialogkonsens) des Klienten einzuholen.

Vom Berater wird bei diesen Interventionen darauf zu achten sein, dass dieses Anregen zum Vergleich und Überprüfen nicht als Misstrauen oder Zwang, sondern als Gelegenheit aufgefasst wird, die Situationsbeschreibung genauer und sicherer zu machen.

Nach jedem Fragenkomplex, ggf. auch nach einer einzelnen Frage, sollte der Diagnostiker/Berater mit dem Probanden bzw. Ratsuchenden über den Inhalt des Gesprächs einen Dialog-Konsens durchführen (s. Mutzeck 1999). Dieses kommunikative Wahrheitskriterium gewährleistet, dass der Gesprächsleiter seinen Gesprächspartner so versteht, wie dieser sich verstanden haben möchte, dass er die Konstruktion des Geschehens (dessen Wirklichkeit) versteht, die der Ratsuchende von sich selbst, seinen Interaktionspartnern und der Situation hat. Trotz eines solchen Vorgehens können Missverständnisse nicht generell ausgeschlossen werden, aber durch die Korrekturmöglichkeit vermindert werden. Ausserdem wird durch diese Haltung und dieses Vorgehen das Bemühen des Diagnostikers/Beraters um seinen Probanden/Ratsuchenden deutlich, was das Vertrauen wiederum positiv beeinflusst.

Diagnostiker bzw. Berater sollten auf jeden Fall folgende leider häufig anzutreffende Fehler vermeiden:

Bewertungen und Moralisierungen

Hierunter fallen eine Reihe von Aktivitäten, die im Alltagsgespräch (leider) üblich sind:

Bagatellisieren:

„Das ist nicht so schlimm.“, „Andere lassen den Kopf deshalb auch nicht hängen.“

Kategorisieren:

„Das sind Minderwertigkeitskomplexe.“

Belehren:

„Sie sollten sich daran gewöhnen, dass ...“

Bewerten:

„Das hätten Sie lieber nicht tun sollen!“

Moralisieren:

„Sie sind doch eine erwachsene Frau, das haben Sie doch schon hinter sich!“

Solche oder ähnliche Aktivitäten stören das aufzubauende oder bereits aufgebaute Vertrauensverhältnis erheblich.

7.9 Aufgaben

1. *Stellen Sie die Grundlagen und die drei grundlegenden Methoden der Förderdiagnostik dar!*
2. *Welches sind die wesentlichen Prinzipien einer individuumsorientierten Förderdiagnostik?*
3. *Was ist bei einer Verhaltensbeobachtung in Bezug auf Rahmenbedingungen, Verhaltensbeschreibung und Methoden zu beachten?*
4. *Stellen Sie die wesentlichen Aktivitäten des Diagnostikers bzw. Beraters bei einem personenzentrieten Gespräch dar!*

7.10 Literatur

Barker, R. G. 1963: The stream of behavior as an empirical problem. In: Barker, R. G. (Ed.): The stream of behavior. New York.

Baumann, H. U. 1974: Methoden zur quantitativen Erfassung des Unterrichtsverhaltens. Bern: Huber.

Borchert, J. u. a. 1991: Testdiagnostische Verfahren in Vor-, Sonder- und Regelschulen. Heidelberg: Asanger.

Bundschuh, K. 1994: Praxiskonzepte der Förderdiagnostik. Bad Heilbrunn: Klinkhardt.

Cranach v. M. & Frenz, H. G. 1969: Systematische Beobachtung. In: Graumann, C.-F. (Hrsg.): Sozialpsychologie, 1. Halbband, Handbuch der Psychologie. Göttingen: Hogrefe.

Eggert, D. 1997: Von den Stärken ausgehen. Dortmund: Borgmann.

Fingerle, M. & Mutzeck, W. 1996: SVS – Die Entwicklung eines Screening-Instruments für Verhaltensauffälligkeiten im Schulbereich. Sonderpädagogik, Jg. 26, Heft 4, 180-193.

Graumann, C. F. 1973: Lehrerverhalten und Schülerverhalten. In: Funkkolleg Pädagogische Psychologie 7. Weinheim: Beltz.

Graumann, C. F. 1973a: Grundzüge der Verhaltensbeobachtung. In: Graumann, C. F. & Heckhausen H. (Hrsg.) Pädagogische Psychologie 1. Frankfurt: Fischer.

Graumann, C. F. 1974: Mikroanalse des Unterrichtsverhaltens. In: Weinert, F. E. et al

(Hrsg.): Pädagogische Psychologie. Frankfurt: Fischer.
Hischer, E. 1970, 1975: Kindesbeobachtung – Kindesbeurteilung. Neuburgweiher: Schindele.
Husserl, E. 1950: Ideen zu einer reinen Phänomenologie. Haag.
Huth, A. o. J.: Meine Schüler – Eine Beobachtungsanleitung für den Lehrer. Ansbach: Prögel.
Kienzle, R. 1969, 4. Aufl.: Schülerbeobachtung und Schülerbeurteilung. Eßlingen.
Kleber, E. W. 1989: Beratung in der Schule (und ihre Probleme). In: Goetze H. & Neukäter, H. (Hrsg.): Pädagogik bei Verhaltensstörungen. Handbuch der Sonderpädagogik, Bd. 6, Berlin: Edition Marhold, Spiess, 390 – 419.
König, R. 1973: Handbuch der empirischen Sozialforschung, Bd. 2. Stuttgart: dtv.
Kornmann, R./Meister, H. & Schlee, J. 1994 (3. erw. Aufl.): Förderungsdiagnostik – Konzept und Realisierungsmöglichkeiten. Heidelberg: Edition Schindele.
Mager, R. F. 1973: Zielanalyse. Weinheim: Beltz.
Mutzeck, W. (Hrsg.) 1998: Förderdiagnostik bei Lern- und Verhaltensstörungen. Weinheim: Beltz, Deutscher Studien Verlag.
Mutzeck, W. 1990: Eine dialogische Methode zur Diagnose von Problemsituationen unter Anwendung von Rollenspiel und Puppenspiel. In: Höfling, S. & Butollo (Hrsg.): Psychologie für Menschenwürde und Lebensqualität. Bd. 2, Bonn: Deutscher Psychologen Verlag, 364 – 469.
Mutzeck, W. 1996, 3. Aufl. 1999: Kooperative Beratung. Grundlagen und Methoden der Beratung und Supervision im Berufsalltag. Weinheim: Beltz Verlag.
Ullmann, L. P. & Krasner, L. 1969: A psychological approach to abnormal behavior. Englewood Cliffs: Prentice Hall.
Watzlawick, P. u. a. 1969: Menschliche Kommunikation – Formen, Störungen, Paradoxien7. Bern: Huber.

8 Beratung

8.1 Lernziele

Die Leserin/der Leser soll:

1. *die Grundproblematik (Definition, Abgrenzung zu Therapie und Erziehung) von Beratung im Allgemeinen sowie deren Aufgabenfelder und Ziele speziell im Schulbereich kennen lernen,*
2. *die unterschiedlichen Beratungsformen benennen können,*
3. *das Kooperative Beratungkonzept beschreiben sowie dessen wesentliche Aufgaben und Bestandteile nennen können,*
4. *die einzelnen Beratungsschritte des Konzeptes beschreiben und begründen können.*

8.2 Einleitung

Beratung ist zwar schon seit dem vorigen Jahrhundert auch ein Aufgabenfeld in verschiedenen Disziplinen der Pädagogik. In den letzten Jahren jedoch hat sie an besonderer Bedeutung gewonnen, vor allem in Schule, Familie und Berufsausbildung.
Neue Gesetze, Verordnungen und Empfehlungen des Bundes und der Länder im Bildungs- und Sozialwesen heben beratende Tätigkeiten hervor, so z. B. das neue Kinder- und Jugendhilfegesetz (KJHG 1990) und die „Empfehlungen zur sonderpädagogischen Förderung in den Schulen in der Bundesrepublik Deutschland“ (1994). Auch in die Aus-, Fort- und Weiterbildung der pädagogischen Berufsgruppen wird Beratung immer mehr als Basisqualifikation aufgenommen.
In diesem Kapitel sollen zunächst die Grundlagen der pädagogischen Beratung zusammengefasst und danach die Methode der Kooperativen Beratung ausführlich dargestellt werden. Dieses Vorgehen soll nicht nur einen Wissenszuwachs, sondern auch den Erwerb von Handlungskompetenzen ermöglichen.

8.3 Grundlagen der Beratung

8.3.1 Definition von Beratung und ihr Verhältnis zu Therapie und Erziehung

In einer hochgradig arbeitsteiligen und komplexen Gesellschaft ist Beratung von besonderem Interesse geworden. Sie wird zunehmend als Hilfe bei der Bewältigung und Gestaltung von individuellen und gesellschaftlichen Fragen eingesetzt.
Orientierung, Planung, Auswahl, Entscheidung und Handlung können in unserer schnelllebigen Zeit nicht allein durch in Bildungsprozessen erlernte Wissens- und Handlungskompetenzen gemeistert werden, sondern bedürfen oft rasch zugänglicher Unterstützung und Ergänzung durch Beratung.
„Beratung“ und „beraten“ führen von ihrer Herkunft und ursprünglichen Bedeutung her auf die Begriffe „Rat“ und „raten“ zurück. „Rat“ ist ein althochdeutsches Wort und wurde früher im Sinne gebraucht von: Besorgung notwendiger Mittel, Abhilfe, Fürsorge und gutgemeintem Vorschlag bzw. Empfehlung; ferner im Sinne von beratender Versammlung (dazu die Zusammensetzung: Stadtrat, Rathaus, Familienrat etc.). „Rat schlagen“ bedeutete „den Bannkreis schlagen, den Kreis für die Beratung abgrenzen und einen gutgemeinten Vorschlag unterbreiten“. Das Verb „raten“ wurde im Sinne von „vorschlagen, empfehlen und für etwas sorgen“ gebraucht, wie auch für „sich etwas (geistig) zurechtlegen, überlegen“.
Mit dieser etymologischen Begriffserklärung wird auch die Abgrenzung zu Begriffen wie „befehlen“, „anweisen“ oder „informieren“ deutlich.
Beratung als vertrauensvolle, zielgerichtete, nach Rat suchende Interaktion hat sich in der Pädagogik unterschiedlich etabliert. Einerseits ist Beratung als eine Form erzieherischen Handelns zu sehen, bei der Bevormundung und Druck vermieden werden sollten, und die dem Ziel der Lern- und Lebensgestaltung sowie einer sozialen Selbstverwirklichung der zu Erziehenden dient. Andererseits ist Beratung ein pädagogisch-psychologischer Prozess der Hilfe unter sachkundiger Anwendung von (wissenschaftlichen) Theorien und Methoden. Hier geht es um die systematische und verbindliche Hilfe zur Bewältigung von Problemen.
Drei Definitionen sollen diese Form von Beratung beschreiben:

- „Klienten suchen Beratungsinstitutionen deswegen auf, weil sie mit schwierigen Lebenslagen und/oder mit ihrer eigenen schwierigen Persönlichkeit nicht mehr zurechtkommen. Sie erwarten von der Beratung eine Behebung oder Reduzierung ihrer Schwierigkeiten. Durch professionelle

Beratung wird versucht, beim Klienten einen aktiven Lernprozess in Gang zu bringen, der es ihm ermöglicht, eine neue Kompetenzebene für erfolgreichere und zufrieden stellendere Auseinandersetzung mit seinen Problemen und Schwierigkeiten zu gewinnen. Die allgemeine Zielrichtung der Veränderungen, die durch Beratung angestrebt werden, ist an der Verbesserung der Bewältigungskompetenz, der Selbsthilfebereitschaft, Selbststeuerungsfähigkeit und Handlungs-tüchtigkeit des Klienten orientiert" (*Dietrich 1987, 1*).

- „Beratung ist ein vom Berater nach methodischen Gesichtspunkten gestalteter Problemlöseprozeß, durch den die Eigenbemühungen des Ratsuchenden unterstützt/optimiert bzw. seine Kompetenzen zur Bewältigung der anstehenden Aufgabe/des Problems verbessert werden. Beratung vollzieht sich im Medium sozialer Interaktion und wird daher i. w. S. als Kommunikationsprozess zwischen zwei Interaktionspartnern (Individualberatung) oder mehreren (Gruppenberatung, Systemberatung) verstanden. Beratung ist ggf. auch Ergänzung von Einzelgesprächen durch die Teilnahme des Ratsuchenden an einem Interventionsprogramm oder einer Selbsthilfegruppe. Von Psychotherapie ist Beratung nur schwer abgrenzbar" (*Derow 1987, 1988*).

- „Beratung ist eine Form zwischenmenschlicher Hilfe, bei der ein professioneller Berater eine kooperative und offene Beziehung zu einem (oder mehreren) Klienten eingeht und vor allem im Gespräch versucht, den Klienten zu einer bewussten Wahrnehmung seiner Probleme zu bringen. Er hilft ihm, seine Fähigkeiten zur Problemlösung zu entwickeln und so einzusetzen, dass er aus eigener Kraft die Probleme lösen und eine gesunde psychische Umgebung schaffen kann (Hilfe zur Selbsthilfe)" (*Hirsch & Schmidtchen 1981, 23*).

Beratung als eine Form erzieherischen Handelns bewegt sich zwischen den Polen einer gezielten Beeinflussung und direkten Lenkung einerseits und einer Selbststeuerung und Hilfe zur Selbsthilfe andererseits. Sie dient der Beantwortung einer Frage oder der Klärung und ggf. Lösung eines Problems. Die letztendliche Entscheidung über das „Ob" und das „Wie" der Ausführung des Beratungsergebnisses liegt beim Ratsuchenden.
Das Beratungsgespräch kann definiert werden als eine besondere zwischenmenschliche Interaktionsform, die, im Gegensatz zum Alltagsgespräch, planvoll, fachkundig und methodisch geschult durchgeführt wird. Sie beruht auf einer beiderseitigen Verbindlichkeit, Verantwortung und auf einem arbeits-

fördernden Vertrauensverhältnis. Damit geht Beratung über eine bloße Informationsvermittlung oder eine (fremdbestimmte) Erziehung hinaus.
Ein solches Verständnis von Beratung setzt idealtypisch folgende Prinzipien voraus: Motivation des Ratsuchenden zur Beratung (Freiwilligkeit und Bereitschaft zur Mitarbeit), dessen Wahl- und Entscheidungsfreiheit, eine Methoden- und Gestaltungskompetenz des Beraters sowie die Kooperationsbereitschaft von Berater und Ratsuchenden. Auf diese Aspekte wird später noch ausführlich eingegangen.
Gegenüber der psychologischen Interventionsform *Therapie* ist Beratung nur schwer abzugrenzen. Viele Autoren benutzen diese Begriffe synonym. Sofern Unterscheidungen zwischen Beratung und Therapie gemacht werden, sind vor allem folgende Kriterien zu finden:

- Beratung erstreckt sich in der Regel über einen kürzeren Zeitraum als Therapie (geringere Anzahl an Sitzungen);
- Beratung arbeitet meist an aktuellen Problemen und beinhaltet manchmal auch vorbeugende (präventive) Zielsetzungen;
- Therapie setzt meist an schwierigen Störungen an, umfasst eine tiefergehende Arbeit und eine weitergehende Selbstöffnung des Klienten (Weinberger 1988, Rechtien 1988).

Nimmt man Erziehung als weiteren Aspekt kommunikativen Handelns hinzu, so lässt sich sagen: Erziehung, Beratung und Therapie sind hinsichtlich der zeitlichen Intensität, der individuumsbezogenen und der fachlich anders gearteten Auseinandersetzung mit Sozialisations- und Entwicklungsstörungen voneinander zu unterscheiden, obwohl sie oft in Wechselwirkung zueinander stehen (siehe Abb. 18).
Die grundlegende Bedingung für eine Tätigkeit in einem dieser drei Felder kommunikativen Handelns ist eine fachkundige und praxisorientierte Aus-, Fort- und Weiterbildung der Menschen, die Erziehung, Beratung und/oder Therapie professionell ausüben.

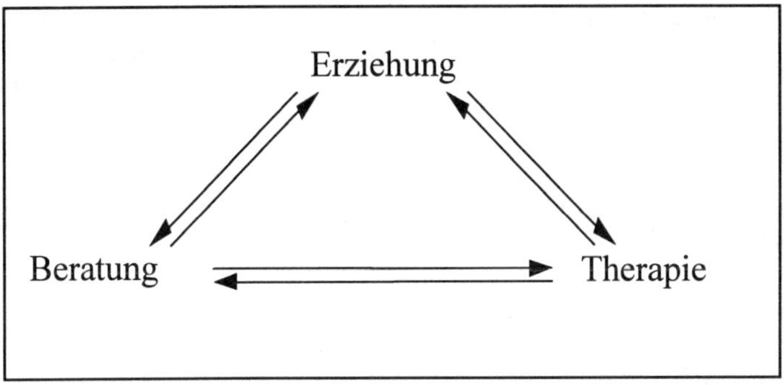

Abb. 27: Interaktives Verhältnis von Erziehung, Beratung und Therapie

Insbesondere im Bereich Schule sind ein Mit- und Füreinander dieser Arbeitsformen wichtig. Eine diagnostische Phase, auch wenn sie je nach kommunikativer Zugangsweise unterschiedlicher Art ist, stellt den Ausgangspunkt einer jeden systematischen pädagogisch-psychologischen Arbeitsform dar.
Ebenso schwer, wie es fällt, Beratung und Therapie voneinander abzugrenzen, ist es, pädagogische von psychologischer Beratung zu trennen. Einerseits ist Speck (1989, 362) zuzustimmen, wenn er sagt: „Wenn wir hier von pädagogischer Beratung sprechen, so beschränken wir uns dabei auf die Schule und ihre Lehrer in deren Beratungsfunktion, meinen also nicht klinisch-psychologische Beratung". Andererseits müssen wir feststellen, dass sich die pädagogische, einschließlich der sonder- und sozialpädagogischen Beratung, immer auch psychologischer Methoden bedient. So macht es Sinn, von pädagogisch-psychologischer Beratung zu sprechen.

8.3.2 Aufgabenfelder und Ziele von Beratung im Bereich Schule

Beratung im Bereich Schule ist im Vergleich zu anderen Aufgabenfeldern von Beratung (Medizin, Klinische Psychologie, Theologie, Sozialpädagogik) relativ neu. Zu Beginn des zwanzigsten Jahrhunderts entwickelten sich in den USA schulische Beratungsdienste, z. B. Guidance Consulting bzw. Guidance Service. Die traditionellen und auch heute noch gängigen Aufgabenfelder schulischer Beratung in den Vereinigten Staaten umfassen die Bereiche: Educational Counseling (Schullaufbahnberatung), Vocational Counseling (Berufsberatung) und Personal Counseling (Einzelfallhilfe und Gruppenberatung bei psychosozialen Problemen).

In der Bundesrepublik Deutschland hat sich die schulische Beratung erst Ende der sechziger und Anfang der siebziger Jahre entwickelt (siehe Gutachten des Deutschen Bildungsrates, 1970). Die Berufsberatung ist bei uns allerdings im Gegensatz zur USA ein eigenständiger, monopolitischer Bereich der Arbeitsämter.

Heute umfasst die schulische Beratung folgende Aufgabenfelder:

- *Schullaufbahnberatung*:
  Beratung der Wahl von Fächern, Kursen, Klassen, Schulzweigen, Schularten, Praktika etc.

- *Pädagogisch-psychologische Beratung*:
  Beratung bei Verhaltens-, Erlebens- und Lernschwierigkeiten sowie Kommunikationsproblemen, erste Schritte der Suchtberatung.

- *Unterrichtsberatung*:
  Beratung bei methodischen und didaktischen Fragen des Unterrichts (diese sind allerdings getrennt von den Beurteilungsaufgaben der Schulaufsicht zu sehen), sowie bei Spezialfragen, wie z. B. Suchtprävention.

- *Beratung der Schule als Organisationssystem (Systemberatung)*:
  Fragen des Ablaufs und der Entwicklung von Schule als Organisationssysstem.

Schulpsychologen, Beratungslehrer und gelegentlich auch Sozialpädagogen werden zur Bewältigung dieser Aufgaben eingesetzt. In vielen Fällen ist aber zu wenig Personal vorhanden, um den Anforderungen und Bedürfnissen der Ratsuchenden gerecht zu werden. Ferner ist oft eine unzureichende Aus- und Fortbildung in diesen Tätigkeitsfeldern zu beklagen.
Eine intensive Zusammenarbeit mit außerschulischen Beratungsdiensten, wie Erziehungsberatung, Berufsberatung und Suchtberatung stellt eine Notwendigkeit für eine umfassende Betreuung von Schülern, Eltern und Lehrern dar.
Die *sonderpädagogische Beratung* hat ebenfalls die Aufgabenfelder der eben genannten schulischen Beratung zu bewältigen, allerdings nur in Bezug auf sonderpädagogische Fragestellungen. Sonderpädagogik mit den Bereichen der Prävention, Integration und Rehabilitation muss aber, wie im 2. Kapitel dargestellt wurde, weitestgehend in Verbindung mit dem System der allgemeinen Schule gesehen werden.
Gemäß seinem Auftrag und den im Detail des Schulalltags meist selbst geschaffenen bzw. zugelassenen Aufgaben sowie entsprechend seiner Aus- und Fortbildung nimmt der Sonderpädagoge seine spezifischen Tätigkeiten wahr. Allgemein gesehen könnten bei den unterschiedlichen Aufgabenfeldern im

Bereich *Beratung unter sonderpädagogischem Aspekt* folgende Fragen in den Mittelpunkt treten:

- *Schullaufbahn- und Schulaufnahmeberatung*
  In welchem Fach, Kurs, welcher Klasse, Schulart, welche Praktika kann ein Schüler mit einer bzw. mehreren Behinderungen und/oder Verhaltensstörungen teilnehmen?
  Welche Bedingungen müssen geschaffen bzw. abgebaut werden, damit ein Schulbesuch möglich ist (Beförderung, Weg zur Schule, bauliche Voraussetzungen, psychische und physische Belastung, sonderpädagogisch-organisatorische Möglichkeiten, Lehr- und Hilfspersonal)?

- *Unterrichtsberatung/Förderberatung*
  Welcher besondere Förderbedarf besteht, und wie kann die Hilfe aussehen und organisiert werden? Welche Hilfe (zur Selbsthilfe) benötigt der Lehrer, um den behinderten Schüler in einer Sonderschule oder allgemeinen Schule optimal zu unterrichten? Welches sind die personellen, materiellen, medialen, methodischen, sozialen und räumlichen Bedingungen, die eine Unterrichtung, Erziehung und ggf. spezielle Förderung bei Behinderten und von Behinderung Bedrohten aufbauen, unterstützen bzw. hemmen oder gar verhindern? Wie können behinderungsspezifische Hilfen lern- und individuumsoptimal eingesetzt werden?

- *Pädagogisch-psychologische Beratung*
  Wie lassen sich Schwierigkeiten, Konflikte und Probleme im psychosozialen Bereich, die direkt oder indirekt mit einer Behinderung in Zusammenhang stehen, bewältigen? Wie können Störungen des Verhaltens und Erlebens abgebaut bzw. wie kann ihnen präventiv begegnet werden?
  Wie können hemmende Kommunikationsabläufe und -strukturen verändert bzw. positive aufgebaut, gefördert und unterstützt werden?

- *Beratung der Schule als Organisationssystem (Systemberatung)*
  Wie lässt sich Schule von ihrer Organisation her so (weiter)entwickeln und stabilisieren, dass eine sonderpädagogische Arbeit ein integrierter Bestandteil des Schulkonzepts ist? Wie lässt sich die Zusammenarbeit der Lehrer und Sonderpädagogen so gestalten, dass sie ein Gewinn für das Schulklima und das Schulprofil (Selbstkonzept der Schule) ist?

Es ist leicht zu erkennen, dass es Überschneidungen zwischen den Aufgabenfeldern der pädagogischen und der sonderpädagogischen Beratung gibt. Aufgrund meiner Erfahrungen bin ich der Meinung, dass es z. Z. wichtiger ist, Kraft und Zeit in die Kooperation zwischen Beratern (z. B. Beratungslehrer und sonderpädagogische Berater) zu investieren, als allein nur in die Erstel-

lung von Kriterien zur eindeutigen Abgrenzung. Aufgrund seiner Qualifikation und Erfahrung wird der Berater neben seinen Möglichkeiten auch die Grenzen seiner Arbeit selbst erkennen.
Beratung ist ein durch Theorie und Praxiserfahrung geleitetes Handeln. Somit ist das beraterische Vorgehen durch sowohl vorgeplante als auch spontan entwickelte *Ziele* gekennzeichnet. Allgemeine Ziele der Beratung zu benennen, ist schwierig und oft unzureichend. Die Quellen der Zielgewinnung, die theoretischen und praktischen Grundlagen, sind oft sehr unterschiedlich:

- empirisch-wissenschaftliche Forschungsergebnisse,
- durch Ausbildung, Erfahrung und Intuition gewonnene und theoriegeleitete Erkenntnisse,
- subjektive (implizite) Theorien, d. h. die Selbst- und Weltsicht des jeweiligen Beraters,
- normative Vorgaben von Institutionen, Gremien und Weisungsbefugten.

Meistens sind es mehrere Quellen, von denen der jeweilige Berater seine allgemeinen und speziellen, situationsbezogenen Ziele entwickelt. Wichtig ist, dass er seine Ziele offen legt, und sie jederzeit begründen kann. Der Austausch und die Reflexion von Beratungszielen, u. a. im Kollegenkreis, helfen, blinde Flecken zu erhellen und Widersprüchlichkeiten aufzudecken (Supervision).
Die allgemeinen Ziele eines Beratungskonzepts lassen sich, sofern sie nicht explizit formuliert sind, oft aus der jeweiligen Definition von Beratung ableiten.
Aus den im Kap. 8.1.1 zitierten Definitionen ergeben sich folgende *Ziele einer pädagogisch-psychologischen Beratung:*

- Beratung soll ein nach (gesprächs-)methodischen Gesichtspunkten gestalteter Problemlöseprozeß sein.
- Dabei sollte der Berater eine kooperative und offene Beziehung zum Gesprächspartner herstellen.
- Der Berater sollte dem Gesprächspartner helfen, zu einer bewussten Wahrnehmung seines Problems zu kommen.
- Die Zielrichtung der Veränderung des Erlebens und Verhaltens sollte sich an den Kompetenzen des Gesprächspartners orientieren.

- Der Berater sollte beim Gesprächspartner einen aktiven Lernprozess in Gang setzen, der es dem Gesprächspartner ermöglicht, eine zufriedenstellende Auseinandersetzung mit seinem Problem herzustellen.
- Die Eigenbemühungen des Gesprächspartners sollten unterstützt und seine Kompetenzen zur Entscheidungsfindung und zur Bewältigung seines Problems erweitert bzw. verbessert werden.
- Der Berater sollte dem Gesprächspartner helfen, Kompetenzen zu entwickeln und so einzusetzen, dass er sein Problem aus eigener Kraft lösen und eine gesunde psychische Umgebung für sich schaffen kann (Hilfe zur Selbsthilfe).
- Beratung sollte die Verselbstständigung und Unabhängigkeit des Klienten zum Ziel haben; sie sollte auf der Freiwilligkeit des Klienten beruhen und ihm seine Eigenverantwortlichkeit belassen oder ihn dazu befähigen.

Ziele sind oft als Idealzustände beschrieben. Es gilt, sie handelnd (nachweisbar) anzustreben. Nicht immer können sie jedoch erreicht werden, sie sind handlungsleitende Zielideen. In diesem Sinn sind auch die genannten Ziele zu verstehen. Grundsätzlich gilt es, zu prüfen, ob die konzipierten Ziele im Einklang miteinander stehen. Ferner ist dafür Sorge zu tragen, dass die Ziele nicht in Widerspruch mit dem zugrunde gelegten Menschenbild geraten und dass die Methoden der Beratung Stimmigkeit zu den Zielen aufweisen (siehe Kap. 8.2).

8.4 Konzeption, Inhalte und Methoden der Kooperativen Beratung

8.4.1 Beratungskonzeption

Mit dem Beratungsansatz „Kooperative Beratung“ wird eine Konzeption wiedergegeben, die sich nicht nur seit 1988 in der pädagogischen Praxis bewährt hat, sondern die auch einen bestimmten wissenschaftlichen Anspruch verwirklicht (*Mutzeck 1988, 1996*).
Bei der Entwicklung dieser Methode zur Beratung ist versucht worden, eine möglichst konsistente und stringente Konzeption zu erreichen. Das heißt, das zugrunde gelegte Menschenbild, der Mensch als reflexives Subjekt, die Handlungstheorie und die Konzeption zur Gesprächsführung und Beratung stehen nicht im Widerspruch zueinander, sondern sie weisen eine hohe Stimmigkeit auf.
Ferner soll mit diesem Beratungsansatz eine belehrende und asymmetrische Haltung und Vorgehensweise des Beraters vermieden bzw. eine verstehende, kooperierende und symmetrische Interaktion aufgebaut und/oder unterstützt werden. Das „Sich-miteinander-beraten“ ist sowohl Ziel und Weg in der Einzelberatung, als auch bei der Beratung in der Gruppe.
Zu unterscheiden sind somit grundsätzlich zwei Formen der Beratung:
Bei der direktiven (vertikalen) Beratung bestimmt und lenkt allein der Berater den Gesprächsverlauf. Er setzt unmittelbar die Struktur der Beratung fest. Er zeigt ein aktives Gesprächsverhalten, indem er viele direkte Fragen stellt, informiert, erklärt, interpretiert, Vorschläge und Handlungsanweisungen unterbreitet, und zwar aus seiner Expertensicht heraus. Die Kommunikationsbeziehung zwischen Berater und Ratsuchendem ist asymmetrisch und vertikal. D. h. es gibt ein „oben“, das Expertenwissen des Beraters, und ein „unten“, die Hilfsbedürftigkeit des Ratsuchenden. Die Mitarbeit des Klienten ist reaktiv und rezeptiv (Kleber 1989).
Bei dieser *vertikalen* Beratung wird von einer Hierarchie der unterschiedlichen Wertigkeit der Kompetenzen ausgegangen. Höherwertig („oben“) sind die Fähigkeiten und Kenntnisse des Beraters, seine Beratungs- und Fachkompetenz. Niedrigwertig („unten“) hingegen werden die Kompetenzen des Ratsuchenden eingestuft. Überspitzt formuliert lautet die Sichtweise eines so eingestellten Beraters: „Ich kenne Ihr Problem und sage Ihnen, wie Sie es lösen sollten.“

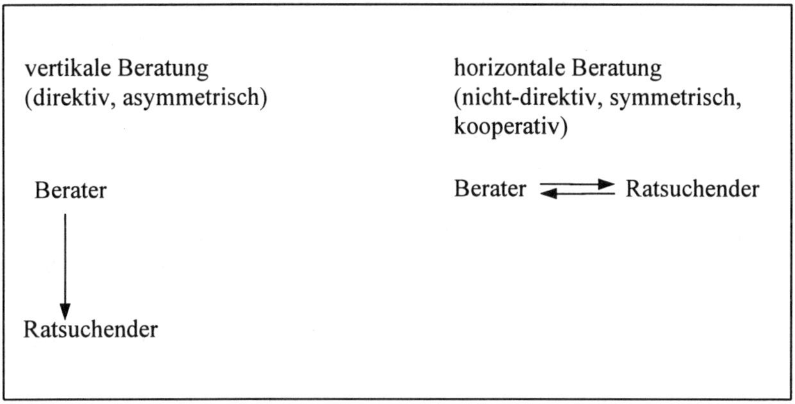

Abb. 28: Vertikale und horizontale Beratung

Die *horizontale*, nichtdirektive Beratung ist gekennzeichnet durch Herstellung und Stützung der Aktivität des Ratsuchenden. Ihm werden Kompetenzen zugeschrieben, seine Kräfte und Möglichkeiten so zu aktivieren, dass er sein Problem weitestgehend selbst lösen kann. Der Berater gibt dabei nur Hilfestellung. Die Kommunikationsbeziehung ist beim kooperativen Vorgehen symmetrisch bzw. horizontal.
Bei der horizontalen Beratung werden die Kompetenzen des Beraters und des Ratsuchenden als gleichwertig angesehen, d. h. die Kenntnisse und Sichtweisen des Ratsuchenden über sich und seine Lebens- und Berufswelt sowie seine Fähigkeiten, mit sich selbst und seinen Mitmenschen umzugehen, werden als gleichwertig, als bedeutsam angesehen. Durch die Explikation dieser Selbst- und Weltsicht des Ratsuchenden wird der Sinn seines Handelns offenbar, und damit eine Veränderung seiner handlungsleitenden Gedanken und Empfindungen ermöglicht. Berater und Ratsuchender erkennen die Bedeutung der Kompetenzen des anderen an und versuchen, zu kooperieren, „sich *miteinander* zu beraten". Bei dieser symmetrischen, horizontalen Vorgehensweise ist die Rollenverteilung nicht, „Ratschläge erteilen" bzw. „Ratschläge empfangen und befolgen", sondern gemeinsam unter methodischer Leitung des Beraters den Weg der Klärung und der Lösung des Problems sowie der Umsetzung des erarbeiteten Handlungswegs zu gehen. Der Ratsuchende ist bei dieser Form von Beratung stets ein aktiv Handelnder.

8.4.2 Aufgabenstellung, Definition, Formen der Kooperativen Beratung

Die horizontale Beratungsstruktur soll als „Kooperative Beratung" bezeichnet werden. Eine wissenschaftstheoretische Begründung ist bei Mutzeck (1988 und 1996) expliziert. Die Kooperative Beratung ist eine Form der Gesprächsführung, bei der der Berater dem Ratsuchenden signalisiert,

- dass er sich bemüht, eine vertrauensvolle Kommunikation sowie eine durch Akzeptanz, Empathie und Kongruenz geprägte Beziehung herzustellen und
- dass er durch ein zielgerichtetes, strukturiertes, transparentes und dialog-konsensuales Vorgehen mit ihm gemeinsam sein Problem zu verstehen und zu erklären versucht, Lösungen erarbeitet, Handlungsschritte plant und deren Durchführung begleitet und reflektiert.

Die Kooperative Beratung kann in unterschiedlichen Formen der Beratung eingesetzt werden (vgl. Abb.).

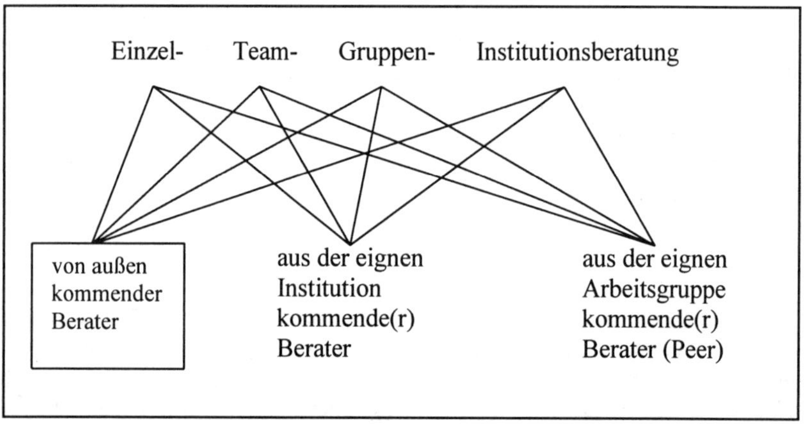

Abb. 29: Formen der Beratung

Die genannten Beratungsformen beziehen sich auf die Art und Anzahl der Ratsuchenden (Einzelpersonen, Team, Gruppe, Institution) und auf die Position (Herkunft) des Beraters.

Unter „Team" sollen Personen verstanden werden, die beruflich direkt zusammenarbeiten (z. B. Integrationsklassenteam: Grundschullehrer, Erzieher, Sonderschullehrer).

Der Konzeption „Kooperative Beratung“ liegt das Menschenbild der humanistischen Psychologie (Maslow, Tausch, Rogers), insbesondere der „Psychologie des reflexiven Subjekts“, zugrunde. Kurz zusammengefasst heißt das: Der Mensch ist ein Wesen, welches von seinen potentiellen Fähigkeiten her denken und fühlen kann und das zu seinen Mitmenschen, seiner Umwelt als auch zu sich selbst in Beziehung treten kann. Dem Geschehen seiner Außen- und Innenwelt gibt der Mensch Sinn und Bedeutung. Er ist potentiell in der Lage, sich unter Abwägung mehrerer Möglichkeiten zu entscheiden und diese Entscheidung in Handlungen umzusetzen. Er kann über seine Selbst- und Weltsicht Auskunft geben (reflektieren).
Auf der Basis des systemischen Ansatzes wird davon ausgegangen, dass der Mensch nicht aufgrund der Informationen handelt, die ihm die situative Umwelt gibt, sondern vor allem aufgrund der internen Bilder, die er sich von der Welt und sich selbst macht. Der Handelnde ist also der empirische Ort der Konstruktion sowohl von Wirklichkeit, als auch von Sinnhaftigkeit seiner subjektiv-individuellen Handlung.
Die Handlungen eines Individuums werden bestimmt durch seine Prozesse der Wahrnehmung, der Informationsverarbeitung und der Handlungsplanung sowie deren Einflussfaktoren (eine ausführliche Explikation des Menschenbilds und des Handlungsmodells siehe *Mutzeck 1988 und 1996*).
Was bedeuten nun diese grundlegenden Menschenbildannahmen für eine kooperative Beratungsmethode? Kurz gesagt Folgendes:
Um Handeln verstehen und Veränderungen von Handlungen bewirken zu können, ist es notwendig, den Menschen nicht nur in seiner Außenperspektive, seinem beobachtbaren Verhalten, zu sehen, sondern dessen Innensicht, also seine Gedanken und Gefühle zu explorieren. Gerade dieser Innensicht wird eine handlungsleitende Funktion zugeschrieben (*Wahl 1991*).
Die ratsuchende Person ist nicht als Objekt zu betrachten, dem rezeptartig Wege zur Lösung ihres Problems bzw. zur Erreichung eines Handlungsziels verordnet werden müssen, sondern sie soll in die Lage gebracht werden, eigene Fähigkeiten zu aktivieren und zu erweitern, um handelnd an der Bewältigung des Problems mitzuwirken bzw. dieses selbst in die Hand zu nehmen. Hilfe wird ihr dabei durch das Ziel, sich selbst zu helfen, gegeben.
Die prinzipielle Strukturparallelität von Fähigkeiten (*Groeben & Scheele 1977, Herzog 1984*) kann aber nur dann voll zur Wirkung kommen, wenn ein gegenseitiges Ernstnehmen und Achten (Akzeptanz) der Fähigkeiten, Handlungen und Aussagen des anderen angestrebt wird. Die beratende Lehrkraft, die in diesen Fähigkeiten geschult ist, hat hier eine Modellfunktion.
Die Kooperative Beratung umfasst zwei wesentliche Bestandteile:

a) Elemente der personenzentrierten Gesprächsführung (nach Rogers),
b) eine praxisorientierte Problemlösestruktur

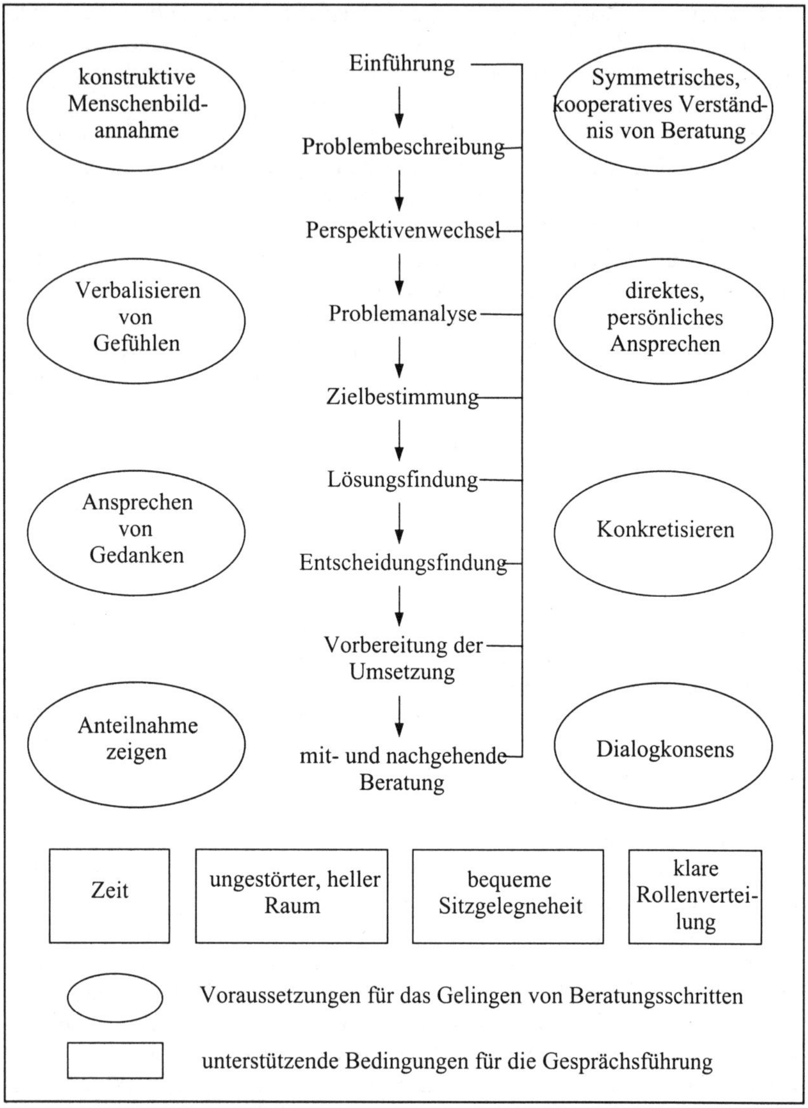

Abb. 30: Elemente der Kooperativen Beratung

Ein Beratungsauftrag kann einerseits direkt, durch die Bitte des Ratsuchenden um Hilfe, um Beratung, zustande kommen. Andererseits besteht die Möglichkeit, dass ein Berater einer Person eine Beratung anbietet. Wird dieses Angebot angenommen, spricht man von einem indirekten Beratungsauftrag. In jedem Fall soll die Beratung freiwillig geschehen, auch wenn vorher Motivationsarbeit geleistet wurde.
Die folgende Konzeption der Problemlöseschritte der Kooperativen Beratung ist für die Einzelberatung formuliert. Eine ähnliche Vorgehensweise gilt aber auch für die anderen Formen (siehe Abb. 20) der Kooperativen Beratung. Hinweise zur personenzentrierten Gesprächsführung (Voraussetzung für das Gelingen von den Beratungsschritten, Abb. 21) finden Sie in Kap. 7. 7 und in Mutzeck (1996, 3. Auflage 1999).

8.5 Methodisches Vorgehen

1. Beratungsschritt: ***Einführung in die Kooperative Beratung***

Ziel: Voraussetzungen für eine effektive Beratungsarbeit schaffen.
Vorgehensweise: Der erste Schritt einer kooperativen Beratung beginnt - auf der Grundlage einer bereits geschaffenen generellen Arbeitsbeziehung - mit einer Vereinbarung über Ort und Zeit der Beratung, ggf. über den Inhalt des Beratungsgegenstands bzw. über das methodische Vorgehen.
Die Beratungssitzung eröffnet der Berater (Gesprächsleiter), indem er den Ratsuchenden (Gesprächspartner) in die Beratungsarbeit einführt. Er informiert ihn über das Ziel der Beratung, über ihre Möglichkeiten und Grenzen. Er vereinbart die Vertraulichkeit der Behandlung von Informationen (Schweigepflicht), die Begrenzung der Beratungszeit und teilt dem Ratsuchenden mit, dass er stets nur so viel zu sagen braucht, wie er möchte.
Manchen Ratsuchenden ist es eine Hilfe, wenn sie, um die Transparenz der Beratungsstruktur zu gewährleisten, einen Bogen erhalten, auf dem die beabsichtigte Problemlösestruktur geschrieben steht. Falls sich der Gesprächsleiter während der Beratung Notizen machen möchte, erläutert er auch dieses schon jetzt, um Irritationen zu vermeiden. Bei Tonaufzeichnungen holt er sich zudem das Einverständnis des Ratsuchenden ein.

2. Beratungsschritt: ***Beschreibung des Problems und Rekonstruktion der Innensicht***
Ziel: Das äußere Geschehen eines Problems beschreiben, den Sinn- und Bedeutungsaspekt des Handelns herausarbeiten und einen Klärungsprozess einleiten.

Vorgehensweise: Der Berater bittet den Ratsuchenden, das Ereignis bzw. den Zustand zu schildern, der von ihm als störend oder problematisch erlebt wird. Diese Schilderung sollte als ein Versuch verstanden werden, das Problem zu präzisieren und zu klären im Sinne von: sich etwas klar machen, etwas erhellen und strukturieren. Dabei kann es manchmal eine Hilfe sein, dem Gesprächspartner zu sagen, dass er sich vorstellen soll, er habe die Aufgabe, ein Drehbuch für einen Film zu erstellen und eine genaue Anweisung für Bühnenbildner, Schauspieler usw. zu geben.
Als Unterstützung für einen zielgerichteten und strukturierten Gesprächsverlauf können folgende, unten aufgeführte Leitfragen dienen. Es sind Fragen, Impulse etc., die die Richtung der Vorgehensweise angeben; sie sind eine Art roter Faden, der auch bei den weiteren Problemlöseschritten zum Einsatz kommen kann. Generell sollte gelten: Leitfragen können beachtet, müssen aber nicht sklavisch eingehalten werden. Außerdem sollten sie für den jeweiligen Gesprächspartner inhaltlich und sprachlich verständlich formuliert sein.

Leitfragen zur Exploration einer schwierigen Situation:

Diese Leitfragen sollen dem Gesprächsleiter dazu dienen, den Gesprächspartner dabei zu unterstützen, die Anteile seiner schwierigen Situation getrennt voneinander und ausführlicher zu erinnern und zu beschreiben:

Wenn Sie sich die Situation nochmals vergegenwärtigen, was ist Ihnen noch am lebendigsten in Erinnerung?

Versuchen Sie bitte, die Situation so zu beschreiben, dass ich sie mir vorstellen kann! Nennen Sie den Ort, die Personen des Geschehens, den Anlass des Zusammenseins und Abfolge des Geschehens, einschließlich Ihres eigenen Tuns! Ich als Gesprächsleiter werde darauf achten, dass Sie das Handeln jeder Person konkret und für mich vorstellbar beschreiben.

Was hat das Geschehen oder einzelne Ausschnitte davon (Verhaltensweisen, sprachliche und nichtsprachliche Äußerungen) in Ihnen ausgelöst? Welche Gedanken und Gefühle kamen Ihnen dabei?

Wie oft trat dieses Problem auf? Wann zuletzt?

Wie sahen Lösungsversuche aus, die Sie und/oder andere bereits unternommen haben?

Welche Erwartungen hatten Sie in und nach der Situation an sich und an Ihre/n Interaktionspartner? Spürten Sie eine körperliche Reaktion? Wie gingen Sie mit Ihren Gedanken, Gefühls- und Körperreaktionen um?

Was macht die Situation so bedeutsam für Sie? Wie erklären Sie sich das Geschehen? Wie geht es Ihnen jetzt?

Ich als Gesprächsleiter achte darauf,

- *dass Sie sich Zeit nehmen, bei einzelnen Erlebnisinhalten zu bleiben und diese möglichst konkret beschreiben;*
- *dass Sie bei der Darstellung Ihrer Erlebnisinhalte nicht abschweifen, ich werde Sie dann zu den Erlebnisinhalten zurückführen;*
- *dass Sie nicht nach Ursachen suchen, sich zu rechtfertigen versuchen oder schon jetzt nach Lösungen suchen.*

Es sei noch einmal betont, dass neben dem äußeren Geschehen einer Situation die Innensicht, der Sinn- und Bedeutungsaspekt des Handelns zu explorieren ist. Ferner sei auf die Selbstverständlichkeit hingewiesen, dass diese und die weiteren Vorgehensweisen, Hinweise, Hilfestellungen usw. nur auf der Grundlage von und im Zusammenhang mit einer entsprechenden Sichtweise und Haltung des Beraters sowie angemessener Gesprächsmethoden geschehen können.
Nach einem Fragenkomplex, ggf. auch nach einer einzelnen Frage und vor allem am Ende eines Problemlöseschritts sollte der Berater mit dem Ratsuchenden über den Inhalt des Gesprächs einen Dialog-Konsens durchführen. Dieses kommunikative Wahrheitskriterium gewährleistet, dass der Gesprächsleiter seinen Gesprächspartner so versteht, wie dieser sich verstanden wissen möchte, dass er die Konstruktion des Geschehens (dessen Wirklichkeit) versteht, die der Ratsuchende von sich selbst, seinen Interaktionspartnern und der Situation hat. Zwar können durch ein solches Vorgehen Missverständnisse nicht generell verhindert werden, sie treten aber seltener auf. Gleichzeitig wird durch dieses Vorgehen das Bemühen des Beraters um seinen Ratsuchenden deutlich, was wiederum einen positiven Einfluss auf das Vertrauensverhältnis zwischen beiden hat.

3. Beratungsschritt: ***Perspektivenwechsel***
Ziel: Die problematische Situation aus der Sicht des Interaktionspartners erspüren, erfahren.
Vorgehensweise: Die Beschreibung des Problems geschah bisher ausschließlich aus der Perspektive des Ratsuchenden. Der Berater hat ihm dabei geholfen, das Bedeutungssystem zu erkennen (konstruieren) und zu explizieren,

das er seinem Handeln zugrundelegt und das sein Problem (Leiden) geschaffen hat. Zur Betrachtungseinheit eines Interaktionsproblems gehört aber auch die Einbeziehung des Handelns des/der Interaktionspartners. Nicht selten wird das Interaktionsgeschehen ganz unterschiedlich wahrgenommen und bewertet.
Eine Ebene, die Wahrnehmung und Deutung (Sinngebung) des Interaktionspartners zu erfahren, ist z. B. ihn direkt danach zu fragen. Sofern die betreffende/n Person/en anwesend ist/sind, geschieht dies in der gleichen Beratungssitzung, ansonsten wird mit dem/den Beteiligten ein Termin vereinbart. Bei beiden Gegebenheiten wird entsprechend den Leitfragen zur Exploration einer schwierigen Situation (siehe 2. Beratungsschritt) verfahren.
In vielen Fällen ist es aber nicht möglich, die am Problem beteiligten Personen zur Mitarbeit zu gewinnen oder der Ratsuchende lehnt die direkte Einbeziehung einer als Kontrahent erlebten, leidverursachenden Personen prinzipiell ab. Unter diesen Umständen scheidet diese Möglichkeit des Perspektivenwechsels aus.
Auch wenn die beschriebene Ebene des direkten Gesprächs mit den Beteiligten nicht gegangen werden kann, sollte bei der Bearbeitung des Interaktionsproblems mindestens die zweite Ebene des Perspektivenwechsels beschritten werden. Auf ihr geht es darum, dass der Ratsuchende versucht, in die Rolle (Person) des Interaktionspartners der geschilderten problematischen Situation zu schlüpfen.
Allein das gedankliche Hineinversetzen in die Lage der Interaktionspartner kann bedeutende Informationen hervorbringen. Dieser Wechsel der Perspektive hat zum einen den Vorteil, zu der eigenen Sicht einmal in Distanz zu treten und die Schuld nicht voreilig den anderen Beteiligten zuzuschieben, zum anderen bietet die Kenntnis der vermuteten Sichtweise der anderen Personen bei der Suche nach Lösungsmöglichkeiten eine viel tiefergehende, ergiebigere, weniger eingeschränkte Arbeitsgrundlage.
Beim Perspektivenwechsel versucht der Ratsuchende, sich in die jeweils andere Interaktionsperson hineinzuversetzen, indem er sich diesen Menschen noch einmal ganz genau vor Augen führt.
Der Berater hilft dabei, indem er ihn in diese Gedankenakrobatik einführt und sie unterstützt. Er bittet den Ratsuchenden, sich den Interaktionspartner gedanklich vorzustellen und spricht ihn mit dessen Namen an (je nach Wunsch des Ratsuchenden kann es der Vor- oder Nachname des Interaktionspartners sein, aber auch ein fingierter Name ist möglich).
Nun wird der Ratsuchende aufgefordert, den Interaktionspartner in der Ich-Form zu beschreiben, so dass sich der Berater von dieser Person ein Bild machen kann, ihn geistig vor sich sieht. Er könnte z. B. sagen: „Ich bin (etwa) ... alt, sehe ... aus, trage meist folgende (typische) Kleidung ..., habe gegen-

über ... folgende Sicht- und Verhaltensweisen ...“. Wenn möglich bittet der Berater den Ratsuchenden, sich zu Beginn dieser Personenbeschreibung auf einen anderen, bereitgestellten Stuhl zu setzen. Diese „kleine“ Sitzveränderung erleichtert den Rollenwechsel und das spätere Herausgehen aus dieser Rolle.

Nachdem der gespielte Interaktionspartner *„sich“* beschrieben hat, spricht der Berater ihn auf die konkrete (im vorhergehenden Problemlöseschritt geschilderte) Situation an und bittet ihn, diese Situation aus *„seiner“* Sicht zu schildern. Insbesondere bemüht sich der Berater, die Innensicht (Gedanken, Empfindungen, Gründe etc.) von Handlungen zu erkennen. Der Ratsuchende gibt, soweit er sich in den Interaktionspartner hineinversetzen kann, Auskunft. Ferner kann es aufschlussreich sein, die gespielte Person zu fragen, wie diese allgemein und in Bezug auf die geschilderte Situation den Ratsuchenden, also sich selber, sieht. Dieser methodische Doppeldecker, aus der Sicht eines *Anderen* sich selbst zu beschreiben, führt oft zu erkenntnisreichen Be- und Zuschreibungen.

Am Ende eines Perspektivenwechsels, und das ist besonders wichtig, führt der Berater den Ratsuchenden aus der *gespielten* Person wieder zurück in seine ihm gewohnte Gedanken- und Gefühlswelt. Er lässt ihn sich wieder auf seinen *alten* Stuhl setzen und redet ihn sofort mit seinem eigenen Namen an. Er fragt den Ratsuchenden, was dieser bei dem Rollentausch erlebt hat und welche Erkenntnisse ihm in dieser Zeit gekommen sind bzw. ihm jetzt deutlich werden. Oft kommen zu den alten Sichtweisen neue hinzu, Dinge bekommen neue Bedeutungen, manchmal fällt es sogar dem Ratsuchenden wie „*Schuppen von den Augen*“.

Gelegentlich fragen Ratsuchende sowohl bei der ersten als auch bei der zweiten Ebene des Perspektivenwechsels, wie die problematische Situation „denn nun wirklich verlaufen“ sei, „das hier sind doch nur alles persönliche Sichtweisen“. Dann gilt es, ihnen abermals deutlich zu machen, dass jeder Mensch aufgrund seiner subjektiven Selbst- und Weltsicht (konstruierten Wirklichkeit) handelt. Auch der Perspektivenwechsel wird mit einem Dialog-Konsens abgeschlossen, indem die neu gewonnenen Sichtweisen, Deutungen, Erkenntnisse usw. vom Berater zusammengefasst dargestellt und ggf. bei einem Missverstehen vom Ratsuchenden korrigiert werden.

4. Beratungsschritt: ***Analyse des Problems***

Ziel: Die gewonnenen Informationen und Erkenntnisse auf Bedingungs- und Sinnzusammenhänge sowie auf Funktionen hinterfragen und etwaige Handlungsmuster herausarbeiten.

Vorgehensweise: Auf der Grundlage der erkundeten Informationen und gewonnenen Erkenntnisse versuchen Berater und Ratsuchender, den Klärungsprozess zu vertiefen und vor allem zu strukturieren. Auch wenn hierbei das Geschehen in seine interaktiven Teile zerlegt wird und die Elemente zur näheren Betrachtung herausgelöst werden, sollte die Ganzheit und die Vernetztheit eines Geschehens nicht außer Acht gelassen werden, sondern gerade durch die nähere Betrachtung von Einzelheiten deren Einbindung in einen Kontext und der Zusammenhang mit anderen Organisationssystemen deutlich werden. Diese Bedingungs- und Funktionsanalyse erfolgt auf der Basis der dargelegten handlungstheoretischen und systemischen Sichtweise.

Zunächst einmal versucht der Ratsuchende selbst, unterstützt durch Fragen und Impulse des Beraters, Zusammenhänge und Muster herauszuarbeiten. Erst danach expliziert der Berater seine Sichtweisen. Die Aussagen beider sind auf der Ebene von Hypothesen, von Annahmen über Zusammenhänge und Funktionen zu sehen. Rechthaberei oder Besserwisserei sind auch aus diesem Grund zu vermeiden. Gerade die Auseinandersetzungen mit unterschiedlichen und ungewöhnlichen (über das gewollte Denken hinausgehende) Sichtweisen und Denkmodellen kann zur weiteren Klärung (Erhellung, Durchschaubarkeit, Ordnung) der meist sehr komplexen Problemsituation führen und darüber hinaus schon eine Veränderung von (eingefahrenen) Denkweisen bewirken. Es hat sich immer wieder gezeigt, wenn es dem Berater gelingt, im Ratsuchenden durch anregende Fragen und Impulse neue (andere) Bedeutungssysteme (Denkmodelle) zu erzeugen, dann entwickeln sich in ihm kognitive und emotionale Umdeutungen bzw. Umstrukturierungen. Voraussetzung für einen solchen gedanklichen Veränderungsprozess sind ein nach wie vor bestehendes (durch die Zusammenarbeit eher wachsendes) Vertrauensverhältnis zwischen Ratsuchendem und Berater und die gründliche Bearbeitung der vorangegangenen Schritte.

Die Fragerichtungen zur Analyse eines Problems sind vielfältig, einige Aspekte seien exemplarisch aufgeführt:

- Sehen Sie Zusammenhänge zwischen ...? Wie erklären Sie sich diese Zusammenhänge?
- Welche Zusammenhänge könnte X (Interaktionspartner) aus seiner Situation sehen? Wie könnte er sich diese erklären?

- Welchen Zweck, welche Funktion hatte Ihr Handeln? Welchen Zweck und welche Funktion könnte das Handeln von X gehabt haben?
- Erkennen Sie Handlungsmuster (Anordnungen, Wirkungsgefüge) bei der Betrachtung der Problematik? Kommen diese oder sehr ähnliche Handlungsmuster auch in anderen Situationen mit X oder anderen Personen vor?
- Welchen Sinn, Nutzen geben Ihnen diese typischen Handlungsweisen?
- Möchten Sie noch eine Veränderung des Problems oder sehen Sie eine positive Funktion, die Sie erhalten möchten?

Die Abschlussfrage: „Wie sehe ich das Problem jetzt?“ leitet dann zum nächsten Problemlöseschritt über.

5. Beratungsschritt: ***Fokussierung des Schlüsselproblems und Bestimmung des Ziels***
Ziel: Die Unzufriedenheit und der Veränderungsgegenstand werden konkret benannt und der Zustand, der erreicht werden soll, bestimmt.
Vorgehensweise: Nicht selten kommt es vor, dass ein Ratsuchender mit mehreren Ereignissen oder Aspekten seines Problems unzufrieden ist und deshalb mehrere Änderungen herbeiführen möchte. Um sich und seine Mitwelt nicht zu überfordern, ist es jedoch sinnvoll, sich zunächst auf das Geschehen zu konzentrieren, das den Ratsuchenden am meisten beschäftigt, mit dem er am stärksten unzufrieden ist und/oder das er schnellstens verändern möchte. Bei dieser Fokussierung, d. h. der Konzentration des Augenmerks auf einen Brennpunkt, auf ein Schlüsselproblem, kann der Berater den Ratsuchenden wiederum unterstützen. Lenken sollte er ihn aber nur in dem Sinne, dass er beschriebene Situationen, gewonnene Erkenntnisse und Einsichten, die der Ratsuchende nicht einbezieht, in Erinnerung ruft, gleich dem Schein einer Taschenlampe, mit der bestimmte Dinge ins Blickfeld gerückt werden. Der Berater kann Vorschläge machen und ggf. den Gesprächspartner mit Widersprüchen vorsichtig konfrontieren. Letztendlich entscheiden, was den Ratsuchenden am meisten stört oder was er am dringendsten verändern möchte, kann nur er selbst. Diese Entscheidung hat der Berater auch dann zu akzeptieren, wenn er anderer Meinung ist, ansonsten läuft er Gefahr, den Ratsuchenden aus der Verantwortung seines Handelns zu entlassen.
Ausgehend von der Benennung des Schlüsselproblems, dem Zustand der größten Unzufriedenheit, des sinnvollsten Veränderungsgegenstands, hilft der Berater seinem Gesprächspartner, den Zustand zu beschreiben, den er erreichen möchte (Zukunftsbild). Aus der Beschreibung des Ist-Zustands (Phase 2 - 5) wird der Soll-Zustand, das Ziel, entwickelt. Auch wenn es häufig der

Wunsch des Ratsuchenden ist, dass sein Interaktionspartner sein Handeln ändern möge, sollte er sich selbst fragen: Was kann ich dazu beitragen, damit der gewünschte Zustand erreicht wird?
Das Ziel ist so zu formulieren, dass deutlich erkennbar ist, wie der Zustand aussehen soll, dessen schrittweise Erreichung der Ratsuchende gestalten will bzw. bei dem er bereit ist, mitzuwirken. Der Weg selbst, mit dem das Ziel erreicht werden soll, ist aber erst in der Phase der Lösungsfindung zu erarbeiten.
Das Ziel ist konkret (tätigkeitsbezogen) und eindeutig (unmissverständlich) zu beschreiben. Es sollte einen veränderbaren Zustand beinhalten. Manchmal ist es hilfreich, das Zukunftsbild in kurz-, mittel- und langfristige Zielsetzungen zu gliedern. Kommen im weiteren Verlauf der Problemlösung noch neue Informationen und Erkenntnisse hinzu, so ist das Ziel der aktuellen Entwicklung anzupassen.
Das Ziel sollte schriftlich festgelegt werden. Es dient zur Orientierung und Lenkung während der Suche nach möglichen Problemlösungen. Abschließend kann der Ratsuchende darauf hingewiesen werden, seine Zufriedenheit mit seinem Zukunftsbild (Ziel) durch folgende Fragen zu festigen bzw. bei Unstimmigkeit entsprechend zu überarbeiten: Ist das wirklich mein Ziel? Entspricht es meinen Grundvorstellungen? Will ich es wirklich?

6. Beratungsschritt: ***Erarbeitung von Handlungswegen (Lösungsfindung)***
Ziel: Vielseitige und kreative Entwicklung von Handlungswegen, die zur Erreichung des Ziels führen.
Vorgehensweise: Diese Phase kommt zum Kernpunkt der Beratung, dem direkten Suchen und Erarbeiten von Handlungswegen, mit denen das beschriebene und bearbeitete Problem gelöst werden könnte. Für den Ratsuchenden scheint dieser Schritt der kooperativen, problemlösenden Beratung oft der wichtigste und motivierendste zu sein. Auch wenn Lösungen schon auf der Hand liegen, macht es dem Ratsuchenden wie dem Berater eine besondere Freude, die Frucht ihrer Arbeit nun fassen und konkretisieren zu können. Beiden sollte jedoch deutlich sein, dass

- erstens die wesentlichen Voraussetzungen zur Lösungsfindung in den vorausgegangenen Beratungsschritten erarbeitet wurden (wird dort zu schnell und unsauber gearbeitet, ist die Lösungsfindung sehr eingeschränkt),
- zweitens es sich um die Erarbeitung von Handlungswegen handelt, die erst in der Realität zu eigentlichen Lösungen werden können,

- drittens die Phase der Lösungsfindung auch dann bedeutend und produktiv ist, wenn Berater und/oder Ratsuchender bereits sehr genau zu wissen meinen, was die Lösung ist.

Meistens gibt es mehr als einen Weg, mit dem ein Ziel erreicht werden kann. Um zur Vielfältigkeit und Vielschichtigkeit einer Lösungsfindung zu kommen, ist es sinnvoll, sich der Methode des Brainstorming zu bedienen (Osborn 1957, Lamm & Tommsdorf 1973). Sie hilft, über eingeengtes, festgelegtes Denken hinwegzukommen. Beim *Brainstorming* in der kooperativen Beratung sammeln sowohl Berater als auch Ratsuchender alle Ideen (Lösungswege), die ihnen zur Erreichung des vereinbarten Ziels einfallen. Der erste Teil des Ideensammelns ist offen, d. h. außer der Zielsetzung gibt es keine weitere Strukturvorgabe. Zunächst überlegt jeder Gesprächspartner für sich und notiert ggf. seine Vorschläge. Danach trägt zuerst der Ratsuchende seine Ideen vor, dann folgt der Berater mit seinen Vorschlägen. Alle Lösungsvorschläge werden angehört, nicht bewertet und schriftlich festgehalten. Nach dem Vorlesen der eingebrachten Ideen kann jeder noch zusätzlich, so wie es ihm in den Sinn kommt, weitere Lösungsvorschläge machen.
Im zweiten Teil des Brainstorming wird unter Einbeziehung bestimmter Strukturvorgaben die Lösungssuche fortgesetzt. Die Aspekte, die als Grundlage dienen, sind nicht bei jedem Problem die gleichen. Sie ergeben sich aus der vorangegangenen Bearbeitung des jeweiligen Problems und möglichen generellen Ansätzen zur Lösung von Problemen. Hier einige Beispiele für Gesichtspunkte, die häufiger zum Tragen kommen:

- Verbalisieren von bestimmten Situationen, Erkenntnissen, Zusammenhängen, Lösungsansätzen, bestimmten Empfindungen und Überlegungen usw., die in den vorausgegangenen Problemlöseschritten wichtig wurden.

- Lösungen, die speziell auf die Kognitionen und Emotionen, auf die Wahrnehmung und Wahrnehmungsverarbeitung, auf geplantes Handeln oder Handeln unter (Zeit)Druck gerichtet sind.

- Vorschläge, die die Beseitigung, Schaffung oder Tolerierung bestimmter Umweltbedingungen zum Ziel haben.

- Ideen unter den Aspekten: Vorbeugen von (Prävention) oder eingreifende, entgegnende Maßnahmen bei (Intervention) Problemen, der Wiederherstellung eines bestimmten Zustandes (Rehabilitation), Strategien, die ein Ertragen, ein Umgehen mit nicht zu verändernden Zuständen ermöglichen.

- Möglichkeiten zur Informationsbeschaffung: Anschriften von Personen und Institutionen, Literatur, nicht veröffentlichte Papiere, Arbeitsmaterial, Schulbücher etc.

- Personen, Arbeitskreise, Selbsthilfegruppen, Einrichtungen, die an dem gleichen oder einem ähnlichen Problem arbeiten, ggf. Hinweise auf Fachberater (Schulpsychologischer Dienst, Berufsberater etc.).

- Aspekte des persönlichen Umgangs mit dem Angehen und Durchhalten von Veränderungen: Anspruchsniveau, realisierte Erwartungen, kleine Schritte, positive Rückmeldung etc., Ausgleichsaktivitäten, wie körperliche und psychische Entspannung.

Die Vorgaben bei dem strukturierten Teil des Brainstorming dürfen jedoch nicht kompliziert, zu umfangreich und von der Welt des Ratsuchenden abgehoben sein, anderenfalls ist seine Mitarbeit und damit eine gemeinsame kreative, ungezwungene Ideensammlung nicht möglich.
Abschließend noch einige (teils wiederholende) Hinweise zur Methode des Brainstorming innerhalb der Kooperativen Beratung:

- Die Fragestellung, das Ziel, worüber nachgedacht werden soll, muss klar und eindeutig formuliert sein.

- Zunächst denkt jeder Teilnehmer der Ideensammlung für sich über Lösungsmöglichkeiten nach und notiert diese ggf..

- Jede Art von Lösungsideen ist zugelassen. Zu Spontaneität, Kreativität und Originalität soll ermuntert werden. Lustige, ungewöhnliche und absurde Ideen beflügeln den Gedankenfluss und regen an, die gewohnten, oft eingeschränkten Denkweisen zu durchbrechen. Quantität ist *zunächst* gefragt.

- Kein Vorschlag soll kritisiert werden. Es darf nur eingegriffen werden, wenn die Ideen das Ziel völlig verfehlen.

- Bisher eingebrachte Vorschläge dürfen aufgegriffen und mit neuen verbunden werden.

- Alle Ideen werden schriftlich festgehalten. Entweder werden die Vorschläge auf einem Bogen fortlaufend mitgeschrieben oder jeder Vorschlag auf einem Kärtchen notiert. Die Arbeit mit den Kärtchen erleichtert später eine Strukturierung und Gruppierung der Zwischenbilanzen, im Sinne von Vorlesen der bisher zusammengetragenen Lösungsmöglichkeiten, löst oft Zufriedenheit über das schon Geschaffte aus und stimuliert zu neuen oder ergänzenden Ideen.

Zu anderen und qualitativ guten Handlungsmöglichkeiten kommt es meist erst dann, wenn die vorangegangenen Beratungsschritte, insbesondere der Perspektivenwechsel, gründlich und mit der Überzeugung, bereits hiermit die notwendigen Grundlagen für eine Lösung zu legen, durchgeführt werden.

7. Beratungsschritt: ***Handlungsbewertung und autonome Entscheidung für eine der Handlungsmöglichkeiten***

Ziel: Die erarbeiteten Handlungswege nach persönlich bedeutsamen Kriterien bewerten, eine Auswahl treffen und eine selbstständige, eigenverantwortliche Entscheidung vornehmen.

Hinweise und Vorgehen: Das Ziel wurde gesetzt und Möglichkeiten zur Lösung des Problems erarbeitet. Nun gilt es, aus der Fülle von Lösungsalternativen eine Auswahl zu treffen. Zwar kann der Berater bei diesem Bewertungsprozess Hilfen geben, indem er Bewertungs- und Entscheidungskriterien sowie Vorgehensweisen vorschlägt. Die Entscheidung für oder gegen einen Handlungsweg muss der Ratsuchende jedoch selbst treffen. Dieses Vorgehen stützt zum einen die Selbstständigkeit, die Eigenverantwortlichkeit und Entscheidungsfreiheit des Ratsuchenden, und es entlastet zum anderen den Berater von Aufgaben, die er dem Ratsuchenden nicht abnehmen sollte und die ihn (meistens) unnötig binden würden. Ferner wird damit wieder nach dem Prinzip verfahren, dass jeder der Beteiligten sein jeweiliges Expertenwissen einbringen sollte. Und der Ratsuchende ist Fachfrau/Fachmann für ihren/seinen Schulalltag. Er kennt sich, seine Schüler, Kollegen usw. am besten.

Die Kriterien, die der Berater zur Bewertung und Auswahl von Handlungswegen vorschlagen kann, sind vielfältig. Einige Kriterien, die sich bewährt haben, seien hier in Form von selbstprüfenden Fragen (Prüfsteinen) genannt:

- *Hat mir dieser Handlungsvorschlag sofort gefallen und finde ich ihn immer noch besonders? Was sind die Gründe?*
- *Ist dieser Handlungsweg mit meinen (persönlichen bzw. pädagogischen) Grundeinstellungen (überwiegend) vereinbar?*
- *Passt der Weg (überwiegend) zu meinem grundlegenden Handlungsstil, zu meinem Wesen?*
- *Wenn ich den Aufwand an Zeit und Kraft dem möglichen Nutzen gegenüberstelle, zu welchem Ergebnis komme ich da? Bin ich bereit, bei dieser Kosten-Nutzen-Relation den Lösungsweg umzusetzen?*

- *Welche möglichen positiven und/oder negativen Konsequenzen könnte der Handlungsweg bewirken (bei mir persönlich, bei dem Interaktionspartner, bei anderen Personen)?*
- *Was ist das Besondere, das Reizvolle oder das angemessen Ungewöhnliche an diesem Vorschlag? Was zeichnet ihn gegenüber früheren Lösungsversuchen aus?*
- *Halte ich diese Lösungsmöglichkeit für realisierbar (machbar)? Was spricht dafür und was dagegen?*
- *Welche Hilfe, welchen Erfolg, welche Veränderungen verspreche ich mir kurz-, mittel- und/oder langfristig von diesem Lösungsweg (i. a. W. sofort nach der Umsetzung, nach mehrfach wiederholter und/oder nach fortdauernder, über Monate gehende Ausführung)?*
- *Inwieweit bin ich bereit, mich für diesen Lösungsweg zu engagieren? Wie wichtig ist mir eine Lösung des Problems? Wie stark will ich eine Änderung der Problemsituation?*
- *Wie geht es mir bei dem Gedanken, die Handlungsmöglichkeit bei der nächsten Gelegenheit in meinem Alltag in die Tat umzusetzen?*

Die Kriterien sollten weniger als *Checkliste* benutzt werden, sondern mehr als Anregung für situationsspezifische Fragen oder als Auswahlmöglichkeit. Gerade ängstliche und unsichere Menschen würden von dieser Fülle letztendlich selbstkritischer Fragen erdrückt werden. Außerdem muss nicht jede Frage positiv beantwortet werden, damit eine Lösungsmöglichkeit als angenommen gilt. Manche Beseitigung von Unklarheit und die Konkretisierung kann in dem nächsten Lösungsschritt der Vorbereitung des Handlungsweges für die konkrete Alltagssituation geschehen.
Das Vorgehen bei der Bewertung und Auswahl von Handlungswegen kann so geschehen, dass nach dem Anlegen der eben genannten Prüfsteine an einen Handlungsvorschlag dieser mit Bewertungszeichen markiert wird, z. B.:

- = kommt für mich nicht in Frage
+ = gegebenenfalls oder bedingt geeignet
++ = (sehr) gut geeignet, führe ich durch

Häufig schließen sich mehrere positiv beurteilte Wege nicht aus. Sie können als Alternativen benutzt werden oder, zusammengefasst, sich gegenseitig ergänzen. Hier ergeben sich manchmal *Menüvorschläge* mit verschiedenen Gängen, die dann im nächsten Beratungsschritt fachgerecht und ganz individuell „zubereitet“ werden.

Zusammengefasste Lösungsmöglichkeiten können durch entsprechende Pfeile verbunden werden oder, bei der Verwendung von Kärtchen, entsprechend gelegt, aufgeklebt, verbunden und ggf. nummeriert werden.

8. Beratungsschritt: ***Planung und Vorbereitung der Handlungsschritte, Umsetzungshilfen und Störungsentgegnungen***
Ziel: Die Lösungsmöglichkeiten in Handlungsschritte umwandeln und Umsetzungshilfen und Entgegnungen bei Umsetzungsstörungen planen.
Hinweise und Vorgehen: Die meisten Problemlösestrategien hören mit der Erarbeitung von Lösungsvorschlägen auf. In vielen Fällen ist es aber notwendig, gerade den Schritt in die Konkretisierung und Pragmatisierung informierend und beratend zu unterstützen. Im ersten Teil dieser Beratungsphase geht es darum, den vom Ratsuchenden erwählten Lösungsvorschlag in konkrete Handlungsschritte umzuwandeln, die dann im Berufsalltag umgesetzt werden können. Wenn der Ratsuchende in einer bestimmten schwierigen Situation nicht genau weiß, was er tun kann, so wird er in dieser Situation hilflos sein und nichts seinem Ziel und Lösungsweg gemäß ändern, sondern eher noch unzufriedener werden.
Ratsuchender und Berater überlegen, welche einzelnen Handlungsschritte im Kontext des Lösungswegs notwendig und sinnvoll sind, um das angestrebte Ziel zu erreichen.

Ein Handlungsschritt sollte:

- *eindeutig, konkret (tätigkeitsbezogen) und sprachlich einfach sein,*
- *er sollte möglichst beinhalten, was, wo, wann, wie, unter welchen Bedingungen, mit welcher Einstellung auszuführen ist,*
- *als Absichtserklärung formuliert sein (Ich will ..., Ich beabsichtige ...).*

Auch die Handlungsschritte werden schriftlich festgehalten. Sie werden, wenn nicht von vornherein schon geplant, in eine Reihenfolge, Schrittfolge gebracht. Bei der Bildung von Handlungsschritten ist es manchmal zweckmäßig, die Schritte in Maßnahmen zu untergliedern, die vor, beim oder nach Auftreten des Problems eingesetzt werden sollen.
Insbesondere Maßnahmen, die vor dem Problemverhalten bzw. der problematischen Bedingung ausgeführt werden, können eine vorbeugende (präventive) Wirkung beinhalten und damit eine schwierige Situation vermindern oder gar verhindern.
Im folgenden Teil dieser Beratungsphase geht es darum, sich mit den förderlichen und erleichternden Bedingungen einerseits und mit den störenden und

hemmenden Bedingungen der Umsetzung der Handlungsschritte andererseits zu befassen.

Zur Unterstützung und Erleichterung der Umsetzung der Handlungsschritte kann man gezielte Hilfen und Ressourcen personeller, materieller und situativer Art suchen bzw. entwickeln. Das sind zum Beispiel:

Erinnerungshilfen :

Leicht wird ein Ziel oder ein Handlungsschritt im Trubel des Alltagsgeschehens vergessen. So ist es hilfreich, z. B. durch einen kleinen farbigen Merkzettel an den Handlungsvorsatz erinnert zu werden oder andere Erinnerungshilfen einzusetzen. Man kann sich auch den oder die jeweils auszuführenden Handlungsschritte in die Unterrichtsplanung schreiben.

Materielle Hilfen:

Hiermit sind Medien und Materialien gemeint, die für die Durchführung eines Handlungsschritts benötigt werden.

Hilfen zur Selbststeuerung:

Es hat sich gezeigt, dass z. B. Selbstaufforderungen, die man sich vor einer Veranstaltung oder direkt vor der Handlungsausführung gibt, Mut machen und die Konzentration auf die Handlung erhöhen. D. h. man sagt sich innerlich einen entsprechenden Satz allgemeiner (z. B.: „Das wirst Du schon schaffen!“) oder spezieller Art (z. B.: „Jetzt schaust Du Herrn X an, wenn Du ihn ansprichst!“). Dies kann ein Teil der sogenannten Stress-Impfung sein, bei der das Handeln in kritischen Situationen durch inneres Sprechen gesteuert wird.

Unterstützungspartner:

Als besonders hilfreich wird es fast immer erlebt, wenn die Handlungsumsetzung und oft auch schon die Vorbereitung dazu mit einer anderen, möglichst etwas vertrauten Person besprochen wird. Dieser Unterstützungspartner kann Rückmeldung bei der Handlungsplanung und -vorbereitung geben, mit ihm können die Ausführung und die dabei auftretenden Schwierigkeiten reflektiert werden. Ebenso wenn es darum geht, vorhandene Verhaltensweisen (Kompetenzen) zu verbessern oder neue aufzubauen, kann ein Unterstützungspartner die notwendige Ermunterung und Korrektur geben. Diese den Ratsuchenden unterstützende Person sollte wenn möglich nicht der Berater sein.

Vorbeugungs- und Abwehrmaßnahmen gegen störende Bedingungen:

Da es manchmal anders kommt, als man die Situation und den Handlungsverlauf geplant hat, ist es sinnvoll, sich darüber Gedanken zu machen, welche möglichen Störungen, Erschwernisse oder Widrigkeiten *(Giftpfeile)* bei der Handlungsausführung auftreten können. Hierfür eignet sich z. B. die Methode *Mentales Rollenspiel,* bei der man versucht, sich gedanklich in die Rolle und Sichtweisen z. B. des Kontrahenten zu versetzen. Für diese Eventualitäten (mögliche Fälle) überlegt man sich Maßnahmen zur Vorbeugung oder zur Abwehr und Entgegnung *(Schutzschild).* Das können u. a. auch alternative Lösungswege sein, die aus der Lösungssammlung entnommen wurden. So gewappnet, gewinnt der Ratsuchende die notwendige Sicherheit, um dem einst unangenehm erlebten Problem vorbereitet entgegenzutreten.
Der transferbezogene Beratungsschritt *Planung und Vorbereitung von Handlungsschritten, Umsetzungshilfen und Störungsentgegnungen* kann nach der Lösungsfindung und Entscheidungsphase in Teilen oder als Ganzes folgen, aber auch, wenn die Beratungssituation es nicht erfordert, weggelassen werden. Dieser Problemlöseschritt könnte ebenfalls als „Hausaufgabe" vom Ratsuchenden allein durchgeführt werden.
Ein weiterer Aspekt einer alltagsnahen Vorbereitung der Handlungsschritte, der auch zu den Umsetzungshilfen zählen könnte, sei gesondert aufgeführt:
Nicht selten sind Ratsuchende - trotz dieser auf den Boden der Realität des Schulalltags zurückholenden Phase - euphorisch oder übermütig und meinen, die Kraft zu haben, Berge versetzen zu können. Hat der Berater den Eindruck, dass sich der Ratsuchende von seiner Tatkraft her übernimmt, so sollte er den Gesprächspartner dazu anleiten, eine Kräftebilanz bzw. Kraftfeldanalyse durchzuführen.
Ein Mensch hat nicht unendlich viel Kraft, auch wenn er sich manchmal so fühlt. Die endliche Kraft gilt es, gerade wenn neue Aufgaben, Belastungen usw. hinzukommen, einzuteilen, m. a. W. mit ihr hauszuhalten. Der Ratsuchende sollte sich deshalb einmal vergegenwärtigen, in welche seiner beruflichen und privaten Lebensbereiche er seine Schaffenskraft investieren muss. Er kann sich seine Kräfteverteilung veranschaulichen, indem er einen *Kräftekuchen* zeichnet, diesen in entsprechende Segmente einteilt und die Inhalte benennt.
Andererseits, bzw. ergänzend, kann sich der Ratsuchende überlegen, welche Aufgabenfelder, Aktionen etc. ihm Kräfte abziehen und woher er sich eigene Kräfte und/oder fremde Unterstützungskräfte holen kann. Diese Überlegungen können zu einer Umverteilung oder Ökonomisierung des Einsatzes von Kräften führen. Die Ergebnisse der Kräftebilanz (Kraftfeldanalyse) und die

Erfahrungen und Sichtweisen des Ratsuchenden können in Leitsätzen für sein Veränderungs(Problemlöse-)vorhaben im Alltag formuliert werden, z. B.: „Wenn ich in kleinen, machbaren Schritten vorgehe, dann habe ich am ehesten Erfolg, und dann schöpfe ich aus diesem Erfolg Kraft für den nächsten Schritt." oder: „Wenn ich mein Vorhaben in meiner Unterrichtsplanung (die verbindliche Stoffverteilung usw.) einbinden kann und damit sowohl für die Vorbereitung und die Durchführung wenig Extraarbeit entsteht, dann habe ich auch ausreichend Kraft, die Sache durchzuhalten".

Solche bewusst formulierten, subjektiven Theorien können eine starke handlungsleitende Funktion haben. Es handelt sich hier um eine Art Vorsatzbildung für die allgemeine methodische Sicht- und Vorgehensweise des Ratsuchenden.

Dieser bewusst gesteuerte und unterstützte Verarbeitungsprozess im Rahmen von Handlungsplanung, d. h. die Verbindung von früheren Erfahrungen mit selbstgewonnenen Erkenntnissen aus Beratungs-, Supervisions- und Fortbildungs-(Trainings-)prozessen ist eine Methode zur Steigerung der Einstiegs- und Durchhaltebereitschaft in einem Vorhaben sowie zur Erhöhung der bewussten Selbststeuerung.

Zum Abschluss der Beratungssitzung ist es sinnvoll, Abmachungen, Hausaufgaben usw. in eine Art Vertragsform zu bringen, um die Verbindlichkeit von Absprachen und damit die Realisierungschance des Lösungsweges zu erhöhen. Hierbei werden insbesondere die erarbeiteten Handlungsschritte zusammengefasst und in der angegebenen Form als Selbstverpflichtung formuliert. Die Erfolgskriterien ergeben sich aus den operationalisierten Handlungsschritten (weiteres siehe Hautzinger 1981).

Eine weitere Möglichkeit, die Handlungsschritte für den Einsatz in der Realsituation vorzubereiten, ist folgende: Im Rollenspiel soll der erste Schritt des Lösungsweges auf der Handlungsebene erprobt werden, wie eine Art quasireale Bewährungsprobe.

Durch das Rollenspiel lässt sich Handeln in seiner Vielschichtigkeit, d. h. in seiner Verhaltens-, kognitiven und emotionalen Ebene, erfahrbar, analysierbar und in seiner Veränderbarkeit erlebbar machen. Die szenische Darstellung eines Lösungsweges holt die Realsituation in die Beratungssituation hinein. Zwar bringt das Rollenspiel als Probeaufführung des Realgeschehens mit sich, dass manche situative Bedingungen nicht (ganz) der Realität entsprechen (Quasi-Realität), es bietet jedoch durch das Erleben der eigenen (neuen) und fremder Rollen (durch Rollentausch) sowie einer Rollendistanz eine eingehende Beschäftigung mit dem Lösungsweg, d. h. eine gezielte und bewusste Erfahrungs- und metakommunikative Arbeitsmöglichkeit. Das psycho-dramatische Rollenspiel ist ein wertvoller Ausgangspunkt für die vom Berater dialogisch geführte Rekonstruktion der subjektiv-reflexiven

Innensicht, der abgelaufenen Überlegungen (Kognitionen) und Empfindungen (Emotionen) während des Rollenspiels.
Die einzelnen Phasen des Rollenspiels sind: Bestimmung der Situation, Einführung und Vorbereitung (Initiieren, Erinnern, Szenario), Durchführung (Exploration, Spiel der Szene, Rekonstruktion der Innensicht), Nachbereitung (Analyse der Handlungsanteile und Handlungszusammenhänge, Explikation der Einsichtgewinnung).

9. Beratungsschritt: ***Begleitung und Nachbereitung der Beratung***
Ziel: Den Ratsuchenden in seinem Versuch der Problembewältigung unterstützen, d. h. ihn bei der Umsetzung des Lösungsweges begleiten.
Hinweise und Vorgehen: Ziel der Kooperativen Beratung ist es, dass der Ratsuchende seinen erarbeiteten Lösungsweg selbstständig in die Tat umsetzt. In vielen Fällen ist es aber angebracht und teilweise notwendig, dass der Berater den Ratsuchenden auf dem Weg zu seinem Ziel begleitet, d. h. er lässt sich über den Start und den Fortgang der Umsetzung berichten, leitet den Ratsuchenden zur Reflexion des Handlungsprozesses an, gibt, wenn nur irgend möglich, positive Rückmeldungen, ermuntert ihn auch, kleine Erfolge zu sehen, versucht, misslungene Versuche und Rückschläge aufzufangen und bietet ggf. eine Sitzung zu einem erweiterten oder neuen Problemlösegespräch an.
Hilfreich für die Begleitung und auch für die Nachbereitung (Abschlussgespräch) des Bewältigungsprozesses sind fortlaufend geführte Erfahrungs- und Reflexionsberichte. Auf der Grundlage dieser Informationen können sehr genau die fördernden, hemmenden oder gar verhindernden Bedingungen des Problemlöseprozesses aufgezeigt werden. Deren Kenntnis ist für die weitere Planung und Durchführung sehr wichtig, ebenso für die Bewältigung anderer Probleme.
Die Begleitung kann in unterschiedlich organisierter Form verlaufen: direkte Gespräche, Telefonate, ggf. auch in schriftlicher Form.
Auch wenn keine beraterische Begleitung erforderlich ist bzw. die Begleitung von einem Unterstützungspartner (siehe Beratungsschritt 8) durchgeführt wird, sollte eine Nachbereitung, d. h. ein den gesamten Beratungsprozess abschließendes Gespräch zwischen Ratsuchendem und Berater, stattfinden. Vereinbarungen zu treffen hat in den meisten Fällen wenig Sinn, wenn nicht auch der Berater ein Interesse an deren Einhaltung zeigt.
Begleitende und abschließende Gespräche sollen nicht den Charakter der bloßen Prüfung von Erfolg und Misserfolg haben. Die qualitative Arbeit, d. h. die Reflexion der Umsetzung des Lösungsweges, ist das tragende Element der Weiterentwicklung von Problemlösekompetenzen.

8.6 Abschließende Bemerkungen

Die Kooperative Beratung ist - wie alle Beratungskonzeptionen - abhängig vom jeweiligen Kontext, den Gegebenheiten sowie der subjektiven Wahrnehmung und Verarbeitung der räumlichen, zeitlichen und personellen Bedingungen des Systems Beratung. Kooperative Beratung ist aber nicht als ein geschlossenes System zu verstehen. Trotz ihrer starken Strukturiertheit und des ausformulierten Vorgehens ist sie als eher offen zu betrachten und anzuwenden.

Die Vorgehensweise in der Kooperativen Beratung ist verzweigt (siehe Abb. 21) und nicht linear vorzunehmen; d. h. nicht jedes Gespräch muss alle Beratungsphasen durchlaufen bzw. ein Wiedereinsteigen in eine vorangegangene Phase kann sehr sinnvoll und nützlich sein. Gespräche, die zur Unterstützung einer Diagnose oder einer Klärung dienen sollen, werden die Beratungsschritte 1 - 4 zur Grundlage haben, Planungsgespräche die Schritte 5 - 8.

Die Struktur der Kooperativen Beratung ist für Ergänzungen und Erweiterungen offen. So kann z. B. hilfreich sein, den mehr diagnostischen Teil (Schritte 1 - 4) durch Unterrichtsbeobachtungen, Gespräche mit anderen direkt oder indirekt Beteiligten oder durch andere diagnostische Verfahren zu ergänzen bzw. die Kooperative Beratung in eine Diagnoseprozess einzubeziehen.

Ebenso lässt sich die Kooperative Beratung durch pädagogische und therapeutische Elemente, z. B. aus dem Psychodrama, der Gestalttherapie oder der Kognitionspsychologie, erweitern. Entscheidend ist, dass die Stimmigkeit zu den Bezugsrahmen (siehe Abb. 11), insbesondere zu den Menschenbildannahmen, sichergestellt ist.

8.7 Aufgaben

1. *Nennen Sie Aufgabenfelder und Ziele von Beratung in Ihrem Arbeitsfeld!*
2. *Vergleichen Sie die unterschiedlichen Formen der Beratung miteinander!*
3. *Wie sollte Ihrer Meinung nach die Beziehung zwischen Ratsuchendem und Berater aussehen?*
4. *Nach dem Lesen des im Text vorgestellten Kooperativen Beratungskonzepts haben Sie einen Einblick in einen möglichen Ablauf einer Beratungssitzung erhalten. Finden Sie nun die für Sie bedeutendsten Schritte einer Beratungssitzung heraus, schreiben Sie diese einzeln auf eine Karte und ordnen Sie sie so an, dass für Sie ein stimmiges „Bild" eines Beratungsgesprächs entsteht!*
5. *In dem Kooperativen Beratungskonzept ist von Perspektivenwechsel die Rede. Versuchen Sie, diesen zu beschreiben und inhaltliche Aspekte zu erläutern!*

8.8 Literatur

Derow, R. 1987/88: Beratung, Beratungspsychologie. In: Dorsch, F. u. a. (Hrsg.): Psychologisches Wörterbuch. Bern: Huber.

Dietrich, G. 1983: Allgemeine Beratungspsychologie. Göttingen: Hogrefe.

Dietrich, G. 1987: Spezielle Beratungspsychologie. Göttingen: Hogrefe.

Groeben, N. & Scheele, B. 1977: Argumente für eine Psychologie des reflexiven Subjekts. Paradigmawechsel vom behavioralen zum epistemologischen Menschenbild. Darmstadt: Steinkopf.

Gutachten des Deutschen Bildungsrates (1970), Bonn.

Hautzinger, M. 1981: Verhaltensverträge. In: Linden, M. & Hautzinger, M. (Hrsg.): Psychotherapiemanual. Berlin u. a.: Springer.

Herzog, W. 1984: Modell und Theorie in der Psychologie. Göttingen: Hogrefe.

Hirsch, A. & Schmidtchen, A. 1981: Beratung. In: Hautzinger, M. (Hrsg.) Psychotherapie-Manual. Berlin: Springer, 22-28.

Kinder- und Jugendhilfegesetz (KJHG) 1990. Bundesministerium für Frauen und Jugend. Bonn.

Kleber, E. W. 1989: Beratung in der Schule (und ihre Probleme). In: Goetze, H. & Neukäter, H. (Hrsg.): Pädagogik bei Verhaltensstörungen. Handbuch der Sonderpädagogik, Bd. 6, Berlin: Edition Marhold, Spiess, 390-419.

Kultusministerkonferenz, Beschluss vom 6.5.1994: Empfehlungen zur sonderpädagogischen Förderung in den Schulen der Bundesrepublik Deutschland. Bonn: Sekretariat der ständigen Konferenz der Kultusminister der Länder.

Lamm, J. & Tommsdorf, G. 1973: Group versus individual performance on tastes requiring ideational proficincy (brainstorming). Europ. Y. Soc. Psychl. 3.

Mutzeck, W. 1988: Von der Absicht zum Handeln. Weinheim: Deutscher Studien Verlag.

Mutzeck, W. 1996, 3. Aufl. 1999: Kooperative Beratung: Grundlagen und Methoden der Beratung und Supervision im Berufsalltag. Weinheim: Beltz.

Osborn, A. F. 1957: Applied imagination. New York: Scribner.

Rechtien, A. 1988: Beratung im Alltag. Paderborn: Jungfermann.

Speck, O. 1989: Pädagogische Beratung unter dem Aspekt ökologischer Kommunikation. Z. f. H., 40. Jg., Heft 6, 361-370.

Tausch, A. & Tausch, R. 1990: Gesprächspsychotherapie. Göttingen: Verlag für Psychologie Hogrefe.

Wahl, D. 1991: Handeln unter Druck. Weinheim: Deutscher Studien Verlag.

Weinberger, S. 1988, 2. Auflage 1990: Klientenzentrierte Gesprächsführung. Weinheim: Beltz.

9 Didaktische und methodische Aspekte schulischer und außerschulischer Erziehung und Unterrichtung

9.1 Lernziele

Die Leserin/der Leser soll:

1. *didaktische und methodische Aspekte schulischer und außerschulischer Erziehung und Unterrichtung kennen lernen,*
2. *grundlegende Gesichtspunkte der Erziehung unter besonderer Berücksichtigung von Erziehungsschwierigkeiten erläutern können,*
3. *wichtige Aspekte zur Planung und Gestaltung von Unterricht benennen,*
4. *verschiedene Konzeptionen, Formen und Methoden der Unterrichtung von Jugendlichen mit Verhaltensstörungen beschreiben können.*

9.2 Grundlegende Gesichtspunkte zur Erziehung in Schule, Ausbildung und Wohngruppen

Otto Speck (Pädagoge, Sonderpädagoge und Psychologe, Professor em. an der Universität München) hat in seinem Buch „Chaos und Autonomie in der Erziehung" (2. Auflage 1997) die grundlegenden Gesichtspunkte der Erziehung unter besonderer Berücksichtigung der Erziehungsschwierigkeiten herausgearbeitet. Sie sind im Folgenden zusammengefasst wiedergegeben.

Autonomie ermöglichen

Speck geht von einem Autonomieprinzip in der Entwicklung und Erziehung aus, er meint, „dass das Kind Akteur *seiner* Entwicklung und lernendes Subjekt ist und *seine* Mündigkeit durch Selbstorganisation *seiner Wirklichkeit* aufbaut (Piaget)" (1997, 177).
Erziehung kommt hierbei die Rolle der Hilfe und Unterstützung dieses Prozesses zu, denn Autonomie ist weder ein Natur- noch Eigenprodukt des Kindes, sondern erwächst aus der Interaktion des Selbst mit seiner Umwelt, also

u. a. mit dem Erzieher. Er gibt dem Kind die Möglichkeit, aktiv ein eigenes Selbst- und Weltbild aufzubauen. Es soll erkennen, dass es als einzelnes Individuum selbstständig entscheiden und handeln kann, dies als Ursache von Folgen erlebt und Verantwortung dafür übernehmen muss.
Der Erzieher schafft durch pädagogische Situationen ein Übungsfeld, in dem das Kind die Gelegenheit bekommt, sich zu erproben und Zug um Zug einen immer stärker werdenden Willen ausbilden kann. Dabei bedarf es vor allem eines Erziehers, der selbst autonom ist. Seine Handlungen, d. h. seine zuverlässige Lebensordnung, geben dem Kind Sicherheit und Verbindlichkeit, und sind Voraussetzung für dessen eigene Autonomiebildung (Doppelprinzip der Autonomiebildung).
Die Grundlage dieses Prozesses sind gegenseitige Achtung, Vertrauen und Kooperation.

Werte und Normen vertreten

Angesichts der allgemeinen normativen Unsicherheit und Vielfalt heutzutage neigen viele Erzieher (Eltern und professionelle) dazu, keinen klaren, verbindlichen moralischen Standpunkt zu beziehen. Doch Erziehung kann sich in diesem Fall „der Stimme nicht enthalten", ihre Aufgabe ist es, Normen und Werte zu prüfen, zu begründen und zu vertreten.
Dabei ist es wichtig, nicht dogmatisch auf ein Moralsystem zu beharren, sondern dem Kind die Möglichkeit zu geben, die gesamte Pluralität der bestehenden Norm- und Wertesysteme zu erkennen. „Der Weg zur normativen Autonomie führt pädagogisch gesehen über die Auseinandersetzung mit verschiedenen normativen Standpunkten" (Speck 1997, 180). D. h. das Kind muss erkennen, dass jeder Mensch nur ein bestimmtes Norm- und Wertesystem vertreten kann, diese aber von Mensch zu Mensch differieren können. Wird es vom Erzieher allerdings überzeugend und glaubhaft im Alltag gelebt, und versucht er nicht, dem Kind einfach etwas überzustülpen, wird die Voraussetzung für einen eigenen Standpunkt verbunden mit der Herausbildung eigener Normen und Werte, an denen sich das Kind orientiert (Modelllernen), sowie die Respektierung anderer autonomer Wertesysteme geschaffen. Die pädagogische Grundlage hierfür wird in der Familie gelegt, vor allem durch Autonomiebildung.
Obwohl über Normen und Werte immer wieder neu diskutiert werden sollte, um so ihre gesellschaftliche Aktualität zu wahren, gibt es Normen und Werte, die nicht ständig in Frage gestellt werden müssen, z. B. ein Mindestmaß an Gerechtigkeit, gegenseitige Achtung, Verletzungsverbot, Hilfegebot.
Normen und Werte sind ebenso aber auch Voraussetzungen für das Kind zur Orientierung in der Gesellschaft bzw. Gemeinschaft, denn nur im Miteinander kann sich Moral entwickeln, Gewissen bilden, werden Normen und

Werte gepflegt. Das Kind hat zwar die Anlage für moralisches Handeln in sich, doch kommt sie erst in der Gemeinschaft zur Entfaltung.

Gegenseitige Achtung

Gegenseitige Achtung ist die Basis für jeglichen pädagogischen Interaktionsprozeß, sei es Vertrauens- oder Autonomiebildung, die Vermittlung von Wertverbindlichkeiten etc. Jeder Mensch hat den Anspruch auf Achtung seiner Persönlichkeit und Menschenwürde. Er gilt für jeden und muss aber auch für jeden geltend gemacht werden.

Lange gab es in der Erziehung ein einseitiges Achtungsverhältnis. „Das Kind hatte Vater, Mutter und Lehrer zu achten" (Speck 1997, 182) und war von ihnen und ihrem Wohlwollen abhängig, ohne oft selbst Achtung zu erfahren.

Heutzutage beruht Achtung auf Wechselseitigkeit, d. h. aber nicht nur das die Erwachsenen jetzt das Kind respektieren sollen, sondern auch umgekehrt ist vom Kind jederzeit Respekt zu verlangen.

Eine Erziehung zur Achtung der Menschenwürde ist also nur dann möglich, wenn niemand in seiner Achtung verletzt wird oder der Verletzte (sei es Kind oder Erwachsener) sein Recht auf Achtung einfordern kann.

Vertrauen

„Vertrauen ist Grundbedingung für die erzieherische Wirksamkeit und Gültigkeit" (*Speck 1997, 187*).

Nach Erikson bringt jedes Kind von Natur aus ein Urvertrauen mit auf die Welt, d. h. es ist in seiner Hilflosigkeit bereit, sich anderen Personen, auf die es angewiesen ist, anzuvertrauen. Dieses Vertrauen in sich und die Welt gilt es zu stärken und fördern, anfangs vor allem durch die Mutter als meist engste Vertrauensperson, später zusätzlich durch den Erzieher, denn das Selbstvertrauen des Kindes ist die Grundlage seines späteren Denkens und Handelns.

Nur wer vertraut, lässt sich führen und leiten, orientiert sich an anderen Personen, glaubt ihnen und verlässt sich auf sie. Das anfängliche Vertrauen des Kindes in den Erzieher ist wie eine Art Geschenk an ihn, welches es zu wahren und pflegen gilt. „Je jünger und hilfloser ein Kind ist, desto stärker ist es auf Vertrauen angewiesen" (Speck 1997, 186). Es muss sich erst in der Welt zurechtfinden und gesellschaftliche Strukturen, Normen und Werte erkennen. Der Erwachsene gibt ihm dabei Sicherheit, er reduziert die Fülle des Ungewissen und Unbekannten. Vertrauen in den Erzieher bleibt aber nur bestehen, wenn er es stets ehrlich meint, man sich jederzeit auf ihn verlassen kann, er in Denken und Handeln echt ist und bleibt und das Kind im Gegenzug auch Vertrauen in sich spürt.

Ist die Vertrauensbrücke zwischen Kind und Erzieher fest und sicher, können auch kurzzeitige Enttäuschungen sie nicht zum Einsturz bringen.

Erziehungsstil: Zuwendung plus soziale Kontrolle

Immer wieder wird in der Wissenschaft diskutiert und untersucht, inwieweit der Erziehungsstil als Alltagsform des Umgangs mit dem Kind von Bedeutung für dessen Autonomiebildung ist.
Dabei wurde festgestellt, dass der betont direktive, autoritäre, fremdbestimmte Erziehungsstil ein Übermaß an Abhängigkeit des Kindes erzeugt. Peterander (1987) fand heraus, dass durch verstärkt pointiertes Auffordern, wie z. B. Anordnen, Anweisen und Befehlen, selbstverantwortliches Handeln verhindert wird und somit vermehrt Verhaltensstörungen eintreten können.
Dem gegenüber steht das Extrem der erzieherischen Hilflosigkeit, bei dem die Eltern sich völlig von den kindlichen Bedürfnissen leiten lassen und auf Kontrolle vorwiegend verzichten. Prekop (1990) nennt als Ergebnis ihrer Beobachtungen, dass es bei Kindern unter solchen Bedingungen zu einer Machtübernahme bzw. „Herrschsucht" kommen kann. Da diese Kinder bei ihren Eltern keinen Halt erleben, weder emotional noch über Kontrolle, gibt der Erfolg ihrer Macht ihnen die vermisste Sicherheit. Folge ist, dass sie Angst haben, diese Macht als einzigen Halt zu verlieren, und deshalb „tyrannisieren" sie ihre Eltern immer wieder neu.
Diesen Erkenntnissen zufolge liegt der Weg des geeigneten Umgangs mit dem Kind dazwischen. Der Erzieher muss das richtige Maß an äußerer Lenkung und Kontrolle sowie emotionaler Zuwendung (Wärme) finden. D. h. einerseits ist es wichtig, dass der Erzieher dem Kind die Freiheiten lässt, die es braucht, um sich autonom und selbstverantwortlich handelnd zu entwickeln. Zum anderen besteht die Notwendigkeit erzieherischer Kontrolle, wobei vor allem die Art der Kontrolle entscheidend ist. Das Kind ist durchaus bereit, sich aktiv führen und kontrollieren zu lassen, gibt es ihm doch oft Sicherheit und Orientierung. Diese Bereitschaft bezieht sich vorwiegend „auf das Übernehmen und Erlernen kultureller Maßstäbe, Werte und Regeln, also auf das erzieherische Nahebringen der Zwänge und Wertorientierungen der bestehenden sozialen Ordnung" (Speck 1997, 188). Kontrolle kombiniert mit anderen erzieherischen Maßnahmen wie Offenheit in der Kommunikation, Bemühen um Verständnis, Verzicht auf Willkür in Entscheidungen sowie wechselseitige Abstimmung, ist für das Kind einsichtig, aber auch erforderlich. Gelten gemeinsam aufgestellte und erarbeitete Regeln, muss deren Einhalt gewährleistet und gefordert werden.

Mit fortschreitender Entwicklung des Kindes, d. h. deren Verselbstständigung, sollte es allerdings „zu einer *Abnahme der Kontrolle* zugunsten von mehr *Kooperativität* und Partnerschaftlichkeit kommen" (Speck 1997, 192).

9.3 Aspekte zur Planung und Gestaltung von Unterricht

Bei der Planung und Gestaltung des Unterrichts sind folgende grundlegende Gesichtspunkte einzubeziehen:

1. Erkunde die Selbst- und Weltsicht des Schülers und geh auf seine Innensichtperspektive ein!
2. Ergründe die Umwelt des Schülers in ihren systemischen Zusammenhängen und Funktionen und beziehe diese ein!
3. Vergleiche die unterschiedlichen Sichtweisen und versuche, zu vermitteln!
4. Biete Problemlösestrategien an oder unterstütze vorhandene, aber nimm keine Entscheidung für eine der Handlungsalternativen (Lösungswege) ab; d. h. baue die Eigenverantwortung aller Beteiligten auf, anstatt die Verantwortung für die Umsetzung der Beratungsergebnisse zu übernehmen!
5. Biete Rückmeldung und (soweit wie nötig) Unterstützung an im Sinne von „ein Stück des Weges mit jemandem gehen und sich auf einen Menschen einlassen, ohne ihm die Verantwortung für sich selbst zu nehmen!"
6. Entdecke und fördere die positiven Seiten, Fähigkeiten und Kontakte des zu beratenden Kindes oder Jugendlichen und arbeite nicht nur an Problemen oder „Mängellisten"!
7. Arbeite mit den zu betreuenden Schülerinnen und Schülern in praktischen Bereichen, setze an Dinge an, die ihnen vertraut sind und rede nicht dauernd!
8. Zeige den Sinn und Nutzen der Arbeit des Schülers auf, verdeutliche die Schritte eines Gesamtablaufs einer Fördersequenz (-maßnahme); schaffe Rahmenbedingungen für erfolgreiches Arbeiten und werte kleine zielannähernde Schritte als Erfolg des Betreffenden (stärke das Selbstverursacher-Prinzip)!

In der Unterrichtsgestaltung sind folgende Merkmale und Prinzipien zu berücksichtigen:

- Unterrichtsstunden systematisch und nach Plan durchführen z. B. ein Ausformulieren von Zielen, Einbettung einzelner Stunden in übergeordnete Reihen, Einhalten vordefinierter Arbeitsphasen
- bestimmte, wirksame Lehrinhalte auswählen, z. B. Achten auf Verwertbarkeit für die Schüler, besonders anschauliche und motivierende Inhalte bevorzugen
- einen relativ festgelegten Stundenplan einhalten, z. B. feste Tages- und Wochenpläne, den Schülern zeitlich bekannte Stundenabläufe (Rhythmisierung und Flexibilität)
- breit angelegter Material- und Medieneinsatz, z. B. Transparente, Arbeitsblätter, Filme, Videos, Zeitungsausschnitte etc.
- Einsatz vielfältiger diagnostischer Hilfsmittel, z. B. Beobachtungsverfahren zur Feststellung der Ist-Zustände
- ggf. Leistungsanforderungen der Lehrpläne vermindern, z. B. ein Beschränken auf grundlegende Lehrinhalte, um Überforderung zu vermeiden, Fortlassen zu schwieriger Aufgaben
- individualisiertes Unterrichten, z. B. in Form differenzierter Aufgabenstellung und Materialien (Arbeitsblätter mit unterschiedlichen Schwierigkeitsgraden), differenzierte Hilfen für schwächere bzw. stärkere Schüler (Binnendifferenzierung)
- konsequentes Führungsverhalten zeigen, z. B. Setzen und Einhalten klarer Grenzen und Regeln, Treffen der wesentlichen Entscheidungen, Aufrechterhalten eines gewissen Drucks
- handelnden Umgang mit Lehrinhalten ermöglichen, z. B. verstärktes Lernen durch Projekte, in denen Schüler über Inhalte mitentscheiden
- spezielle Fördermaßnahmen einsetzen, z. B. zur Verbesserung von Wahrnehmung, Konzentration, Sprache etc.
- Arbeits- und Sozialformen einüben, z. B. Betonen von Unterrichtsgespräch, Lehrerdemonstration und -erläuterung, stille Einzelarbeit des Schülers
- häufig kooperative Arbeitsformen ermöglichen, z. B. Partnerarbeit und Kleingruppenarbeit
- hilfreiche Einzel- und Gruppengespräche mit Schülern führen, z. B. Gespräche in entspannter Atmosphäre, Ausdruck gefühlsmäßiger Erlebnisinhalte von Schülern fördern und auf diese eingehen

- häufige Erfolgs- und Wissenskontrolle, z. B. Hausaufgabenkontrolle, mündliches Abfragen, Klassenarbeiten
- systematisches Wiederholen, z. B. in regelmäßigen Übungsstunden
- häufiger Wechsel der Sozialformen, z. B. Wechsel von Frontal-, Partner-, Gruppen- und Einzelarbeitsphasen
- Unterrichtsinhalte durch Hausaufgaben vertiefen, z. B. Einüben im Unterricht erworbener Rechentechniken, Erweitern bekannter Inhalte
- eine anregende Klassenraumgestaltung schaffen, z. B. das Einrichten von Spiel- und Ruhebereichen, Leseecken
- die Sitzordnung der Klasse pädagogisch steuern, z. B. das Festlegen der Sitzposition 'schwacher' oder 'schwieriger' Schüler
- systematische, das Verhalten modifizierende Maßnahmen einsetzen, z. B. Einsatz sogenannter Verstärker (Punkte, Chips) mit Belohnungsanreiz, Schließen von Verhaltensverträgen
- Unterrichten einzelner Schüler oder kleiner Gruppen, z. B. Förderunterricht für lernschwache oder verhaltensschwierige Kinder (Außendifferenzierung)
- soziales Lernen der Schüler unterstützen, z. B. durch Rollenspiele, Gespräche über Rollenverhalten in der Klasse
- eng mit Kollegen der Schule zusammenarbeiten, z. B. gegenseitige Beratung und Besuche im Unterricht, Austausch von Material, Microteaching
- verstärktes Einbeziehen der Eltern der Schüler, z. B. Kontakte, die über Sprechzeiten hinausgehen, Durchführen von Elternnachmittagen, Hausbesuche
- gemeinsam Freizeit mit den Schülern verbringen, z. B. Treffen an Nachmittagen, Schüler in das Haus des Lehrers einladen, Unterstützen außerschulischer Interessenswünsche des Schülers
- so oft wie möglich Schulfahrten und -wanderungen unternehmen, z. B. Schullandheimaufenthalte, mehrtägige Schulwanderungen
- Fortbildung des Lehrers, z. B. durch regelmäßige Fortbildungsveranstaltungen, Fachlektüre, Fernuniversität

Nach den eben genannten Prinzipien und Merkmalen des Unterrichtens von Jugendlichen mit Verhaltensstörungen in Schule und Ausbildung sollen nun verschiedene Konzeptionen und Formen des Unterrichts dargestellt werden.

Zuvor sei jedoch betont, dass sowohl die vorangegangenen als auch die nachfolgenden Ausführungen auch zur Prävention von Verhaltensstörungen eingesetzt werden können und schon mancherorts eingesetzt werden.

9.4 Formen und Methoden des Unterrichts

Strukturierter Unterricht für Kinder mit Verhaltenstörungen

Bereits Mitte der 70er Jahre begannen einige Wissenschaftler, vor allem in den Vereinigten Staaten, sich Gedanken zu Veränderungen in der Unterrichtsgestaltung zu machen, um auf die spezifischen Bedingungen verhaltensgestörter Schüler, wie z. B. unrealistische Umweltwahrnehmung, inadäquate Impulskontrolle, problematische Sozialbeziehungen, Lernleistungsschwächen etc., einzugehen und entsprechend ihrer Voraussetzungen und Lernbedürfnisse, die Struktur des Unterrichts zu beeinflussen.
Es wurden verschiedene Unterrichtskonzeptionen entwickelt, die, teilweise aufeinander aufbauend, besonders durch Strukturierung bestimmter Unterrichtsabläufe und -bedingungen die Möglichkeit schufen, normal intelligenten, verhaltensgestörten Kindern das Lernen zu erleichtern.
Strukturierung erstreckt sich in diesen Modellen auf nahezu alle Faktoren des Unterrichtsgeschehens, wie z. B.:

- Strukturierung der Umgebung
  (Reduzierung des Raumes, der Umweltreize, des Mobiliars und des Materials)
- Strukturierung des Lernangebotes
  (strukturierte Aufgaben, Auswahl und Gestaltung bestimmter Aktivitäten und Materialien, Lenkung der Aufmerksamkeit durch Reizverstärkung der Lernaufgaben)
- Zeitstrukturen
  (Zeitabsprachen, kurze Arbeitsphasen)
- Strukturierte Bewegungsabläufe
- Strukturierte Belohnungsmaßnahmen
  (Anwendung von Verhaltensmodifikation und spezifischen Interventionstechniken)

Grundlage all dieser Maßnahmen ist eine besondere Sichtweise auf den Menschen, also die unausgesprochene Vorstellung vom Denken, Fühlen und Handeln des Menschen, die sich in allen Ansätzen widerspiegelt. Sie unterscheiden sich allerdings wesentlich in der Art und Weise des Einsatzes von Methoden, wie z. B. die Anwendung positiver und negativer Verstärker als

Konsequenz auf störendes Verhalten sowie ihrem Ansatz pädagogischen Handelns, der sich einerseits an diagnostizierten Defiziten oder andererseits an positiven Lernmöglichkeiten orientiert.
Als Antwort auf diese konträren Sichtweisen sind einige Modelle entstanden, die weitestgehend versuchen, humanistisch-orientierten, schülerzentrierten Unterricht mit behavioristischen Methoden (Reiz-Reaktions-Modell) zu verknüpfen. Zu nennen wären hierbei das Modell der „Kooperativen Verhaltensmodifikation" nach Redlich & Schley (1978), das Verknüpfungsmodell „Strukturierter Unterricht bei verhaltensgestörten Schülern" nach Grabski, Kissing, Neukäter & Benkmann (1978) und das „Strukturiert-schülerzentrierte Unterrichtsmodell" von Neukäter & Goetze (1978).
Strukturierung wird jetzt nicht mehr als Anwendung der Verhaltensmodifikation (hinsichtlich Modelllernen, Verstärkungslernen) verstanden, sondern Aspekte wie Selbstbewertung und Selbststeuerung des Schülers, Kooperation zwischen Lehrer und Schüler sowie die Planung von Handlungsschritten treten in den Vordergrund. D. h. es geht vorwiegend darum, den Schüler soweit wie möglich zur Eigenaktivität zu führen, immer weniger Kontrolle auszuüben und Bedingungen zu schaffen, die weitestgehend zur Selbststeuerung seiner Handlungen beitragen.
Der Schwerpunkt liegt dabei auf der Strukturierung der Lehrsituation, wobei Verhaltensstörung vor allem als emotionale Störung begriffen wird. Ziel ist die Schaffung einer Basis (ausgegangen wird hierbei von der Lernbasis des Schülers) die kognitives und soziales Lernen ermöglicht.
Im Allgemeinen geht es um die Förderung von Fähigkeiten, wie

- Zuhören
- sich gestellten Aufgaben zuwenden
- auf dem Platz sitzen
- gemeinsam erarbeitete Regeln beachten
- sich kooperativ verhalten usw. (Neukäter & Goetze 1978),

wobei die Beeinflussung der Interventionsmöglichkeiten allein beim Klassenlehrer liegt. Auf externe sonderpädagogische Betreuung wird deshalb verzichtet.

Offener Unterricht bei Schülern mit Verhaltensstörungen

Auch offenes Unterrichten hat, wie mehrere Studien bewiesen haben, positive Effekte im Umgang mit verhaltensgestörten Schülern erreichen können. Offener Unterricht soll Schülern Raum und Zeit geben, sich im Rahmen ihrer Möglichkeiten voll zu entfalten, ohne dass das Lernen dem Zufall überlassen

bleibt. Mitzkat & Klewitz (1979) erklären, dass geplante Aktivitäten des Lehrers nur in ständiger Wechselwirkung mit der konkreten Unterrichtssituation realisiert werden können und sich an diese Bedingungen anpassen müssen. Im Unterricht muss deshalb auch mit unkalkulierbaren Einflüssen gerechnet werden.
Es ist, wie die Versuche zur Begriffsbestimmung des offenen Unterrichts gezeigt haben, äußerst schwierig zu benennen, was offenes Unterrichten meint. An dieser Stelle sollen deshalb, in Anlehnung an Untersuchungen von Gage & Berliner (1984), einige Merkmale beschrieben werden, die offenes Unterrichten ausmachen:

- Wahlfreiheit (Schüler bestimmt Aktivitäten weitestgehend selbst)
- Flexibilität (hinsichtlich der Nutzung des Raumes)
- Materialangebot (reichhaltig, leicht erreichbar, ansprechend)
- Einzel- und Gruppenarbeit
- Eigenverantwortlichkeit des Schülers beim Lernen
- „Fördern” als zentrale Aufgabe des Lehrers (nicht mehr „Belehren”)
- gegenseitige Achtung
- Erfolgsbeurteilung (mit Hilfe der entstandenen Produkte, keine Schulnoten)
- Altersheterogenität
- Team Teaching (Kooperation mehrerer Lehrpersonen)

Im Unterricht können durch diese Bedingungen u. a. Kooperationsfähigkeit, Unabhängigkeit, Neugierverhalten und Allgemeinintelligenz gefördert werden (Gage & Berliner 1984). Besonders das Erfahrungslernen, der konkrete Umgang mit den Materialien sowie das individuelle Eingehen auf den Schüler zeigen ihm, dass seine inneren Bedürfnisse erkannt und akzeptiert werden und lassen die Form des offenen Unterrichts als ein geradezu ideales Instrument der personalen und sozialen Intergration von Schülern mit Verhaltensstörungen erscheinen. Durch Einrichtung von Ruhezonen, Ausarbeitung individueller Pläne für den Schüler, Planung von Übergangsstrategien, Einsatz von Strukturierunghilfen in Form sichtbarer Signale und besonderer Lernecken sowie den Methoden der Verhaltensmodifikation ist man besonders in der Lage, auf spezielle und individuelle Verhaltensschwierigkeiten zu reagieren.
Aufgrund der günstigen personellen Besetzung und entspannten Atmosphäre bietet das Konzept gerade für den Umgang mit aggressiven Kindern die

Möglichkeit, Konflikte dann zu bearbeiten, wenn sie auftreten, ohne das der gesamte Arbeitsprozess unterbrochen werden muss.
Doch auch bei Kindern mit regressiven Verhaltenstendenzen (Kinder, die sich von anderen zurückziehen) bietet es vermehrte Hilfen zur Selbstaktualisierung, z. B. durch kreatives Umgehen mit Raum und Material, Lernen in interessenadäquaten Gruppen sowie die immanente Verstärkung intrinsisch motivierten Verhaltens.
Durch den konkurrenzvermeidenden, aktivitätsorientierten, lustbetonten und selbstbestimmten Charakter des offenen Unterrichts kann ebenfalls Beziehungsproblemen, Gefühlen von Machtlosigkeit und negativem Selbstkonzept entgegengewirkt werden.

Projektunterricht bei Schülern mit Verhaltensstörungen

Ähnlich wie bei den Unterrichtsmodellen zum strukturierten und offenen Unterricht stellt sich die Frage, ob das Unterrichtsverhalten speziell bei Schülern mit Verhaltensschwierigkeiten durch Projektunterricht positiv beeinflussbar ist.
Hinsichtlich der Wirkung von Projektarbeit auf das Verhalten von Schülern mit Verhaltensschwierigkeiten gibt es bisher sehr wenig Forschungsergebnisse. In seiner Analyse eines Projektunterrichts bei Schülern der 2. Klasse einer Schule für Erziehunghilfe betont Neukäter (1980), dass die Schüler durch die neue Art des Lernens besonders gefesselt werden und dass die Verknüpfung von praktischen und kognitiven Tätigkeiten offensichtlich den Lerneifer steigert. Weiterhin kam er zu einem erstaunlichen Ergebnis. „Die bei verhaltensgestörten Schülern oft beobachteten kurzen Motivationspannen haben sich in den Befunden *nicht* niedergeschlagen. Auch nach 7 Tagen projektorientierten Lernens sind die Schüler mit gleich hohem Eifer bei der Sache" (*Neukäter 1980, 157*).
Projektunterricht kann dazu führen, das soziale Gruppenklima zu stabilisieren, kooperative und partnerschaftliche Verhaltensweisen (z. B. gegenseitiges Zuhören, Hilfsbereitschaft etc.) zu erproben sowie spezifische Ich-Leistungen auszubauen und zu festigen.
Wenn sich Projektunterricht im Wesentlichen an den Interessen der Beteiligten orientiert, Selbstorganisation und -bestimmung zulässt, zielgerichtet sowie situationsbezogen gearbeitet werden kann und der Lehrer sich als Mitplaner, Mitdenker, Ideenmanager usw. versteht, der die Bedürfnisse des Lernenden in den Mittelpunkt seiner Arbeit stellt, kann es eine weitere Form sein, um den spezifischen Bedingungen von Kindern mit Verhaltensstörungen gerecht zu werden.

Zu Überdenken bleibt allerdings noch, wie Selbst- und Fremdbestimmung aufeinander abgestimmt werden können, d. h. wie viel Hilfen, Struktur und Orientierung ein Schüler einerseits braucht, wie viel Freiräume zur Entfaltung seiner Persönlichkeit ihm andererseits aber gelassen werden müssen.

Pädagogisch-therapeutisches Konzept

Norbert Myschker (1993, 182ff.) hat ein Fünf-Phasen-Modell zur Arbeit mit Schülern in Schulen für Erziehungshilfe entwickelt, das Komponenten aus den vorangehend vorgestellten Unterrichtskonzeptionen beinhaltet. Die Übergänge zwischen den einzelnen Phasen können je nach individuellen Bedingungen fließend sein.

1. Phase der Leistungsentlastung

- bedingungsloses Akzeptieren des Kindes bzw. Jugendlichen, nicht der Verhaltensstörungen
- liebevolle Zuwendung, pädagogischen Bezug aufbauen
- begrenztes unterrichtliches Angebot (nach schulischem Fächerkanon)
- Einführung pädagogisch-therapeutischer Verfahren nach individuellen und gruppenbezogenen Bedürfnissen und Möglichkeiten (z. B. Verhaltensmodifikation und Wahrnehmungstraining)
- strukturiertes Spiel bzw. Rollenspiel
- ständige Ermutigung
- Strukturierung (zeitlich, räumlich, inhaltlich)
- Verbesserung von Selbststeuerung und -kontrolle
- Reduzierung von Schulunlust und Misserfolgserwartungen

2. Phase der Leistungsmotivation

- Aufbau eines Vertrauensverhältnisses
- Bearbeitung von evtl. Übertragungen
- Erweiterung des unterrichtlichen Angebotes sowie pädagogisch-therapeutischer Verfahren (z. B. Metakognitionstraining)
- anfangs nachholendes Lernen, später dann Anfänge selbstgesteuerten Lernens
- Beginn der Übernahme und langsamen Verinnerlichung adäquater individueller ichbezogener Normen (z. B. soziale und gruppenbezogene Normen)

3. Phase der Leistungsbereitschaft

- Identifikation des Kindes/Jugendlichen mit dem Lehrer/Erzieher, Orientierung und Übernahme höherer Normen und Werte

- Selbstbeobachtung, -verstärkung und -modifikation
- systematische Reduzierung schulischer Leistungsdefizite
- Phasen offenen und Projektunterrichts

4. Phase der Selbstständigkeit

- partnerschaftliches pädagogisches Verhältnis
- Selbstorganisation des Kindes/Jugendlichen
- Ausblendung pädagogisch-therapeutischer Verfahren
- offener Unterricht
- Ablösung und ggf. Vorbereitung des Wechsels der Institution

5. Phase der Bewährung
- Nachbetreuung
- kontinuierlich helfende Kontakte
- Hilfe bei Krisen

Zu bedenken bleibt am Ende allerdings noch, dass bei pädagogischen Interventionen oft nicht die eingesetzte Methode, sondern der Mensch mit seinen individuellen Ausprägungen ein entscheidender Faktor für deren Gelingen ist. Es lassen sich also niemals völlig gleiche Konzepte realisieren, sie müssen immer auf die jeweilige Gruppe abgestimmt werden.

Durchgangsklassenmodell (Wolfgang Mutzeck)

Manche Einrichtungen der schulischen Erziehungshilfe (insbesondere Durchgangsklassen mit max. dreijähriger Beschulung) werden nach folgendem Prinzip organisiert:

– Aufnahme (Sozialisierungs-)phase	Gruppe/Klasse A
– Stabilisierungsphase	Gruppe/Klasse B
– Rückführungsphase	Gruppe/Klasse C

In allen drei Phasen wird ein individuumszentrierter und sozialisationsorientierter Unterricht praktiziert.

Modell zum Kompetenzerwerb (Wolfgang Mutzeck)

Für den Kompetenzerwerb in Unterricht und Ausbildung wurde das folgende methodische Phasenmodell entwickelt. Es berücksichtigt verschiedene Lerntheorien, um eine größtmögliche Effektivität zu erreichen. Dieses häufig praktizierte Modell umfasst die Phasen:
- Strukturierte Orientierung
- Information

- Demonstration
- Übung und Rückmeldung
- Reflexion

1. Strukturierte Orientierungsphase

Die Lehrerinnen und Lehrer geben eine Orientierung zum Lerninhalt und zum Vorgehen. Sie

- fassen das Vorangegangene, an das sie anknüpfen wollen, zusammen,
- nennen das Thema und Lernziel,
- beschreiben den Sinn und die Bedeutung des Lerninhalts und
- schildern das methodische Vorgehen, die Sozialformationen bzw. stellen ggf. auch Alternativen zur Auswahl.

Durch diese Schrittfolge soll eine fachbezogene Motivation erreicht werden. Die Orientierung kann an einer Tafel, Wandzeitung oder auf einer Folie festgehalten werden.

2. Informationsphase

Die Schlüsselbegriffe des Lerninhalts werden zu Beginn der Informationsphase an die Tafel etc. geschrieben. Diese „Advanced Organizers" (Ausubel 1974) erleichtern die Konzentration auf und die Verarbeitung der folgenden Information. In einem Kurzvortrag, unterstützt durch Medien und/oder Materialien, vermitteln die Lehrerinnen und Lehrer die Inhalte. Abschließend können Verständnis- oder Klärungsfragen gestellt werden.

3. Demonstrationsphase

Sollen die Schüler Handlungskompetenzen erlernen, ist es sehr hilfreich, wenn die Lehrerinnen und Lehrer diese Handlung demonstrieren. Durch dieses Lernen am Modell kann der Schüler auch komplexe Handlungen begreifen und hat somit ein Vorbild für das folgende eigene Tun.

4. Übungsphase

Der Schüler versucht nun, die auditiv und visuell vermittelten Lerninhalte in eigenes Handeln umzusetzen. Durch Anwendung der gelernten Kenntnisse können so Handlungskompetenzen erworben und Wissen gefestigt werden. Die Übungsaufgaben sollten dem individuellen Leistungsstand und Arbeitsverhalten der Schüler angepasst sein. Ggf. sind Hilfestellungen durch Lehrerinnen und Lehrer oder der Schüler untereinander günstig.
Sehr wichtig ist, dass die Schüler über ihr geleistetes Lern-, Arbeits- und Sozialverhalten möglichst eine individuelle Rückmeldung erhalten.

5. Reflexionsphase

Schüler und Lehrer(-innen) reflektieren gemeinsam die Unterrichtsstunde bzw. Lerneinheit. Erreichtes wird zusammenfassend hervorgehoben und Künftiges geplant. Wenn Hausaufgaben gegeben werden, ist der Sinn dieses Tuns zu erläutern.
Grundlage dieses Modells ist das Erkennen und die Akzeptanz der Fähigkeiten der einzelnen Schüler, diese zu nutzen und auszubauen, sowie die Förderung der Kooperation aller am Unterrichtsprozess Beteiligten.

9.5 Aufgaben

1. *Im Text werden einige grundlegende Gesichtspunkte der Erziehung unter besonderer Berücksichtigung der Erziehungsschwierigkeiten dargestellt. Versuchen Sie, diese zu erklären und geben Sie anhand Ihrer berufspraktischen Erfahrungen Beispiele dafür an!*

2. *Beschreiben Sie ein Beispiel für die vorhandene (Realsituation) sowie für eine wünschenswerte Gestaltung (Sollsituation) des Unterrichts bei Jugendlichen mit Verhaltensstörungen! Vergleichen Sie diese miteinander und stellen Sie Möglichkeiten und Grenzen einer Kombination von Real- und Sollsituation dar!*

3. *Wählen Sie eine der vorgestellten Konzeptionen der Unterrichtung von Jugendlichen mit Verhaltensstörungen aus und erläutern sie die wesentlichen Aspekte mit eigenen Worten!*

9.6 Literatur

Ausubel, D. P. 1974: Die Verwendung von „advanced organizers" beim Lernen und Behalten von bedeutungsvollem sprachlichem Material. In: Hofer, M. & Weinert, F. E.: Reader zum Funkkolleg. Pädagogische Psychologie 2. Frankfurt: Fischer.

Gage, N. L. & Berliner, D. C. 1984: Educational Psychology. Chicago.

Goetze, H. & Neukäter, H. (Hrsg.) 1993: Handbuch der Sonderpädagogik, Bd. 6: Pädagogik bei Verhaltensstörungen. Berlin: Edition Marhold.

Grabski, S., Kissing, G., Neukäter, H. & Benkmann, K. H. 1978: Strukturierter Unterricht mit verhaltensgestörten Schülern. Rheinstetten. Schindele

Hillenbrandt, C. 1999: Didaktik bei Unterrichts- und Verhaltensstörungen. München: E. Reinhardt.

Klewitz, E. & Mitzkat, M. 1979: Entdeckendes Lernen und offener Unterricht. Braunschweig.

Myschker, N. 1993: Verhaltensstörungen bei Kindern und Jugendlichen. Stuttgart: Kohlhammer.

Neukäter, H. 1980: Projektorientiertes Lernen in der schulischen Arbeit mit verhaltensgestörten Schülern. In: Sonderpädagogik, Heft 10, 151-158.

Neukäter, H. & Goetze, H. 1978: Hyperaktives Verhalten im Unterricht. München: Reinhardt.

Peterander, H. 1987: Interaktionsanalyse und Veränderung von Beziehungsmustern bei Mutter-Kind-Paaren. Unveröffentl. Habil.schrift. München, Fak. 11.

Prekop, J. 1990: Der kleine Tyrann. Welchen Halt brauchen Kinder. München: Kösel.

Redlich, A. & Schley, W. 1978: Kooperative Verhaltensmodifikation im Unterricht. München: Urban & Schwarzenberg.

Speck (1991, 2. Auflage 1997): Chaos und Autonomie in der Erziehungshilfe. München: Reinhardt.

10 Pädagogisch-therapeutische Arbeit bei Kindern und Jugendlichen mit Verhaltensstörungen

10.1 Lernziele

Die Leserin/der Leser soll:

1. *Formen und Methoden der pädagogisch-therapeutischen Arbeit bei Kindern und Jugendlichen mit Verhaltensstörungen kennen lernen,*
2. *die verschiedenen Techniken der Verhaltensmodifikation als eine bewährte Methode anhand dargestellter Beispiele beschreiben können,*
3. *die „Kooperative Verhaltensmodifikation" als speziell entwickelte Form der vorher dargestellten Methode zur Veränderung des Verhaltens bei Jugendlichen kennen lernen und deren 3x3-Phasenbeschreibung erläutern können,*
4. *die Möglichkeiten und Grenzen der Selbststeuerung und -kontrolle erkennen und benennen können.*

10.2 Einleitung

Die wohl wichtigste und bewährteste Methode der pädagogisch-therapeutischen Arbeit bei Kindern und Jugendlichen mit Verhaltensstörungen ist die Verhaltensmodifikation. Sie ist die pädagogische Variante der Verhaltenstherapie.
Die Grundlagen der Verhaltensmodifikation, das klassische und das operante Konditionieren sowie das Modelllernen wurden im 2. Kapitel schon behandelt. Bitte wiederholen Sie die entsprechenden Lerninhalte! Sie sind unverzichtbar für das Verständnis und die Anwendung der nun folgenden Techniken und Methoden der Verhaltensmodifikation.

10.3 Techniken der Verhaltensmodifikation

Die Anwendung der Techniken dient, streng genommen, zwei Grundkomplexen:

- Aufbau und Aufrechterhaltung von Verhalten,
- Reduktion bzw. Beseitigung von Verhalten.

In der Praxis der Verhaltensmodifikation müssen jedoch meist beide Komponenten gleichzeitig berücksichtigt werden. Kuhlen (1972, 38) ist der Meinung: „Es ist sinnlos, ein Verhalten therapeutisch zum Verschwinden zu bringen, wenn nicht gesichert ist, dass entweder adäquate Alternativen im Verhaltensrepertoire des Kindes vorhanden sind oder zumindest aufgebaut werden können.".

10.3.1 Aufbau und Aufrechterhaltung von Verhalten

Die Erhöhung der Auftretenswahrscheinlichkeit einer Verhaltensfrequenz geschieht hauptsächlich durch positive Verstärkung, d. h. durch Darbietung eines positiven Verstärkers unmittelbar nach dem Auftreten einer definierten Verhaltensweise.

10.3.1.1 Positive Verstärker

Führt die reaktionskontingente Darbietung eines Ereignisses zu einer Erhöhung oder Aufrechterhaltung der Verhaltensfrequenz, dann ist dieses Ereignis ein positiver Verstärker (Kraiker 1974). Der Anwendung dieser operationalen Definition positiver Verstärker sind in der Schulpraxis Grenzen gesetzt. Innerhofer (1974) stellt fest, dass deshalb „in der Praxis ... neben das Kriterium der Reaktionshäufigkeit in Fällen, wo dieses Kriterium nicht beobachtet werden kann oder wo begründete Zweifel an der Brauchbarkeit auftreten, die Einschätzung nach ‚angenehm' und ‚unangenehm' getreten" ist (17).
Die meisten Lerntheoretiker unterscheiden zwischen zwei Arten von Verstärkern: Ein *primärer Verstärker* war für einen Organismus niemals ein neutraler Stimulus, d. h., er kann gewisse biologische Grundbedürfnisse wie Hunger, Durst, emotionale Reize oder Wärme, befriedigen. Ein primärer Verstärker ist, um seine Verstärkerwirkung zu erlangen, somit nicht abhängig von einer vorhergehenden Konditionierung; er ist also unkonditioniert (Hall 1971b).

Ein sekundärer Verstärker hingegen war für den Organismus früher einmal ein neutraler Stimulus. Durch eine Konditionierung mit einem primären Verstärker hat er seine Eigenschaft als Bekräftiger erworben. Er kann seine Wirkung auch wieder verlieren, wenn er für längere Zeit nicht mehr mit dem Stimulusereignis auftritt, dessen verstärkende Wirkung er übernommen hat. So kann z. B. ein sogenannter Token (Spielmünze, Chip etc.) seinen Wert (Wirkung) verlieren, wenn es nicht mehr gegen erwünschte Gegenstände wie z. B. Bonbons, Autobilder oder Privilegien eingetauscht werden kann. Zu den sekundären positiven Verstärkern zählen unter anderem Lob, Bestätigung und Versprechungen. Für die Schule relevante Einteilungen der Verstärkerarten machten Meacham & Wiesen (1969), Minsel (1970), Tausch & Tausch (1970) sowie Becker, Engelmann & Thomas (1971). Im Folgenden sind ihre Darstellungen zusammengefasst:

a) Verstärker materieller Art:

„Consumables": Süßigkeiten, Getränke etc.

„Manipulatables": Gegenstände, etwa bunte Bilder, Spielzeug etc.

Experimentelle Untersuchungen haben gezeigt, dass diese materiellen Verstärker besonders dann wirksam sind, wenn die Versuchspersonen jung waren, eine geringe Intelligenz aufwiesen (Bredenkamp & Bredenkamp 1973), oder wenn sie „ausgeprägte Verhaltensstörungen" zeigten (*Eisert & Barkey 1972*).

„Token": Spielgeldmünzen, „poker-chips", Punkte etc. haben die Funktion von „Gutscheinen", die z. B. gegen materielle Verstärker oder Privilegien eintauschbar sind. Da das Token-System bei der Verhaltensmodifikation in der Schule eine bedeutende Rolle einnimmt, wird auf dieses später noch näher eingegangen.

b) Verstärker psychologischer Art:

Soziale Verstärker: Hierzu gehören vor allem sprachliche, aber auch mimische und gestische Äußerungen des Lobes, der Anerkennung, der Wertschätzung, der Ermutigung, des Verständnisses, der Zustimmung etc., weiterhin soziale Zuwendung, wie Lächeln und Anblicken des Schülers. Tausch & Tausch (1972) halten „Bekräftigungen, die das Individuum als echten Ausdruck der Wertschätzungen durch andere empfindet ... hinsichtlich tiefgreifender Verhaltensänderungen für besonders günstig" (74). Auch Dinkmeyer & Dreikurs (1970), die die Richtung der individualpsychologischen Therapie der Adler-Schule vertreten, heben als einen der wichtigsten Aspekte jeder „korrektiven Bemühung" die Ermutigung hervor. Zur Ermutigung der Kinder gehören ihrer Meinung nach auch Wertschätzung sowie Anerkennung und Vertrauen in das Kind.

Verstärker, die besondere Aktivitäten oder Privilegien beinhalten, können in mancher Hinsicht ebenso zu den sozialen Verstärkern gezählt werden. Man wendet sie meist in Verbindung mit dem Token-System an. Soziale Verstärker bilden eine sehr wichtige Kategorie innerhalb der Verstärkerarten. Sie geben dem Lehrer eine besonders effektive Möglichkeit, das Schülerverhalten positiv zu beeinflussen und zu verändern.
Interne Verstärker: Diese weitere wesentliche Verstärkerart führen Bredenkamp & Bredenkamp (1973) an. Sie bezeichnen die materiellen und sozialen Verstärker als „extern", da das Individuum diese von außen, von der Umwelt, erfährt. Diejenigen Verstärker, die sich das Individuum selbst auf sein Verhalten hin gibt, nennen sie „interne" Verstärkungen. Damit ist das Phänomen gemeint, welches Bandura (1971), Tausch & Tausch (1971) und Watson & Tharp (1972) als Selbstbekräftigung (self-rein-forcement) beschreiben. Bandura (1971) sagt, dass lange Zeit diese Art der Verstärkung in der psychologischen Forschung ignoriert wurde. Erst seit Anfang der sechziger Jahre seien dazu spezielle Untersuchungen, vor allem von Kanfer & Marston (1963), angestellt worden. In ihnen konnte die bedeutende Wirkung der Selbstbekräftigung für die Verhaltensmodifikation nachgewiesen werden. Interne Verstärker sind nicht direkt beobachtbar. Was an dem Vorgang der Selbstbekräftigung zu beobachten ist, sind Äußerungen des Individuums, aus denen man schließen kann, dass es sich auf ein bestimmtes Verhalten hin selbst bekräftigt, wie z. B.: „Das war gut von mir!" oder: „Toll gelungen!". Die selbstbekräftigende Verhaltensweise wird es wahrscheinlich in Zukunft häufiger verwirklichen. Bredenkamp & Bredenkamp (1973) schreiben, dass man in jenen Fällen von einer internen Verstärkung spricht, in denen z. B. „das Individuum Befriedigung oder Freude verspürt, wenn es sich bestimmte Kenntnisse oder Fertigkeiten angeeignet oder Einsichten in Probleme gewonnen hat" (26). Von den Selbstbekräftigungen geht eine hohe motivierende Anreizfunktion aus, die in der Schule eine große Bedeutung hat.
Äußerungen der Selbstbekräftigung werden nach Tausch & Tausch (1972) recht selten gezeigt. „Erzieher und Eltern sind häufig kein gutes Modell für Selbstbekräftigungen"; sie sind vielmehr oft „Modell für klagende negative Äußerungen, ein Modell für selbststrafendes *Verhalten*" (94). Die Frage, ob Selbstbekräftigungsverhalten erlernt werden kann, wird von vielen Autoren bejaht. Kanfer & Marston (1963) haben in Untersuchungen nachgewiesen, dass das Erlernen dieses Verhaltens durch positive Verstärkungen von Selbstbekräftigungsäußerungen möglich ist. Bandura (1971) betont, dass

Selbstbekräftigungsverhalten auch durch Imitation eines Modells gelernt werden kann.
Die interne Verstärkung dient der Erreichung eines wichtigen Ziels der Verhaltensmodifikation in der Schule, nämlich die Schüler dahingehend zu beeinflussen, dass sie sich selbst gegenüber eine wertschätzende, positive Meinung haben (was allerdings nicht Selbstzufriedenheit und fehlende Selbstkritik bedeutet), und dass sie lernen, ihr Verhalten selbst zu kontrollieren. Die wissenschaftliche Erforschung dieses Gebietes hat allerdings gerade erst begonnen.

Wirksamkeit eines Verstärkers

Die genannten positiven Verstärker sind meist in Untersuchungen an einer sehr großen Anzahl von Kindern erprobt worden. Man weiß zwar aus der Forschung im Bereich der Psychotherapie, „dass nahezu jeder Mensch abhängig ist von positiven Bekräftigungen" (Minsel 1970, 27), was aber nicht unbedingt heißt, dass dieselben Verstärker bei jedem Kind gleichermaßen wirksam sind. Hierbei ist der Deprivations- bzw. Sättigungszustand des Organismus entscheidend. Angermeier (1972) spricht davon, dass eine Verstärkung nur dann Einfluss auf ein bestimmtes Verhalten hat, „wenn sie motivationsspezifisch wirkt" (13), d. h. wenn sie der Motivation des betreffenden Individuums entspricht. Motivation entsteht gewöhnlich durch den Zustand der Deprivation. Man kann solange nicht von einem positiven Verstärker für ein bestimmtes Kind sprechen, bis nicht festgestellt wurde, dass bei ihm ein Mangelzustand (Deprivation) in Bezug auf diesen bestimmten Verstärker besteht. Es würde z. B. erfolglos sein, ein Kind mit Schokolade auf ein bestimmtes Verhalten hin zu verstärken, wenn es diese im Augenblick oder überhaupt nicht mag oder wenn es bereits zu Hause genug Schokolade gegessen hat (Sättigungszustand). Nicht alles, was der Lehrer für eine Belohnung hält, wird auch vom Schüler als solche empfunden. Man sollte durch Fragen oder Beobachtungen herausfinden, an welchen Verstärkern das Kind depriviert ist. Die Entscheidung, welche Verstärkerart eingesetzt wird, sollte Bestandteil der Verhaltensanalyse sein.
Es ist aber nicht so, dass eine Belohnung ihre Wirksamkeit fortwährend beibehält. Der Grad der Deprivation ist nicht immer gleichbleibend. Es kann sein, dass ein Individuum zu einem Zeitpunkt kein Bedürfnis mehr nach einem bestimmten Verstärker hat, und der Zustand der Sättigung erreicht ist. Die Schnelligkeit der Sättigung ist von der Häufigkeit des Verstärkereinsatzes abhängig. So wird ein Lehrer, der dasselbe, undifferenzierte Lob, z. B. „sehr gut" oder „prima", ständig anwendet, bald merken, dass das erwünschte Reaktionsverhalten der Schüler ausbleibt. Deshalb ist es sehr wichtig, dass der Lehrer mit den Verstärkern oder Verstärkerarten variiert bzw. kom-

plexere verwendet, um ein Maximum an Effektivität zu erreichen (Hall 1971b). Ferner sollte man nicht gleich die stärksten, begehrtesten Belohnungen einsetzen, sondern im Laufe der Modifikationsphase versuchen, von der kontinuierlichen zur intermittierenden Verstärkung überzugehen.

10.3.1.2 Kontingenz (Kontiguität und Verstärkerpläne)

Die Wirksamkeit des Verstärkers hängt neben seiner Art auch von der Spezifikation der Bedingungen des „Folgen-Lassens" von Verstärkern auf bestimmte Verhaltensweisen ab. Diese Spezifikation der Bedingungen, welche das zeitliche Verhältnis von Reaktion und Konsequenz betrifft und Kontingenz genannt wird, besteht aus zwei Faktoren: der Kontiguität und dem Verstärkerplan.

Kontiguität

Betrachten wir das Grundprinzip des operanten Konditionierens bezogen auf die positive Verstärkung, so können wir eine notwendige Lernbedingung erkennen: Verhalten wird durch positive Verstärkung, die *unmittelbar* dem Auftreten des Verhaltens folgt, kontrolliert. *Kontiguität* (contiguity = räumlich-zeitliche Nähe) bedeutet also das fast gleichzeitige Auftreten zweier Ereignisse (Verhalten und Verstärkung). Hall (1971b) meint, dass je schneller die positive Verstärkung einer bestimmten Verhaltensweise folge, desto größer sei der Erfolg, d. h. desto höher sei die Auftretenswahrscheinlichkeit des verstärkten Verhaltens. Die Kontiguität zwischen der erwünschten Verhaltensweise und der Bekräftigung ist deshalb von großer Bedeutung, weil es sein könnte, dass dazwischen liegende unerwünschte Verhaltensweisen ebenfalls verstärkt würden.
Dazu folgendes Beispiel:
Ein Lehrer geht durch die Klasse und schaut den Schülern zu, die an einer Reihe von Aufgaben arbeiten. Er sieht, wie die Schüler sich Mühe geben, die Aufgaben zu lösen und freut sich darüber. Jedoch äußert er sich nicht gleich ermutigend und lobend, sondern wartet damit bis zum Ende der Stunde. In den letzten 10 Minuten war aber ein Teil der Schüler unaufmerksam und unruhig geworden. So hat der Lehrer, weil er das gewünschte Verhalten nicht unmittelbar bekräftigt hat, am Ende der Stunde auch das unerwünschte mit verstärkt (*Hall 1971b*).

Verstärkerpläne

Es wurde betont, dass die Bekräftigung unmittelbar auf das erwünschte Verhalten folgen muss. Damit ist aber noch nicht die Frage beantwortet, wie oft und über welchen Zeitraum hinweg verstärkt werden soll.
Ziel der Verhaltensmodifikation ist, dass die neu erworbene Verhaltensweise auch ohne oder nur mit sehr seltener Bekräftigung in Zukunft gezeigt wird. In vielen Untersuchungen hat sich herausgestellt, dass dieses Ziel von dem der Modifikation zugrunde liegenden Verstärkerplan (schedule of reinforcement) abhängt. Wenn jedes Auftreten einer bestimmten Verhaltensweise verstärkt wird, spricht man von *kontinuierlicher Verstärkung* (continuous reinforcement). Ein solches Vorgehen ist meist am Anfang einer Verhaltensmodifikation notwendig, um die Reaktionsrate einer nur sehr selten auftretenden Verhaltensweise zu erhöhen. Wird jedoch die kontinuierliche Verstärkung abgesetzt, so zeigt sich, dass die Verhaltensrate meist sehr schnell wieder abnimmt und die neuerlernte Verhaltensweise nach einiger Zeit ohne Verstärkung gelöscht wird (Extinktionsprozeß). Bei der *intermittierenden Verstärkung* (intermitted reinforcement) wird ein bestimmtes Verhalten nach systematischen Häufigkeiten (Quoten) oder zeitlichen Abständen verstärkt.

Reaktionsquotenverstärkung (ratio reinforcement):

Die Verstärkung erfolgt nach einer Verhaltensquote, z. B. nach jedem 3., 5. oder 10. Auftreten eines Verhaltens.

Zeitintervallverstärkung (interval reinforcement):

Die Verstärkung erfolgt nach bestimmten Zeitabständen, d. h. nur auf das erste erwünschte Verhalten, das jeweils nach zweieinhalb oder zehn Minuten gezeigt wird.
Beide Verstärkerpläne können als vorher festgelegte oder als variable Pläne („fixed“ bzw. „variable schedules“) eingesetzt werden. Die variable Verstärkung hat den Vorteil, dass der Schüler nicht weiß, wann die erhoffte Bekräftigung gegeben wird. Dadurch ist er dazu angehalten, die erwünschte Verhaltensweise ständig zu zeigen.
Wird ein bestimmtes Verhalten intermittiert, also nach einem festgelegten oder variablen Reaktionsquoten- bzw. Zeitintervallplan verstärkt, erweist es sich nach einiger Zeit meist als stabil in Bezug auf den Lerneffekt und als resistent gegen Löschung, d. h. es wird auch noch über einen langen Zeitraum ohne jegliche Verstärkung gezeigt. Dieses ist durch die in solchen Plänen bereits vorhandene „stückweise” Extinktion zu erklären: Auf ein verstärktes

Verhalten folgt immer eine bestimmte Anzahl nichtbekräftigter Verhaltensweisen (z. B. bei einer Quotenbekräftigung).
Für den Aufbau einer Verhaltensweise durch positive Verstärkung hat sich eine Kombination von Verstärkerplänen als besonders erfolgreich erwiesen: Das erwünschte Verhalten wird zunächst regelmäßig verstärkt (kontinuierliche Verstärkung), bis es ständig gezeigt wird. Danach geht man über zur festgelegten intermittierenden Verstärkung (fixierter Quoten- oder Zeitintervallplan). Schließlich wird das erwünschte Verhalten nur noch gelegentlich verstärkt (variabler Quoten- oder Zeitintervallplan), bis es dann trotz häufigen Auftretens nur noch sehr selten verstärkt zu werden braucht. Soll eine unerwünschte Verhaltensweise geschwächt oder abgebaut werden, so darf diesem Verhalten keinerlei Verstärkung mehr folgen (Löschung).

10.3.1.3 Verhaltensformung (shaping)

Die Erhöhung der Auftretenswahrscheinlichkeit einer erwünschten Verhaltensweise geschieht im Allgemeinen durch die Anwendung der Kontingenz der positiven Verstärkung. Der Erfolg dieser Technik ist in sehr vielen Untersuchungen nachgewiesen worden. Man kann sie allerdings nur einsetzen, wenn das erwünschte Verhalten bereits im Verhaltensrepertoire des betreffenden Individuums vorhanden ist. Es kommt allerdings häufig vor, dass es gar nicht gezeigt wird, sehr komplex ist oder selten auftritt und somit erst aufgebaut werden muss. Das Verfahren des schrittweisen Aufbaus einer neuen Verhaltensweise durch differentielle positive Verstärkung wird Verhaltensformung („shaping“) genannt. Um das Zielverhalten zu erreichen, werden bereits Verhaltensweisen belohnt, die zu diesem hinführen (Teilziele). Es findet solange eine differentielle Verstärkung statt, bis das Endziel erreicht ist. Dazu ein Beispiel:
Ein Schüler einer ersten Klasse stört fortwährend durch sein Umherlaufen und lautes Erzählen den Unterricht. Man würde ihn sicherlich überfordern, wenn er auf einmal täglich zwei Stunden nichtstörendes Verhalten zeigen sollte, dass er nicht gelernt hat. Deshalb mag es notwendig sein, ihn zunächst mehrmals für 10 Minuten Nichtumherlaufens zu verstärken, dann für 15 Minuten, für eine halbe Stunde usw. und schließlich für zwei Schulstunden.
So lernt ein Schüler auf Grund der differentiellen Verstärkung bestimmter Verhaltensweisen, zwischen dem erwünschten, erfolgreichen und dem unerwünschten Verhalten, welchem keine Aufmerksamkeit geschenkt wird, zu unterscheiden und nähert sich schrittweise dem Zielverhalten. Wichtig ist, dass der Schüler jeden Verhaltensschritt erfolgreich bewältigt. Der Lehrer muss ganz genau wissen, auf welches Zielverhalten er hinarbeitet, welche Schritte zu verstärken sind und wie groß ein Einzelschritt sein darf. Er hat

ständig die Entscheidung zu treffen, ob zum nächsten Schritt weitergegangen, ob ein leichterer dazwischengeschoben oder ob der letzte Schritt wiederholt werden muss. Ein Problem bei der Verhaltensformung ist, dass der Lehrer zu lange bei leichten Schritten verweilt und dadurch Zeit verliert. Außerdem besteht die Gefahr der zu häufigen Verstärkung von Verhaltensweisen eines leichten Lernschritts, so dass der Schüler gar nicht mehr neue Verhaltensweisen zeigt, sondern ausschließlich bei den häufig verstärkten bleibt. Neue Verhaltensweisen sind aber für den nächsten Lernschritt notwendig. Andererseits darf der Lehrer nicht zu schnell vorgehen, zu wenig verstärken oder zu große Lernschritte verlangen, da der Schüler sonst durch Misserfolge entmutigt wird. Von besonderer Bedeutung ist, dass der Lehrer konsequent nur die Verhaltensweisen verstärkt, die zum Zielverhalten führen.
In der Schule hat sich die Technik der Verhaltensformung bei der Ausbildung von Arbeitsverhalten (z. B. schneller, sorgfältiger, stetiger), von Aufmerksamkeit und von komplexen Sachverhalten bewährt. Ferner wird sie erfolgreich im Erstlese-, Schreib- und Rechenunterricht angewendet sowie vor allem beim Aufbau komplexer Verhaltensweisen bei jüngeren Kindern und bei Behinderten, vorwiegend bei geistig Retardierten und Autisten. Außerdem wird diese Technik im programmierten Unterricht angewendet.

10.3.1.4 „Hilfestellungen" (prompting)

Es wäre allerdings oft sehr mühsam und langwierig bzw. in einigen Fällen undurchführbar, wenn man jede neue Verhaltensweise durch Verhaltensformung ausbilden müsste. Meistens reicht es, wenn der Lehrer bestimmte Hilfestellungen („prompts") gibt, die er nach einiger Zeit wieder schrittweise ausblendet („fading"). Im Allgemeinen erreicht der Lehrer durch verbale Instruktionen das Auftreten der erwünschten Verhaltensweise, welche er dann kontingent verstärkt. Eine große Hilfe kann es für den Lernenden auch sein, wenn er ein „Verhaltensmodell" als Anregung oder zur Imitation hat. Die bereits angeführten Prinzipien des Modelllernens kommen dabei sehr wirkungsvoll zur Anwendung. So können völlig neue Verhaltensweisen erworben werden, wobei das Individuum diese am Modell beobachtet und versucht, sie zu imitieren. Auf Grund der unmittelbar folgenden differentiellen Verstärkung wird die erfolgreiche neue Verhaltensweise fest in das eigene Verhaltensrepertoire übernommen. In der Verhaltensmodifikation wird diese Technik oft in Verbindung mit der Verhaltensformung beim Aufbau komplexer, motorischer und verbaler Reaktionen angewendet.

10.3.1.5 Verhaltensverkettung („chaining“)

Bei der Ausbildung komplexen Verhaltens, dessen Einzelhandlungen bereits beherrscht werden, findet die Technik der Verhaltensverkettung („chaining“) Anwendung. Wie bei der Verhaltensformung geht man auch hier von einfachen Anforderungen an das Individuum aus. Die einzelnen Schritte werden in einem Programm festgelegt. Dabei beginnt man mit dem letzten Element der programmierten Verhaltenssequenz. Dann müssen das vorletzte *und* letzte Element ausgeführt werden usw., bis die vollständige Sequenz beherrscht wird. Die Verstärkung erfolgt nur nach dem Ausführen des neuen Verhaltenselements in Verbindung mit dem bereits gelernten Teil.

10.3.2 Reduktion bzw. Beseitigung von Verhalten

Auf Grund der möglichen Gefahren beim Einsatz von aversiven Stimuli wird in diesem Abschnitt nicht auf die Bestrafung Typ II eingegangen. Zum Abbau von Verhaltensweisen sollten nur die Lernprinzipien Bestrafung Typ I und Extinktion herangezogen werden. Die beiden folgenden Techniken beinhalten das Lernprinzip der Bestrafung Typ I (Beendigung einer angenehmen Situation bzw. Verstärkerentzug.)

10.3.2.1 Auszeit (time-out)

Auf ein definiertes unerwünschtes Verhalten hin wird eine bereits andauernde, als angenehm empfundene Situation beendet, d. h. sofort nach Auftreten des unerwünschten Verhaltens wird das Individuum für ein bestimmtes Zeitintervall, in dem es keine Verstärkung erfährt, isoliert. Dieses zeitlich begrenzte Ausschließen eines Schülers aus einer positiv verstärkenden Situation kann am konsequentesten durchgeführt werden, wenn er vorübergehend den Raum verlassen muss. Diese Bestrafungsmethode stellt ein „time-out” (Strafstimulus = Auszeit) von positiver Verstärkung dar und kann, weil sich die Auszeit-Prozeduren hauptsächlich auf den Entzug positiver Sozialkontakte richten, auch als Methode des zeitlich begrenzten „sozialen Ausschlusses” bezeichnet werden. Von entscheidender Bedeutung für den Erfolg durch die Auszeit-Bestrafung ist es, dass das Individuum vor Inkrafttreten des Strafstimulus (Verstärkerentzug) unter positivem Verstärkereinfluß steht, d. h. den Zustand als angenehm erlebt. Eine Isolation könnte bei Nicht-Erfüllung dieser Bedingung sogar als positiv verstärkend wirken. So kann z. B. das Hinausstellen eines Schülers vor das Klassenzimmer als angenehm empfunden werden, wenn der Unterricht ihn vorher langweilte oder anderswie unange-

nehm für ihn war bzw. wenn das Vor-die-Tür-gehen-müssen für ihn interessanter ist (Spielen mit anderen Schulkindern usw.).
Die Auszeitdauer variiert in den verschiedenen Untersuchungen stark. Häufig wird sie nach einem Zeitintervall von 1 - 20 Minuten beendet. Christoph-Lemke (1974) kommt auf Grund ihrer Studien, die teils aus dem klinischen Bereich stammen, zu dem Schluss, kürzere Auszeit bewirke die stärkste Unterdrückung, längere Auszeit steigere die Effektivität nicht. Ist die Auszeit beendet, sollte der Schüler für das erwünschte Verhalten, auch wenn es nur im Ansatz gezeigt wird, positiv verstärkt werden. Diese gezielte Kopplung von Bestrafung eines unerwünschten Verhaltens durch Verstärkerentzug mit der positiven Verstärkung eines erwünschten Verhaltens sollte, wenn Bestrafung überhaupt angewendet wird, nur in einer solchen Kombination erfolgen.

10.3.2.2 Verstärkerentzug (response cost)

Während oder unmittelbar nach Auftreten des unerwünschten Verhaltens wird dem betreffenden Schüler ein positiver Verstärker (Chip, Punkt) weggenommen bzw. eine sofortige Beendigung von Privilegien wie Spielen, Hausaufgaben im Unterricht machen usw. Dieses Verfahren kommt oft im Rahmen eines Token-Verstärkungssystems (siehe Kap. 10.2.3.1) zur Anwendung. Den Kindern, die das unerwünschte Verhalten zeigen, wird sofort ein Eintauschverstärker wie Punkt oder Chip weggenommen. Anzustreben ist eine nach festen Regeln vereinbarte freiwillige Herausgabe der Token. Bei der Technik des Verstärkerentzugs (response cost) wird keine zeitliche Isolierung sonst verfügbarer angenehmer Ereignisse verlangt.
Abschließend sei erneut darauf hingewiesen, dass auch diese „milderen" (*Eisert & Barkey 1972*), „weniger problematischen" (*Christoph-Lemke 1974*) Formen der Bestrafung nur eine Unterdrückung des Verhaltens bewirken, dass bei ihrer Anwendung unerwünschte Nebeneffekte auftreten können und dass niemand aus der damit verbundenen Verantwortung entlassen wird.

10.3.2.3 Verstärkung inkompatiblen Verhaltens

Ausgehend von dem Lernprinzip der Extinktion könnte man versuchen, eine unerwünschte Verhaltensweise durch Ignorieren zu eliminieren. Da aber die meisten dieser Verhaltensweisen durch eine intermittierende Verstärkung aufgebaut wurden und somit relativ löschungsresistent sind, würde der Abbau sehr lange dauern. In der Schulpraxis ist es schwierig, eine Löschung über einen längeren Zeitraum konsequent durchzuführen, da das unerwünschte Verhalten bei den Klassenkameraden häufig doch Beachtung findet, auch wenn diese zum Teil nur gering ist. Außerdem hat der Lehrer kaum die Mög-

lichkeit, seine Kollegen oder gar die Eltern dahingehend zu beeinflussen, dass sie ebenfalls auf das bestimmte unerwünschte Verhalten keine Verstärkung mehr folgen lassen; denn nur dann wäre eine relativ schnelle und andauernde Löschung der Verhaltensweise gewährleistet. Hinzu kommt, dass ein langer Entzug von Verstärkung häufig Nebenwirkungen, wie aggressives Verhalten oder Angstreaktionen, hervorrufen kann. Das Problem, dem häufigen Auftreten einer unerwünschten Verhaltensweise erfolgreich entgegenzuwirken, lässt sich durch die gleichzeitige Anwendung von Extinktion und positiver Verstärkung lösen. Wird nämlich eine Verhaltensweise verstärkt, die mit der unerwünschten unvereinbar („incompatible") ist, wird sich die Auftretenswahrscheinlichkeit der letzteren verringern. Durch diese Technik der *Verstärkung eines inkompatiblen Verhaltens* wird das unerwünschte Verhalten langsam gelöscht, denn zwei Verhaltensweisen, die miteinander unvereinbar sind, können nicht gleichzeitig auftreten. So ist z. B. Sitzen unvereinbar mit Umherlaufen, Leisesprechen unvereinbar mit Schreien. Um eine geeignete unvereinbare Verhaltensweise zu finden, sollte man sich fragen: Welche Verhaltensweisen sind erwünscht und schließen gleichzeitig das Auftreten des unerwünschten Verhaltens aus? Es gibt natürlich oft mehrere Verhaltensweisen, die mit einem unerwünschten Verhalten unvereinbar sind. Der Lehrer sollte dann diejenige Verhaltensweise wählen, die erwünscht ist und die der betreffende Schüler am liebsten zeigt. Das Verfahren der Verstärkung eines inkompatiblen Verhaltens lässt sich in einer Wenn-dann-Beziehung wie folgt darstellen:
Wenn der Schüler die Verhaltensweise zeigt, die mit der unerwünschten nicht vereinbar ist, *dann* erfolgt eine positive Verstärkung.
Wird das inkompatible Verhalten wiederholt bekräftigt, erlernt der Schüler dieses in kurzer Zeit. Zeigt er das unerwünschte Verhalten, so erfolgt daraufhin keine Verstärkung. Somit erhöht sich die Wahrscheinlichkeit, dass die unerwünschte Verhaltensweise gelöscht wird, da das inkompatible Verhalten an Häufigkeit zunimmt.

10.3.3 Systeme zur Verhaltensmodifikation

Die folgenden zwei Systeme zur Verhaltenskontrolle stellen eine größere Einheit innerhalb der Verhaltensmodifikation dar, in der die genannten Lernprinzipien und Techniken angewendet werden können. Sie werden deshalb oft Systeme oder Programme zur Verhaltensmodifikation genannt.

10.3.3.1 Token-Systeme

Mitte der sechziger Jahre begann man in einigen Schulen der USA ein Verstärkungssystem einzuführen, das sich schon über einige Jahre in psychiatrischen Kliniken und Pflegeheimen bewährt hatte. Bei diesem System werden „token" zur Kontingenten Verstärkung eingesetzt. Die häufig gebrauchte Übersetzung „Münze" für „Token" trifft nicht ganz zu, da meist andere Gegenstände wie Farbplättchen und Punkte in einer Liste verwendet werden. Im Weiteren soll deshalb dieser englische Fachterminus benutzt werden.
Die Token erhalten ihren motivierenden Wert dadurch, dass sie nach einer bestimmten Zeit gegen begehrte Gegenstände, Nahrung, Aktivitäten oder Privilegien, die in diesem System als Eintauschverstärker („back-up reinforcer") bezeichnet werden, eingetauscht werden können. Durch wiederholte Kopplung von Token und begehrtem Objekt, also durch klassische Konditionierung, werden die Token, ebenso wie Geld, zu sekundären Verstärkern. Durch „die Tatsache, dass völlig unterschiedliche Dinge zur individuellen Bedürfnisbefriedigung eingetauscht werden können, erklärt sich der starke Einfluss solcher generalisierter Verstärker auf die Motivation" (*Kuhlen 1972, 45*). In den letzten Jahren ist die Entwicklung von Token-Verstärkungsprogrammen („token-reinforcement programs" oder „token economy") sehr stark fortgeschritten. Sie werden heute in vielen Schulen, insbesondere Sonderschulen, angewendet. In der umfangreichen Literatur zu diesem Thema wird über erstaunliche Erfolge mit dieser Art der Verhaltensmodifikation berichtet (*Hippler & Scholz, 1974*). Die genannten Autoren vertreten die Ansicht, dass diese Erfolge letztendlich durch folgende Vorteile bedingt sind:

1. Die Token können kontingent eingesetzt werden, was bei materiellen Verstärkern im Unterricht sonst kaum möglich ist. Sie sind zu jeder Zeit einsetzbar.
2. Durch den Einsatz von Token können auch Privilegien und Teilnahme an Aktivitäten (Ausflüge, Spiele etc.) „unmittelbar" als Verstärker eingesetzt werden.
3. Die Token sind weitgehend unabhängig von Deprivationen und Sättigung, da sie gegen eine Vielzahl von Verstärkern eintauschbar sind. Ein gelegentlicher Wechsel dieser Verstärker („back-up reinforcer") ist entscheidend für die Motivation und somit den Erfolg des Programms.
4. Sie sind leicht einsetzbar, auch bei der Verhaltensmodifikation größerer Gruppen (z. B. bei Klassen) und sind doch individuell wirksam.
5. Das System ist verhältnismäßig leicht einsichtig zu machen und daher auch anwendbar bei Vorschulkindern und Schülern mit geringer Intelli-

genz.

6. Token lassen sich „sparen", d. h. eine bestimmte Anzahl kann gegen eine größere Belohnung eingetauscht werden.
7. Der Schüler kann leicht an der Anzahl der Token den Erfolg seiner Verhaltensäusserungen feststellen.
8. Das Token-Verstärkungsprogramm ist von einem Lehrer allein durchführbar. Es kann auf eine ganze Schule ausgedehnt werden. Außerdem können die Eltern an diesen Programmen zur Verhaltensmodifikation aktiv teilnehmen.

Die Effektivität der Token-Verstärkungsprogramme zur Erhöhung der Auftretenswahrscheinlichkeit von Verhaltensweisen bei gleichzeitiger Verminderung der Wahrscheinlichkeit der inkompatiblen Verhaltensweisen konnte in zahlreichen Untersuchungen nachgewiesen werden.
Bei den Token-Verstärkungssystemen kommt hauptsächlich das Prinzip der positiven Verstärkung zur Anwendung, gelegentlich auch das der Bestrafung I, d. h. als Konsequenz inadäquaten Verhaltens müssen Token zurückgegeben bzw. vom Punktekonto abgezogen werden („response cost"). Auch andere Modifikationstechniken werden in Kombination mit dem Tokensystem verwendet.

Die Einführung eines Token-Verstärkungssystems kann aus folgenden Schritten bestehen:

1. *Verhalten*
   Festlegen operational definierter Verhaltensweisen,
2. *Verstärker*
   Vorstellen und Festlegen der Token und der Eintauschverstärker,
3. *Regeln*
   Festlegen der Regeln des Token-Verstärkungssystems, d. h. wie die Token verdient oder ggf. verloren, wann und zu welchem Preis sie eingetauscht werden können.

Die Inhalte und Schritte des Tokensystems sollten möglichst schriftlich festgehalten werden. Dies kann zweckmäßig in Form von Kontingenzverträgen geschehen (siehe Kap. 10.2.3.2). Der Erfolg dieses Modifikationssystems hängt nicht zuletzt vom kontingenten Austeilen der Token ab. Wichtig ist m. E., dass in der Planung und Durchführung eines Tokensystems der Weg von der Fremdkontrolle zur Selbstkontrolle des Schülers klar sichtbar wird. Der Schüler sollte Schritt für Schritt lernen, Verhaltensweisen, Verstärker und Regeln in Übereinstimmung mit den Gegebenheiten mitzubestimmen.

In der letzten Zeit wurden die Token-Verstärkungsprogramme, in denen mit materiellen Eintauschverstärkern, z. B. Süßigkeiten, Spielzeug oder Comic-Heften, gearbeitet wurde, wiederholt kritisiert, nicht zuletzt wegen der entstandenen oft sogar beträchtlichen Kosten. Es konnte in Untersuchungen nachgewiesen werden, dass Eintauschverstärker in Form von Privilegien und Aktivitäten mindestens ebenso erfolgreich wie die materiellen Verstärker waren. Zudem sind diese nicht nur kostenfrei, sondern entsprechen der normalen, natürlichen Schulsituation. O'Leary & Drabman (1971) weisen darauf hin, dass die große Wirkungskraft, die das Token-Verstärkersystem besitzt, leider manchmal dazu geführt hat, dass es ohne ausreichende Kenntnis der notwendigen Grundlagen der Verhaltensmodifikation angewendet wurde. Die Token-Programme sollten nicht zur ständigen Einrichtung in den Schulen werden, und nur da Einsatz finden, wo auf Grund von Verhaltensanalysen die Notwendigkeit zu einer längeren Modifikation (etwa 1/2 Jahr) besteht. Wichtig ist, dass ein Programm ein sukzessives Ausblenden („fading“) der materiellen Verstärker beinhaltet, und dass die kontingente Vergabe der Token und Eintauschverstärker mit sozialen Verstärkern gekoppelt wird, die nach Ausbildung der erwünschten Verhaltensweisen weiterhin gegeben werden, um die Verhaltensweisen aufrecht zu erhalten. O'Leary & Drabman (1971) betonen am Schluss ihres Sammelreferats über „Token-Verstärkungsprogramme in der Schule”, dass diese Programme nur *ein* Weg - wenn auch ein sehr wirkungsvoller - sind, um Verhaltensweisen zu modifizieren.

10.3.3.2 Kontingenzverträge (contingency-management)

Ein weiteres System der Verhaltensmodifikation stellen die Kontingenzverträge - oder auch Kontingenzmanagement genannt - („contingency-contracting, contingency-management“) dar. In diesen Verträgen werden Abmachungen zwischen einem Schüler oder einer Gruppe von Schülern und dem Lehrer getroffen, in denen beide Partner sich über das Auftreten bestimmter Verhaltensweisen und deren Folgen (Einsatz und Entzug von Verstärkern) einigen. Ein Kontingenzvertrag beinhaltet im Wesentlichen folgende Punkte:

1. Die Anzahl der zu lösenden Aufgaben oder das Zeigen einer bestimmten Verhaltensweise,
2. Die Beurteilungskriterien für den Erfolg einer Handlung,
3. Die Art und Menge bzw. die Dauer der Bekräftigung sowie ggf. den Entzug von Verstärkern.

Die Kontingenzverträge spiegeln im Grunde das altbewährte Erziehungsprinzip wieder: „Erst die Arbeit, dann das Vergnügen” oder „iss erst mal deinen

Teller leer, dann bekommst du auch deine Nachspeise". Dieses Prinzip, das auch als „Großmutters Regel" (Homme et al. 1969, Becker et al. 1971) bezeichnet wird, kann allerdings, wenn es nicht kontingent angewendet wird („Du darfst spielen gehen, wenn du später dann deine Schulaufgaben machst"), zur Verstärkung des unerwünschten Verhaltens führen.
In den Verträgen können materielle Verstärker als Gegenleistung eingesetzt werden. Homme und seine Mitarbeiter zeigten, dass auch Aktivitäten sehr erfolgreich als Verstärker eingesetzt werden können. Dabei wird ein von Premack (1965) aufgestelltes Prinzip angewendet, welches kurzgefasst besagt, dass jedes Verhalten mit hoher Auftretenswahrscheinlichkeit („high probability behavior" - HPB) Verhalten mit niedriger Auftretenswahrscheinlichkeit („low probability behavior" - LPB) verstärken kann.
Homme et al. (1969) bezeichnen das Verhalten mit hoher Auftretenswahrscheinlichkeit (HPB) als „verstärkendes Ereignis" und verstehen darunter jede Aktivität, die dem Schüler lieber ist als das geforderte Verhalten. Verstärkende Aktivitäten können schulische oder rein unterhaltende bzw. erholsame Aktivitäten sein. So kann z. B. der Vertrag folgendermaßen aussehen: „*Wenn* du von den 15 Mathematikaufgaben 13 richtig löst, *dann* kannst du deiner Lieblingsbeschäftigung Malen 10 Minuten lang nachgehen."
Erreicht ein Schüler das vereinbarte Ziel nicht, so sollte er durch kleinere Lernschritte („microtasks") zu selbstständiger Aufgabenlösung hingeführt werden oder versuchen, die Aufgabe mit Hilfe des Lehrers oder eines Schülers („prompting") zu lösen. Die wichtigste Vorbedingung für den erfolgreichen Verlauf eines Vertrags ist die Feststellung der Lernvoraussetzungen, sowohl im Lern- als auch im Sozialverhalten. Hierbei bieten Verhaltensbeobachtungen und verhaltensbeschreibende Tests eine entscheidende Hilfe. Ferner ist der beabsichtigte Effekt eines Vertrags, die Erhöhung oder Festigung der Auftretenswahrscheinlichkeit der erwünschten Verhaltensweise, so lange gewährleistet, wie der Vertrag eingehalten wird, die als Belohnung in Aussicht gestellte Aktivität hoch begehrt ist oder sie nicht auf andere Art und Weise erreicht werden kann.

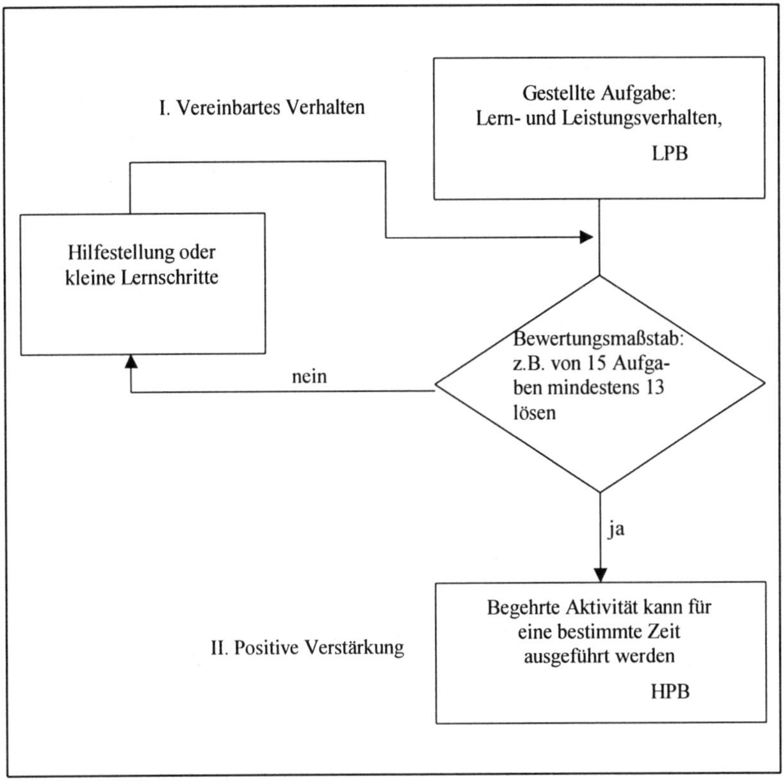

Abb. 31: Flussdiagramm über den Ablauf eines Kontingenzvertrags

Das Kontingenzmanagement ist gegenüber den genannten landläufigen Erziehungsmaßnahmen (Großmutters Regel) gekennzeichnet durch operationalisierte Vertragsbedingungen und ihre methodisch durchdachte, systematische und konsequente Anwendung.

Es sind dabei 10 Grundregeln für Kontingenzverträge zu nennen:

1. Die Belohnung innerhalb des Vertrags sollte sofort erfolgen (Prinzip der Kontiguität, siehe Kap. 10.2.1.2).
2. Erste Verträge sollten für kleine Schritte sorgen und diese belohnen (Verhaltensformung, siehe Kap. 10.2.3).
3. Häufige Belohnung mit kleinen Beträgen.
4. Der Vertrag sollte eher Leistung als Gehorsam fordern und diese belohnen.
5. Belohnung der Leistung nach der Durchführung (Die kontin-

gente Reihenfolge vereinbarter Handlungsweisen - begehrte Aktivität ist unbedingt einzuhalten).

6. Der Vertrag muss fair sein. Die Vertragsbedingungen müssen auf beiden Seiten („Wenn du x tust, tu ich y") in etwa gleichwertig sein.
7. Die Vertragsbedingungen müssen klar sein. Das Kind muss immer genau wissen, *wie viel Leistung* von ihm erwartet wird und mit *welcher Belohnung* es rechnen kann (Bei jedem Kontingenzvertrag muss a) die vereinbarte Leistung in Art, Umfang, Dauer und Güte und b) das verstärkende Ereignis in Art und Dauer spezifiziert werden).
8. Der Vertrag muss ehrlich sein.
9. Der Vertrag muss positiv sein. Die Vertragsbedingungen sollen etwas zur Erfahrung des Kindes beitragen und sie nicht beschränken. Charakteristisch für einen negativen Vertragsabschluß wäre eine Strafandrohung.
10. Der Vertragsabschluß muss als Methode systematisch angewendet werden. Hinzuzufügen wäre noch, dass das konsequente Verhalten, d. h. die strikte Einhaltung des Vertrags seitens des Lehrers, ein sehr entscheidendes und hilfreiches soziales Modell für den Schüler ist.

Ausser Verträgen mit einzelnen Schülern sind Gruppenverträge möglich. „Jedoch ist es wegen der individuellen Unterschiede (wie unterschiedliche Lernfortschritte, unterschiedliche Motivation und situationsspezifische Verstärkungen) leichter und wünschenswerter, individuelle Verträge mit den Schülern abzuschließen" (Homme et al. 1974, 57).

Der Lehrer sollte sich auf der Grundlage übergeordneter Lern- und Erziehungsziele operationalisierte Feinziele erstellen. Diese bilden die Grundlage für die einzelnen Aufgaben. Diese Aufgaben können auf Kartei- bzw. Arbeitsblätter geschrieben werden und dann individuell, je nach Lernfortschritt, an die Schüler ausgegeben oder von ihnen selbst ausgewählt werden. Die Aufgabenkarten bilden den einen Hauptteil des Vertrags, der andere besteht aus einer Liste von verstärkenden Ereignissen. Dieses Verstärker-Menü kann durch Abbildungen illustriert und in Form eines großen Plakats an eine Wand des Klassenzimmers gehängt werden. Von Zeit zu Zeit ist eine Erweiterung und Revision der Liste notwendig.

Ein Beispiel für eine typische Unterrichtsstunde sieht bei Homme folgendermaßen aus:

„Vor der Unterrichtsstunde hat der Lehrer die Aufgabenkartei sortiert. Nach einem vorher bestimmten Programm bezieht sich jede Aufgabenkarte auf einen besonderen Schritt, der zu einem speziellen Unterrichtsgegenstand oder Ziel führt. Aufgrund früher beobachteter Kontingenzbeziehungen hat der Lehrer auch eine Liste verstärkender Ereignisse vorbereitet. Der Schüler geht zum Lehrer, erhält seine Aufgabenkarte und wählt ein verstärkendes Ereignis von der Liste. Ein solches verstärkendes Ereignis kann z. B. die Tatsache sein, ein frei gewähltes Buch zehn Minuten lang zu lesen. Ein anderes kann die Möglichkeit sein, fünf Minuten lang zu spielen oder vielleicht die Möglichkeit, nach draußen zu gehen und zehn Minuten lang Fußball zu spielen. In jedem Fall besiegelt der Empfang der Aufgabenkarte und die Auswahl des verstärkenden Ereignisses durch den Schüler einen Vertrag.
Die Aufgabenkarten sind so vorbereitet, dass sie Anfang und Ende der Aufgabe und die Kriterien angeben, die den erfolgreichen Abschluss der Aufgabe anzeigen. Die Verstärker-Listen sind so vorbereitet, dass sie nicht nur die Art des geeigneten verstärkenden Ereignisses spezifizieren, sondern auch die Zeit, die der Schüler auf jenes Ereignis verwenden kann.
Hat der Schüler seine Aufgabe erfolgreich abgeschlossen, . . . endet das Aufgabenereignis, und es beginnt das verstärkende Ereignis. Nach einer festgesetzten Zeitspanne zeigt ein anderes Signal das Ende der verstärkenden Zeit an" (1969, dtsch. 1974, 61).

Auch beim Kontingenzmanagement sollte das Ziel sein, dass der Schüler letztendlich selbst die Kontrolle über sein eigenes Verhalten erlangt.

Einen Weg in diese Richtung der Selbststeuerung zeigen Homme et al. (1974) auf. Sie schlagen vor, nach und nach von „erzieherkontrollierten Verträgen" zu „schülerkontrollierten Verträgen" überzugehen. So sollen der Verstärkerbetrag, der Aufgabenbetrag, die Bekanntgabe des Vertrags und die Vergabe des Verstärkers schrittweise vom Schüler allein bestimmt und ausgeführt werden.

Homme und seine Mitarbeiter sind ebenfalls der Meinung, „dass Kinder bereitwilliger und freudiger lernen, wenn Lehrer und Schüler gemeinsam die Lernsituation planen" (1974, 15). Ein weiteres Ziel sollte sein, letztlich nur noch Kontingenzverträge zu schließen, in denen vorher Ziel und Zweck des Vertragsabschlusses besprochen werden.

10.4 Kooperative Verhaltensmodifikation

Es ist sinnvoll und oft von größerer Effektivität, wenn man die betreffenden Jugendlichen in die Planung und Durchführung einer Verhaltensmodifikation soweit wie möglich einbezieht. Dieses kooperative Vorgehen kann in man-

chen Fällen aber erst einem direktiven, von Lehrerinnen und Lehrern bzw. Erziehern bestimmten, Vorgehen folgen. Wenn dann ein Mindestmaß an sozialem Verhalten vorhanden ist und eine zumindest geringfügige Motivation an der Veränderung eines Verhaltens besteht, kann die kooperative Verhaltensmodifikation eingesetzt werden.
Die Verhaltensmodifikation sollte drei Phasen umfassen:

1. Diagnose
2. Planung
3. Intervention

Die *Diagnose* folgt einem einfachen Schema mit drei Schritten:

1.Schritt: Ausarbeitung der Lehrersicht des Problems	Methode: Gespräch, Kausalmodell
2.Schritt: Aufnahme der Schülersicht des Problems	Methode: Gespräch, schriftliche Befragung, Gruppenarbeit
3.Schritt: Integration beider Sichtweisen in einem Interaktionsketten-Erklärungsmodell	Methode: Problemlandschaft, Bild, Teufelskreise

Jeder Schritt wird in einer Beratung oder einem Training für Lehrer, einer Lehrergruppe o. ä. kurz vorbereitet und anschließend vom Lehrer mit den Schülern durchgeführt und/oder besprochen. Jeder Schritt hat dabei einen konketen Zielpunkt: ein Modell, ein Instrument, eine Ergebnisdarstellung oder ein Übungsprogramm schaffen, etwas, das sich im Unterricht umsetzen lässt und den Prozess voran bringt im Sinne einer kreativen Rezeptologie.

Die *Planungsphase* gliedert sich wiederum in drei Schritte:

1.Schritt: Zielerklärung	Methode: Zielpalette, Hitliste der wichtigsten Veränderungsziele...
2.Schritt: Veränderungsprogramm	Methode: Kooperationsverträge, Wahrnehmungshilfen, Selbstbeobachtung, Rollenspiele, Feed-back, Motivationshilfen...
3.Schritt: Zeit- und Aktionsplan	Methode: Stundenplan mit Interventionsstunden, Kalender mit Aktionsschwerpunkten...

Die Methoden helfen, den Prozess voranzubringen und strukturieren die Kooperation mit den Jugendlichen. Jeder Schritt kann mit ihnen besprochen, letztendlich auch mit ihnen verwirklicht werden.

Die *Intervention* schließlich umfasst ebenfalls drei Schritte:

1.Schritt: Methodeneinsatz und Erfolgsprüfung	Methode: Erfolgsposter
2.Schritt: Stabilisierung der Ergebnisse	Methode: Ausblendung und Verinnerlichung
3.Schritt: Abschlussbewertung	Methode: Gruppengespräch und Befragung

In 3 x 3 Schritten zum Ziel. Das kann oberflächlich und rezepthaft geschehen. Damit wäre allerdings kaum etwas erreicht, außer dem Beweis sich selbst gegenüber, etwas getan zu haben (Pseudo-Problemlösung).
Es kann aber sehr motivierend wirken, einen komplexen Gesamtprozess der Problemlösung in Teilabschnitte mit griffigen Handlungsmöglichkeiten zu zergliedern. Im Zusammenhang mit dem zugrunde liegenden Regelkreismodell wird damit eine Einfachheit im Vorgehen praktiziert, die dennoch die Erfahrung der Differenzierung nicht preisgibt.

10.5 Selbststeuerung, Selbstkontrolle

Das dargestellte Tokensystem und die Kontingenzverträge sowie deren Techniken werden in den meisten Fällen für eine fremd-(Lehrer-)gesteuerte Verhaltenskontrolle eingesetzt. Auf die Wichtigkeit des Ziels, dass ein Individuum selbst Kontrolle über sein Verhalten erlangt, wurde allerdings bereits wiederholt hingewiesen.

Das Selbststeuerungs- und Selbstkontrollmodell ergänzt die Verhaltensebene und die dort angesiedelten Methoden der

- Wahrnehmungshilfe
- Verhaltensübung
- Motivationshilfe

um die intern ansetzenden Methoden der

- Selbstinstruktion
- Selbstbewertung.

Beide zusammen machen den internen Dialog aus, der unser Handeln begleitet. Er wird als Stütze im Verhaltens- und Interaktionsveränderungsprozess aktiv eingesetzt.

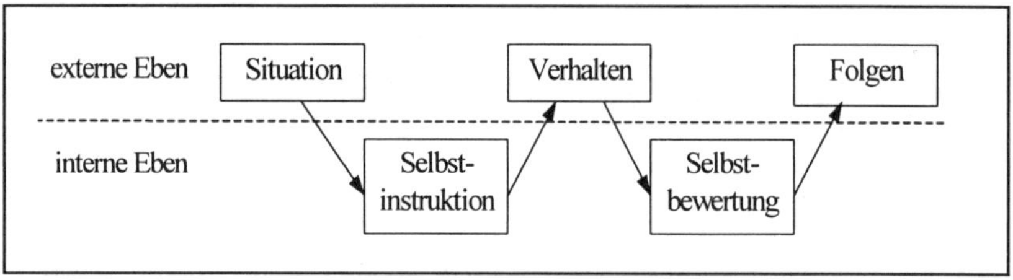

Abb. 32: Externe und interne Ebene der Selbststeuerung

Interne Strukturen und externe Faktoren bedingen sich wechselseitig. Bezogen auf gemeinsam entwickelte Ziele führt eine Koordination der Kräfte aller Beteiligten zu einem starken Effekt, der Wellen schlägt. Die Folge gemeinsamer und individueller Arbeit kann jeder einzelne anhand der Veränderung seines Verhaltens selbst feststellen und positiv bewerten bzw. die gemeinsam bewirkten positiven Folgen können durch Einschätzen und Beobachten an Indikatoren auch gemeinsam bewertet werden.

Selbstbeobachtungsbogen

Diese helfen jedem Einzelnen, die Bewältigung kritischer Ereignisse und die Erreichung konkreter Ziele für sich zu dokumentieren.

z. B. „Ich habe etwas nicht verstanden und nachgefragt."

z. B. „Ich habe mich fünf (oder zehn...) Minuten auf meine Aufgaben konzentrieren können."

z. B. „Ich hatte heute Streit und habe nicht zugeschlagen."

Erfolgsposter

Sie geben gemeinsame Ergebnisse oder Einschätzungen wieder.
z. B. Aktivitätsgrad der Klasse gemessen an mündlichen Beteiligungen

z. B. Abnahme von Schlägereien in der Pause

z. B. Reduzierung von Zu-Spät-Kommen

z. B. Verbesserung der Lernatmosphäre („Zufriedenheitsthermometer")
Am besten ist es, ein oder zwei wesentliche Ziele laufend auf ein großes Wandposter in der Klasse einzutragen. Das gibt jedes Mal Anlass, bei Abweichungen in die eine oder andere Richtung, über Gründe dafür nachzudenken und zu sprechen.

10.6 Aufgaben

1. *Im Text werden verschiedene Techniken der Verhaltensmodifikation vorgestellt. Übertragen Sie eine davon auf eine von Ihnen im Berufsalltag erlebte Situation. Beschreiben Sie, welche Schritte nötig wären, um bei dem betreffenden Jugendlichen das erwünschte Verhalten zu erreichen!*
2. *Welches sind die Möglichkeiten und Grenzen einer Verhaltensmodifikation?*
3. *Stellen Sie in Stichworten das Prinzip der Kooperativen Verhaltensmodifikation dar! Welche Elemente würden Sie in Ihren Berufsalltag übertragen?*
4. *Wie müssten Sie als Erzieher/-in reagieren, um Jugendliche bei der Anwendung von Selbststeuerungs- und Selbstkontrollmodellen zu unterstützen?*

10.7 Literatur

Angermeier, W. F. 1972: Kontrolle des Verhaltens. Berlin, Heidelberg, New York.

Bandura (1971): Principles of Behavior Modification. London, New York.

Becker, C. W., Engelmann, S. & Thomas, D. 1971: Teaching. A Course in Applied Psychology. Chicago.

Bredenkamp, K. & Bredenkamp, J. 1973: Was ist Lernen? In: Funkkolleg Pädagogische Psychologie, H. 8, Weinheim.

Christoph-Lemke 1974: Bestrafung. In: Kraiker, C. (Hrsg.): Handbuch der Verhaltenstherapie. München.

Dinkmeyer, D. & Dreikurs, R. 1970: Ermutigung als Lernhilfe. Stuttgart.

Eisert, H. G. & Barkey, P. 1972: Verhaltensmodifikation in der Schule. Deutsches Institut für Internationale Pädagogische Forschung. Frankfurt.

Hall, R. V. 1971b: Behavior Modification. Basic Principles. Kansas City.

Hippler, B. & Scholz, W. 1974: Token-Verstärkungssysteme in der Schule. In: Kraiker, C. (Hrsg.): Handbuch der Verhaltenstherapie. München.

Homme, L. E., Csanyi, A. P., Gonzales, M. A. & Rechs, J. R. 1969, deutsch 1974: How to Use Contingency Contracting in the Classroom Campaign, III.: Research Press.

Innerhofer, P. 1974: Ein Regelmodell zur Analyse und Intervention in Familie und Schule. Abänderung und Erweiterung des S-R-K-Modells. Zeitschrift für Klinische Psychologie, Heft 1, 1-29.

Kanfer, F. H. & Marston, A. R. 1963: Determinants of self-reinforcement in human learning. Journal of Exp. Psychology, 245-254.

Kraiker, C. (Hrsg.) 1974: Handbuch der Verhaltenstherapie. München.

Kuhlen, V. 1972: Verhaltenstherapie im Kindesalter. München.

Meacham, L. & Wiesen, A. E. 1969: Changing Classroom Behavior. A Manual for Precision Teaching. Scranton. Pennsylvania.

Minsel, W.-R. 1970: Positive Verstärkungen im Unterricht, In: Betrifft Erziehung, Nr. 7, 26-29.

O'Leary, K. D. & Drabman, R. 1971: Token reinforcement programs in the Classroom. A review. Psychological Bulletin, Heft 6, 379-398.

Premack, D. 1965: Reinforcement Theory. In: Levin, D. (ed.): Nebraska Symposium on Motivation. Lincoln.

Tausch, R. & Tausch, A. 1970: Erziehungspsychologie. Göttingen.

Tausch, R. & Tausch, A. 1972: Gesprächspsychotherapie. Göttingen.

Watson, D. L. & Tharp, R. G. 1972: Self-Directed Behavior. Self-Modification for Personal Adjustment. Belmont, Cal.

11 Lösung von Konflikten durch eine Gruppe

11.1 Lernziele

Die Leserin/der Leser soll:

1. *eine mögliche Form der Konfliktlösung durch eine Gruppe anhand der Kooperativen Gruppenberatung kennen lernen,*
2. *deren Ziele und Formen benennen können,*
3. *mit Hilfe des Phasenmodells die Entwicklung von einer extern geleiteten hin zu einer intern geleiteten Kooperativen Gruppenberatung erläutern können.*

11.2 Einleitung

Das Lösen von Konflikten ist in der Einzelberatung in besonders schwierigen und komplexen Problemlagen oft nicht möglich. In diesen Fällen hat sich die Gruppe als Beratungsteam als sehr effektiv erwiesen. Die folgende Methode der Gruppenberatung, i. S. von Gruppe als Konfliktlöseteam, basiert auf den Elementen der Kooperativen Beratung (siehe Kap. 8). Ergänzt werden diese Elemente durch ein neues Setting (Bedingungsgefüge) und eine veränderte Vorgehensweise.

Die Form der Kooperativen Gruppenberatung ist sowohl zur Konfliktlösung (Fallbesprechung) als auch zur kollegialen Praxisberatung (Supervision) einsetzbar. Ferner kann sie bei der gemeinsamen Konfliktlösung mit Jugendlichen verwendet werden. In allen Fällen hat sie sich als eine effektive Methode bewährt.

11.3 Ziel und Formen der Konfliktlösungen durch Gruppen (Kooperative Gruppenberatung)

Unter *Kooperativer Gruppenberatung* ist eine Gruppe von Berufspraktikern zu verstehen, die sich gegenseitig in kontinuierlicher, methodisch-systematischer Form ihren Arbeitsalltag reflektierend, beratend und unterstützend begleitet und sich damit auch weiterqualifiziert.

Die Formen der Gruppenberatung werden nach der Art ihrer Leitung unterschieden. Zum einen kann eine Kooperative Beratung von Gruppen durch einen von außen kommenden Berater geleitet werden. Diese Person sollte zwar mit dem Berufsfeld der Teilnehmer und Teilnehmerinnen vertraut, aber kein Mitglied einer der beteiligten Einrichtungen, sein. Diese Distanz zum Beziehungsgefüge der Beteiligten ist notwendig, unter anderem um *blinde Flecken*, also unreflektierte, routinierte Handlungen und Bewertungen erkennen zu können. Ein von außen kommender Berater kann eine Stellung in einer Praxisgruppe einnehmen, die es wesentlich erleichtert, zwar persönlich, aber doch neutral, die notwendigen Regeln und Umgangsformen des Beratungsprozesses zu initiieren bzw. zu vermitteln und Verstöße zu besprechen.

Die zweite Art der Leitung von Gruppenberatung ist die kollegiale Form. Das heißt, ein Teilnehmer der Gruppe (Lehrerinnen und Lehrer, Sozialpädagoge, Psychologe etc.) übernimmt mit Unterstützung der anderen Gruppenmitglieder die Rolle des Hauptberaters. Die Leitung der Gruppenberatung wird meist von Sitzung zu Sitzung gewechselt. Diese Art von Gruppenberatung setzt allerdings ein fortgeschrittenes Stadium in der Kommunikations-, Kooperations- und fachlichen Handlungskompetenz bei den Teilnehmerinnen und Teilnehmern einer Gruppe voraus.

Eine derartige Voraussetzung ist aber nur selten in einer Gruppe vorhanden, sie muss erst durch einen Lernprozess geschaffen werden. Sinnvollerweise geht eine entsprechende Fortbildung der Teilnehmer einer kooperativen Konflikt- oder Problemlösung voraus.

Eine Vorgehensweise, die sich sehr gut bewährt hat, ist der Übergang von einer Gruppenberatung mit einem qualifizierten, erfahrenen und von außen kommenden Fortbildner hin zu einer kollegialen Gruppenberatung.

Eine Gruppenberatung, bei der die Reflexion der Arbeitsweise der Teilnehmer von einem externen oder internen Berater geleitet wird, kann auch als Supervision bezeichnet werden. Berufliches Handeln der einzelnen Gruppenmitglieder wird aus einer gewissen Distanz betrachtet und analysiert.

Im Folgenden wird die Entwicklung von einer extern zu einer intern geleiteten Kooperativen Gruppenberatung dargestellt.

11.4 Von einer extern zu einer intern geleiteten Kooperativen Gruppenberatung

Das Ziel einer Kooperativen Gruppenberatung sollte sein, dass ihre Teilnehmer selbstständig und eigenverantwortlich die Beratung durchführen. In manchen Fällen ist allerdings eher eine extern geleitete Kooperative Gruppenberatung nötig, z. B. bei bestimmten Inhalten und Teilnehmerkonstellationen wie Teamkonflikten, oder bei Eltern- und Schülergruppen. Bei den zuletzt genannten Gruppen würde die Verselbstständigungsphase (intern geleitete Beratung) in den meisten Fällen eine Überforderung der Teilnehmer darstellen.
Die Entwicklung zu einer intern geleiteten Kooperativen Gruppenberatung geschieht über den Weg:

1. *Bildung einer Gruppe zur Kooperativen Supervision*
2. *Fortbildungsphase*
3. *Kooperative Gruppenberatung mit einem externen Berater*
4. *Interne Kooperative Gruppenberatung.*

11.4.1 Bildung einer Gruppe zur Kooperativen Supervision

Ziel: Durch Informationen, Einführung und verbindliche Vereinbarungen soll eine Gruppe von Mitgliedern zur Kooperativen Gruppenberatung gebildet werden.
Hinweise und Vorgehen: Über unterschiedliche Formen der Bekanntgabe (Ausschreibung, Konferenz, direktes Ansprechen etc.) wird die Bildung einer Gruppe zur Kooperativen Gruppenberatung angekündigt. Wichtig ist, dass den Interessenten vor Beginn der ersten Sitzung die wesentlichen Inhalte und Bedingungen dieser Arbeitsform mitgeteilt werden: Adressatenkreis, Ziel, Inhalte, Arbeitsformen, Dauer, Ort, erstes Treffen, Leitung, Träger, evtl. Kosten, Meldefrist.
Folgende Voraussetzungen und Bedingungen sollten bei der Bildung einer solchen Fachgruppe beachtet werden:

Gruppengröße

Die Größe der Gruppe sollte zwischen fünf und acht Teilnehmern bei einem Leiter (Fortbildner und Supervisor) betragen. Wird eine größere Anzahl von Mitgliedern zugelassen, so entstehen insbesondere für die interne, selbstständig durchgeführte Gruppenberatung erhebliche Nachteile, u. a. dass Vertrautheit, Arbeitsfähigkeit und Verbindlichkeit schwerer zu erreichen und zu erhalten sind. Mit dem Einbringen eigener Anliegen (Probleme, Projekte etc.) müssen Teilnehmer oft lange warten; es sei denn, man trifft sich jede Woche. Die Motivation lässt bei ungünstiger Gruppengröße und sehr unterschiedlichen Erwartungen erheblich nach. Ein (fortlaufender) Drop-out, oft positiv als „Gesundschrumpfen" formuliert, ist zu hinterfragen und auch für die Bildung von weiteren Supervisionsgruppen sehr hinderlich.

Persönliche Voraussetzung

Es ist den Interessenten und später den Gruppenmitgliedern eindeutig mitzuteilen, dass es sich bei der Kooperativen Gruppenberatung (Kollegialen Praxisberatung) um keine Therapie oder Therapiesupervision handelt. Gegebenenfalls sind Hinweise für entsprechende Möglichkeiten anderenorts zu geben.

Den Teilnehmerinnen und Teilnehmern sollte ferner mitgeteilt werden, dass eine Bereitschaft zum Lernen und Erproben neuer, teils ungewohnter Methoden und das Einbringen eigener Problemereignisse und Arbeitsvorhaben eine notwendige Voraussetzung für eine Teilnahme ist, ebenso das Interesse an der Reflexion der im Arbeitsalltag angewendeten Handlungskompetenzen.

Die Zusicherung der Verbindlichkeit bei Terminabsprachen, der regelmäßigen Teilnahme und dem vertraulichen Umgang mit Informationen ist ebenfalls eine unabdingbare Voraussetzung. Nach der Einführungssitzung, d. h. spätestens vor Beginn der Fortbildungsphase, muss jeder Teilnehmer die endgültige Entscheidung über seinen Verbleib und seine Mitarbeitsbereitschaft bekannt geben. „Voyeure" sind arbeitshemmend und daher nicht zulässig.

Häufigkeit und Ort der Gruppensitzungen

Bei einer Gruppengröße von sechs Teilnehmern sollte die Frequenz der Treffen mindestens alle drei bis vier Wochen betragen. Größere Abstände erschweren die erforderliche Vertrautheit und Arbeitsintensität und führen zu ständigen Beziehungsklärungen. Um Zeit und Fahrtkosten möglichst gering zu halten, sollten die Gruppentreffen auf lokaler oder regionaler Ebene stattfinden. Der Raum für die Gruppenberatungen ist so zu wählen, dass eine distanzierte Reflexion der Arbeit der Teilnehmer möglich ist, d. h. Räume in

Gaststätten oder in Wohnungen können leicht eine Debattier- oder Stammtisch-Atmosphäre auslösen, was dem Arbeitscharakter von Kooperativer Gruppenberatung zuwider läuft.
Der Sitzungsraum sollte, wie gesagt, eine Atmosphäre des Wohlbefindens und der Arbeitslust hervorrufen, deshalb sollten außer den genannten örtlichen Bedingungen die Raumbeschaffenheit und die Raumgestaltungsmöglichkeiten beachtet werden, z. B. gute Lichtverhältnisse, bequemes Gestühl, ausreichende Raumgröße, Möglichkeiten zum Aufhängen von Wandzeitungen. Ein weiterer Raum für gelegentliche Kleingruppenarbeit ist hilfreich.

Vorgehensweise

Die *erste Gruppensitzung* der Kooperativen Beratung dient der Einführung. Sie umfasst im allgemeinen einen halben Tag mit etwa vier Arbeitsstunden. (Ein ganzer Tag oder zwei halbe Tage sind notwendig, wenn die fachliche Einführung und eine Beziehungsklärung der Gruppenmitglieder nicht ausreichend gesichert ist; dieses hängt aber vor allem von der Art und Anzahl der Teilnehmer ab sowie von noch ungeklärten Voraussetzungen und Bedingungen).
In der Einführung moderiert der Leiter (Fortbildner oder Supervisor) das Vorstellen und Kennenlernen der Teilnehmer. Ferner stellt er Ziele, Arbeitsformen, Grundlagen, Möglichkeiten und Grenzen der Kooperativen Gruppenberatung dar. Ein besonderes Augenmerk sollte auf die erste Darstellung der grundlegenden Sichtweisen und Prinzipien der Kooperativen Beratung, wie dem Menschenbild, gelegt werden. Sie sollte in einer den Teilnehmern gemäßen sprachlichen Formulierung und in anschaulicher Weise mit wenigen einfachen graphischen Darstellungen und Beispielen aus dem Alltag geschehen.
In einer weiteren Phase der Einführung ist es didaktisch und methodisch sinnvoll, wenn der Leiter die Vorgehensweise von Kooperativer Gruppenberatung erläutert und anschließend demonstriert. Eine Videoaufzeichnung einer exemplarischen Gruppensitzung könnte zwar methodisch gelungener sein, sie schafft aber nicht die notwendige Atmosphäre des Vertrauens zum Leiter und unter den Teilnehmern, wie es durch reales Handeln möglich ist.
Im letzten Teil der Einführung werden die noch nicht geregelten Voraussetzungen und Bedingungen zur Durchführung von Kooperativer Gruppenberatung (s. o.) vereinbart. Diese Organisations- und auch die Verhaltensregeln (Verbindlichkeit, Vertraulichkeit, Bemühen um einfühlendes Verstehen, Akzeptanz und Echtheit, Verantwortung etc.) werden schriftlich festgehalten (ggf. Wandzeitung). Die Gruppenmitglieder erklären, ob sie diesen Vereinbarungen zustimmen können. Dieser Vertrag (Absprache) wird den Teilneh-

mern übergeben oder zugesandt, die an der Fortbildung und an den anschließenden Gruppensitzungen zur Kooperativen Beratung teilnehmen wollen.
Die Bedeutung all dieser Modalitäten ist nicht zu unterschätzen. Die vereinbarten Bedingungen können die Arbeit in der Fortbildung und Beratung entscheidend beeinflussen. Sicherlich ist es möglich, während der folgenden Sitzungen noch Bedingungen zu ergänzen oder zu verändern; Unklarheiten und Missverständnisse darüber würden den Beratungsprozess allerdings unnötig stören. Das Anerkennen und Mittragen von Organisations- und Verhaltensregeln sowie der Grundlagen der Kooperativen Beratung sind ein tragfähiges Fundament für ein erfolgreiches persönliches und fachliches Lernen und Wachsen (Weiterentwickeln).

11.4.2 Fortbildungsphase

Ziel: Die Teilnehmer sollen die Grundlagen und Methoden der Kooperativen Gruppenberatung erlernen und anwenden.
Hinweise und Vorgehen: Gemäß dem Ziel Kooperativer Gruppenberatung, die Methode im Kreise der Gruppenmitglieder selbstständig zu praktizieren, werden die Teilnehmer fortgebildet.
Diese Fortbildung sollte als Kompaktveranstaltung durchgeführt werden. Sie umfasst drei aufeinanderfolgende Tage oder - wenn nicht anders möglich - mindestens zwei anderthalbtägige Seminare, die keinesfalls mehr als drei Wochen auseinander liegen sollten. Durch diese Kompaktform wird die notwendige Vertrauensbildung erleichtert und gefördert, und die Schritte und Methoden der Kooperativen Beratung können in ihren zusammenhängenden Prozessen und Bezügen erlernt und geübt werden. Der Fortbildner versucht gemeinsam mit den Teilnehmern, ein Arbeitsklima zu schaffen, das ermöglicht, personenzentriert und aufgabenorientiert zu lernen. Die Inhalte der Kooperativen Beratung (siehe Kap. 8) werden in einer bestimmten didaktischen und methodischen Abfolge vermittelt und erlernt:

- zunächst wird *über die Inhalte eines Beratungsschrittes informiert*;
- danach wird *die Vorgehensweise dokumentiert*,
- *von den Teilnehmern geübt*
- und zum Schluss *reflektiert.*

Wie bei der Beratung ist es bei dieser Fortbildung von außerordentlicher Wichtigkeit, dass den Teilnehmern deutlich wird, dass es weniger um das Beherrschen von Techniken geht, sondern vor allem um gelebte Haltungen, also um in Gedanken, Gefühle und im Verhalten verwirklichte Sichtweisen der Kooperativen Beratung.

Falls die Teilnehmer die Form der Einzelberatung noch nicht erlernt und angewendet haben, so wird zunächst diese grundlegende Form vermittelt und erfahren. Im zweiten Teil der Fortbildung wird dann die Kollegiale Praxisberatung geübt. Die Aufgaben, die der Berater und die Ko-Berater bei der Gruppenberatung haben, sind im Folgenden beschrieben.

11.4.3 Kooperative Gruppenvision mit externem Berater

Ziel: Die Teilnehmer erlernen die Anwendung der Kooperativen Gruppenberatung im Rahmen des Berufsalltags.
Hinweise und Vorgehen: Der Supervisor und Fortbildner, der auch die vorangegangenen Phasen veranstaltet hat, leitet drei bis sieben Beratungssitzungen. Da diese Sitzungen auch Lehr- und Anschauungsmedium für die spätere interne Kooperative Gruppenberatung sind, wird nach ihnen eine Phase der didaktischen und methodischen Reflexion und eine Prozessanalyse durchgeführt. So lernen die Teilnehmer durch Modelllernen und Reflexion, die methodische Vorgehensweise und den Umgang mit Gruppenprozessen besser handzuhaben.
Um den Sitzungen der Kooperativen Gruppenberatung einen möglichst günstigen Arbeitsrahmen zu geben, sind außer den genannten räumlichen, zeitlichen etc. *Voraussetzungen und Bedingungen* zusätzlich noch *folgende Strukturen zu setzen*:
Die organisatorische und inhaltliche Struktur einer jeden Sitzung umfasst die Phasen

- Zusammenfinden und Austausch
- Nachgehende Beratung
- Kollegiale Beratung
- Vorbereitung der nächsten Sitzung.

Der Ablauf dieser strukturierten Sitzung wird organisatorisch stark unterstützt, wenn sich für die anfallenden unterschiedlichen Aufgaben einzelne Gruppenmitglieder besonders verantwortlich fühlen (Rollenverteilung und -klarheit).
Erstens gibt es eine Rolle des *Gastgebers*. Er sorgt einerseits für einen ungestörten und möglichst gemütlichen Raum, für Getränke und Medien (Flip-Chard, Filzstifte, Papier etc.) und achtet andererseits auf die Einhaltung der vereinbarten Zeiten und Regeln. Der Gastgeber eröffnet und beendet eine Sitzung und leitet von einem zum nächsten Bereich über.
Zweitens kann ein *Protokollant* ernannt werden. Er notiert die Abläufe und Ergebnisse der Sitzung. Das Protokoll dient der Beratungsgruppe als Erinnerungs- und Kontrollhilfe sowie als Dokumentation. Sowohl über diese Nie-

derschriften als auch über alle sonstigen Inhalte und Abläufe der Sitzungen haben die Teilnehmer Verschwiegenheit zu vereinbaren und zu wahren.

Bei diesen beiden mehr formalen Aufgaben hat es sich als nützlich erwiesen, nach einem Reihum-Verfahren anhand einer Teilnehmerliste vorzugehen.
Die dritte Aufgabe betrifft die Rolle des *Hauptberaters*. Er leitet die Phase der *Kollegialen Praxisberatung* und bei der darauffolgenden Sitzung die *Nachgehende Betreuung*. Er und die Ko-Berater bilden das Beratungsteam.

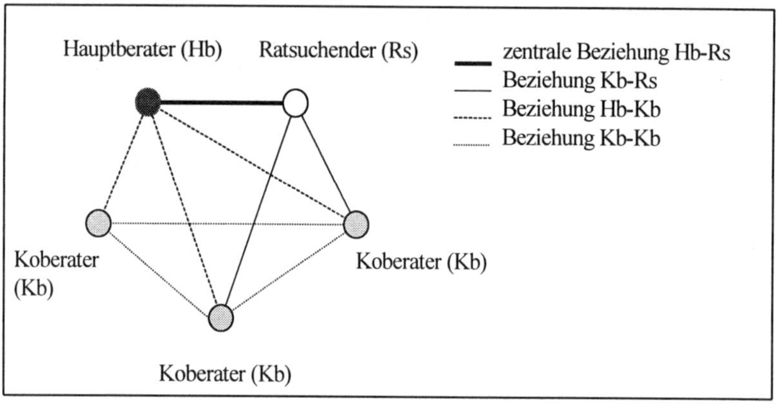

Abb. 33: Rollenverteilung in der Kooperativen Gruppenberatung

Einer der Ko-Berater ist gleichzeitig Protokollant. Die Ko-Berater unterstützen den Hauptberater bei seiner Arbeit. Die Kooperation zwischen Hauptberater und den Ko-Beratern geht von beiden aus, auch wenn es der Hauptberater ist, der durch den Ablauf der weitgehend vorgegebenen Grundstruktur (Problemlösemodell, siehe Kap. 8) führt. Eine gute Zusammenarbeit zwischen den Beratern ist für das Wohlbefinden der Gruppe und den Erfolg einer Kooperativen Gruppenberatung entscheidend.
Die in der Abb. 33 dargestellte Sitzordnung ist nicht willkürlich festgelegt, sondern basiert auf Erfahrungen. Neben dem Berater sitzt das Gruppenmitglied, das Rat sucht. Hier sollte die stärkste Beratungsbeziehung bestehen. Auf der anderen Seite des Hauptberaters sitzt der Ko-Berater, der gleichzeitig Protokollant ist. Es folgen im Halbrund die anderen Ko-Berater.
Im Folgenden wird exemplarisch der Verlauf einer Sitzung dargestellt:

Zusammenfinden und Austausch
Zeit: ca. 20 Minuten, Leitung: Gastgeber. In der Eingangssituation wird Raum gegeben, sich äußerlich und innerlich als Gruppe zusammenzufinden.

Bei einer Tasse Kaffee oder Tee werden persönliche Erlebnisse und andere Neuigkeiten ausgetauscht. Diese Art Psychohygiene wird als sehr angenehm und wichtig erlebt und beugt späteren Störungen durch Seitengespräche weitgehend vor. Da keiner Neuigkeiten verpassen möchte, ist außerdem pünktliches Erscheinen gesichert.

Nachgehende Betreuung
Zeit: 20 bis 30 Minuten, Leitung: Hauptberater. Der Hauptberater der letzten Sitzung bittet seinen Ratsuchenden, von dessen Versuch der Problembewältigung zu berichten. Danach äußern sich die Gruppenteilnehmer dazu und können auch Ansätze der Verwirklichung loben. Ein „Wehklagen" über Misserfolge und die widrigen Umstände ist zu vermeiden. Gegebenenfalls werden andere Handlungswege und weitere Unterstützungen geplant. Im Anschluss daran können andere Teilnehmer über den Stand ihrer Problembewältigung berichten. In dieser Phase soll aber keine neue (vollständige) Praxisberatung erfolgen.

Kollegiale Beratung
Zeit: 100 bis 120 Minuten, Vorbereitung: In dieser Phase der Kooperativen Gruppenberatung übernimmt zunächst der externe Supervisor die Rolle des Hauptberaters. Er bittet die Teilnehmer, Probleme ihres Berufsalltags zu benennen. Falls, was häufiger vorkommt, mehrere Gruppenmitglieder ihre Problemsituation zum Gegenstand der Beratung machen möchten, wird nach dem Kriterium Dringlichkeit entschieden. Wenn möglich, einigen sich die Betroffenen, wer in dieser Sitzung sein Problem vorträgt, bzw. wer in der nächsten Sitzung dazu Gelegenheit hat.

Durchführung:
Grundsätzlich kommen Struktur und Methoden der Kooperativen Einzelberatung, wie sie im 8. Kapitel beschrieben sind, auch in der Kooperativen Gruppenberatung zur Anwendung. Ergänzend dazu gilt folgende strukturierte Vorgehensweise:

- Der Hauptberater leitet die jeweilige Beratungsphase. Er erläutert die gesamte Vorgehensweise, nennt das Ziel der Phase und stellt die Eingangsfrage.
- Der Ratsuchende beantwortet diese.
- Gegebenenfalls stellt der Hauptberater eine Nachfrage oder eine weiterführende, vertiefende Frage.
- Nun stellen die Ko-Berater Verständnis-, vertiefende oder differenzierende Fragen bzw. sie geben entsprechende Impulse. Es geht hier um Fragen

und Impulse, die der Hauptberater noch nicht gestellt hat, auf die der Ratsuchende wahrscheinlich noch nicht gekommen ist, die das Problem von einer anderen Seite beleuchten und strukturieren; Fragen und Impulse also, die dem Ratsuchenden helfen, seine problematische Situation zu reflektieren und diese als einen Entwicklungsprozess und eine Vernetzung von Systemen zu sehen. Um die Möglichkeit des Übergangs von Fragen und Impulsen des Hauptberaters hin zu denen der Ko-Berater zu verdeutlichen, kann es sinnvoll sein, Signale (z. B. ein Handzeichen) zu vereinbaren, die anzeigen, dass der Hauptberater seinen Gedankengang beendet hat. Haupt- und Ko-Berater müssen sich bei ihrer Arbeit gegenseitig vertrauen. Die Ko-Berater sollten sich darum bemühen, dass der rote Faden, die Strukturierung etc. in der Hand des Hauptberaters ist und bleibt. Ein Machtkampf sollte unbedingt vermieden werden. Ansätze dazu sind in der späteren Analyse des Beratungsprozesses zu klären. Auch die zahlenmäßige Überlegenheit der Berater darf der Ratsuchende nicht als bedrohlich erleben, sondern als hilfreich für die Klärung seines Problems. Er muss immer die Gelegenheit haben, mitteilen zu können, wenn ihm etwas zu viel wird oder zu tief geht.

- Der Hauptberater fasst die Ergebnisse der jeweiligen Beratungsphase zusammen, führt einen Dialog-Konsens mit dem Ratsuchenden durch und leitet zur nächsten Phase über.
- Am Ende der Beratung kann eine Sharing-Phase durchgeführt werden. Der Hauptberater bittet dabei alle Teilnehmer, wenn sie das gleiche oder ein ähnliches Problem bzw. ähnliche Gefühle der Betroffenheit schon einmal erlebt haben, es dem Ratsuchenden mitzuteilen.

Nachbereitung:
Nach Abschluss der Beratung bittet der Hauptberater den Ratsuchenden zu verbalisieren, wie es ihm während der Beratung gegangen ist und wie er sich jetzt fühlt. Der Gastgeber fordert alle Gruppenmitglieder auf, dem Hauptberater Feed-Back zu geben. Dabei sollen sie rückmelden, was sie positiv und was sie erschwerend an der Leitung empfunden haben. Besonders hilfreich ist es, wenn die Bewertungen an konkret erlebten Verhaltensweisen erfolgen. Eine Analyse des kooperativen Beratungsprozesses kann ebenfalls durchgeführt werden. Hierzu ist eine Tonaufzeichnung der Beratung und/oder ein Analysebogen recht hilfreich.

Vorbereitung der nächsten Sitzung
Zeit: ca. 10 Minuten, Leitung: Gastgeber. Die letzte Phase der Kooperativen Gruppenberatung gilt der Vorbereitung der nächsten Sitzung. Die Rollen des Gastgebers und ggf. des Protokollanten werden benannt und weitere organisatorische Dinge geklärt und abgesprochen.

Nach etwa zwei bis vier Sitzungen der Kooperativen Gruppenberatung, in der der externe Berater supervidierte, ist es angebracht, dass dieser ganz oder phasenweise die Leitung einem Gruppenmitglied übergibt. Am Ende der fünf bis sieben Sitzungen mit dem externen Supervisor als Hauptberater sollten so die meisten Teilnehmer das Gefühl haben, auf *eigenen Beinen stehen zu können.*

11.4.4 Interne Kooperative Gruppenberatung

Ziel: Die Gruppenmitglieder führen die Kooperative Gruppenberatung selbstständig und eigenverantwortlich durch.

Hinweise und Vorgehen: Berater, die in der beschriebenen Weise ausgebildet wurden, waren fast immer in der Lage, nach drei bis fünf Sitzungen mit externer Leitung die Kooperative Gruppenberatung selbstständig und in eigener Verantwortung durchzuführen. Der externe Berater wurde nur in bestimmten Abständen beratend hinzugezogen.
Die interne Kooperative Gruppenberatung entspricht in Ziel und Vorgehensweise der externen Form. Lediglich die Rolle des Hauptberaters, die jetzt von einem Gruppenmitglied wahrgenommen wird, muss neu bestimmt werden. Das kann auf unterschiedliche Weise geschehen:
Version A: Die Gruppe hat vereinbart, dass die Rolle des Hauptberaters reihum übernommen wird. Der so ernannte Hauptberater leitet die Festlegung des Arbeitsgegenstands, d. h. er bittet die Gruppenmitglieder, eigene Probleme zu nennen. Möchten mehrere Teilnehmer ein Anliegen einbringen, so wird nach

dem Kriterium Dringlichkeit oder, falls diese nicht vorhanden ist, nach dem Kriterium Interesse der Teilnehmer an dem Problem oder Thema entschieden.

Version B: Der Gastgeber ermittelt wie in Version A das Arbeitsthema. Der Ratsuchende wählt sich aus den Gruppenmitgliedern einen Hauptberater.

Version C: Jedem Teilnehmer wird nach einem vereinbarten Turnus eine kollegiale Beratung reserviert, in der er seine Arbeitssituation darstellen und sein Problem (Fragestellung) darlegen kann. Der Hauptberater ist entweder durch eine festgelegte Reihenfolge bestimmt oder der Ratsuchende wählt sich seinen Hauptberater. Insgesamt ist darauf zu achten, dass im Laufe mehrerer Sitzungen jedes Gruppenmitglied die Chance bekommt, sein Anliegen zum Gegenstand der Beratung machen zu können. Eine geführte Liste über die wahrgenommenen Aufgaben und Beratungen ist dabei oft hilfreich.

Eine gelegentliche Supervision durch einen externen Berater ist kein Zeichen der Schwäche oder des Misserfolgs einer Gruppe, sondern sie bietet die Möglichkeit zur Reflexion (i. S. von Erkennen und Klären blinder Flecken im kommunikativen und fachlichen Bereich) und zur weiteren gruppeninternen Fortbildung. Da die geschulten und supervidierten Teilnehmer einer Kooperativen Gruppenberatung ihre Wissens- und Handlungskompetenz in ihren Schulen oder Einrichtungen direkt oder indirekt weitervermitteln, ist die zeitliche und finanzielle Investition in eine Kollegiale Gruppensupervision auch ein Beitrag zu einer schulinternen Fortbildung und zur Weiterentwicklung der jeweiligen Einrichtung.

11.5 Aufgaben

1. *Beschreiben Sie mit eigenen Worten Ziele und Formen der Konfliktlösung in Gruppen!*
2. *Welches sind die wesentlichen Schritte der Kooperativen Gruppenberatung? Erläutern Sie diese kurz inhaltlich!*
3. *Geben Sie ein Beispiel für eine mögliche (bzw. wünschenswerte) Übertragung dieser vorgestellten Konzeption in Ihre eigene Berufspraxis!*

11.6 Literatur

Mutzeck, W. 1996, 3. Auflage 1999: Kooperative Beratung. Weinheim: Beltz.

12 Training von Handlungskompetenz zur Prävention und Intervention von Verhaltensstörungen

12.1 Lernziele

Die Leserin/der Leser soll:

1. *den Begriff "pädagogisches Training" definieren können,*
2. *die Konzeption und den Ablauf des Erziehungsorientierten Trainings kennen lernen und beschreiben,*
3. *ein Beispiel für die Übertragung in den eigenen Betrieb geben,*
4. *die Bewältigungsstrategien gegen Stress benennen,*
5. *die Bewältigungsstrategien gegen Ärger benennen,*
6. *je ein Beispiel für die (mögliche) Bewältigung von Stress und Ärger in der eigenen Berufspraxis geben können.*

12.2 Einleitung

In den vorangegangenen Kapiteln dieses Buches wurden die grundsätzlichen Fähigkeiten (Wissens- und Handlungskompetenzen) dargestellt, die ein Pädagoge, sei er/sie Lehrer/-in oder Erzieher/-in, erworben haben sollte, um mit Verhaltensstörungen präventiv (vorbeugend), deskalierend und intervenierend (konstruktiv eingreifend) umgehen zu können.

Gemeint sind die Fähigkeiten:

- Erkennen und Verstehen von Verhaltensstörungen
- Diagnostizieren
- Beraten
- Unterrichten
- pädagogisch-therapeutisch Intervenieren.

Das Erlernen dieser Fähigkeiten geschieht für den Wissensbereich durch Lesen und Bearbeiten der vorangegangenen Kapitel. Auf dieser Basis kann dann eine Umsetzung des Wissens in konkretes Handeln im Berufsalltag erfolgen.
Bei einer Reihe von Handlungskompetenzen ist der Transfer von Wissen in Verhalten nicht ohne Weiteres möglich. Hier ist es notwendig, die angestrebten Fähigkeiten systematisch zu erlernen und zu üben (trainieren). Insbesondere das Erziehungsverhalten bedarf eines Trainings. Die Erzieher (Lehrerinnen und Lehrer, Sozialpädagogen/-innen) müssen in der Lage sein, überlegt und sicher präventiv oder intervenierend auf Verhaltensstörungen agieren und reagieren zu können.
Wenn nicht die Erzieher als die unmittelbaren pädagogischen Bezugspersonen mit ihrem Verhalten (Handlungskompetenzen) dem Jugendlichen pädagogische Bedingungen setzen und pädagogische Situationen schaffen, wird eine Veränderung des Verhaltens und der Einstellung des Jugendlichen auch nicht eintreten.

In den folgenden Abschnitten dieses Kapitels wird die Vorgehensweise und die Methode des Trainierens von Verhaltensweisen aufgezeigt.

12.3 Erziehungsorientiertes Training - eine transferbezogene Trainingskonzeption im Rahmen von Fortbildung

12.3.1 Einführung

Die Erkenntnis, dass die herkömmlichen Methoden häufig nicht ausreichen, um die für die Bewältigung des beruflichen Alltags notwendigen sozialen und fachlichen Handlungskompetenzen erwerben zu können, und die Suche nach Methoden des 'Lebendigen Lernens' brachte eine verstärkte Beachtung handlungsrelevanter Methoden, wie sie in Lehrertrainings zu finden sind, mit sich. Der rapide Zuwachs der Veröffentlichungen einerseits und der Veranstaltungsangebote in der Aus- und Fortbildung von Pädagogen andererseits lässt diesen Ausbildungstypus mehr und mehr aus der relativen Randstellung, die er bislang in der Pädagogik und Sonderpädagogik hatte, heraustreten und zu einem eigenen Bild einer wissenschaftlichen Disziplin werden.
Erziehertraining liegt im Aufgabengebiet von Pädagogik und Sonderpädagogik, wobei Sonderpädagogik nicht als 'Absonderungspädagogik', sondern als integrierendes Element der Pädagogik zu verstehen ist. Sonderpädagogisches

Handeln ist Teil pädagogischen Handelns. Es umfasst die nur schwer klar voneinander zu trennenden Funktionen von Unterrichten, Erziehen und Therapieren, die stets von einer pädagogischen Zielsetzung her bestimmt werden. In diesem Sinne wird im weiteren Verlauf von pädagogisch-therapeutischem Handeln (Interventionen) gesprochen, das sowohl „die personbezogene Lernförderung als auch umweltgestaltende Maßnahmen" (Kanter 1985, 24) umfassen.

12.3.2 Definition und Ansatz des Erziehertrainings

Erziehertraining soll verstanden werden als eine zielgerichtete Wahrnehmung, Planung, Selbsterfahrung, Reflexion, Erprobung und Veränderung von Verhaltensweisen sowie der mit ihnen verknüpften handlungsleitenden Kognitionen und Emotionen mit dem Ziel des Erwerbs berufsbezogener Handlungskompetenzen. Es ist ein pädagogisch-psychologisches Training für Erzieher, wobei damit alle Personen, die in der Erziehung tätig sind, wie z. B. Lehrkräfte, Sozialpädagogen und Erzieher, gemeint sind.
Der Grundsatz aller Trainingselemente sollte sein, mit dem hilfesuchenden Erzieher brauchbare Handlungs-, Herstellungs- und Veränderungskompetenzen für seine Alltagssituation zu erarbeiten. Gerade bei solch einem berufsbezogenen und problem-orientierten Ansatz besteht die Gefahr, insbesondere während der Phase der Diagnose, in eine Rechtfertigungshaltung abzugleiten und so den Weg für eine Veränderung zu blockieren. Wichtig ist es deshalb - ausgehend von der Annahme der neueren Kognitionspsychologie, dass das Verhalten und das Gefühl des Menschen nicht nur von den Bedingungen der Situation, sondern im wesentlichen kognitiv gesteuert werden - die subjektiven Theorien des Handelnden, also hier des Erziehers und soweit wie möglich des Jugendlichen bzw. anderer Interaktionspartner, verbalisieren zu lassen. D. h. bei der Erklärung und Veränderung von Handlungen sind Ziele, Begründungen, Erwartungen, Befürchtungen etc. der Interaktionspartner mit einzubeziehen. Weinert & Rotering-Steinberg (1981, 65) gehen deshalb davon aus, „dass Erweiterung, Ergänzung und Korrektur handlungsleitender Kognitionen wesentliche Mittel zur Verhaltensbeeinflussung sein müssen".
Eine allgemeine, aber grundlegende Frage eines jeden Trainings ist die Motivation der Teilnehmer und ein Aktivwerden ihrerseits während der Durchführung eines Programms. Zur Sicherung des Interesses und der Mitarbeit der Teilnehmer ist ein vertrauensvolles Lernklima zu schaffen und Überforderungen sind zu vermeiden. Außerdem ist der Trainingsverlauf so zu gestalten, dass jeder Teilnehmer möglichst oft aktiv teilnehmen möchte und kann. Das Hineinnehmen eines *aktuellen Konfliktgeschehens* und damit die oft leidvolle Alltagserfahrung des Erziehers in das Training beinhalten den größten Moti-

vations- und Aktivierungswert, sie bringen jedoch auch ein schwer zu lösendes Problem mit sich: Erzieher und Trainer haben meist sehr unterschiedliche Einstellungen zum Konfliktgeschehen und interpretieren Konflikte verschieden. Auf der einen Seite stehen die berufspraktischen Alltagstheorien des Erziehers und auf der anderen Seite die psychologischen und pädagogischen Theorien des Trainers.
Um diesen scheinbaren *Widerspruch* überwinden und konstruktiv nutzen zu können, ist es notwendig, die Situationsbeurteilungen beider erfahrbar zu machen, d. h. man muss von der Ebene der Interpretation und Abstraktion auf die Ebene der Handlung, der Selbsterfahrung und des gemeinsamen Erlebens kommen. Letztendlich lebt das Training davon, dass alle Theorien, „subjektive" wie „objektive", im Rollenspiel, d. h. durch Handlung, Beobachtung und angeleitete Reflexion *erfahrbar* gemacht werden .

Ebene der Interpretation und Abstraktion	Alltagstheorien des Lehrers zu einer von ihm erlebten Problemsituation = „subjektive Theorien"	Widerstand →|←	Wissenschaftliche Theorien des Trainers zur Lösung von Problemsituationen = „objektive Theorien"
Ebene der Selbsterfahrung und objektiven (überprüfbaren) Reflexion	Wiedererleben der Problemsituation im Rollenspiel mit Perspektivenwechsel (Rollentausch) etc. und angeleiteter Reflexion	Dialog ←——→	Erleben von psychologischen Gesätzmäßigkeiten und bestimmten Situationsbedingungen durch Selbsterfahrungsübungen und angeleitete Reflexion

Abb. 34: Ausgangssituation und Arbeitsgrundlage des Problemorientierten Trainings

Die Schaffung einer fördernden Lernatmosphäre, in der ein *Dialog* auf kognitiver, affektiver und aktionaler Ebene mit der Bereitschaft zum gegenseitigen Verstehen und zur Veränderung des eigenen Verhaltens und der Einstellungen entsteht, ist für den erfolgreichen Verlauf des Trainings eine notwendige Bedingung.

Grundlegendes Prinzip aller Trainingsmethoden ist, dass sowohl der Erzieher als auch der/die Jugendliche(n) als reflexives und kognitiv konstruktives Subjekt (*Groeben & Scheele 1977*) gesehen werden. So ist das Erziehertraining als „möglichst gleichberechtigte Beratung (Subjekt-Subjekt-Relation)" (*Groeben 1981, 33*), „als beraterische Veränderungen bestehender Verhaltensweisen und der mit diesen zusammenhängenden Meinungen" (*Hofer 1981, 165*) zu verstehen.
Weitere methodisch-didaktische Prinzipien können sein, bei den Interessen der Teilnehmer anzusetzen, von vorhandenen Fähigkeiten auszugehen, strukturierte und zielorientierte Trainingssequenzen anzubieten sowie neue Erfahrungen in Gang zu setzen, um daraus folgend Handlungs-, Herstellungs- und Veränderungskompetenzen zu erarbeiten. Auf diesem Wege können der Vielschichtigkeit eines Konfliktgeschehens überzeugende und differenzierte Lösungsalternativen entgegengesetzt werden. Letztendlich entscheidet der betroffene Erzieher als autonomes Subjekt, welchen Lösungsansatz er für seine Person und seine Alltagsbedingungen am ehesten verwirklichen möchte und kann. Die anderen Teilnehmer wie auch der Trainer können ihm dabei nur Hilfestellungen geben.
Aufgrund von Erfahrungen mit den o. a. Ansätzen und Konzeptionsvorstellungen, insbesondere mit dem „Münchner Trainingsmodell" (*Innerhofer 1977*) und deren Weiterentwicklung für die Aus- und Fortbildung, will ich im Folgenden die Konzeption eines Erziehungsorientierten Trainingsmodells darstellen.
Das „Erziehungsorientierte Training" (ET) ist eine Weiterentwicklung des „Problemorientierten Lehrertrainings", das 1977 entstand und Anfang 1983 im Handbuch zum Lehrertraining (Hrsg.: Mutzeck & Pallasch, Beltz Verlag) veröffentlicht wurde. Es ist aus dem Bedürfnis vieler Lehrer und Eltern heraus erwachsen, Hilfen für den Umgang mit sogenannten „verhaltensgestörten", „erziehungsschwierigen" oder „undisziplinierten" Jugendlichen zu erhalten. Es sollte eine Alternative zu der vermehrt veröffentlichten Literatur über Verhaltenstechniken sein, welche die Gefahr in sich bergen, abweichendes Verhalten von Jugendlichen als ein einseitig zugeschriebenes Symptom zu sehen und verhaltensändernde Maßnahmen auf der Basis nicht hinreichend reflektiertem Erziehungsverhalten (*Mutzeck 1980 und 1983*) zu verwirklichen.
Das „Erziehungsorientierte Training" stellt aber keine Einzelmaßnahme zur Bewältigung dieses Problems dar, sondern ist im Kontext mit anderen Orga-

nisationsmodellen zur integrativen Förderung von Kindern und Jugendlichen mit Verhaltensstörungen zu sehen.

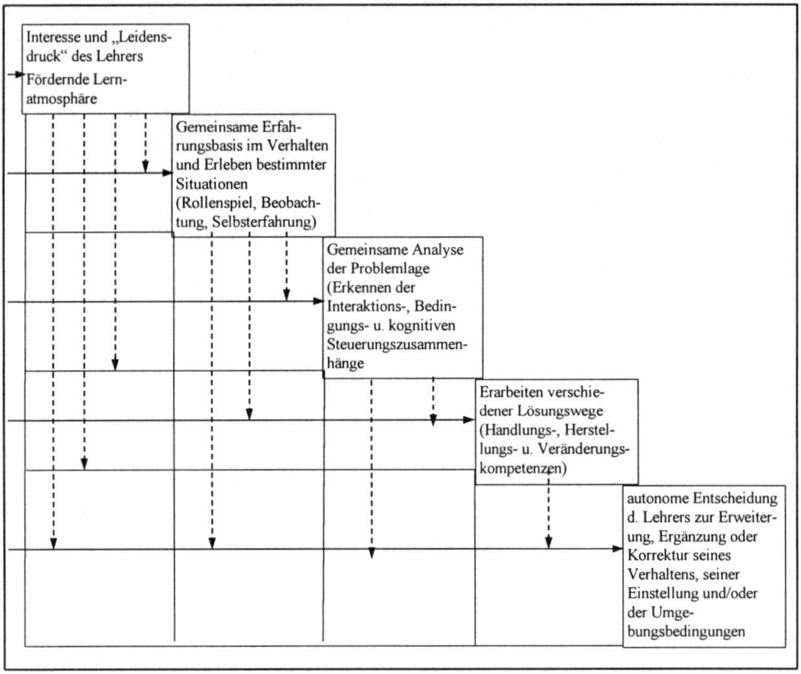

Abb. 35: Modellkonzeption und Aufbau des Problemorientierten Lehrertrainings

Die grafische Darstellung soll verdeutlichen, wie die einzelnen Schritte der Modellkonzeption aufeinander aufbauen und wie die jeweils nächstfolgende Stufe auf allen vorangegangenen aufbaut.

12.4 Organisatorische und inhaltliche Gestaltung des Trainingsverlaufs

12.4.1 Organisationsform

Das Erziehungsorientierte Training ist stark strukturiert, ohne dass dabei jedoch die Psychodynamik der Interaktion der Teilnehmer verloren geht. Es besteht aus fünf aufeinander aufbauenden Lerneinheiten (siehe Abb. 36), die in eine Vorbereitungs- und eine Nachbetreuungsphase eingebettet sind. Zeitlich wird das Training wegen seiner psychodynamischen Erfahrungszusammenhänge als Kompaktveranstaltung durchgeführt. Bedingt durch die inhaltliche Konzeption und Organisation sowie durch die Anzahl der Teilnehmer dauert das Training ohne Vorbereitungs- und Nachbetreuungsphase drei bis vier Tage. Von jedem Teilnehmer soll möglichst ein Problemereignis, einschließlich möglicher Lösungen, bearbeitet werden. Wegen dieser problemorientierten Individualisierung sollten nur fünf bis acht Erzieher an dem Training teilnehmen. Wird es allerdings mehr unter präventivem Aspekt eingesetzt, sodass an zwei bis drei Konfliktereignissen die Ziele des Trainings exemplarisch verwirklicht werden können, ist auch eine Gruppengröße von bis zu 20 Teilnehmern möglich.

12.4.2 Medien und Methoden

Für die Durchführung des Trainings müssen ein angenehmer und heller bzw. gut zu beleuchtender Raum, eine Tafel und vor allem eine Video-Anlage zur Verfügung stehen. Der Raum sollte möglichst so groß sein, dass er in einen Spiel-, Geräte- und Gruppenbereich eingeteilt werden kann. Letzterer ist für Rückmeldungen und Diskussionen nötig. Ferner sind ein bis zwei weitere Räume für Gruppenarbeit wünschenswert.
Die *Video-Aufzeichnung* der verschiedenen Rollenspiele, die das Konfliktereignis, Lösungsvorschläge sowie Demonstrations- und Selbsterfahrungsübungen beinhalten, dient vor allem dem Video-Feedback und der Schulung in der systematischen Beobachtung. Das Video-Feedback ist eine effektive Methode der Rückmeldung; denn die Wiedergabe der „gespielten" Realität in Bild und Ton ist ein wert- und einstellungsneutrales Feedback. Es wird meist anerkannt und kann nicht „wegdiskutiert", abgestritten, bagatellisiert etc. werden. Fast immer ist es ein überzeugender Beweis auf der Ebene des Ver-

haltens. Das Video-Feedback verringert die Diskrepanz zwischen Selbstbild und Selbstwahrnehmung. Die Reaktion der betroffenen Teilnehmer auf offensichtliches Fehlverhalten ist aber nicht immer gleichzusetzen mit der Einsicht zur Verhaltensänderung, sie kann auch Abwehrhaltung oder Rechtfertigung sein. Das Video-Feedback sollte in ein umfassendes Rückmeldesystem mit einer gezielten, auf mehreren Ebenen liegenden Analyse eingebettet sein, d. h. außer der Rückmeldung über das Verhalten einer Person sollten auch die Wahrnehmungen auf der kognitiven, emotionalen und somatischen Ebene mitgeteilt werden.

Als weitere Arbeitsgrundlage dienen Paper, wie z. B. Bögen zur systematischen Interaktionsbeobachtung, Rückmeldebögen und Darstellungen von Lerngesetzen und pädagogisch-therapeutischen Handlungsweisen auf der Beschreibungsebene.

Das *Rollenspiel* zur Vermittlung sozialer Kompetenz bildet das Kernstück des Erziehungsorientierten Trainings. Es ist ein zweckmäßiges und dem Ziel des Trainings angemessenes Verfahren, soziales Handeln in seiner Vielschichtigkeit, seinen wechselseitigen Zusammenhängen und seiner Dynamik erfahrbar, analysierbar und in seiner Veränderbarkeit erlebbar zu machen. Durch die szenische Rekonstruktion von Problemereignissen wird die Realsituation in die künstliche Umgebung des Trainings transferiert. Zwar bringt das Rollenspiel als Wiederaufführung des Realgeschehens (Quasi-Realität) mit sich, dass manche der situativen Bedingungen möglicherweise nicht der Realität entsprechen, es bietet jedoch durch das erneute Erleben der eigenen Rolle und erstmaliges Erleben fremder Rollen sowie der Rollendistanz die Möglichkeit für eine eingehende Beschäftigung mit dem Konfliktgeschehen, d. h. eine gezielte und bewusste Erfahrungs- und metakommunikative Arbeitsmöglichkeit. Im Rahmen des Erziehungsorientierten Trainings erfüllt es damit diagnostische, analytische, therapeutische und verhaltensübende Funktionen.

Das Rollenspiel ist im Vergleich zu anderen Beeinflussungstechniken (z. B. Lesen, Hören und Sehen) ein außerordentlich wirksames Instrument der Einstellungs- und Verhaltensänderung. Mit Hilfe dieser Methode können soziale Kompetenzen aufgebaut und durch Probehandeln im Rollenspiel auf die Realsituation zugeschnitten werden.

Das Erziehungsorientierte Training wird nur in *Gruppen* durchgeführt. Diese Sozialform hat viele Vorteile: Erzieher erleben, dass sie mit ihrem Problem nicht allein dastehen. Kollegen haben ähnliche Erfahrungen gemacht, was für den einzelnen Teilnehmer als auch für die Gruppe entlastend und dadurch arbeitsfördernd wirkt. Die Sozialform Gruppe bietet in der Phase der Erarbeitung von Handlungsalternativen die Chance der wertvollen Vielseitigkeit und Verschiedenartigkeit der Vorschläge. In nachfolgenden Rollenspielen, d.

h. im Erproben einiger Lösungsalternativen, lernen die Teilnehmer voneinander, wie diese in konkrete Handlungen umgesetzt werden können (Modelllernen).
Die pädagogisch-therapeutische Gruppenarbeit ist ökonomischer als die Einzelfallberatung. Sie ermöglicht ein methodisch reichhaltigeres Vorgehen. Aus subjektiver Betroffenheit und resignierendem Verhalten können in einer Gruppe solidarisches Handeln und stärkerer Rückhalt entstehen.

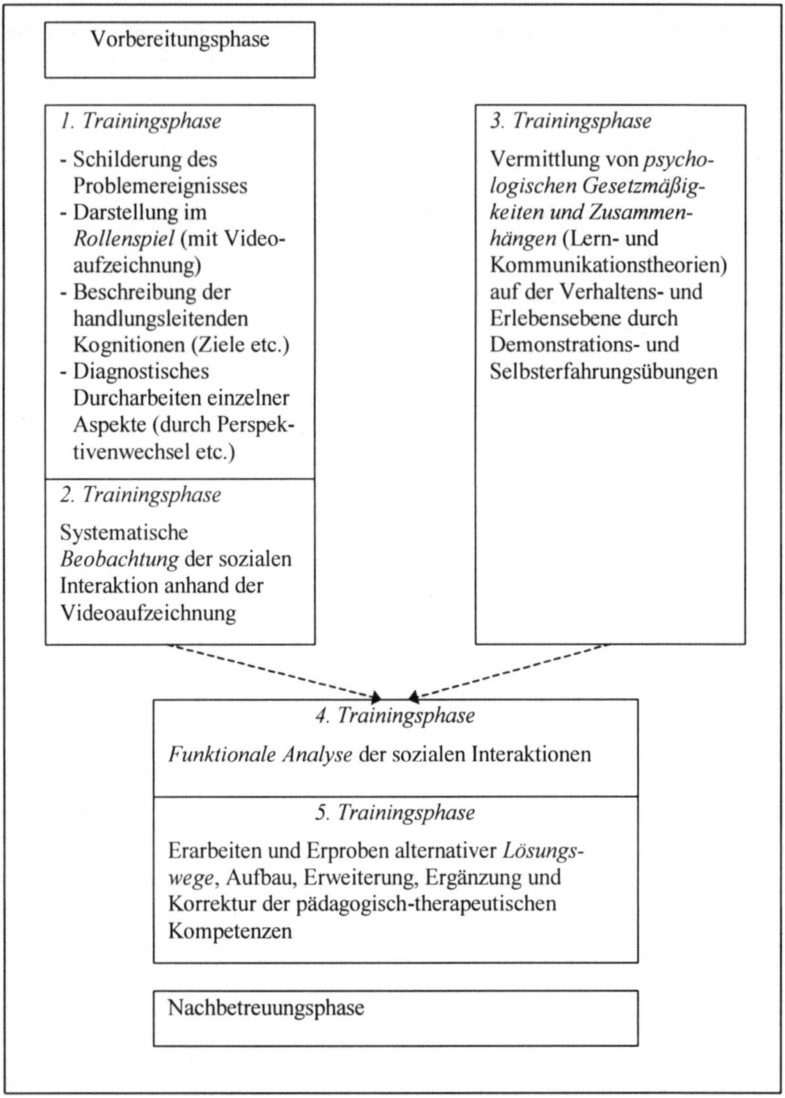

Abb. 36: Systematische Darstellung des Trainingsverlaufs

12.5 Verlauf des Trainings

Das Erziehungsorientierte Training ist, wie gesagt, in fünf Trainingsphasen (Lernschritte) strukturiert, denen eine Vorbereitungsphase vorausgeht und eine Nachbetreuung folgt. Zur besseren Übersicht ist der Trainingsaufbau und -verlauf grafisch dargestellt (siehe Abb. 36).
Die Reihenfolge der in sich erfolgreich abzuschließenden Lernschritte ist einzuhalten, da die einzelnen Handlungsstrategien inhaltlich wie methodisch aufeinander aufbauen.

12.5.1 Vorbereitungsphase

Es findet eine etwa dreistündige Vorbereitungsveranstaltung mit allen Teilnehmern statt. Nach dem Vorstellen, das ein Kennenlernspiel mit einschließt, gibt der Trainer eine Einführung in das „Sehen und Verstehen von Verhaltensstörungen in der Schule" (Mutzeck 1980) und stellt Ziele, Ansatz und Verlauf des Trainings dar. Die Teilnehmer berichten anschließend von ihren Erfahrungen mit Verhaltensstörungen im Unterricht. Meist erinnern sie sich an frühere, oft noch belastende Erlebnisse. Durch ihre Beschreibung reaktivieren sie das zurückliegende Konfliktgeschehen und den Erlebenshintergrund. Hierbei sollen jegliche Äußerungen anderer Teilnehmer mit kritisierendem Inhalt oder Ausdruck vermieden werden, denn gerade bei dieser ersten Öffnung sonst meist verschwiegener Probleme kann Kritik leicht verletzend wirken, und die Bereitschaft zur Mitarbeit wäre blockiert. Als Arbeitsgrundlage für das spätere Training sollten Problemereignisse, insbesondere zu Fragen der Erziehung, ausgewählt werden, die sich in ihrer Art häufiger ereignen oder gar einen Regelfall darstellen. Letztendlich entscheidet aber jeder selbst, welches Problemereignis er einbringen möchte. Diese Schilderungen mehr oder weniger belastender Alltagssituationen sind für die Teilnehmer oft entlastend, da sie sich offen mitteilen und unmittelbar von anderen erfahren, wo bei ihnen „der Schuh drückt". Diese Erfahrung ist vor allem für die Vertrauensbildung wichtig.
Der Trainer bekommt bei dieser Art des Vorgehens außerdem einen guten Einblick in die einzelnen Problemereignisse und kann durch Nachfragen noch fehlende Informationen erhalten oder den betreffenden Teilnehmer bitten, diese bis zum Training, das etwa eine Woche später stattfindet, zu beschaffen, z. B. weitere Informationen über den Jugendlichen, über das Erziehungsverhalten der Eltern etc. oder auch, wie andere Kollegen, Jugendlichen oder Eltern den betreffenden Schüler bzw. Konflikt sehen. Nach Möglichkeit

sollte gerade der am Konflikt beteiligte Schüler oder Lehrer als betroffenes Subjekt seine Sichtweise und seine handlungsleitenden Kognitionen und Emotionen darstellen können (z. B. durch Tonbandinterviews).
Schließlich müssen noch die organisatorischen Bedingungen (Ort, Zeit etc.) des Trainings bekannt gegeben werden. Manchmal ist es auch wichtig, bestimmte „Äußerlichkeiten", wie z. B. eine Tischdecke, Blumen, einen selbstgebackenen Kuchen oder Getränke mitbringen zu lassen, die zu einer angenehmen Atmosphäre beitragen.

12.5.2 Trainingsphase 1

Ziel: Die Teilnehmer lernen, ihre erlebten Problemereignisse zu reaktivieren, zu beschreiben, durch Wiederholung im Rollenspiel erneut zu erleben und mit Hilfe eines diagnostischen Bearbeitens auf den Konflikt bezogene Erfahrungen mit eigenem und fremdem Erleben zu machen. In der angeleiteten Reflektion lernen sie, handlungsleitende Kognitionen und Emotionen zu verbalisieren.
Das Training beginnt mit einer „Anwärm"-Phase, in der die situationsbedingten Ängste der Teilnehmer abgebaut werden sollen. Dann erfolgt der erste Abschnitt dieser diagnostischen Selbsterfahrungsphase. Die Teilnehmer schildern noch einmal in Stichworten ihr erlebtes Problemereignis. Nicht jeder Trainingsteilnehmer braucht es allerdings im Rollenspiel darzustellen. Oft ähneln die Konfliktgeschehen einander, und einige Teilnehmer können sich mit einer anderen Probleminszenierung identifizieren. Allerdings ist es günstiger, wenn jeder Teilnehmer während der gesamten Rollenspielphase mindestens einmal die Rolle des Erziehers und die des Jugendlichen gespielt hat, denn erst durch Handlung, d. h. das stückweise Wieder- bzw. Miterleben, wird das Verhalten, Fühlen und Denken aller am Konfliktgeschehen Beteiligten für alle Teilnehmer erfahr- und verstehbar.
Nach gemeinsamer Auswahl eines ersten Problemereignisses wird dieses so realitätsgetreu wie möglich (nach den Informationen des betreffenden Lehrers) im Rollenspiel, das in mehreren Phasen abläuft, dargestellt.
Vorbereitung: Regiebuchartige Schilderung des Konfliktgeschehens und des Erlebenshintergrunds, Rückfragen bei unzureichenden oder nicht verstandenen Informationen, Auswahl der Mitspieler und Aufbau des Szenarios.
Durchführung: Das Rollenspiel wird in ein bis zwei Durchgängen gespielt und mit der Video-Anlage aufgezeichnet. Es ist als gelungen anzusehen, wenn der Hauptdarsteller (Protagonist) seine Realität darin wiedererkennt und wiedererlebt.

Nachbereitung: Der Protagonist und anschließend die Mitspieler (Antagonisten) teilen ihre Empfindungen, die sie während des Spielens der verschiedenen Rollen erlebt haben, mit.

Den Abschluss jeder Rollenspielphase bilden eine angeleitete Exploration und Reflexion der handlungsleitenden Kognitionen und Emotionen. Der Trainer erfragt die Gedanken und Gefühle, die eine Person kurz vor, während oder unmittelbar nach dem Zeigen ihres eigenen Verhaltens hatte. Hierbei geht es darum, vor allem die den Handlungen zugrundeliegenden Ziele, aber ebenso die Erwartungen und Befürchtungen zu erinnern und zu verbalisieren. Auch auf dieser Ebene geschieht die Informationssammlung sowohl aus der Sicht des Erziehers als auch auf der des „Jugendlichen".

Im zweiten Abschnitt dieser Trainingsphase geht es um ein diagnostisches Bearbeiten einzelner Aspekte des Konfliktgeschehens. Es wird versucht, auf den Konflikt direkt oder indirekt bezogene Erfahrungen mit dem eigenen und dem fremden Erleben zu machen und die Wahrnehmung der eigenen Erfahrungen und des eigenen Erlebens zu intensivieren und verbalisieren. Dies geschieht unter Anwendung von Methoden des Psychodramas, der Gestalttherapie und der rational-emotiven Therapie, z. B. mit Hilfe von Rollentausch (Perspektivenwechsel), Rollensubstitution (Protagonist in der Zuschauerrolle), Rollenstandbild, „Zauberladen" (An- und Verkauf von Eigenschaften, Verhaltensweisen, Normen etc.), innerer Monolog vor oder nach einem Konflikt, Verbalisierung von Körperausdruck und -empfinden, Überhöhung oder Minimierung von Gefühlen, Wünschen, Einstellungen und Normen sowie Abwehrhaltungen regressiver oder aggressiver Tendenzen und Verbalisierung irrationaler Ideen.

Durch ein flexibles ganzheitliches Vorgehen, d. h. das Einbeziehen der kognitiven, emotionalen, somatischen und aktionalen Bereiche des Menschen, werden so auch intrapsychische Vorgänge erfahrbar, „begreif"-bar und dadurch nachvollziehbar gemacht.

Dieser Versuch der Konfliktvariation mit überwiegend szenischen Mitteln ermöglicht eine differenzierte ganzheitliche Exploration. Er ist ein diagnostischer Selbsterfahrungsweg, der von der Darstellung des Problemereignisses über eine nicht selten mögliche Verschärfung des Konflikts sowie ein karthartisches Ausagieren zu Einsichten, zum Aha-Erlebnis und zur Anbahnung von Problemlösungen führen kann.

Das vorwiegend psychodynamische, selbsterfahrende Vorgehen der ersten Trainingsphase wird in der folgenden Trainingsphase durch eine stärker umwelt- und interaktionsbezogene Arbeitsweise ergänzt mit dem Ziel, das Konfliktgeschehen von verschiedenen Seiten her zu beleuchten.

Zum Abschluss der ersten Trainingsphase werden im Gruppengespräch ein „Sharing", ein Mitteilen vom Erleben ähnlicher Problemereignisse und ein

Feedback von Eindrücken während des Rollenspiels durchgeführt. Zu vermeiden sind hierbei Äußerungen, die den betreffenden Erzieher verletzen könnten, ferner Selbstvorwürfe sowie das Einbringen von Lösungen, die an dieser Stelle meist als „Besserwisserei" aufgefasst werden und auch methodisch voreilig und meist unzureichend sind.

12.5.3 Trainingsphase 2

Ziel: Die Teilnehmer lernen, Problemereignisse im Interaktionszusammenhang systematisch zu beobachten und den Jugendlichen und sich selbst, aus der Distanz der Video-Aufzeichnung heraus, in der Auseinandersetzung mit der Umwelt zu sehen. Sie erfahren die Bedeutung einzelner und den funktionalen Zusammenhang verschiedener Bereiche zwischenmenschlicher Kommunikation.
Anhand der durch die Video-Anlage aufgezeichneten Problemereignisse werden die konflikthaften Interaktionen systematisch beobachtet und beschrieben, und zwar nach folgenden Bereichen zwischenmenschlicher Kommunikation:

- verbales Verhalten: Sachinhalt der Kommunikation
- vokale Verhaltenskomponenten: Stimmqualität: Lautstärke, Tonhöhe, Stimmvolumen, Klangfarbe; Sprechweise: Betonung, Tempo, Zögern einschließlich paraverbaler Äußerungen (äh, öh, emm etc.), Pausen, Dehnen und Verschlucken von Wortteilen
- nonverbales Verhalten: grobmotorische Tätigkeiten
- nonverbales nonvokales Verhalten: Blickkontakt, Gestik, Mimik.

Als Hilfe zur systematischen Beobachtung erhalten die Teilnehmer einen Beobachtungsbogen, in dem die o. a. Bereiche und Umgebungsbedingungen als Kategorien erfasst sind. Begonnen wird mit der zusammenfassenden Beschreibung der Ausgangssituation, anschließend werden die Interaktionen minuziös beobachtet.
Der Einsatz von Videotechnik ist sehr vorteilhaft, denn er ermöglicht ein kurzes, sekundenhaftes Vorspielen sowie schnellen Rücklauf der Aufzeichnung, ferner ein Standbild, eine verlangsamte Wiedergabe („slow-motion") und ein Ausblenden des Tones oder des Bildes. Dadurch wird die systematische Beobachtung wesentlich erleichtert, und die Ergebnisse werden objektiver.
Um alle Teilnehmer aktiv in die Rolle des Beobachters zu versetzen, ist es oft angebracht, dass jeweils ein bis drei Teilnehmer ein oder zwei Kategorien beobachten und beschreiben. Ein Teilnehmer protokolliert in streng zeitlicher

Reihenfolge die Ergebnisse aller Beobachtungsgruppen. Diese Aufstellung ermöglicht ein konzentriertes, genaueres Beobachten und eine kurze Entspannungsphase. Bei der Verhaltensbeschreibung muss stets darauf geachtet werden, keine Bewertungen oder Interpretationen einfließen zu lassen. Die persönlichen Empfindungen zum jeweils beobachteten Verhalten, die die subjektive Seite der Interaktionsbeschreibung darstellen, werden in einer besonderen Kategorie festgehalten. Auch sie sind für die spätere Interaktionsanalyse von Bedeutung. Entscheidungskriterium für die Aufnahme dieser wertenden Daten in das Beobachtungsprotokoll ist, dass diese Aussagen auf beobachtbare Verhaltensweisen bezogen sein müssen, d. h. beim Ausdruck "ängstlich" muss erkennbar sein, durch welches Verhalten es ausgedrückt wird. Ziel des Elements der systematischen Beobachtung und Beschreibung des Ausdrucksverhaltens ist es, Beobachtungsdaten zu erhalten, die jeder gleichermaßen anhand der Video-Aufzeichnung erkennen und hören kann.
Diese Interaktionsbeobachtung ist die anstrengendste Phase des Trainings. Das konzentrierte Beobachten ist ermüdend, jedoch auch sehr lohnend. Bereits nach kurzer Zeit kommt es bei den meisten Teilnehmern aufgrund dieser distanzierten und differenzierten Sicht der Problemereignisse zu verschiedenen Aha-Erlebnissen: Zusammenhänge werden plötzlich deutlich, Automatismen in den Interaktionen sichtbar, und vor allem wird die Bedeutung des nonverbalen Verhaltens wie Blickkontakt, Gestik und Mimik erlebt. Einige vokale und nonverbale Verhaltenskomponenten werden erstmals bewusst wahrgenommen.
Mit den beiden ersten Phasen des Trainings ist die Informationserhebung weitestgehend abgeschlossen. Bevor die gewonnenen Daten analysiert werden, soll die dazu notwendige Beurteilungsgrundlage erarbeitet werden. Deshalb schließt sich an die Phase der Informationsgewinnung die Vermittlung bestimmter psychologischer Gesetzmäßigkeiten an.

12.5.4 Trainingsphase 3

Ziel: Die Teilnehmer lernen bestimmte psychologische Gesetzmäßigkeiten kennen und erfahren deren Wirkung. Sie sollen begreifen, dass das Erleben und Handeln im zwischenmenschlichen Bereich als Wechselwirkung von Aktionen und Reaktionen zu verstehen ist.
Die grundlegende Frage dieser Trainingsphase ist: Wie können psychologische Gesetzmäßigkeiten und Zusammenhänge so vermittelt werden, dass diese von den Teilnehmern verstanden, d. h. als Grundlage ihres Handelns anerkannt werden. Mit theoretischen Erklärungen ist dieses Ziel sicherlich nicht zu erreichen. Man kann Innerhofer (1977, 29) nur Recht geben, wenn er sagt: „An Stelle von abstrakten Aussagen setzen wir anschauliche Bilder".

Diese Anschaulichkeit, d. h. die Situation des unmittelbaren Begreifens, lässt sich am ehesten mit Hilfe von experimentellen Übungen der Selbsterfahrung erzielen. Dabei ist das persönliche Betroffensein von besonderer Bedeutung. Das Rollenspiel, das hier erneut, diesmal aber mit dem Schwerpunkt der Demonstration und Selbsterfahrung eingesetzt wird, bietet die Möglichkeit, den Zusammenhang von funktionalen und dysfunktionalen Einstellungs- und Verhaltensstrukturen zu erleben. Dabei werden sowohl stärker emotional als auch stärker kognitiv ausgerichtete Techniken des Rollenspiels eingesetzt.
Als Arbeitsgrundlage der Vermittlung von Gesetzmäßigkeiten bestimmter Interaktionssituationen und der Wirkung dieser Zusammenhänge dienen Erkenntnisse der Lernpsychologie (Belohnungs-, Bestrafungs- und Hilfespiel, siehe *Innerhofer 1977*), der Kommunikationstheorie (Übungen zu einigen Axiomen *Watzlawicks 1969*), der kognitiven Therapie (Übungen nach *Ellis 1977 und Diekstra 1979*) sowie Übungen nach Gordon (1972, 1977).
Diese experimentellen Rollenspiele verlaufen in vier Phasen:

1. Einführung in die Situation und Regeln
2. Durchführung der Demonstrations- und Selbsterfahrungsübung mit Videoaufzeichnung und gezielter Beobachtung durch die Zuschauer
3. Befragung der Spieler und
4. Auswertung aller Daten.

Auch hier ist es wichtig, dass die direkt (durch die Spieler) erlebten oder die (als Zuschauer) miterlebten Erkenntnisse immer an den gewonnenen Informationen, möglichst verschiedener Art, festgemacht werden können. Immer wieder muss erfragt werden, wie sich die abgelaufenen Gefühle und Gedanken im beobachtbaren Verhalten zeigen. Als sinnvoll hat es sich erwiesen, dass der Trainer selbst einige steuernde Rollen im experimentellen Rollenspiel übernimmt. Obwohl die Übungen viele Teilnehmer sehr nachdenklich stimmen und emotional stark berühren, wird diese Phase des Erziehungsorientierten Lehrertrainings von ihnen durchweg außerordentlich positiv beurteilt.

12.5.5 Trainingsphase 4

Ziel: Die Teilnehmer lernen, die soziale Interaktion der Problemereignisse zu analysieren und zu bewerten sowie funktionale Zusammenhänge sozialer Beziehungen, Kontextbedingungen und auch charakteristischer Abfolgemuster in den sozialen Wechselwirkungen zu erkennen.
Grundlage einer funktionalen Analyse der Problemereignisse sind die erarbeiteten Unterlagen aus der Informationserhebung; also die Beschreibung der situativen und sozialen Bedingungen sowie die protokollierten Verhaltensse-

quenzen einerseits und die handlungsleitenden Kognitionen, emotionalen Bewertungen der Verhaltensweisen sowie die skizzierte Darstellung der selbsterfahrenen Lerngesetze und Interaktionsregeln andererseits. Die mit Video aufgezeichneten Problemereignisse dienen in dieser Phase der Konfliktbearbeitung zum Wiederhineinfinden in das jeweilige Problem. Ferner können sie bei etwaigen Unklarheiten in der Bewertung als Dokumentation der Quasi-Realität eingesetzt werden.

Bei der Betrachtung der handlungsleitenden Kognitionen wird mit einer Zielanalyse begonnen. Es wird versucht, nach aktuellen, spontanen, langfristigen, bewusst oder unbewusst verfolgten, bekannten oder geheimen bzw. nicht mitgeteilten Zielen zu unterscheiden. Ferner wird nach Art und Dauer des Beibehaltens und Durchsetzens bzw. Aufgebens, Änderns oder sich ins Gegenteil verkehrenden Zielen gefragt. Oft treten Diskrepanzen und Zielkonflikte zu Tage, die sich fast immer in der Art des Verhaltens der Interaktionspartner deutlich widerspiegeln. Ähnliches lässt sich häufig auch bei einem Vergleich der Ziel-, Gefühls- und Handlungsebenen feststellen. Entsprechend wird bei der Analyse der Erwartungen und Befürchtungen der Interaktionspartner verfahren. Um das Wirkungsgefüge Erzieher-Jugendlicher-Interaktion besser zu verstehen, ist es wichtig, jeweils parallel zur Analyse der handlungsleitenden Kognitionen des Erziehers auch die des Jugendlichen mit zu untersuchen. Dessen Ziele, Erwartungen und Befürchtungen können aber meist nur vermutet werden, da der/die Jugendlichen während des Trainings nicht anwesend sind. Mit Hilfe der Darstellung der Rolle des Jugendlichen in den erziehungs- sowie problemorientierten Rollenspielen durch die Erzieher haben diese jedoch die Möglichkeit, sich in das Denken und Fühlen des Jugendlichen hineinzuversetzen. Trotz der geringen Kenntnisse von den kognitiven Strukturen, Gefühlen und Motivationen des betreffenden Jugendlichen in der realen Situation gelingt es den Erziehern meistens, die jeweilige Rolle des Jugendlichen in ihren Erlebnis- und Verhaltensbeziehungen während des Rollenspiels zu erfahren.

Als Nächstes erfolgt die Analyse der Bedingungen des Problemkontextes, genauer gesagt, der normativen, institutionellen und situativen Bedingungen, wozu z. B. im Bereich der Schule die materiellen und organisatorischen Vorgaben des jeweiligen Unterrichtsgeschehens, wie Raumgestaltung, Sitzplatzverteilung, Medien oder Stundenplan, zählen. Die Voraussetzungen, die einem Problemereignis zugrunde liegen, werden untereinander zu den handlungsleitenden Kognitionen sowie den Verhaltensweisen des Konfliktgeschehens in Bezug gesetzt. Dabei wird versucht, möglichst funktionale Zusammenhänge, insbesondere Situations-Reaktionsketten aufzudecken. Kontextbedingungen sollten aber weder überbewertet noch vernachlässigt werden, was bei einer Rechtfertigungshaltung leicht der Fall ist. Oft besteht auch die

Tendenz, Ursache und Wirkung zu verwechseln. Dabei werden Konsequenzen von Handlungen für die auslösenden Bedingungen gehalten, was meist nur bedingt der Fall ist.
Der dritte Komplex der Problemanalyse ist die funktionale Betrachtung und Bewertung der sozialen Interaktion. Bei jedem Problemereignis haben wir es - grob gesehen - mit einem Verhaltensstrom wechselseitig aufeinander bezogener Verhaltensweisen von zwei oder mehr Personen zu tun. Dieser wurde durch die systematische Beobachtung in Interaktionssequenzen gegliedert. Jetzt werden die Sequenzen auf der Grundlage der selbsterfahrenen sozialen Lernsituation und Interaktionsregeln bewertet. Als ergänzender Bewertungsmaßstab werden die in dem Beobachtungsbogen unter der Kategorie "Ausdruck" notierten Rückmeldungen der Gefühle und Empfindungen herangezogen. Des Weiteren wird gefragt, ob die verschiedenen beobachtbaren Ausdrucksbereiche des Verhaltens untereinander und mit den Handlungszielen übereinstimmen bzw. gegenläufig sind.
Anhand dieser Analyse und Bewertung der sozialen Interaktion der Problemereignisse lassen sich wechselseitige Beeinflussungen und charakteristische Abfolgemuster sichtbar und verständlich machen. Ungünstige Automatismen werden aufgedeckt, Wirkungen des Handelns deutlich. Manchmal ist es auch wichtig, Gewohnheiten stärker ins Bewusstsein zu heben und ein Nutzen-Nachteil-Verhältnis aufzudecken. Alle diese Erkenntnisse, die auf den Erfahrungen der vorangegangenen Trainingsphasen basieren, bilden die notwendige Veränderungskompetenz, die Grundlage und Wegweiser für die Erarbeitung alternativer Handlungen ist.
Die Trainingsphase schließt mit einer zusammenfassenden Betrachtung aller Bereiche ab. Für diese Zusammenschau ist es manchmal hilfreich, den Teilnehmern den engeren und weiteren unterrichtlichen Kontext noch einmal vor Augen zu führen.

12.5.6 Trainingsphase 5

Ziel: Die Teilnehmer lernen mit Hilfe der erworbenen Kenntnisse und Erfahrungen, alternative Lösungswege zu erarbeiten und diese im Rollenspiel zu erproben, zu analysieren und zu modifizieren.
Durch die vielen Informationen, Erlebnisse und Erfahrungen, die die Teilnehmer in den vorangegangenen Phasen gewonnen haben, kommt es meist zu einer Flut von Lösungsvorschlägen. Es ist wichtig, durch eine Struktur Orientierung für die Erarbeitung von alternativen Lösungswegen zu geben. Anhand der erworbenen Erkenntnisse ist es nicht schwer, deutlich zu machen, dass Lösungsansätze ebenso wie Quellen, Ursachen und verstärkende Bedingungen eines Problemereignisses auf verschiedenen Ebenen angesiedelt sind.

Mögliche Veränderungen können im Bereich der Kontextbedingungen und/oder im kognitiv-emotionalen Bereich liegen und *darauf aufbauend* in der Löschung, dem Aufbau, der Erweiterung, Ergänzung oder Korrektur von Verhaltensweisen bestehen. Ein möglicher Interventionskomplex für ein bestimmtes Problemereignis könnte z. B. aus der Veränderung der Sitzordnung und der Herstellung von tatsächlichen Gemeinsamkeiten, verbunden mit dem Aufbau einer einfühlenden Beziehungsform und einem Kontrollsystem zum Abbau einer irrationalen Idee des Lehrers, die bei ihm zu emotionalen Spannungen führte, bestehen. Zu einer gelungenen Lösungsstrategie gehört generell auch eine Stärkung bereits im Ansatz vorhandener Verhaltensweisen oder Ideen. Methodisch hat es sich als sinnvoll erwiesen, bei jedem Problemereignis, für das alternative Handlungswege gefunden werden sollen, in folgenden Schritten vorzugehen:

1. Zusammenfassung der gewonnenen Informationen,
2. Formulierung von Hypothesen und einer alternativen Handlungsstrategie,
3. Strukturierung der Rahmenbedingungen, emotionalen Bedürfnisse und handlungsleitenden Kognition (Ziele, rationale Gedanken, Selbstanweisungen etc.),
4. Umsetzung in praktische Handlungsschritte,
5. Erproben des Lösungsvorschlags im Rollenspiel,
6. Analyse/Rückmeldung, ggf. Veränderung und erneute Erprobung.

Den Mittelpunkt dieser Vorgehensweise bildet wiederum das Rollenspiel. Die in Gruppen erarbeiteten alternativen Lösungswege sind zwar schon mit konkreten Handlungsanweisungen geplant worden, doch der Erwerb neuer sozialer Kompetenzen findet erst durch das Erproben einer Lösung im Rollenspiel statt, das an dieser Stelle die Aufgabe eines kontrollierbaren und korrigierbaren Erprobungsverfahrens übernimmt. Das „Erspielen" einer alternativen Handlung setzt voraus, dass es mehrere Spieldurchgänge mit evtl. Veränderungen oder manchmal gar eine neue Hypothesenbildung und Strategieplanung geben kann. Es bleibt aber der autonomen Entscheidung des betreffenden Lehrers überlassen, einen der alternativen Lösungswege auszuwählen und diesen so lange zu üben und ggf. zu verändern, bis er mit dem Ergebnis zufrieden ist. Dadurch wird der Übergang von einer Rollenidentität zur Ich-Identität ermöglicht. Ferner wird dem betreffenden Teilnehmer ein Erfolgserlebnis zuteil, das ihm für die spätere Verwirklichung in der Realität eine größere Sicherheit gibt. Abschließend seien noch einige Hinweise genannt, die bei der Erarbeitung der alternativen Lösungswege zu bedenken sind.

Das Setzen von Konsequenzen, um das Verhalten von Interaktionspartnern zu lenken, ist zwar ein sehr wichtiger Aspekt zur Verhaltensänderung, mindestens genauso bedeutend ist aber das Erlernen von angemessenen Hilfestellungen, um Problemereignissen vorzubeugen. Gerade die Erarbeitung dieser präventiv wirkenden Bedingungen, Einsichten und Verhaltensweisen kann im erzieherischen Alltag zum gemeinsamen Erfolg beitragen.
Hieraus ergibt sich der zweite zu berücksichtigende Aspekt. Eine Verhaltensänderung sollte möglichst eine kooperative Intervention darstellen, d. h. Erzieher und Jugendlicher versuchen in Zusammenarbeit, ein Problem zu lösen. Hierbei ist es wichtig, anstelle von Fremdverstärkung Methoden der Selbststeuerung und -bewertung einzuführen (siehe Kap. 10.4).
Als generelles, konfliktübergreifendes und präventives Ziel sollte die Beteiligung der Jugendlichen an der Planung und Gestaltung des Unterrichts oder der Ausbildungssituation und damit auch an der Verantwortung für das Gelingen oder den Misserfolg angestrebt werden. Dieses soziale und didaktische Unterrichtsprinzip trägt zu der heute oft fehlenden Verbindlichkeit und Sinnerfülltheit des „persönlichen und fachlichen Lernens" der Jugendlichen bei.
Von grundsätzlicher Bedeutung ist in dieser Trainingsphase die Ermutigung der Teilnehmer. Es geht nicht darum, zu zeigen, was ein Erzieher alles nicht kann, sondern vor allem zu verdeutlichen, was er - wenn auch manchmal nur ansatzweise - bereits kann. Dies gilt es zu bekräftigen und ggf. zu erweitern, zu ergänzen und zu korrigieren.
Manchmal besteht bei den Teilnehmern während der Phase der Lösungserarbeitung die Tendenz, über schlechte Arbeitsbedingungen in der Schule zu lamentieren. Zur Entwicklung einer Veränderungskompetenz, um einen alternativen Lösungsweg möglichst schnell umsetzen zu können, gehört aber die Fähigkeit, vorhandene Bedingungen besser zu nutzen und Freiräume zu erkennen. Das soll nicht heißen, dass Arbeitsbedingungen nicht manchmal grundlegend geändert werden müssten. Doch hier liegt eine Grenze des Trainings, es gilt dann, auf andere Möglichkeiten (Personalrat, Gewerkschaft, Verbände etc.) hinzuweisen. Einige Probleme der Erzieher, die sich nicht unbedingt auf die Erzieher-Jugendlicher-Interaktion beziehen, können aber durchaus Gegenstand des Erziehungsorientierten Trainings sein. Bestimmte Aspekte einer außerunterrichtlichen Veränderungsstrategie, wie das Einüben einer Gesprächsführung mit einem Kollegen, den Eltern, dem Schulleiter, dem Schulrat oder bei einer Schulkonferenz, sind nicht selten Bestandteil einer alternativen Handlungsintervention bei Problemereignissen.
Bei der Erarbeitung von Lösungen sollte ebenfalls von der ganzheitlichen Betrachtungsweise der Problemereignisse, dem Denken, Fühlen und Handeln der Interaktionspartner und den Kontextbedingungen ausgegangen werden. Ferner sollte vor die ökologische Auffassung von Konfliktinterventionen die

technologische treten. D. h. außer den Gesichtspunkten wie Durchführbarkeit und Effektivität sind die möglichen Auswirkungen einer Intervention auf die Umwelt zu berücksichtigen.

12.5.7 Nachbetreuung

Während die Teilnehmer in der letzten Trainingsphase Lösungsalternativen zu einem Problemereignis erarbeitet, diskutiert und im Rollenspiel erprobt haben, ob sich eine oder mehrere in realisierbare Handlungen umsetzen lassen, können sie nun in der Realsituation feststellen, ob sich die Lösungswege im beruflichen Alltag bewähren. Die Nachbetreuung befasst sich mit der Anwendung und Sicherung der Trainingserfahrungen in der schulischen Alltagssituation. Ferner geht es um die Frage, ob sich die neuerworbenen Veränderungs- und Handlungskompetenzen in der pädagogischen Situation auf andere Jugendliche und auf andere Problemereignisse übertragen lassen können.

Gelöst wird dieses Transfer- bzw. Generalisationsproblem nur, wenn bereits im Training selbst versucht wurde, die Realität, also die betreffende Erziehungssituation, so weit wie möglich einzubeziehen und wenn die anfangs gegebenen Hilfen am Ende der Lösungsphase so weit wie möglich und nötig ausgeblendet wurden. Das Erziehungsorientierte Training beinhaltet schon von seiner Konstruktion her diese Vorbedingungen eines Transfers. Ferner üben die Erzieher bereits während des Trainings durch ihre aktive Teilnahme an der Bearbeitung anderer Problemereignisse die Anwendung des Gelernten auf andersartige Problemkonstellationen (Generalisation).

Für die Nachfolgezeit des Trainings gibt es z. Z. zwei Formen der Betreuung, die, wenn möglich, beide durchgeführt werden sollten, da sie sich wechselseitig ergänzen und so die Sicherung der Trainingserfahrungen wesentlich verstärken.

Es wird den Teilnehmern eine Rückmeldung und Beratung per Telefon nach dem Training angeboten. Vor allem wird schon während des Trainingsverlaufs darauf hingearbeitet, dass sich die Teilnehmer so gut kennen und schätzen lernen, dass jeder mindestens einen Kollegen hat, mit dem er nach dem Training in Kontakt bleibt. Oft sind Erzieher gerade nach einem so reichhaltigen Informations- und Erfahrungsgewinn die besten Experten in der Beratung pädagogischer Probleme.

Weiterhin wird versucht, ein differenziertes und zeitlich abgestuftes Betreuungsprogramm durchzuführen. Ziel dieser Nachbetreuungsintervention ist eine bessere Übertragung und Sicherstellung (Transfer) sowie eine Generalisation des Gelernten; daneben wird angestrebt, die Teilnehmer zu einer Weitervermittlung ihrer Kenntnisse, also zu einer Beratung ihrer Kollegen, zu befähigen. Eine Vorbedingung ist dabei, dass von den acht bis zehn Teilnehmern eines Trainingkurses jeweils zwei bis vier Erzieher aus einer Einrichtung kommen. Diese so entstandenen drei bzw. vier Gruppen treffen sich dann nach dem Training wöchentlich in der Einrichtung oder privat. Das bietet allen die Möglichkeit, über Erfahrungen in der Anwendung der Lösungsinterventionen zu berichten, Rückmeldungen und Hilfen zu geben und zu erhalten und, was anfangs notwendig ist, hier erfahren die Teilnehmer (trotz mancher Rückschläge) Anerkennung und Ermutigung zum Weitermachen. Für die Gruppenarbeit ist es sehr fruchtbar, wenn die Erzieher gegenseitige Hospitationen organisieren und diese nach vorher erarbeiteten Beobachtungsaufgaben durchführen. Diese erste Phase der Gruppenarbeit dauert fünf bis sieben Wochen. Der Trainer supervidiert jede Gruppe einmal. Danach schließt sich ein zweites Training von zweieinhalb Tagen an. Inhalte und Methoden ähneln denen des ersten Trainings, jedoch liegt der Schwerpunkt der Arbeit in der Befähigung zum Selbsttraining und zur Selbstkontrolle. Die Bearbeitung von Problemereignissen dient deshalb neben der Vertiefung und Erweiterung der Inhalte des ersten Trainings primär der Anleitung der pädagogisch-therapeutischen Gruppenarbeit und Beratung. Gleichzeitig kommt es zu einem sehr nützlichen Erfahrungsaustausch unter den einzelnen Gruppen. Nach diesem Aufbaukurs erfolgt eine weitere supervidierte Praxisphase von etwa fünf Wochen. Der Trainer (Supervisor) gibt vor allem Rückmeldung über die beobachtete differenzierte Gruppenarbeit (Hospitation, Rückmeldung und Beratung).

12.5.8 Weiterentwicklung der Trainingskonzeption

12.5.8.1 Transferorientierte Erweiterung

Am Ende eines jeden Trainings wurden die Teilnehmer um Rückmeldung gebeten. Die Befragung - früher in geschlossener, später in offener Form - brachte eine positive Beurteilung für das Trainings selbst als auch für die Anwendung der gemachten Erfahrungen in der täglichen Praxis. Um so mehr war ich über die Ergebnisse einer Befragung von Teilnehmern sechs bis zwölf Monaten nach dem Training erstaunt. Zwar beurteilten die meisten das Training noch immer positiv, konkrete Veränderungen im Berufsalltag wurden jedoch nur im Bereich veränderter Sichtweisen angegeben. Eine direkte Umsetzung von Verhaltensweisen, sei es im organisatorischen oder personellen Bereich, gab es nur in wenigen Fällen. Als Ursachen wurden Schwierigkeiten, die den Bedingungen des Berufsalltags, des Privatlebens und der eigenen Person zuzurechnen sind, genannt. Von einigen Teilnehmern

wurde eine direktere Vorbereitung zur Umsetzung der erarbeiteten Handlungsmöglichkeiten auf die Alltagssituation und Transferhilfen gewünscht.
Hieraus entwickelte sich dann eine weitere Trainingsphase. In dieser nun abschließenden Sequenz des Trainings lernen die Teilnehmer, eine für sie persönlich bedeutsame Handlungsabsicht zu formulieren und dafür nötige Handlungsschritte zu planen. Sie entwickeln Transferhilfen, die auf ihre individuelle Situation abgestimmt sind und bereiten sich vor, um möglichen Umsetzungserschwernissen begegnen zu können.
Ein weiteres Zusammentreffen der Teilnehmer etwa vier Wochen nach dem Training dient dem Erfahrungsaustausch bezüglich der Umsetzungsversuche. Dadurch wird eine starke Verzahnung von Training und Berufsalltag erreicht.
Schaut man sich einmal andere Lehrertrainingsprogramme an, muss man feststellen, dass nur in wenigen Fällen und dann meist auch nur teilweise eine transferbezogene Konzeption vorliegt. Sie hören meist mit der Lernphase in der Trainingssituation auf und schließen nicht die Transferproblematik des Schulalltags mit ein.
Erste Erfahrungen mit diesem transferbezogenen Ansatz geben allerdings Anlass, diesen eingeschlagenen Weg weiterzugehen.

12.5.8.2 Erziehungsorientiertes Training am Beispiel schulinterner Fortbildung

Ein sehr häufig genannter Grund für die Nicht-Umsetzung von im Training erarbeiteten Handlungsmöglichkeiten ist das Fehlen von Kollegen, mit denen man über sein Vorhaben sprechen, die man um Rat fragen kann oder die einem Teilnehmer Rückmeldung zu seinem Umsetzungsversuch geben können. Oft, so berichteten viele Teilnehmer, gab es mit Kollegen, die nicht am Training teilgenommen hatten, sachliche und emotionale Verständigungsschwierigkeiten.
Andere berichteten, es wäre schwierig, als Einzelner Veränderungen in komplexen Situationen, wie z. B. das Arbeitsklima unter Kollegen oder die angstauslösende Arbeitsform während der Lehrerkonferenzen, zu bewirken.
Von den Veranstaltern von Fortbildungskursen wird zudem noch erwartet, dass sich der einzelne Teilnehmer nach der Tagung als Multiplikator in seinen Kollegium erweist. Als „Einzelkämpfer" kann ein Teilnehmer diese Erwartungen allerdings kaum erfüllen noch die Schwierigkeiten bei der Umsetzung seines eigenen Vorhabens bewältigen. Hier ist Gemeinschaftsarbeit gefordert, umso mehr, wenn es sich um erzieherische Grundfragen oder kollegiale Umgangsformen handelt. Die Landesinstitute für Lehrerfortbildung und Schulaufsichtsbehörden sollten deshalb eine Organisationsform der Fortbildung befürworten und fördern, die eine Fortbildung von mehreren Kolle-

gen einer Schule, Teilen eines Kollegiums oder sogar eines ganzen Kollegiums ermöglicht. D. h. die zentrale und regionale Lehrerfortbildung sollte Lehrern eines Kollegiums, die bereits gemeinsam an einer fachwissenschaftlichen oder erzieherischen Fragestellung arbeiten oder dies beabsichtigen, die Teilnahme an der gleichen Tagung gewähren. Insbesondere aber sollte die schulinterne Lehrerfortbildung neu bzw. vermehrt eingesetzt werden. Unter schulinterner Lehrerfortbildung verstehe ich zum einen die Form der *kollegiuminternen Lehrerfortbildung*, an der das ganze Kollegium oder bei größeren Schulsystemen die Personen einer Organisationseinheit teilnehmen; zum anderen die *lokale Lehrerfortbildung,* die für Teile von Kollegien benachbarter Schulen gleicher oder verschiedenartiger Schulen organisiert ist. So ist es z. B. äußerst sinnvoll und nützlich, wenn sich Kolleginnen und Kollegen einer Grundschule und der im gleichen Schulzentrum liegenden Sonderschule gemeinsam Gedanken über Lern- und Verhaltensschwierigkeiten im Unterricht machen. Das Prinzip der Verzahnung von zentraler, regionaler und schulinterner Lehrerfortbildung sollte jedoch gleichzeitig berücksichtigt werden.
Während die zentrale und regionale Lehrerfortbildung von der jeweils zuständigen Fortbildungsinstitution geplant und organisiert wird, sollte die Initiative zu schulinterner Lehrerfortbildung von einer einzelnen oder benachbarten Schulen ausgehen. Schulinterne Lehrerfortbildung sollte den Bedürfnissen und Wünschen des Kollegiums einer einzelnen Schule bzw. der lokalen Fortbildungsgemeinschaft mehrerer Schulen nachkommen. Aktuelle pädagogische Fragestellungen, erzieherische Grundsatzfragen und die Regelung von Konflikten im Schulalltag sind Bereiche eines „Schulinternen erziehungsorientierten Lehrertrainings".
Schulinterne Lehrerfortbildung ermöglicht die Rückbesinnung auf pädagogische Kompetenzen sowie die Entprofessionalisierung eines manchmal überzogenen Expertentums an unseren Schulen. Es kommt vor, dass Lehrer, weil sie meinen, nicht die entsprechende pädagogische Kompetenz zu besitzen, ihre Schüler mit ihren aktuellen Problemen warten lassen, bis der dafür vorgesehene Experte, z. B. der Schulpsychologe, der Beratungslehrer, der Sonderschullehrer, der Drogenkontaktlehrer oder der Sozialpädagoge, Zeit für ein Gespräch findet.
Schulinterne Lehrerfortbildung ist nicht das Ergebnis (Produkt) einer einzelnen Tagung, sondern es findet als Fortbildungsprozess statt:
Die Vorbereitung und Durchführung der Tagung sowie die Fortführung, Umsetzung und Kontrolle der Arbeitsergebnisse liegen überwiegend in den Händen des Kollegiums bzw. der lokalen Fortbildungsgemeinschaft. Der Lehrerfortbildner, der Trainer hat vor allem die Funktion des Lernprozeßhelfers und Organisators. Als außenstehende Person soll und kann er auch un-

fruchtbare Profilierungs- und Machtkämpfe vermeiden bzw. lösen helfen. Seine Arbeit sollte also neben der Vermittlung von Fachkenntnissen vor allem darin bestehen, den Teilnehmern Hilfe zur Selbsthilfe zu geben.

Die bisherigen Erfahrungen, die ich mit dem Erziehungsorientierten Training (ET) im Rahmen schulinterner (kollegiumsinterner und lokaler) Lehrerfortbildung in verschiedenen Bundesländern sammeln konnte, zeigen, dass der situations- und transferbezogene Ansatz sowie die wiederholte Verzahnung von Training und Schulalltag weit bessere Fortbildungseffekte mit sich bringen als isolierte Trainingsverläufe, mögen sie auch noch so alltagsorientiert sein.
Schulinterne Lehrerfortbildung sollte aber angesichts leerer Kassen nicht wegen ihrer insgesamt kostengünstigen Tagungsform durchgeführt werden, sondern aus Gründen zur Erreichung hoher Lernmotivation der Teilnehmer, eines größeren Transfers von Fortbildungsergebnissen und der Verstärkung pädagogischer Kompetenz der Lehrer und der Schule als ganzheitlichem System.

12.6 Einfache Bewältigungsstrategien gegen Stress

Stress und Ärger sind ein weitverbreitetes Phänomen, das auch Pädagogen in Unterricht, Ausbildung und Erziehung zu schaffen macht. Da die zu betreuenden Jugendlichen die Auswirkungen häufig zu spüren bekommen, ist es unerlässlich, dass diese Pädagogen an sich arbeiten. Einige Hilfen dazu werden in den nächsten beiden Kapiteln gegeben.

12.6.1 Wenn Ihnen vor lauter Stress der Hut hochgeht:

1. Atmen Sie bewusst und gründlich aus!

Stellen Sie sich vor, wie Sie mit der Luft auch den angestauten Druck abgeben. Wenn Sie allein sind, kann es ruhig etwas lauter werden!

2. Verschaffen Sie sich Bewegung!

Ein paar Treppen im Laufschritt, eine Runde um den Block, einen Flur zügig entlanggehen, dabei Schultern, Gesicht und Becken locker lassen und tief durchatmen. Wenn Sie jeweils drei Schritte lang aus- und dann zwei Schritte lang einatmen, bleibt Ihre Atmung regelmäßig.

3. Trinken Sie zügig ein ganzes Glas Wasser!

Durch das verstärkte Schlucken lässt die Spannung nach, und gleichzeitig müssen Sie sich so konzentrieren, dass Sie einen Moment von der Stresssituation abgelenkt sind.

4. Sagen Sie zu sich selbst innerlich (in strengem Ton) „STOP"!

Denken Sie bewusst an etwas Anderes, möglichst an etwas Positives: Wie könnte ich aus der Situation bei allem Ärger das Beste machen? Wie schön wird es sein, wenn das hier endlich vorbei ist! Diese rein gedankliche (mentale) Stressbewältigung braucht etwas Übung und ist für den akuten Notfall geeignet. Auf Dauer funktioniert sie nur, wenn man den Stress zusätzlich durch Bewegung abbaut. Vielleicht fallen Ihnen dabei Situationen auf, die Sie immer wieder unter Druck setzen und die so chronischen Stress erzeugen. Auch hier kann man durch eine bewusste Änderung der eigenen Einstellung (z. B. „Ich lasse mich nicht ärgern!") die Spannung verringern.

5. Machen Sie eine Entspannungsübung

Entscheiden Sie sich für ein einziges Wort, einen Begriff, ein Gebet oder konzentrieren Sie sich einfach nur auf ihren Atem! Sitzen Sie ruhig in bequemer Haltung! Schließen Sie die Augen! Entspannen Sie die Muskeln! Atmen Sie langsam und natürlich, wiederholen Sie Ihr Konzentrationswort jedes Mal beim Ausatmen!
Bleiben Sie passiv, kümmern Sie sich nicht darum, ob Sie es gut machen. Wenn Ihre Gedanken abschweifen, lenken Sie sie auf das Konzentrationswort zurück. Halten Sie die Übung etwa 10 bis 20 Minuten durch. Entspannen Sie sich nach dieser Methode ein- bis zweimal am Tag.
Ziel der Übung ist es, den Strom der Alltagsgedanken zu unterbrechen und den Kopf wieder frei zu machen. Dadurch werden die vertrackten Denkschleifen, die uns verrückt machen, gesprengt: Was ist, wenn ... Sollte ich nicht besser ... Hätte ich nicht ... Der Stress wird weggeblasen, und das Gehirn ist wieder fähig, neue Informationen sehr viel besser zu verarbeiten.

12.6.2 Wenn Sie plötzlich nicht mehr können:

1. *Bewegen Sie sich!* Der abgesunkene Blutdruck steigt, die Gehirndurchblutung wird angeregt und Sie werden wieder munterer. Eine Minute zwischendurch reicht völlig aus!

2. *Lassen Sie kaltes Wasser eine Minute lang über Ihre Pulsadern laufen,* waschen Sie sich das Gesicht kalt ab oder nehmen Sie ein kühles Getränk zu sich!

3. *Verlassen Sie für kurze Zeit das Haus* und schauen Sie soviel wie möglich in Lichtquellen (ohne in die grelle Sonne zu sehen)! Das aktiviert das Gehirn.

4. *Spannen Sie die gesamte, bewusst erreichbare Muskulatur fest an!* Sie geben dadurch dem Gehirn „Weckreize".

5. *Aktivieren Sie Ihren Kreislauf durch Fußgymnastik* (Füße bei ausgestreckten Beinen mit viel Spannung strecken, kreisen und beugen) oder ziehen Sie wenigstens die Zehen im Schuh ganz fest zusammen!

12.6.3 Wenn Ihnen die Arbeit zuviel wird:

1. *Sie sollten unterscheiden:* Was ist dringend? Das packen Sie als Erstes an. Was ist wichtig, kann aber auf morgen verschoben werden? Was ist relativ unwichtig? Die *Relativität von Wichtigkeit* wahrnehmen, sagen oder aufschreiben: Was wäre wichtiger? Was wäre noch wichtiger? Was wäre noch viel wichtiger?

   Dann überlegen Sie: Zu welcher Tageszeit sind Sie am leistungsfähigsten? Bei den meisten Menschen ist es der Morgen. Das ist der Zeitpunkt für die schwierigsten Aufgaben und nicht für Routinearbeiten.

2. *Verplanen Sie nicht Ihre ganze Zeit*, sondern nur etwa 60 Prozent. Den Rest brauchen Sie für Unerwartetes. Planen Sie Pausen ein.

3. *Lernen Sie,* **nein** *zu sagen.* Sie müssen sich nicht alles aufhalsen lassen, was der Chef, die Kollegen oder der Partner ungern tun.

4. *Lernen Sie zu delegieren.* Die Anderen können auch etwas übernehmen. Vielleicht tun sie das sogar gern. Konzentrieren Sie sich auf die Dinge, bei denen der Aufwand den höchsten Gewinn bringt.

5. *Erledigen Sie Arbeiten systematisch:* Zunächst alle Telefongespräche, dann Schriftliches. Für Routinearbeiten ist das Leistungstief am Nachmittag gerade recht. Dinge, die Sie nicht mögen, die aber getan werden müssen, erledigen Sie am besten auf einmal.

6. *Setzen Sie sich selbst Belohnungen aus:* „Wenn ich das geschafft habe, trinke ich eine Tasse Kaffee!". Hören Sie vor allem nicht mehr auf Ihren inneren Antreiber: Sei perfekt! Streng dich an! Beeile dich! Sei gefällig! Gewiss, es gibt Aufgaben, die größte Sorgfalt erfordern. Für eine ganze Menge anderer reicht „angemessene Perfektion" durchaus.

7. *Packen Sie nicht zu viele neue Tätigkeiten oder Projekte gleichzeitig an.* Jeder Neubeginn kostet Kraft und Zeit.

8. *Lassen Sie Hektik oder Panik gar nicht erst aufkommen.* Machen Sie sofort eine Mini-Entspannungsübung. Oder gehen Sie blitzschnell auf eine Phantasiereise: Schließen Sie die Augen und stellen Sie sich vor, wie Sie an einem Strand faulenzen. Hören Sie das Rauschen des Meeres, spüren Sie den Sand zwischen den Zehen. Dann Augen auf und wieder ran an die Arbeit!

Überlegen Sie sich, ob Stress nicht sogar Spaß machen kann. Kommt etwas Unangenehmes auf Sie zu, dann sagen Sie: Das ist eine Herausforderung, die schaffe ich glatt! Kurzfristiger Stress ist manchmal wie das Salz in der Suppe, macht aktiv, kurbelt die Leistungsfähigkeit an. Und wenn Sie durch geschicktes Planen eine Stunde oder mehr gewonnen haben - genießen Sie die Zeit ganz bewusst!

12.6.4 Wenn Ihnen alles zuviel wird:

1. *Verschaffen Sie sich einen besseren Überblick!* Die einfachste Lösung ist die Checkliste, die komplizierteste das Zeitplanbuch. Aus einem unbezwingbar scheinenden Berg von Tätigkeiten werden Einzelaufgaben, die man bequem zu kleineren, gut zu erledigenden Hügeln zusammenfassen kann. Jede abgehakte Tätigkeit gibt ein Gefühl der Befriedigung - eine zusätzliche, selbstgeschaffene Quelle für Eustress, die man ausschöpfen sollte.

2. *Suchen Sie sich Unterstützung!* Reden Sie sich die Sorgen von der Seele. Wenn man wirklich will und das in freundlicher Form zu erkennen gibt, lassen sich immer irgendwelche Helfer finden. Sich dazu durchzuringen, ist schwierig, weil man denkt, man könnte sich vor sich selbst und anderen etwas vergeben. Langfristig ist es wichtig, bestimmte Aufgaben in Beruf und Familie zu überdenken und neu zu verteilen.

3. *Nehmen Sie sich das Recht auf private Ruhezeiten, in denen Sie ganz bewusst Dinge tun, die nur für Sie persönlich von Nutzen sind!* Auch hier liegen die Hindernisse eher in den eigenen Gedanken („Ach was, ich brauche das nicht, es geht doch auch so.") als in den Widerständen der Umgebung.

12.6.5 Wenn Sie Ihren Körper langfristig vor Stressfolgen schützen wollen:

1. *Stärken Sie Ihr Gesundheitsbewusstsein* und Ihr Gespür dafür, was Ihr Körper braucht!
2. *Treiben Sie mäßig aber regelmäßig Ausdauersport!* Achten Sie darauf, dass Sie sich dabei noch unterhalten können. Sobald Sie außer Atem kommen, haben Sie zu wenig Sauerstoff. Statt fitter zu werden, betreiben Sie Raubbau mit Ihren Kräften. Versuchen Sie nicht, um jeden Preis zu gewinnen! Sie könnten damit Ihrem täglichen Stress noch den Wettkampfstress hinzufügen und Ihre Belastung erhöhen. Geeignet sind alle Ballspiele, Tanzen, Skilanglauf, zügiges Wandern, Joggen, flotte Gymnastik, Schwimmen oder Radfahren! Es soll Spaß machen! Ausdauertraining ist eine sinnvolle Vorbeugung gegen Herz-Kreislauf-Erkrankungen:
   - Herz und Kreislauf werden gestärkt, d. h. der Herzmuskel kann langsamer arbeiten („Schongang").
   - Negativer Stress und seine Begleiterscheinungen (Spannungen, Bluthochdruck, hohe Cholesterin- und Blutzuckerwerte) werden abgebaut.
   - Die Fähigkeit der Lunge, Sauerstoff aufzunehmen, wird gesteigert. Dadurch bleibt man auch bei nicht-sportlichen Tätigkeiten länger fit.

12.6.6 Wenn Sie gelassener werden wollen:

1. Erlernen Sie, Entspannungsübungen anzuwenden.
2. Konzentrieren Sie sich im Laufe eines Tages immer wieder auf eine Sache, die für Sie mit angenehmen Gefühlen oder Empfindungen verbunden ist (z. B. lassen Sie bewusst den ganzen Körper locker, versuchen Sie, sich an das Gefühl zu erinnern, das Sie haben, wenn Sie lächeln, sehen Sie sich etwas ganz genau an, erinnern Sie sich an etwas Angenehmes, freuen Sie sich auf etwas). Dadurch schalten Sie innerlich auf „positiv", die Spannung sinkt, und Sie gewinnen wieder festen Boden unter den Füßen.

1. Das hat mir schon geholfen:	2. Das würde ich gerne mal ausprobieren	3. Das hat mir nichts gebracht bzw. ich habe kein Interesse, es auszuprobieren:

12.7 Bewältigungsstrategien gegen Ärger (Anti-Ärger-Strategien)

12.7.1 Selbstbeobachtung und Selbstdialog (Analyse)

Beobachten Sie bestimmte Ärger-Situationen, die bei Ihnen immer wieder auftreten, möglichst mehrmals und systematisch. Versuchen Sie, nach folgenden Kriterien zu beobachten, und halten Sie es schriftlich fest.

- Was geschah?
- Was war der Auslöser für meinen Ärger?
- Was habe ich gedacht?
- Was habe ich getan?
- Wie sehr hat es mich beschäftigt (Intensität und Häufigkeit)

Beurteilen Sie nun:

- War der Anlass es wirklich wert, sich so aufzuregen und zu ärgern?
- War meine gedankliche, emotionale und ggf. tätliche Reaktion gerechtfertigt bzw. angemessen, lohnte sie sich überhaupt?
- Ist etwas Erfolgversprechendes zur Beseitigung der Ärgerquelle möglich?

Es geht nicht darum, den Ärger zu unterdrücken, in sich „hineinzufressen", sondern ineffektive, destruktive Denk- und Verhaltensgewohnheiten durch Anti-Ärger-Denk- und Verhaltensweisen und dadurch gesundheitsfördernde Reaktionen allmählich zu ersetzen.

Mit Hilfe rationaler Vorstellungen (Vernunft und Einsicht) können Ärger-Situationen neu definiert, umgedeutet und „entschärft" werden, z. B.:

Ärgeranlass

Ist der Anlass es wert, dass ich ihn so wichtig nehme und meine kostbare Lebensenergie in den daraus entstandenen Ärger stecke?

Nein, es lohnt nicht. Es bringt überwiegend Nachteile für mich.

Ja
Bin ich im Recht?

Nein, ich habe die Ärgerquelle selbst (mit) in Gang gesetzt,
oder ein Anlass ...

Ja

Kann ich angemessen reagieren?

Nein, die Ärgerquelle kann ich nicht beseitigen oder mindern. „Also was soll's, ich ärgere mich nicht! Davon hat nur der andere Vorteile, mich dagegen macht es eher krank".

Ja, ich habe Möglichkeiten, die Ärgerquelle zu beseitigen: z. B. ihr aus dem Wege zu gehen bzw. sie umzudeuten (neu zu definieren), mich durch schöne, andere Gedanken abzulenken oder dem Verursacher wirkungsvoll entgegenzutreten.

Die erste Frage über die Bedeutung des Ärgers kann, wenn es sehr schwer fällt sie zu beantworten, durch folgende Übung ergänzt werden:

Die Relativität von Ärger wahrnehmen (Bagatellisieren);
Sagen bzw. aufschreiben: Was wäre ärgerlicher (schlimmer)?

Was wäre noch ärgerlicher?

Was wäre noch viel ärgerlicher?

12.7.2 Aus der Ärger-Situation aussteigen

Sobald ein ärgerliches Gefühl, ein negativer Gedanke aufkommt und bevor er beginnt sich auszubreiten, gebe ich mir den Selbstbefehl „STOP" (ggf. sich dabei kneifen) und anschließend eine Begründung, z. B. „Ich ärgere mich nicht, es lohnt sich nicht!" Beides möglichst halblaut oder laut sagen und ggf. mehrfach wiederholen. Im Anschluss konzentriere ich mich auf etwas Positives, z. B. denke ich an etwas Angenehmes, schaue etwas Anderes an, rieche an etwas, hole tief Luft etc. (weiteres siehe Kap. 12.6.3).

12.7.3 Entspannungs- und Meditationstechniken

- In der kritischen Situation tief einatmen und beim Ausatmen bis zehn zählen, um so Abstand zu gewinnen. Dann einen konstruktiven Dialog mit sich selbst führen (siehe Kap. 12.6.1).
- Progressive Muskelentspannung: Verschiedene Muskelgruppen stark anspannen und dann entspannen. Durch die muskulöse Entspannung wird man auch psychisch gelockert.

Atemübung

Grundübung:. Langsam durch die Nase einatmen, den Atem für fünf Sekunden anhalten (ggf. gedanklich mitzählen); langsam durch den leicht geöffneten Mund ausatmen, den Atem wieder fünf Sekunden anhalten. Diese Übung fünfmal wiederholen.

Zusatzübung: Während der Atemübung können wahlweise folgende kognitiven oder/und visuellen Reize einfließen. Diese Reize müssen positiv und konstruktiv sein, d. h. sie sollen dem Ärger entgegengesetzt sein.

- Sich selbst ein Wort oder einen Kurzsatz (drei bis sechs Wörter) sagen. Zwei Vorgehensweisen sind dabei möglich:

  1. Mit dem *Ausatmen* beginnen. Dabei den Zustand benennen, der beendet sein soll („Ärger weg, weg, weg!" oder „Ärger egal, egal, egal!" oder „Chef egal, der kann mich mal!"). Der Ärger wird ausgeatmet.
  Sich *beim Einatmen* den positiven Zustand vor Augen führen (ihn sich ausmalen) und diesen in Kurzform (Wort oder Satz) in Gedanken, halblaut oder laut sagen. „Gelassen und ruhig sein, das kann ich" oder „Ich bin jetzt ganz gelassen und ruhig". Das Positive (der Anti-Ärger) wird eingeatmet.

  2. *Alternative:* Nur der positive Zustand, das angenehme Bild wird sich beim Ein- und Ausatmen vor Augen geführt und/oder gesagt.
- Ein Gedicht, den Teil eines Gedichts oder ein Gebet innerlich mehrmals wiederholen bzw. aufsagen. Der Text muss für den Anwender sehr bedeutungsvoll und konstruktiv sein.

- An eine besonders schöne Situation oder sehr angenehme Person denken, auf ein Photo, eine Kunstpostkarte etc. schauen; an etwas Angenehmem riechen (Meditation).

12.7.4 Selbstbehauptungsstrategie

Wenn Sie bei der Strategie I „Selbstbeobachtung und Selbstdialog" (siehe Kap. 12.6.1) zu dem Schluss gekommen sind, dass Sie angemessen reagieren wollen, dann beachten Sie bitte folgende Hinweise für Ihr Vorgehen:

- Zuhören können (keinen Anlass zu weiterem Ärger geben),
- dem Anderen seine Betroffenheit ausdrücken,
- Körpersprache und Tonfall bei der Darlegung des Ärgers und ggf. bei der Lösung sollen sachlich und ruhig sein (nicht schreien oder Fäuste ballen etc.),

- keine Pauschalkritik („Sie sind so ungerecht", „Sie lassen mich nie ausreden", „Sie machen immer ..."). Die spezifische Situation und der Ärgeranlass sollten sachlich kurz beschrieben werden;
- Verständnis zeigen, ohne den eigenen Standpunkt aufzugeben („Ich kann ja verstehen, dass Sie ..., aber ...");
- ggf. nochmals die eigenen Gefühle mitteilen („Ich bin ziemlich enttäuscht, dass Sie ...");
- gemeinsam nach einer Lösung suchen oder eine eigene anbieten,
- ggf. Konsequenzen aussprechen, wenn die Ärgerquelle nicht unterlassen oder beseitigt wird

12.7.5 Soziale-Tugend-Strategie

Häufig ist es gerade für einen selbst sehr hilfreich, soziale, humane oder christliche Tugenden zu praktizieren. Vorausgesetzt sie bedeuten einem etwas, sonst verliert man an Glaubwürdigkeit und wird selbst unsicher, ängstlich oder überheblich etc..

- *Tolerant sein können:* Nicht ständig negativ bewerten, keine zu hohen Maßstäbe anlegen. Engstirnigkeit, Perfektionismus und Ichbezogenheit lähmen die eigenen Schaffenskräfte und machen auf die Dauer krank.

Verzeihen können: „Wer Vergangenes vergangen sein lassen kann, hat mehr Kraft für Gegenwart und Zukunft". Zudem, wer loslassen und vergeben kann, ist weniger gefährdet, psychosomatisch zu erkranken oder von einem Herzinfarkt überrascht zu werden.
Es ist sinnvoll, sich schon von vornherein eine oder mehrere Antiärgerstrategien bereitzulegen und/oder sich die eigene erfolgreich erprobte Vorgehensweise bewusst zu machen bzw. all' diese Strategien hin und wieder gedanklich durchzuspielen oder mit Freunden im Rollenspiel zu festigen.

12.8 Aufgaben

1. *Definieren Sie mit eigenen Worten den Begriff Erziehungstraining!*
2. *Stellen Sie den Ablauf des Erziehungsorientierten Trainings dar und beschreiben Sie kurz die wesentlichen Aspekte der einzelnen Schritte!*
3. *Welche äußeren und inneren Voraussetzungen müssen Ihrer Meinung nach für das Gelingen eines Trainings geschaffen werden?*
4. *Stellen Sie anhand Ihrer eigenen Berufserfahrungen Möglichkeiten einer solchen Trainingskonzeption dar!*
5. *Im Text sind Bewältigungsstrategien gegen Stress und Ärger dargestellt. Wählen Sie sich jeweils ein Beispiel aus und überprüfen Sie deren Anwendung im Berufsalltag! Notieren Sie im Anschluss, an welchen Stellen es hilfreich für Sie sein kann!*

12.9 Literatur

Diekstra, R. F. W. 1979: Ich kann denken, fühlen, was ich will. Eine Anleitung zum Auflösen emotionaler Probleme durch rationale Selbst-Analyse. Lisse, Holland: Swets & Zeitlinger.

Ellis, A. 1977: Reason and Emotion in Psychotherapy. New York: Secausus.

Gordon, T. 1972: Familienkonferenz. Hamburg: Hoffmann & Campe.

Gordon, T. 1977: Lehrer-Schüler-Konferenz. Hamburg: Hoffmann & Campe.

Groeben, N. & Scheele, B. 1977: Argumente für eine Psychologie des reflexiven Subjekts. Paradigmawechsel vom behavioralen zum epistemologischen Menschenbild. Darmstadt: Steinkopf.

Groeben, N. 1981: Die Handlungsperspektive als Theorierahmen für Forschung im pädagogischen Feld. In: Hofer, M. (Hrsg.): Informationsverarbeitung und Entscheidungsverhalten von Lehrern. München: Urban & Schwarzenberg, 17-45.

Havers, H. 1981: Schulische Integration lern- und verhaltensgestörter Kinder. In: Die Deutsche Schule, Heft 4, 250-256.

Hofer, M. 1981: Handlung und Handlungstheorien. In: Schiefele, H. & Krapp, A. (Hrsg.): Handlexikon zur Pädagogischen Psychologie. München: Ehrenwirth.

Innerhofer, P. 1977: Das Münchener Trainingsmodell. Berlin, Heidelberg, New York: Springer.

Kanter, G. O. 1985: Die Sonderschule regelschulfähig, die Regelschule sonderschulfähig machen? - Perspektiven aus Modellversuchen. In: Mitteilungen. Verband Deutscher Sonderschulen, Landesverband Nordrhein-Westfalen e.V., Heft 1, 17-35.

Mutzeck, W. 1980: Sehen und Verstehen von Verhaltensstörungen in der Schule. Lütjensee, Kiel: Albrechts/IPTS.

Mutzeck, W. & Pallasch, W. (Hrsg.) 1983: Handbuch zum Lehrertraining - Konzepte und Erfahrungen. Weinheim, Basel: Beltz.

Redlich, A. & Schley, W. 1978: Kooperative Verhaltensmodifikation im Unterricht. München: Urban & Schwarzenberg.

Watzlawick, P., Beavin, J. H. & Jackson, D. D. 1969: Menschliche Kommunikation. Bern: Stuttgart.

Weinert, F. E. & Rotering-Steinberg, S. 1981: Schülerprobleme - Lehrerprobleme. Ein Lehrertraining für schwierige Situationen in der Klasse. In: Unterrichtswissenschaft, 9. Jg., 64-69.

13 Unterstützung und Qualitätssicherung der Lehrerinnen und Lehrer von Jugendlichen mit Verhaltensstörungen

13.1 Lernziele

Die Leserin/der Leser soll:

1. die „Videogestützte Kooperative Praxisbegleitung" als Form der Supervision des unter Kapitel 6 beschriebenen „Praxisintegrierten Unterrichts" kennen lernen und beschreiben,

2. die inhaltliche und methodische Vorgehensweise anhand von sechs Schritten benennen und erläutern können.

13.2 Einleitung

Die Veränderung von Handlungsweisen Jugendlicher mit Verhaltensstörungen kann, wie in den vorangegangenen Kapiteln dargestellt wurde, auf unterschiedliche Weise geschehen. In jedem Fall müssen die Bezugspersonen sich durch Veränderung grundsätzlicher und/oder situativer Bedingungen und häufig eigener Sicht- und Handlungssweisen mehr oder weniger am Modifikationsprozess beteiligen.
Dies geschieht vor allem durch spezielle unterrichtliche Maßnahmen (organisatorischer und/oder methodischer Art, siehe Kap. 6 und 9), durch die Beratung von Jugendlichen und deren Bezugspersonen (siehe Kap. 8) mit Hilfe pädagogisch-therapeutischer Verfahren (siehe Kap. 10) oder durch die Suche nach Lösungen von Konflikten im Expertenteam (siehe Kap. 11); jeweils auf dem Hintergrund des Erkennens und Verstehens von Verhaltensstörungen (siehe Kap. 2 - 5 und 7).
Sehr wichtig, ja unerlässlich ist es, nicht nur dann an den eigenen Sicht- und Verhaltensweisen zu arbeiten, wenn Störungen und Konflikte bei den Jugendlichen (massiv) auftreten, sondern fortlaufend die *Qualität* des beruflichen Handelns durch betriebsinterne und -externe Fortbildung so zu *sichern*, dass die Chance der Entstehung bzw. der Ausbreitung oder Eskalation von

Verhaltensstörungen in Unterricht, Ausbildung und Internat (Wohngruppe) verringert wird.
Ein Beispiel für eine betriebsinterne Fortbildung, die von einer Institution allein oder mehreren Betrieben gemeinsam durchgeführt werden kann, soll hier aufgezeigt werden. Diese an einen Arbeitsplatz und nicht an ein Tagungshaus gebundene Fortbildungsform entspricht einem Qualitätszirkel. Hierbei sollen nicht interne oder externe Referenten die Berufskompetenz der Mitarbeiter erweitern, sondern Mitglieder eines Arbeitsteams oder einer Abteilung sichern durch einen systematischen und angeleiteten Erfahrungsaustausch die Qualität ihrer Arbeit. Die arbeitsplatz- und teambezogene Fortbildung ermöglicht, dass insbesondere die Mitarbeiter der ausführenden Ebene, die den Arbeitsplatz und den Arbeitsablauf am besten kennen, ihren reichhaltigen Schatz praktischer Erfahrungen und Erkenntnisse einbringen können (vgl. *Bungard & Antoni 1995*).
Darüber hinaus ist es oft sinnvoll, Elemente der Weiterentwicklung der Arbeitsqualität einzubeziehen, vor allem wenn man neue Methoden des Unterrichtens, Erziehens, Beratens etc. erproben und in den Berufsalltag implementieren möchte.
Hierfür habe ich eine Methode entwickelt, die sowohl eine Qualitätssicherung als auch eine Weiterentwicklung des beruflichen Handelns ermöglicht. Ferner erhalten die Mitarbeiter eine direkte Rückmeldung über ihre Arbeit, was oft gefordert, aber selten eingelöst wird.
Diese besondere Form des Qualitätszirkels ist verbunden mit einer videogestützten Hospitation (Mitschau) einer Lehr- und Lernsituation im Unterricht oder in der praktischen Ausbildung (Werkstatt). Die videogestützte kooperative Praxisbegleitung und -weiterentwicklung erfordert allerdings bestimmte Voraussetzungen (siehe Kap. 13.2). Diese Methode hat sich bereits in unterschiedlichen beruflichen Situationen und Zusammenhängen bewährt. Bei berufsübergreifenden Arbeitsgruppen hat sie zu dem nötigen Verständnis und der Achtung der Arbeit der anderen Teammitglieder geführt.

13.3 Videogestützte Kooperative Praxisbegleitung (VKP)

13.3.1 Rahmenbedingungen

Teilnehmende Personen: ein Trainer (Begleiter, pädagogischer Supervisor) und z. B. ein Ausbildungsteam (mehrere Lehrer oder ein Lehrer und zwei Ausbilder)
Raum und Geräte: Tragbare Videokamera und möglichst eine Mikroportanlage zur Aufzeichnung des „Praxisintegrierten Unterrichts" (PIU, siehe Kap. 6.3) in der Werkstatt oder ggf. im Förderraum; ruhiger, mittelgroßer Raum zur Besprechung des PIU, mit Platz für mögliches Rollenspiel und eine Tischgruppe für 4 bis 6 Personen; ein Videorecorder und ein Monitor mit möglichst großem Bildschirm; Flip-Chard oder Wandzeitungen; Musterbögen zur Beobachtung und Analyse des methodischen Vorgehen.
Zeit: Beobachtung u. Videoaufzeichnung von Lehr- und Lernsequenzen (45 bis 60 Minuten), Besprechung der Beobachtungen und Videoaufzeichnungen (30 bis 60 Minuten), Weiterentwicklung und Planung (60 Minuten)

13.3.2 Inhaltliche und methodische Vorgehensweise

Der Ablauf einer „Videogestützten Kooperativen Praxisbegleitung" gliedert sich wie folgt:

1. Schritt: Arbeitsvereinbarung und Zielbestimmung

Der Begleiter (Trainer) und die Teilnehmer klären den Stand der Arbeit ab, vereinbaren, woran sie arbeiten wollen (Arbeitsgegenstand und Ziele) und bestätigen noch einmal die vorab festgelegten Zeiten. Die Ergebnisse werden vom Begleiter zusammengefasst, ggf. mit Korrektur (Dialog-Konsens), und im Protokoll zur „Videogestützten kooperativen Praxisbegleitung" festgehalten.

2. Schritt: Videoaufzeichnung und Beobachtung von Sequenzen aus dem Praxisintegrierten Unterricht

Der Begleiter (Trainer) nimmt die im ersten Schritt vereinbarte Lehr- und Lernsequenz auf Video auf. Aus Gründen der Tonqualität muss bei sehr starken Nebengeräuschen (bei Aufnahmen in einer Werkstatt beispielsweise) mit einer Mikroportanlage gearbeitet werden. Der Begleiter fertigt weiterhin über seine Beobachtungen im Hinblick auf die vereinbarten Ziele ein Kursprotokoll an. Er kann auch andere, ihm wichtige Beobachtungen notieren. Beobachtungen und Bewertungen, vermutete Gedanken und Gefühle etc. müssen allerdings getrennt voneinander festgehalten werden.

3. Schritt: Reflexionsphase (Videobetrachtung, Rückmeldung und Analyse)

Die gesamte Videoaufnahme oder Teile daraus werden nun gemeinsam betrachtet. Dabei sollten noch keine Bewertungen abgegeben werden. Jeder Teilnehmer macht sich Notizen (ggf. mit Beobachtungsbogen). Bei den Beobachtungen sollten vor allem die gemeinsam vereinbarten Ziele im Vordergrund stehen (z. B. Inhalt, Methode, Inhalts- und Beziehungsebene der Lehrerinnen und Lehrer sowie Schülerhandlung, Lerneffekte, Nebenwirkungen).
Danach erfolgt die Phase der Rückmeldung. Jeder beginnt mit dem Hauptakteur, sagt, was in Hinblick auf das Ziel schon gelungen und was sonst noch positiv festzustellen ist. Erst dann erfolgt, wenn nötig, die Rückmeldung über nicht oder anders ausgeführte Aktivitäten. Veränderungsvorschläge sind möglich, sie dürfen jedoch nicht als Besserwisserei ankommen.
Im Anschluss können einzelne Sequenzen nun noch einmal betrachtet und analysiert werden. Um (genauer) zu ergründen und zu erklären, weshalb etwas gelungen oder misslungen ist, werden Analysen zu bestimmten Handlungssequenzen (Verhaltens-, Kognitions- und Emotionsebene) und zu Rahmenbedingungen durchgeführt.
Manchmal ist es hilfreich, Handlungssequenzen nachzuspielen (geleitetes Rollenspiel, szenische Rekonstruktion), um beobachtete Verhaltensweisen aus verschiedenen Perspektiven (Perspektivenwechsel) und aus der Innensicht der Handelnden erleben und verstehen zu können. Der Begleiter übernimmt dabei die Aufgabe des Rollenspielleiters.

4. Schritt: (Weiter-)Entwicklungs- und Planungsphase

Die Teilnehmer legen gemeinsam fest, ob ein bisheriger Methodenverlauf oder Abschnitt daraus weiterentwickelt (verändert, umgestaltet, erweitert etc.) bzw. ob eine neue Methode erprobt oder erst entwickelt werden soll. Es kann allerdings auch hilfreich und nützlich sein, wenn gelungene Dialogformen der Lehr- und Lernsequenz vom gleichen Lehrer wiederholt oder einem anderen Teammitglied ausgeführt werden.
Die Suche nach Lösungen, z. B. zur Veränderung oder Neuentwicklung einer Methode, sollte zunächst nach dem Brainstorming-Verfahren, also kreativ und ohne Bewertung erfolgen. Impulse dafür werden aus eigenen Erfahrungen und/oder der Literatur zur Unterrichts- und Ausbildungsmethodik sowie durch Besuche anderer Einrichtungen gewonnen. Ideen, Vorschläge etc. können im Rollenspiel erprobt werden.

Die Planung der be- oder erarbeiteten Methode (z. B. einer bestimmten Dialogform) wird gemeinsam durchgeführt. Ggf. ist sie vom Begleiter vorbereitet worden und kann im Rollenspiel konkretisiert und erprobt werden.
Auch die Ergebnisse des 4. Schrittes werden mit einem Dialog-Konsens, einem Arbeitsauftrag (was, wer, bis wann etc. erledigt) und einer Protokollnotiz abgeschlossen.

Die gesamte Sitzung wird kurz reflektiert und insbesondere positiv rückgemeldet.

5. Schritt: Vorbereitung und Umsetzung einer neuen Lehr- und Lernsequenz

Die genaue Planung und Vorbereitung einer Unterrichts- und Ausbildungssequenz erfolgt durch das Team oder einzelne Teammitglieder allein, also ohne den Begleiter.

6. Schritt: Evaluation der Planung

Durchführung der Schritte 1 - 3
Für das Gelingen dieser vorgestellten Form von Praxisbegleitung ist es wichtig, dass sich eine Arbeitsgruppe (kollegiale Praxisbegleitungsgruppe) findet, kennen lernt, gemeinsam Kommunikationsregeln vereinbart sowie organisatorischen Bedingungen festlegt. Der Praxisbegleiter (Trainer) ist hierbei nicht nur Moderator, sondern hat auch dafür zu sorgen, dass alle notwendigen Bedingungen konkret, im Konsens und verbindlich vereinbart werden. Die Ergebnisse werden in einem Protokoll festgehalten. Es hat sich gezeigt, dass eine Nichtbeachtung dieser „Formalitäten" später (während der Gruppensitzungen) zu unnötigen Schwierigkeiten und Frustrationen führt.
Eine besondere Bedeutung kommt der Einführung der Teilnehmer in den Ablauf und die methodische Vorgehensweise der „Videogestützten Kooperativen Praxisbegleitung" zu. Der Praxisbegleiter erklärt beides und gibt durch eine Demonstration die Möglichkeit der Anschauung, Konkretisierung und Rückmeldung.
Die teilnehmenden Lehrerinnen und Lehrer sollten Interesse am Erlernen und Entwickeln neuer sowie an der Integration bzw. Weiterentwicklung bisheriger Methoden haben, die Bereitschaft zur Zusammenarbeit und Erprobung der Arbeitsergebnisse in Unterricht und Ausbildung mitbringen und durch den Praxisbegleiter darin gefördert und unterstützt werden.

13.4 Aufgaben

1. *Welche wesentlichen Schritte kennzeichnen die „Videogestützte Kooperative Praxisbegleitung"? Beschreiben Sie diese bitte kurz!*

2. *Stellen Sie Folgen, Wirkungen und evtl. auftretende Probleme einer Übertragung dieser Konzeption in Ihre Berufspraxis anhand eines selbstgewählten Beispiels dar! Wie sollte Ihrer Meinung nach eine gelungene Übertragung aussehen?*